"老龄化"视域下太极拳康养理论与实证研究

高 亮　王莉华　麻晨俊　著

东南大学出版社
SOUTHEAST UNIVERSITY PRESS
·南京·

内 容 简 介

当前有关老年人口健康的研究,已经形成了较为完善的理论体系,但老年人作为《体育强国建设纲要》落实的重点人群,在国家太极拳健康工程推进过程中,其健康与太极拳关系的理论构建与实践检验还相对落后。本书在已有研究的基础上,理论层面系统梳理了人口老龄化、健康、太极拳健康思想等研究理论,归纳了"老年人健康"的基本特征、评价方法,以及太极拳锻炼对老年人健康促进方面的研究进展及趋势;实践层面全面调查了习练太极拳对老年人生理健康、心理健康、社会健康的影响,然后提出"老龄化"视域下太极拳健康文化资源的开发内容和思路。本书可为《体育强国建设纲要》和"太极拳健康工程"落实提供理论和实践参考!

图书在版编目(CIP)数据

"老龄化"视域下太极拳康养理论与实证研究/高亮,王莉华,麻晨俊著. —南京:东南大学出版社,2021.11(2022.6重印)
ISBN 978-7-5641-9770-4

Ⅰ. ①老… Ⅱ. ①高… ②王… ③麻… Ⅲ. ①太极拳—体育保健学—研究 Ⅳ. ①G852.11

中国版本图书馆 CIP 数据核字(2021)第 230028 号

责任编辑:姜晓乐　责任校对:张万莹　封面设计:王玥　责任印制:周荣虎

"老龄化"视域下太极拳康养理论与实证研究

"Laolinghua" Shiyu Xia Taijiquan Kangyang Lilun Yu Shizheng Yanjiu

著　　者:	高　亮　王莉华　麻晨俊
出版发行:	东南大学出版社
社　　址:	南京四牌楼 2 号　邮编:210096
经　　销:	全国各地新华书店
印　　刷:	苏州市古得堡数码印刷有限公司
开　　本:	787 mm×1 092 mm　1/16
印　　张:	16
字　　数:	369 千字
版　　次:	2021 年 11 月第 1 版
印　　次:	2022 年 6 月第 2 次印刷
书　　号:	ISBN 978-7-5641-9770-4
定　　价:	128.00 元

本社图书若有印装质量问题,请直接与营销部联系。电话:025-83791830。

作 者 简 介

高亮,男,安徽六安人,博士,教授,博士生导师,现任南京体育学院《体育学研究》编辑部主任,安徽师范大学、广西师范大学等高校兼职博士生导师,南通大学、池州学院等高校兼职教授,国家社科基金、教育部人文社科基金通讯评审专家,江苏社科基金、科技计划项目评审专家;江苏省健身气功协会副会长,江苏省体育文化与发展战略研究会理事等。2008年毕业于北京体育大学研究生院,获博士学位,2013年和2022年分别获南京师范大学应用心理学博士后流动站出站证书和苏州大学体育学博士后流动站出站证书。2016—2017年赴美国俄亥俄州立大学访学。近年来主要从事武术与民族传统体育、传统体育锻炼与健康研究,已出版专著4部,发表学术论文100余篇;主持国家社科基金项目3项,江苏省社科基金重大、重点等省部级项目10项;2012年入选江苏省"青蓝工程"优秀骨干教师,2013年入选南京师范大学百名"青年领军人才"培养对象;2016年入选江苏省"青蓝工程"学术带头人;2019年入选江苏省首批"社科英才"培养计划;2021年入选江苏省青年科技领军人才("333高层次人才培养工程"第二层次);著作曾获江苏省哲学社会科学优秀成果奖二等奖1次、三等奖2次,江苏省教育厅高校哲学社会科学优秀成果奖三等奖1次。

前　言

人口老龄化已是一个全球现象,这种现象先是于19世纪后期在发达国家开始出现,之后发展中国家也加入此行列并有加速的趋势,它清晰地预示着社会群体和结构将出现重大改变。我国自20世纪90年代以来,老龄化进程加快,截至2018年末,60岁及以上人口24 949万人,占总人口的17.9%,对比2017年末,增长了859万人,增长了0.6个百分点。其中65岁及以上人口16 658万人,占总人口的11.9%,对比2017年65岁及以上人口15 831万人,占总人口的11.4%,2018年比2017年增长了827万人,占总人口的比例增长了0.5个百分点。一些专家预测,到2050年中国将有三分之一以上的人口超过60岁,同时,老年人口高龄化现象更为明显,80岁及以上高龄老人正以每年5%的速度增加。届时,中国将成为人口老龄化最严重的国家之一。中国人口老龄化不同于欧美等发达国家,与世界上的其他各国相比也有自身的特征,我国人口老龄化呈现出规模大、增速快、高龄化等特点,最主要的特点还是我国的老龄化是在社会经济尚不富裕(未富先老)、社会养老体系尚不健全、卫生医疗技术尚不发达、家庭养老基础正在消失的社会现实条件下到来的。这一方面给我国社会经济发展带来很大的挑战,另一方面,给众多老年人自身晚年生活质量的提升带来许多不利的影响。诸多现实社会矛盾使得人们更加关注如何应对人口老龄化。

在当下中国快速老龄化的社会背景下,政府部门纷纷出台养老政策和措施,社会学、医学、人口学和经济学等领域的专家学者们也积极地参与应对老龄化问题的讨论。"不无遗憾的是,在这场声势浩大的、多学科多部门参与的大讨论中,很难听到体育研究者的声音,也导致体育工作者难以在政府决策中拥有应有的话语权。"其实人口老龄化所带来的问题主要表现为老年人的健康问题。世界卫生组织的研究数据表明,60%以上的影响健康的因素与行为和生活方式相关。体育运动是健康生活方式的重要内容,在"未富先老"的现实困境下,科学的身体活动可以帮助老年人预防疾病、愉悦身心、促进健康,体育运动理应成为实现"健康老龄化"的最佳方式和手段之一,为应对人口老龄化做出应有的贡献。

太极拳作为中国传统文化的精粹,在《全民健身计划(2016—2020年)》《体育强国建设纲要》等国家规划中不断被重点提及,被推到国家层面的战略高度和地位,充分说明在众多的中国武术拳种中,太极拳所给予当代人的"健康价值"应该是出类拔萃、独具魅力的。正如有些学者所言:"从民族传统运动到风靡世界的'动药',太极拳的普及与发展得益于科学研究对太极拳健康促进功能的挖掘。"因此,从学理上诠释好、解释清太极拳中所折射出的促进健康和矫正不健康的理论与方法,应该成为学者关注的理论与实践命题。应了解太极拳给当代人带来的健康价值和健康智慧,力求使习练太极拳者实现"明其理,知其要,参其行,享其功,得其果"的健康促进目标。大量实证研究也已证明,习练太极拳对老年人的身体形态、机能、素质和血液生化指标,以及心境和认知等均有积极影响,能促进老年人的"再社会化"。可见,老年人生理上的老化、认知的重塑与心理发展的双面化,以及社会交往范围趋于狭窄化的健康特征,决定了其需求内容的独特性与太极拳的健康效益相吻合。

本书分六章来阐述。第一章,以相关文献综述为基础,对研究的相关理论概念做出界定和阐释;第二章,对太极拳的相关理论,尤其是太极拳所蕴含的养生、健身等的文化要义和观点进行较为全面的梳理和解读;第三、四章,在上述理论梳理的基础上,以现代医学模式中的健康维度和主观健康理论为基础,对老年人的生理健康、心理健康、社会健康和整体健康特征以及太极拳习练对老年人的上述健康影响的程度与机制等研究进展进行了评述;第五章,基于江苏省人口老龄化的严峻形势和江苏省地区经济发展不平衡的特点,选取江苏省城区习练太极拳的老年人群为调查对象,对其人口学基本特征、习练行为特征、习练效果及影响习练效果的因素进行研究,同时也以《自测健康评定量表》为测量的工具,进一步明确太极拳习练对老年人生理健康、心理健康和社会健康的影响;第六章,基于人口老龄化背景,提出太极拳康养文化资源开发的方法及其意义、价值等,开出老年人太极拳康养运动处方。

总之,本研究对老年人的健康特征、太极拳康养思想及两者在理论与实践上的关系做了较为全面的梳理和阐述,研究成果除对于应对中国人口老龄化具有借鉴意义外,对落实《全民健身计划(2016—2020年)》《体育强国建设纲要》以及《武术产业发展规划(2019—2025年)》等政策也都有一定的参考价值。

著 者

2021年5月

目　　录

第一章　相关理论概述 ·· 1
　第一节　老年人与老龄化 ·· 1
　第二节　健康与亚健康 ·· 13
　第三节　自测健康理论 ·· 18
　第四节　太极与太极拳 ·· 20

第二章　太极拳发展及其康养思想 ··· 23
　第一节　太极拳的起源与发展 ·· 23
　第二节　太极拳健康文化的特质 ··· 25
　第三节　太极拳养生的健康思想 ··· 36

第三章　老年人健康的基本特征 ·· 46
　第一节　老年人生理健康特征及其评价 ·· 46
　第二节　老年人心理健康特征及其评价 ·· 55
　第三节　老年人社会健康特征及其评价 ·· 65
　第四节　老年人自测健康特征及其评价 ·· 73

第四章　太极拳对老年人健康促进的研究进展 ··· 80
　第一节　老年人习练太极拳健康促进研究概况 ······································ 80
　第二节　老年人习练太极拳的生理健康效益 ··· 89
　第三节　老年人习练太极拳的心理健康效益 ·· 107
　第四节　老年人习练太极拳的社会健康效益 ·· 113

第五章　太极拳对老年人健康促进效果的实证研究 ································· 119
　第一节　老年人太极拳锻炼现状及效果自评 ·· 119
　第二节　太极拳习练对老年人生理健康的影响 ····································· 138
　第三节　太极拳习练对老年人心理健康的影响 ····································· 155
　第四节　太极拳习练对老年人社会健康的影响 ····································· 172

第六章 "老龄化"视域下太极拳康养资源的开发 ……………… 189
第一节 "老龄化"唤醒太极拳的健康智慧 ……………………… 189
第二节 太极拳促进健康老龄化的价值 …………………………… 193
第三节 太极拳康养资源开发的路径 ……………………………… 200
第四节 老年人太极拳康养运动处方 ……………………………… 202

参考文献 …………………………………………………………………… 218

附录 ………………………………………………………………………… 238

致谢 ………………………………………………………………………… 245

第一章 相关理论概述

概念是理论思维的基本单位,其所承载的意义也是实践中的行为指南。本章将逐一阐述老年人、人口老龄化、健康、亚健康和自测健康的相关概念和理论内涵,并对太极、太极拳等基本概念进行必要的梳理。

第一节 老年人与老龄化

国际上一般将 65 岁[①]以上的人划分为老年人,我国与国际标准不同,将 60 岁以上的公民界定为老年人。人口老龄化是指总人口中因年轻人口数量减少,年长人口数量增加而导致的老年人口比例相应增长的动态过程。老龄化有两层含义:一是指老年人口相对增多,在总人口中所占比例不断上升的过程;二是指社会人口结构呈现老年状态,进入老龄化社会。

一、年龄的分类

我们通常所说的年龄只是一个狭义的概念,指的是一切有生命的物质从出生或成活之后累计生存的年数,这是实际年龄,是一个纯时间概念,通用于人和动物。其实"年龄"这个词对于人类来讲,还应有更广义、抽象的概念。如果分别从生理学、社会学、心理学和美学的角度来谈年龄,每个人又有生理年龄、社会年龄、心理年龄和外观年龄等等。也许还有其他更多的年龄概念。一般来说,人的年龄划分方法有以下几种:(1)日历年龄,亦称时序年龄、实足年龄,是以时间表示自出生以后所经历的时间。是计算年龄最常用的方法,简单、易掌握,也是不以人的意志为转移的。这种年龄客观存在,法律和法规规定使用的年龄都是日历年龄。(2)生理年龄,是指根据个体解剖学或生理学上组织器官的发育状况所推算出来的年龄,表示个体生理功能和组织结构的实际衰老程度,可用来预计某一个体未来的健康状况,

---

[①] 本书所述"岁"即为"周岁"。

估计其寿命。它与遗传和后天的各种因素有很大关系,个体间差异较大,所反映的个体情况也较为客观,常用的测量生理年龄的方法一般集中在骨龄、牙龄、第二性征的表达、个体体型及生长发育等指标上。经过长期实践的比较和检验,骨龄是目前国际公认的评价生物学年龄或衡量骨成熟状况较准确客观的指标之一[①]。(3)心理年龄,是依据个体认识、感情、思维、意志等心理活动能力,从心理学的角度来划分的,它反映了个体能力。由于个体间的先天、后天因素各不相同,心理年龄差异很大。(4)社会年龄,这种划分是把人看作社会化的一定阶段,以人对社会的最终适应情况和所承担的社会责任的稳定性为划分标准,表现为社会对个体的学识、智慧、经验、能力的认可度。一个人的社会地位越高,社会作用越大,其社会年龄就越大。(5)外观年龄,是一个人的相貌和打扮给别人的感觉,即感观印象年龄。如有的人年龄不大却未老先衰,有的人虽然上了年纪却鹤发童颜。这种年龄与遗传、环境有关,但更多取决于性格、心情和生活方式。

一般来说,生理年龄和社会年龄不是随着人们实际年龄的增长而平行地增长,它们是逐渐递增,达到一个高峰后又逐渐递减。小的时候由于身体器官发育不完善,且由于社会经验的不足,处于生理年龄和社会年龄低能时期;而上了年岁之后,又由于身体各器官衰退而力不从心,所积累的社会经验很可能被新的知识、技能和思想所淘汰,不再适应时代、社会的需要。心理年龄多半是由外界环境造成的,所处的外界环境复杂,人一般就会早熟,正所谓"穷人的孩子早当家"。社会年龄受环境影响较大,这涉及自然环境和社会环境。室内工作者一般比户外工作者显得年轻;所处的社会环境复杂,人就会显得老成;人的心情舒畅,自然会春风满面。外观年龄还可以通过化妆来呈现。实际年龄每年都有增无减不可逆转,这是客观事实,然而,生理年龄、社会年龄、心理年龄和外观年龄却是人为的,可以由主观因素来控制,诸如人的毅力、进取心、生活态度等等。

二、老年人

何谓老年人及老年?目前尚没有科学、明确的界定标准。不同民族、不同国家,认识各不相同。就是同一民族、同一个国家在不同时期也有不同的解释。如我国晋朝时期认为66岁以上为老年,隋朝时定为60岁以上,唐朝时把界定年龄提前到55岁,宋朝又以60岁以上为老年。我国《老年人权益保障法》规定:"本法所称老年人是指60周岁以上的公民。"目前我国的养老金领取、法定退休年龄及老年人福利优待等制度和政策等都是按照这一年龄标准制定的,即满60周岁后,不管是否承认自己已经老了,都会被贴上老年人的标签。日本规定男性60岁、女性55岁可领取老年年金。美国、加拿大规定到65岁才有领取老年年金的权利。瑞典规定凡满65岁者可享受国民年金。1982年7月,联合国在维也纳召开的"老年问题世界大会"上,建议规定把60岁及以上的人统一划分为老年人。最近联合国世界卫生组织(World Health Organization, WTO,简称"世卫组织")对年龄的划分标准又作出了新

---

① 白宇明.利用增龄性定量指标判定华中地区青少年生理年龄的研究[D].武汉:华中科技大学,2010:52-68.

的规定:60～74 岁为年轻的老年人,75～89 岁为老年人,90 岁以上为长寿老年人,将老年人划分为 3 个年龄段,使得真正意义上的老年人为 75 岁以上的人[1]。

可见,关于何时入老年,标准各异,国内外老年学家对老年人的定义有十几种观点。较通用的有按照日历年龄、生理年龄、心理年龄、社会年龄进行的分类:(1)根据日历年龄确定老年人。西方国家把 45～64 岁称为初老期,65～89 岁称为老年期,90 岁以上称为老寿期。发展中国家规定男子 55 岁及以上、女子 50 岁及以上为老年。根据我国的实际情况,现阶段以 60 岁为划分老年人的通用标准。45～59 岁为老年前期,我们称之为中老年人;60～89 岁为老年期,我们称老年人;90 岁及以上为长寿期,我们称长寿老人;而 100 岁及以上称百岁老人。(2)根据生理年龄来确定老年人。个体生理年龄可分为四个时期:生长发育期(出生至 19 岁)、成熟期(20～39 岁)、衰老前期(40～59 岁)和老年期(60 岁及以上)。生理年龄和年代年龄相比,两者的含义是不同的,往往也是不同步的。生理年龄的测定主要根据血压、呼吸量、视觉、血液、握力、皮肤弹性等多项生理指标来决定。(3)根据心理年龄来确定老年人。一般而言,心理年龄是以人的意识和个性为主要测量内容的,依据每个心理年龄期的不同心理特点,人从出生到死亡共经历 8 个心理发展期,即胎儿期、乳儿期、幼儿期、学龄期、少年期、青年期、中年期和老年期。(4)根据社会年龄来确定老年人。社会角色的转换是判断一个人社会年龄的重要依据,比如一个 18 岁的人,在法律上已经是成年人,但在周围人的眼中,他仍只是一个孩子,直到他自己有了家室,他才会被认为是真正融入社会,成为一个成熟的人。

由于生理年龄、心理年龄与社会年龄难以测定,因此为了统计上的方便,国际普遍采用日历年龄作为划分老年的标准。但日历年龄无法体现个体的差异,因此还需要其他的标准。随着人类寿命普遍增长,健康长寿已成为普遍现象,划定老年的年龄界线应该提高。

三、人口老龄化及其趋势

老龄化,一是指一个社会随着老年人口的迅速增加,老年人口占总人口的比例日益提高。按国际通用标准,当 60 岁及以上的人口占总人口的比例超过 10%,或者 65 岁及以上人口占总人口的比例超过 7% 时,即进入老龄化社会,这是指人口群体的老龄化,即包括老龄人口数量增加和老龄人口比例上升两个核心要素。一般评价一个国家或地区的人口老龄化程度,应对人口平均寿命、老年人口系数、年龄中位数等多因素进行全面考量[2]。二是指一个人随年龄的增加,其生理、心理等方面随之发生的变化,这是指个体的老龄化[3]。就个体老龄化而言,人的衰老是多方面因素共同作用的自然过程,世界卫生组织将老龄化界定为个体在生理、心理以及社会功能方面逐渐改变的过程。有学者从生理学角度进行界定,个体老龄

---

[1] 联合国世界卫生组织对年龄的划分标准[EB/OL]. (2012-12-19) [2019-08-05]. http://wenku.baidu.com/view/723e1daf0029 bd64783e2cfc.html.
[2] 张恺悌,党家康.制约 21 世纪中国社会发展的重要国情:人口老龄化[J].中国国情国力,1993(2):66-69.
[3] 陈小月."健康老龄化"社会评价指标的探索[J].中国人口科学,1998(3):51-56.

化指随着年龄的增长,器官维持生理机能和动态平衡能力逐步降低的过程。也有学者从"下降、改变和发展"三个维度来界定老龄化,其中下降是指随着年龄的增长,感官逐渐衰弱;改变是一个相对中性的词,如头发的颜色变白,腰围变粗,但是爱和被爱的能力以及保持快乐的能力并没有改变;发展是指老年人一般更加平和,更加有耐心,更加能容忍,生活经验更加丰富。

当前,人口老龄化已成为一个世界性问题(表1.1)。按照人口老龄化的划分标准,目前世界上所有发达国家都已经进入老龄化社会,许多发展中国家正在或即将进入老龄化社会。1950年全世界60岁及以上的老年人约有2亿人,1970年达到约3亿人,2000年达到约6亿人,2006年达到6.88亿人,预计2050年这一数字将达到20亿,同时也将第一次超过全世界儿童(0~14岁)的人口数。目前,世界上一半多的老年人生活在亚洲(占54%),其次是欧洲(22%)。2005年联合国发布的报告预测,全世界60岁及以上老年人口比例将由2000年的10.0%,上升到2025年的15.1%,2050年将上升至21.7%;65岁及以上老年人口比例由2000年的6.9%上升到2025年的10.5%。

1999年10月,国务院成立全国老龄工作委员会,并宣布中国进入老龄化社会(60岁及以上人口占总人口的10%)。中国老龄协会发布的《2010年度中国老龄事业发展统计公报》称,2010年中国60岁及以上老年人口已达1.776 5亿人,占总人口的比例达13.26%,与2000年第五次全国人口普查结果相比,上升了2.93个百分点。截至2011年底,中国60岁及以上老年人口已达1.85亿人,占总人口的13.7%,比上年末提高0.47个百分点。《中国老龄产业发展报告(2014)》显示,2013年我国老年人口数量为2.02亿,人口老龄化水平达到14.9%。据预测,2050年我国老年人口数量将达到4.8亿,占全球老年人口的1/4。根据国家人口发展战略研究课题组(2007)的预测,2030年以后,中国65岁及以上的老年人口数量将大幅增加,并将超过0到14岁的儿童人口的数量,中国将变成世界上人口老龄化最快的国家之一。预计今后几十年内,我国老年人口将按每年800万人的规模持续递增,即平均每年增长0.4个百分点。截至2014年底,我国60岁及以上老年人口已经达到2.12亿人,占总人口的15.5%。到21世纪末,中国人口老龄化发展将经历三个不同的阶段。第一阶段从2015年到2035年,为急速发展阶段,老年人口从2.12亿人增加到4.18亿人,年均增长1 000万人左右,老年人口占比由15.5%提升至28.7%。第二阶段从2036年到2053年,为缓慢发展阶段,老年人口将从4.18亿人增加到4.87亿人,年均增长400多万人,老年人口占总人口的比例从28.7%提升到34.8%。在这个阶段,人口高龄化特征明显,80岁及以上的高龄人口从0.6亿人增加到1.18亿人,新增老年人口中超过八成是高龄老人。第三阶段从2054年到2100年,为平稳发展阶段,老年人口将与其他年龄段人口共同减少,从4.87亿人减少至3.83亿人,老年人口占总人口的比例在32%~34%区间浮动,形成一个相对稳定的重度老龄化高峰平台。同时,相关报告还指出,中国的人口老龄化与高龄化、失能化、空巢化、少子化"五化并发",如至2009年,80岁及以上高龄老人已达到1 805万,并以年均100万以上的速度在增加。城市老年人失能和半失能的比例达到14.6%,农村超过20%。空巢化趋势日益突出,城市老年空巢家庭达到49.7%,农村空巢和类空巢家庭达到48.9%。据统计,20世纪50—80年代我国家庭平均人口大体稳定在4.23~4.43人之间。90年代开始,家庭平均人口明显下降,2005年为3.13人,城市家庭结构小型化更加明显。这些都给应对人口老龄化增加了新难度。

表1.1 世界人口发展趋势估计与预测表[①]

时间(年)	寿命(岁)	总生育率(%)	总人口(亿人)	人口增长率(%)	15岁及以下人口占总人口比例(%)	65岁及以上人口占总人口比例(%)
1700	27	6	0.68	0.5	36	4
1800	27	6	0.98	0.51	36	4
1900	30	5.5	1.65	0.56	35	4
1950	46.9	5	2.52	1.8	34	5
2000	67.1	2.7	6.13	1.22	30	7
2010	70	2.5	6.92	1.2	27	8
2020	71	2.4	7.72	1.04	25	9
2030	72.8	2.3	8.42	0.83	23	12
2040	74.4	2.2	9.04	0.66	22	14
2050	75.9	2.1	9.55	0.51	22	16
2100	81.8	1.99	10.85	0.11	18	22

四、我国人口老龄化的成因

对于一个国家或地区来说,造成人口老龄化加速的原因是多方面的,既有人口的出生、死亡的影响,又有人口迁移等因素的影响。就我国人口老龄化加速而言,较主要和直接的原因如下:

1. 生育率较低

为了控制人口过快增长,减轻人口对经济社会发展造成的压力,自20世纪80年代开始我国实行计划生育这一基本国策,使得生育率迅速下降,从而使少儿人口及其所占的比例大幅度下降,老年人口的比例则相对上升。联合国1956年出版的第一部人口老龄化方面的著作《人口老龄化及其社会经济后果》第一次明确指出,相对于死亡率而言,生育率下降是影响人口老龄化的主要因素。从统计数据来看,少年儿童人口(0~14岁)在总人口中所占的比例有大幅度的下降,少儿人口占总人口的比例已从1953年的36.13%下降到1990年的27.17%,并且随着人口生育率的进一步下降,预计到2030年,少儿人口可能只占总人口的18%。

[①] 刘文,焦佩.国际视野中的积极老龄化研究[J].中山大学学报(社会科学版),2015,55(1):167-181.

2. 人口寿命延长

我国人口平均预期寿命自20世纪中叶以来有了较大提高。新中国成立后,在社会稳定、经济发展、人民生活水平提高,特别是医疗卫生条件大幅度改善等多因素的共同作用下,社会人口结构中年轻人口比例进一步降低,而老年人口的比例相对提高。据统计,1985年我国人均寿命为68.9岁,而2001年我国人均预期寿命为71.8岁,15年间增加了近3岁,致使65岁及以上老年人口比例不断上升,到2040年时老年人口将达到最高峰,占总人口的比例将达19%左右,总数将突破3亿人。在老龄化之初主要是受到生育率变动的影响,而随着老龄化进程的深入,死亡率对老龄化程度的影响也逐渐显露出来。

3. 人口区域流动

人口迁移也是影响人口老龄化程度的一个因素,尽管人口迁移在总体上并不增加老年人口,但却可以改变区域的老龄化格局。我国经济的不均衡发展,使得人口流动、迁移成为常态化现象,导致老龄人集中在某个地区,尤其是在我国城市化过程中,年龄的选择性在城乡人口流动中表现非常突出。青壮年与老年人在文化素质、心理倾向、劳动技能、生活习惯以及社会适应性方面存在巨大差异,再加上城镇各劳动部门对青壮年有用工需求,使得城市化进程中从农村迁往城市的人口中,青壮年人口占绝大多数,尤其是未婚者有更强的迁移倾向,其中16~40岁人口是迁移人口的主体。青壮年人口的迁出,一方面,加重了农村人口的老龄化程度,另一方面,使得城市人口趋于年轻化,因此农村的人口老龄化程度一般要高于城市,形成了老龄化城乡不平衡的严峻格局。有统计表明,1982年到2000年,中国农村迁入城市的人口累计达20 657万人,其中劳动力10 960万人,占53.1%。同时期中国农村老年人口比例从7.8%上升到10.9%,上升了3.1个百分点,而同期城市老年人口比例从7.4%上升到9.7%,上升了2.3个百分点,人口迁移使得农村人口老龄化速度快于城市。许多农村家庭成为"空巢家庭"。中国人民大学教授杜鹏等学术界人士认为,这种人口流动、迁移现象的加剧,使得中国老龄问题的重心在于农村,农村老龄问题更加突出。

4. 医疗卫生事业的进步

人类步入老年以后,生理机能逐渐减退,免疫力下降,身体更容易发生各种疾病,直至被夺取生命。但随着医疗卫生条件的改善与人民生活水平的提高,导致人类死亡的主要疾病也由原来的急性疾病转变为慢性疾病,随着医学技术的进步,许多疾病已经可以通过手术或药物得到一定程度的治疗和控制,使得许多患严重疾病的人群获得了延长生命的机会。我国20世纪80年代以前,经济窘困一直是很多人有病不能得到及时有效医治的主要原因,随着新型农村合作医疗、城镇居民医疗保险等政策的实施,这一状况得到了很大的改善[①]。尤其近年来,国家对基本公共卫生服务和农村卫生事业的重视,使得我国卫生资源持续增长,医疗卫生服务利用率明显上升,城乡以及地区间卫生发展差距逐步缩小,政府卫生总费用和

---

① 魏晋才,薛公伟,陈奇策.我国医疗卫生服务需求趋势的人口统计因素分析[J].中国卫生事业管理,2011(3):198-201.

财政支出的年均增速加大[①],如国务院于 2016 年 1 月颁布了《关于整合城乡居民基本医疗保险制度的意见》,该意见指出,整合城镇居民基本医疗保险和新型农村合作医疗两项制度,建立统一的城乡居民基本医疗保险制度,对促进城乡经济社会协调发展、全面建成小康社会具有重要意义。在养老服务业上,国家对养老服务业建设的支持力度不断加大,市场和社会各方面参与养老服务业发展的积极性越来越高涨,我国以居家为基础、社区为依托、机构为支撑的养老服务体系正在逐步形成和完善[②]。这些医疗卫生事业所取得的进步都有效地提高了我国老年人群的健康水平。有实证研究表明,作为中国当前的主要医保形式,城镇医保和公费医疗确实在改善中国老人医疗服务利用和减轻老人家庭医疗负担方面都发挥了积极作用[③]。当前新的医改方案要求"以预防为主",从疾病预防控制效果在时间的延后性这个角度来看,"以预防为主"将对我国人口健康老龄化起到一定的促进作用。

可见,由于中国计划生育政策的成功实施和医疗卫生事业的不断进步,中国人口年龄结构在生育率下降、死亡率降低和人均寿命不断延长等几大力量的作用下,我国人口大规模、快速地走向老龄化。可以预见,随着我国经济社会的进一步快速发展,人民生活水平和医疗卫生保健水平的不断提高,以及低生育水平的不断持续,今后一段时间我国老年人口数量将继续增长,老龄化程度将持续加重。

五、我国人口老龄化的特点

中国作为一个发展中的人口大国,新中国成立以来人口再生产类型的重大转变,都是在经济发展水平不高的条件下发生的。特别是由过渡型人口增长模式向现代型人口增长模式的转变,政府推行的计划生育政策在其中起到了决定性的作用。因此中国人口再生产类型的转变并非经济发展带来的自然转变,与其他国家相比具有自己的特殊性:

1. 老年人口基数大

因我国人口基数大,从而具有老年人口多的特点。2005 年中国 60 岁及以上老年人口已达 1.43 亿人,占总人口的 11%。另据联合国预测,1990—2020 年世界老龄人口平均年增速度为 2.5%,同期我国老龄人口的递增速度为 3.3%,世界老龄人口占总人口的比例从 1995 年的 6.6%上升至 2020 年的 9.3%,同期我国由 6.1%上升至 11.5%,无论从增长速度还是比例都超过了世界老龄人口增长的速度和比例,到 2020 年我国 65 岁及以上老年人口约占全世界老龄人口的 24%,也就是说全世界四个老年人中就有一个是中国老年人。2016 年 1 月 22 日人社部新闻发言人李忠指出,中国已经逐渐进入老龄化社会,截至 2014 年,60 岁及以上老年人口达到 2.1 亿人,占总人口的比例 15.5%,2.1 亿人里有将近 4 000 万人是失能、半失能的老人。据有关部门预测,到 2035 年老年人口将达到 4 亿人,失能、半失能的老人数量会

---

① 吴燕.城镇化、老龄化、互联网和居民医疗支出对我国医疗卫生服务水平的影响分析[J].中国卫生经济,2016,35(1):66-69.
② 青连斌.我国养老服务业发展的现状与展望[J].中共福建省委党校学报,2016(3):75-84.
③ 刘国恩,蔡春光,李林.中国老人医疗保障与医疗服务需求的实证分析[J].经济研究,2011(3):95-109.

进一步增多。

此外,据2021年第七次全国人口普查数据显示,我国老年人口规模庞大,60岁及以上人口已达2.6亿人,其中,65岁及以上人口1.9亿人,全国有16个省份65岁及以上人口超过了500万人,有6个省份的老年人口超过了1 000万人。可见,我国不仅是世界第一人口大国,也是老年人口最多的国家。

2. 人口老龄化速度快

20世纪50~60年代是我国人口出生高峰期,而这一代人的低生育水平,导致了人口老龄化进程的迅速推进。有学者对进入老龄化的国家的人口年龄结构从成年型进入老年型的速度进行统计发现①,"日本经历了25年、德国和英国经历了80年、美国经历了60年、瑞士经历了85年、法国经历了115年"完成了从成年型国家进入老年型国家的转型,其中时间最短的是日本,最长的是法国,其经历了115年才完成这一过程。而我国从1980年至1999年,仅用了18年时间就基本完成了从成年型国家向老年型国家转变的过程,这样短的转变时间,在世界上是不多见的。此外,据中国社科院发布的《2014年中国社会形势分析与预测》蓝皮书显示,2013年我国60岁及以上老年人口已达2亿,人口红利即将进入逐渐收缩时期。2014年后我国将年均增加1 000万老年人口;到本世纪中叶将迎来老龄化高峰,老年人口预计达4.87亿,占总人口的比例上升至35%。中国65岁及以上的老年人口数量将大量增加,并将超过0到14岁的儿童人口的数量,中国将变成世界上人口老龄化最快的国家之一。另据全国第七次人口普查数据显示,近十年(2010—2020年)我国老龄化进程明显加快。2010—2020年,60岁及以上人口比例上升了5.44个百分点,65岁及以上人口比例上升了4.63个百分点。与上个十年相比,上升幅度分别提高了2.51和2.72个百分点。

3. 人口高龄化趋势明显

我国人口在老龄化速度加快的同时,也呈现出高龄化的趋势。按照60~69岁为低龄老人、70~79岁为中龄老人、80岁及以上为高龄老人的国内老年标准,2004年,我国80岁及以上人口高达1 609万人,约占总人口的1.24%。另据2021年全国第七次人口普查显示,我国80岁及以上人口已有3 580万人,占总人口的比例为2.54%,比2010年增加了1 485万人,比例提高了0.98个百分点。有学者预测②,2030年后中国老年人口高龄化程度加剧,高龄老人比例上升速度快于世界其他地区。2030—2050年,中国老年人口中高龄老人比例将从10.87%上升到21.25%,提高10.38个百分点。世界平均水平、发达地区、发展中地区在相应时期高龄老人比例上升的幅度预计分别为5.5个百分点、7.2个百分点、6.5个百分点。我国老年人口高龄化程度加剧,与我国生育率相对稳定、老年人口死亡率下降、人均预期寿命不断增长有关。

4. 国未富人先老

发达国家进入老龄化社会前,国家先有经济的高速发展和物质财富的充分积累,然后才

---

① 田雪原,王国强.全面建设小康社会中的人口与发展[M].北京:中国人口出版社,2004:229-230.
② 王琳.中国老年人口高龄化趋势及原因的国际比较分析[J].人口与经济,2004(1):6-12.

进入老龄化社会,即"先富后老",国家有足够的物质条件解决养老问题,而我国是在经济不发达情况下提前进入老龄社会,即"未富先老"。发达国家进入老龄化社会时,人均 GDP 基本在 5 000 美元到 1 万美元之间,而我国进入老龄社会时,人均 GDP 还不到 1 000 美元。日本在 65 岁及以上人口比例达到 7%、10%、14%时,人均 GDP 分别为 1 967 美元、11 335 美元、38 555 美元。在全世界已经进入老龄化的 70 多个国家中,我国在世界老年型国家中人均 GDP 是排在后面的。联合国的一份报告称,从没有一个国家尚处于中国这样的发展阶段便开始老龄化。这对我国未来社会经济发展将产生深刻的影响,给中国带来了十分沉重的压力。

5. 社会老年人保障制度不健全

改革开放以来,我国社会老年人保障制度有了较快的发展,初步建立了养老、医疗等社会保险制度,老年福利、卫生、文化、教育、体育等事业都有了一定发展,老年人的生活水平和生活质量不断提高。但是,历史欠账较多,我国老年人保障体系中薄弱点较多,不能很好地适应人口老龄化的要求。民政部时任部长李学举在十届全国人大常委会第五次会议上指出,我国老年人保障还存在许多薄弱环节和问题,突出表现为:尽管经过十多年的改革和探索,我国城镇老年人社会保障政策取得了突破性进展,但由于生产发展水平的限制和老年人口数量过分庞大的制约,城镇部分老年人的医疗保障和养老政策没得到落实,农村老年人生活保障制度不健全,老年人口的贫困问题还比较突出;现行法律在老龄社会服务、老年人照料等方面缺乏规制,使得老年人的社会照料与服务明显滞后,歧视老年人,侵犯老年人人身、财产、住房和婚姻等合法权益等现象,制约了养老事业的发展。这些我国计划经济体制时期下的没有养老积累的包袱留到了现在,这是其他国家所没有的。

6. 人口老龄化地区差异大

人口老龄化的区域性差异主要体现在城乡差异和地区差异两个方面。在城乡差异方面,发达国家人口老龄化的历程表明,城市人口老龄化水平一般高于农村,而我国的情况则不同。在我国,农村的人口老龄化程度和人口老龄化速度均高于城镇。全国第七次人口普查数据显示,乡村 60 岁、65 岁及以上老人的比例分别为 23.81%、17.72%,比城镇分别高出 7.99、6.61 个百分点。有研究表明,这种城乡倒置的状况将一直持续到 2040 年。在地区差异方面,经济发达地区的人口老龄化程度和人口老龄化速度均高于经济欠发达地区。1990 年,我国老年人口占总人口的 5.89%,在内地的省、自治区、直辖市中,有 12 个省、自治区、直辖市高于全国平均水平,有 5 个省市(包括上海、浙江、北京、江苏、天津)超过 10%,成为老年型地区。其中,上海市在 1979 年已成为人口老年型城市,先于全国 20 年,而青海省按现在的发展速度,要滞后全国 20 年。

总之,我国人口老龄化具有"中国特色",除了老年人口增长快、基数大、空巢和失能困难老人多以外,中国的老龄化还呈现出先于工业化、与家庭小型化相伴随、老年抚养比快速攀升等特点。这种具有中国特色的人口老龄化给中国的发展带来了一系列难以回避的实际问题,如养老保障的负担正日益加重,老年人医疗卫生消费支出的压力越来越大,以及"为老"

社会服务的需求迅速膨胀等。此外,老龄化给我国农村带来的挑战更加严峻。农村新型合作医疗制度目前已全面覆盖,农民的养老、医疗等问题得到了一定程度的解决。但是,当前和今后一个时期,我国人口老龄化发展将呈现出老年人口增长快、规模大;高龄、失能老人增长快,社会负担重;农村老龄化问题突出;老年人家庭空巢化、独居化加速;未富先老矛盾凸显五个特点。

六、我国人口老年化应对措施

中国社会迈入老龄化已经成为现实,减少老年性疾病的发病率和对社会、家庭的影响已经成为一个重要课题摆在我们面前。"如何应对老龄化"被广泛讨论。世界卫生组织先后提出了健康老龄化、积极老龄化、成功老龄化和生产性老龄化等观点。这些观点对老龄化的认识和研究从"消极老龄化"转向了"积极老龄化",逐渐形成了应对 21 世纪人口老龄化问题的新的理论、政策和发展战略。

1. 健康老龄化

1946 年签署的《世界卫生组织宪章》中指出:"健康是身体、心理和社会适应的完美状态。"1961 年,哈维格斯特(Havighurst)最早提出健康老龄化,即延长寿命,增加生活满意感。自此之后,学者们开始讨论健康老龄化的概念、标准及其影响因素。世界卫生组织又于 1990 年明确了何为"健康老龄化",即指延长人类的生物学年龄及心理和社会年龄,使得老年人健康和独立地生活,寿命更长、生命质量更高,同时,也指社会发展不受过度人口老龄化的影响[①]。当前,随着世界人口老龄化进程的迅速发展,国内外有关如何界定和实现健康老龄化的研究十分活跃,但对健康老龄化概念的界定都集中在生理、心理或两者混合的框架下。生物学强调躯体和认知功能,表述为长寿、健康、无残疾、没有慢性疾病或危险因素并且躯体功能良好;社会心理学强调生活满意度(热情、决心、刚毅、自我概念、情绪和幸福感等),心理资源(积极的观点、自我价值、自我效能、独立性、对环境变化的适应性),社会功能(社会角色扮演、社会关系)等。我国著名人口学家邬沧萍教授指出:健康老龄化不仅强调老年人个体生命质量的提高,而且倡导各方努力营造一个健康的老龄社会,罗(Rowe)和卡恩(Kahn)提出健康老龄化应是具备"疾病以及疾病相关残疾发生的风险性低、认知功能和躯体功能良好、积极参与生活"三个条件的生物学模型,认为除此之外,独立性和社会支持对健康老龄化也很重要。但该模型忽略了在生命进程中不可避免的老化过程,即对于大多数老年人来说,没有疾病是不符合现实的。可见,"健康老龄化"既是指个人在进入老年期时在躯体、心理、智力、社会、经济五个方面的功能仍能保持良好状态,又是指老年人群的健康长寿。群体达到身体、心理和社会适应的较完美状态,既包括老年人个体健康、老年群体的整体健康、老年人家庭健康,又包括老年人经济健康和社会环境健康等。老年人健康(不仅指生理,还包括心理、社会等方面)是老龄化的核心议题,关注的是老年人的生活方式、心态、社会支持、医疗服务

[①] 邬沧萍,姜向群."健康老龄化"战略刍议[J].中国社会科学,1996(5):52.

体系等,聚焦在个体的生活方式上,特别重视对老年群体心理健康状况的测量和生活方式的描述。但有学者提出,虽然健康老龄化这一认识已是应对老龄化社会的一个积极的进展,但它强调的内容主要集中在老年人的生理、心理和智能方面,含有老年人是弱势人群、被照顾者、被动的接受者以及纯粹的消费者之意,只注重老年人的社会消极影响,却忽视了老年人对社会的积极作用。[①]

当前,我国提出和实施健康老龄化是应对我国人口老龄化问题的必然选择,也是解决我国老龄化问题的根本出路。但在推进健康老龄化进程中,我们面临着诸多困难和障碍,主要是老龄人口增速过猛,且人口老龄化过程又是在经济社会发展滞后的情况下开始的。因此,要实现健康老龄化,就要注意满足老龄人口作为一个特殊群体的种种特殊需求;要有针对性地重点解决一些具体问题;要努力创新相关政策来提高我国的健康老龄化程度,其创新的核心是满足老年人基本需求,鼓励老年人多向发展。

2. 积极老龄化

人口老龄化的发展,给人类社会带来变革,学术界纷纷提出养老新观念。世界卫生组织为应对因人口老龄化而出现的新情况、新问题,继1990年提出实现健康老龄化的目标后,于1999年国际老人年的世界卫生日又提出了积极老龄化的设想。2002年4月,世界卫生组织向联合国第二届世界老龄大会提出的书面建议《积极老龄化:政策框架》提出了积极老龄化的政策框架,指出积极老龄化是以承认老年人的人权和联合国关于独立、参与、尊严、照料和自我实现的原则为基础的,以"健康、参与和保障"为三大支柱。如果说,长寿是最初也是最古老的目标,健康是现代人的目标,而尊严则是21世纪老龄社会的目标,也就是说,人们从追求生活质量向追求生命质量转变。

世界卫生组织又指出,"积极"是指不断参与社会、经济、文化、精神和公民事务,不仅仅指身体的活动能力或参加体力劳动的能力。老年人从工作岗位上退下来,他们仍然是家庭和社会的宝贵资源,要使他们享受终身教育,融入社会,力所能及地参与社会、经济、文化、政治、教育、体育等活动,给时间以生命,使他们活得有价值、有意义。可见,积极老龄化不仅强调老年人的健康与活动能力,而且更强调老年人的社会参与,主张创造条件与机会使老年人能够不断地参与经济、教育、文化活动和社区公益服务,从而丰富老年人的生活,激发老年人的活力,提高老年人的生活质量。

3. 成功老龄化

"成功老龄化"的理论渊源可以追溯到20世纪40年代出现的老年社会适应性研究,是指在老龄化过程中,外在因素只起中性作用甚至抵消内在老龄化进程的作用,从而使老年人的各方面功能没有下降或只有很少下降。美国学者 Rowe 与 Kahn 对成功老龄化进行了界定:在外在心理和社会因素对人的老化过程的积极影响下使老年人各方面的功能很少下降,使他们保持良好的身心平衡,激发他们生命的活力,并在社会参与中逐步实现自我。当

[①] 李文静,杨琳.老年过程观:对积极老龄化的回应[J].学术交流,2014(6):44-149.

前,成功老龄化的研究主要集中在老年人应具备哪些品质或素质才能实现成功老龄化状态以及成功老龄化程度的测量和成功老龄化结果的评估等方面[①]。我国关于成功老龄化的研究自21世纪初开始流行起来,研究主要集中在对个体的成功老龄化现象的测量和分析,以及对中国成功老龄化实现度的测量方面。李春波等从"日常生活能力、认知功能、心境及情绪的自评和伤残情况评价"[②]4个维度对成功老龄进行定义,认为MMSE(简易精神状态检查量表)总分大于按教育程度分层的分界值(即文盲≥22分、小学≥25分、中学及以上≥29分),ADL(日常生活活动能力)总分(14项版本)≤15分,目前心境及情绪的自我评价尚好,躯体无伤残,即为个体的成功老龄化[③]。张小兰等提出从健康、社会功能和幸福感的维度来衡量成功老龄化的模型[④]。在一些情况下,健康老龄化与成功老龄化的界定存在重叠。关杜鹏等调查表明,年龄、性别、受教育程度和家庭经济状况等因素影响着成功老龄化,一般成功老龄化的老年人主要是低年龄、男性、受教育时间长、拥有较多家庭财产或月收入的老年人[⑤]。也有研究表明,除性别、年龄外,适当的睡眠时间、经常锻炼身体是成功老龄化的显著性相关因素[②]。

成功老龄化观点转变了我们以往老龄化研究中对老年人疾病或老年人功能缺损的关注,或者过多强调老年人疾病、孤独、依赖等消极的一面,而把关注点放到强调老龄化的可塑性和积极的一面,放到更为广阔的社会背景中来讨论,因而可以超越个体的层面。它不仅强调老年人健康的重要性,也认为老年人参与生产的意愿、能力与权利应得到尊重与保障,还强调要重视老年人实现成功老龄化的过程及结果。

4. 生产性老龄化

传统观念常常将老年人视为"负担",从"问题"视角解读老龄化问题,遮蔽了老龄化所蕴含的潜在力量[⑥]。罗伯特·巴特勒(Robert Butler)在1983年首次采用了"生产性老龄化"这一术语,强调了要去关注老年人的社会生产潜力。生产性老龄化观点认为,老年人所具有的社会资本、经验传达、文化传承和时间使用等方面的优势,使他们能够成为社会体系有效运行的生力军。童红梅等对近年来有关生产性老龄化概念的内涵进行了研究,得出目前国际上尚未达成一致的结论。生产性老龄化一般被界定为"发挥个人能力从事商品和服务生产的老龄人口的任何活动,而这种贡献并不考虑老年人是否得到报酬"[⑦]。不过,也有一些研究者指出:老年人的自我照料、自我成长等行为能够降低其脆弱性,也是对家庭和社会的间接贡献,也具有"产出性",因而主张对"产出性老龄化"采用更具包容性的定义。产出性老龄化的实现方式包括"外向性"活动(继续就业、做志愿服务、照料他人)和"内向性"活动(继续

---

① 张旭升,林卡."成功老龄化"理念及其政策含义[J].社会科学战线,2015(2):185-191.
② 李春波,张明园,何燕玲,等.健康行为方式对成功老龄化的影响:五年社区随访研究[J].中国心理卫生杂志,2001,15(5):324-328.
③ 吴文源.成功老龄的概念及其研究[J].中华医学杂志,2005,85(42):2955-2959.
④ 张小兰,骆宏,张欣,等.不同模型下成功老龄化影响因素的比较[J].浙江预防医学,2014(8):768-771.
⑤ 杜鹏,加里·安德鲁斯.成功老龄化研究:以北京老年人为例[J].人口研究,2003,27(3):4-12.
⑥ 赵怀娟."生产性老龄化"的实践与启示[J].安徽师范大学学报(人文社会科学版),2010,38(3):330-334.
⑦ 童红梅,楼玮群.老有所为:近期"生产性老龄化"研究回顾和启示[J].中国老年学杂志,2016,36(6):1273-1277.

学习、发展能力、自我实现等)两个方面。

生产性老龄化观点注重老年人的社会参与,关注老年群体的社会贡献,视老年群体的能力正在提高,强调老龄群体是一种社会资源。从根本上说,生产性老龄化将老年群体视为家庭的支持者和社会经济的参与者,而不仅仅是依赖者、消费者或服务的对象,老年人可以在生产和生活中发挥重要作用,并鼓励老年人积极参与经济和社会生活。

可见,如果说健康老龄化的理念倡导把老年人的身心健康与生活方式联系起来,那么积极老龄化理念就是倡导把老年人的生活状况和其社会参与的状态联系起来。在两者关系上,健康老龄化是积极老龄化的前提和基础,没有健康,积极参与社会活动就无从谈起。积极老龄化是在健康老龄化基础上提出的新观念,是指老年群体和老年人自身在整个生命周期中,不仅在机体、社会和心理方面保持良好的状态,而且他们积极地面对晚年生活,作为家庭和社会的重要资源,可以继续为社会做出有益贡献,倡导把老年人的生活状况与其社会参与的状态联系起来。仅有健康和社会参与并不能确保老年人生活的高质量,还需要对生活环境有良好的主观感受,而成功老龄化正好回应了这一需求。生产性老龄化理念则鼓励老年人在政治、经济和文化领域继续发挥作用,具有很强的社会导向,将老龄化与"社会质量"(用以衡量公民的日常生活质量)的提高联系了起来。当然,上述四个老龄化理念虽然各具特点,但内容上也有相互重叠或相互支持的地方,难以划分边界,因而在很多研究中是混用的。这些观点总体上反映了人们对老年人角色认识的改变,老年人不仅是被保障的对象,而且是人力资源的一部分,要求在应对人口老龄化过程中要充分认识老年人的潜能,鼓励老年人参与社会活动,创建有利于老年人发展的支持性环境。

第二节 健康与亚健康

健康,一个大家耳熟能详的词汇,它从一个人的出生开始便注定伴随其一生,而晚年尤甚,可以说对于健康的研究贯穿了整个人类社会发展史,小到影响一个人的身心幸福,大到影响社会的稳定。从健康与否的角度讲,人体的整个生命过程就处于健康、亚健康与疾病三种状态的相互转换之中。其中,健康不仅仅是没有疾病和不虚弱,而且是身体上、心理上和社会适应能力上三方面的完美状态;亚健康是指人体处于不能达到健康的标准,但又不符合现代医学有关疾病的临床或亚临床诊断标准的健康和疾病之间的一种状态。

一、健康

1. 中国古代对健康的理解

两千多年前,《周易·象传》"天行健,君子以自强不息"一语中,对健康的阐述简练、深刻、全面而又精准。"天"在古汉语中泛指天体万物,包括大自然、大宇宙、客观规律。"行"指运行、运动、自行。"天行"在此指不以人的意志为转移的自然运行规律。"健"字偏旁为"亻","建"则有成立、建立之意。"君子",知天命者方为君子。君子属非小人之人,既有自知之明,又是德行高尚之士。"自强"作自我强壮、完善、发达解,尤以自身"阴阳平衡"、自我发达方为强。"不息"为不断提高,不断努力,强壮强大,永无止境。

"天行健,君子以自强不息"包含以下多层含义:①宇宙天体、万事万物有其客观规律,自然进化、自行运动,不受干扰。②人身处天体之中,应该与万事万物一样,不断进化。③人,正因为是万物之灵,所以君子应当自我鞭策、自我完善、健康向上。而且,只有不断完善自己、不断运动,才有可能实现健康这一目标。④天需要健,天又自行健;人应该永无止境地追求与天同行的自然完美的超然境界。⑤"天行健"既包含人的身体想要达到如天一般自然完美的健强的比喻,更具有哲学角度的人生、社会、自然多重维度上的和谐、统一、完善、健全、强壮、充满活力的积极意义。⑥天、地、人、君、臣、子……天人一体,君子自强。先哲们"以人为本,天人合一"的思想,在此彰显无遗。⑦基于自然观点和以人为坐标点,天体运行平衡、完善、协调。生命在于运动,价值体现于健康①。

现代人的文明病并非由细菌或病毒所引起的,而是一种由生活上的压力与紧张以及营养的失调,再加上缺乏运动,长久累积而成的代谢病。诸如心肺疾病、血管硬化、中风、高血压、糖尿病、肥胖症、腰背及关节疼痛等,无一不影响到个人的健康状况。这些疾病都是由于长期缺乏运动,导致心肺功能衰弱,从而影响血液循环,并造成摄氧量不足。再则,心理上的压力、紧张因素更使这些文明病雪上加霜,精神上的影响使生理病情的恶化难以避免。健康是人类社会的宝贵财富,是人类生存和发展的重要保障。随着科学技术与人类社会的发展和时代的变迁,现代的科学健康观念告诉我们,健康不仅是四肢健全、没有疾病和虚弱,健康更是一种身体、精神、行为和道德意识上的适应,是人类在日常生活、工作、学习、娱乐和休闲中"身心合一"的完美状态。其中,具有良好的体适能是身体健康的重要标志之一,是人类享受生活、提高工作效率和增强对紧急突发事件的应变能力的重要物质基础。

2. 世界卫生组织对健康的定义

健康早已成为人类永恒的话题,人们对健康的认识随着时代的发展不断变化,人们最初认为健康就是"无病、无残"。随着现代医学的快速发展及人类寿命的普遍延长,人们也认识到健康不仅仅是生理上无病、四肢健全,还要有良好的精神状态。1948年WHO将健康定义为"健康不仅是没有疾病和衰弱状态,还要保持生理、心理和社会适应的完美状态",是一种三维健康观。从这个定义可以看出,影响健康的因素归纳起来大致可以分为以下四类:①环境,包括自然环境和社会环境。②生物学基础,包括机体的生物学因素和心理学因素。③生活方式。④保健设施。1986年WHO在关于健康促进的《渥太华宪章》中对健康

---

① 于志钧.太极拳理论之源[M].北京:人民体育出版社,2010:218.

的理解更为深刻,将其定义为"应将健康融入日常生活中,应包括个体素质、社会和个人的资源"①。在三维健康观的基础上,有人把健康分为三个层次。第一层次(一级健康)是满足生存条件,其内容包括:①无饥寒、无病、无体弱,能精力充沛地生活和劳动,满足基本的卫生要求,对健康障碍的预防和治疗具备基本知识;②对有科学预防方法的疾病和灾害,能够做到采取合理的预防措施;③对健康障碍能够及时采取合理的治疗和康复措施。第二层次(二级健康)为满意度条件,包括:①一定的职业和收入,满足经济要求;②日常生活中能享用最新科技成果;③自由自在地生活。第三层次(三级健康)为最高层次的健康,包括:①通过适当训练,掌握高深知识和技术,并且有条件应用这些技术;②能过着为社会做贡献的生活。之后又有人主张把"道德健康"列入健康范畴,即从道德的观念出发,每个人不仅对个人健康负有责任,同时也对社会健康承担义务②。因此,健康应包含身体健康、心理健康、社会适应良好和道德健康,这种健康观念将使传统的医学模式从有病治病的单一医学模式转变为生物—心理—社会医学模式。

3. 对老年人健康的评价

国内外专家对衡量老年人健康的标准问题进行了广泛而深入的研究,并提出了许多标准。如中华医学会上海老年学分会于1982年提出③躯体无显著畸形,无明显驼背等不良体型;神经系统基本正常,无偏瘫和老年性痴呆及其他神经系统疾病;心脏基本正常,无高血压、冠心病及其他器质性心脏病;肺脏无明显肺功能不全及慢性肺疾病;无肝硬化、肾脏病及恶性肿瘤等五条健康老人的标准。随着人们对健康概念认识的深入,对于健康的评价标准必然需要探索新的指标,以全面准确地反映健康的真正内涵。1995年,中华医学会在补充修订上述标准的基础上提出新的健康老人的标准④:①躯干无明显畸形,无明显驼背等不良体型,骨关节活动基本正常;②神经系统无病变,如偏瘫、老年性痴呆及其他神经系统疾病,系统检查基本正常;③心脏基本正常,无高血压、冠心病(心绞痛、冠状动脉供血不足、陈旧性心肌梗死等)及其他器质性心脏病;④无明显肺部疾病,无明显肺功能不全;⑤无肝、肾疾病,无内分泌代谢疾病、恶性肿瘤及影响生活功能的严重器质性疾病;⑥有一定的视听功能;⑦无精神障碍,性格健全,情绪稳定;⑧能恰当地对待家庭和社会人际关系;⑨能适应环境,具有一定的社会交往能力;⑩具有一定的学习、记忆能力。

可见,随着时代的变迁,健康概念的内涵也不断更新,其评价标准也在不断改变,即使在同一时期,由于人们对健康的理念不同,也会使评价标准不同。同一个人在不同的标准下所得到的健康评价可能会出现完全不同的结果。即在时间上,个人或社会发展的不同时期,不能用同一标准来衡量是否健康;在空间上,不同地区、不同国家的人,有着各不相同的健康概念和健康标准,但这并不意味着没有一个可供人们遵循的健康概念,而是不能把健康看作是

---

① 李潇.健康影响评价与城市规划[J].城市问题,2014(5):15-21.
② 位秀平.中国老年人社会参与和健康的关系及影响因子研究[D].上海:华东师范大学,2015.
③ 上海体育学院学报编辑部.老年人身体健康的生理特征有哪些[J].上海体育学院学报,1998(4):55.
④ 李燕燕,李虹.初探人的健康评价标准,积极推进健康标准化[J].世界标准化与质量管理,2006(10):39-42.

静止不变的东西,应将其理解为不断变化着的概念,虽有国家和地区的不同,但都旨在尽可能达到良好状态。

二、亚健康

1. 亚健康概念的由来

随着社会复杂性的加深,人们发现即便是最大限度地完善健康的定义,依旧无法对所有的健康集群进行归纳。部分符合健康的定义,本身却存在很多的诸如疲惫、失眠、情绪失控、胃口不好等身心问题,而在对这些问题采用先进医疗器械进行检查时,却不能发现任何的生理指标波动,人们逐渐发现单单靠"健康"与"疾病"两个概念已不能完成对所有身心状态的概括。20世纪80年代苏联的布赫曼教授发现,人在健康与疾病两种状态之外还有一种状态,这种状态下虽然没有疾病,却时时有犯病的危险,它是游离在健康与疾病之间的第三种状态,并将之命名为第三状态,也叫亚健康状态。1994年,美国疾病预防控制中心将这种状态定义为 CFS(Chronic Fatigue Syndrome,慢性疲劳综合征)。据 WHO 的调查数据显示,在全球真正意义上的健康人群占总体的5%,疾病患者占20%,剩下的75%几乎全处于亚健康状态,而在我国15%的人口处于健康状态,15%的人口患有疾病,70%的人口处于亚健康状态,大部分白领的生理年龄比自然年龄要大10到13岁,尤其是30到50岁的人群,老得很快。可以说亚健康问题已经成为一个覆盖全球的时代性问题,并且在各行各业中普遍存在,已经严重地影响了人们的生活、工作和学习。但亚健康作为一个新的医学概念是在20世纪90年代才被纳入科学视野,从千百年来固有的健康、疾病概念中剥离出来,从而引起世界的关注。这是当今世界医学领域的新课题。因此,有关亚健康的研究目前在我国仍处于初创阶段[①]。

2. 亚健康的常见表现

亚健康是指人体处于健康和疾病之间的一种状态。处于亚健康状态者不能达到健康的标准,表现为一定时间内的活力降低、功能和适应能力减退,但不符合现代医学有关疾病的临床或亚临床诊断标准[②]。国内外研究人员经过调查发现,处于亚健康状态的患者,表现为身心疲劳、食欲不振、头痛失眠、烦躁不安、萎靡不振、焦虑恐惧等多种心身障碍[③]。我国学者陈国元等提出,将亚健康状态分为3个阶段:(1)轻度心身失调:以疲乏无力、失眠、胃纳差、情绪不稳等为其主要表现。(2)"潜临床"状态:潜伏着有向某些疾病发展的倾向。其表现比较复杂,可概括为三减退:即活力减退、反应能力减退和适应能力减退。临床检查可发现有接近临界水平的高血压、高血糖、高血黏度和免疫力低下。(3)"前临床"状态:是指已经患病,但症状不太明显,医生尚未明确诊断,未开始治疗的状态[④]。除此之外,也有学者分

---

① 张杏波.体育运动对亚健康群体干预的途径与方法[J].北京体育大学学报,2010,33(8):53-57.
② 杨思,陈冲,刘小娟,等.大学生亚健康症状自评量表信度、效度检验[J].卫生研究,2010,39(7):491-493.
③ 李力."亚健康":生命的"隐形杀手"[J].解放军报,2002(12):2.
④ 陈国元,刘卫东,杨磊,等.教师"亚健康"现状及预防对策的研究[J].职业卫生与病伤,2000,15(2):101-102.

别从生理、心理和社会等方面对亚健康的常见表现进行总结[①],如生理亚健康,主要表现为不明原因或非疾病所引发的体力疲劳、虚弱、头晕目眩,不能用充足的精神解决工作的需求,以及在生活上的男性性功能低下、女性月经不调等症状;心理亚健康,主要表现为经常性感觉心里压抑,生活缺失目标与乐趣,整日无精打采,甚至部分出现抑郁症状且有自杀倾向;社会适应性亚健康,主要表现为在工作、生活、学习中与他人的关系难以协调,无法处理自我存在与他人存在的利益纠葛与期望矛盾,无法给予自己以合适的自我定位与社会定位,不能正确处理自我与社会间的矛盾冲突等。闫宇翔等以亚健康状态评价问卷的评分为判定标准,采用多元线性模型逐步回归分析亚健康状况的影响因素,得出"工作中竞争情况、是否接受超出能力的工作、是否参加体育锻炼、是否有可以谈心的朋友和工作时能否进行短暂的休息"[②]是引发亚健康状态的主要因素。

3. 亚健康的成因

在现代社会,因人们的生理、心理和社会交往的压力增大,使得人们长期处于亚健康状态。造成亚健康的相关因素很多,既有过度疲劳、精力体力透支等因素,又有情绪失落、自然衰老等因素,还有现代身心障碍的原因。除此之外,作息没有规律,饮食不合理,缺乏必要、合理的体育锻炼也是导致亚健康状态的主要因素[③]。如吴思英等采用问卷调查和健康体检的方式对福州市社区居民亚健康状态及其影响因素进行了调查[④],调查结果表明,女性居民亚健康三个维度得分均高于男性,60岁及以上老年组、离异或丧偶居民亚健康三个维度得分均最高。具体来说,女性、60岁及以上老年人、饮食不规律和受教育程度高是亚健康三个维度的主要危险因素;离异或丧偶是躯体和心理亚健康的危险因素;已戒烟是心理和社会适应亚健康的危险因素;BMI是躯体亚健康的危险因素;体育锻炼是躯体和社会适应亚健康的保护因素。总体而言,造成人们亚健康的主要因素有:①社会因素。科技的进步、社会的发展大大加快了人们的生活节奏,更多的学习压力、更重的工作负担、更高的脑力负荷让人的精神长期处于一个急促紧张的状态,加之更加激烈的社会竞争,使得人们难以应对,无所适从。当预设与现实产生落差,难免会有暴躁、抑郁、烦闷等负面情绪滋生,假如这种情绪得不到释放,最终会累积爆发,使身体一直处于健康和不健康的临界状态,即亚健康状态。②自然因素。诚然,工业化与信息化的到来,在很大程度上促进了社会的发展,但由于人们对其负面影响的预料不够,给环境保护带来了巨大的危机,资源短缺、环境污染、生态破坏三大问题正一步步蚕食着人们赖以生存的生活环境,尤其是环境污染问题,严重影响着人们的生活质量,使人在相同呼吸量的前提下,氧气的摄入量明显小于正常水平,相反,二氧化碳的摄入量则高于正常水平,造成机体供氧不足而产生慢性疲劳综合征。其他如噪声污染、采光不足、辐射等,都会引发人们神经系统的紊乱,影响健康。③自我因素。生活水平的提高给人

---

① 张桂欣,许军.亚健康的测量[J].中国全科医学,2007,10(11):923-926.
② 闫宇翔,董晶,李蔓,等.亚健康状态评价问卷(SHSQ-25)判定标准的制定[J].中国卫生统计,2011(3):256-259.
③ 贾天奇,李娟,樊凤杰,等.体育疗法与亚健康干预[J].体育与科学,2008,29(3):51-54.
④ 吴思英,林少炜,张巧辉,等.福州市社区居民亚健康状态及其影响因素分析[J].卫生研究,2015,44(5):738-742.

们带来了更加优越的生活条件,但也带来了懒惰,尤其是"快餐化"的到来,改变了人们原有的饮食习惯,人们为了节省时间而选择那些高热量、高油脂、高糖分的食物,不合理的饮食结构、不规律的饮食节奏,都会影响人们的健康水平,加之因懒散而缺乏运动,人体内大量的脂肪堆积,导致肥胖、高血压、糖尿病等疾病的发生概率大幅度提升。此外,像兴奋剂的滥用、过度使用保健品、不合理作息等情况,会大大损害人的身体健康,引发不同程度的身心失调,更别说吸烟、酗酒等更加有损身体健康的不良习惯了。我们的生活水平在不断提高,但如果个人不能抵挡住生活水平提高所附带的各式不良诱惑,身体反而会为其所累。

不得不说,引发亚健康的原因是多方面的,有社会的、环境的、自我的,但就其本质而言,仍是源自系统平衡的失调,造成原有的健康生态发生改变,引发一系列健康危机,而这些危机处于爆发和沉默之间,促使人在健康与疾病之间徘徊,也就是亚健康状态。亚健康的成因既有劳心性刺激的内因,又有物理、化学和生物学等方面刺激的外因,只有掌握其规律,才能找出克服亚健康的对策。

第三节 自测健康理论

一般来说,个体对自身健康状况的一种自我感觉,或者说对自身健康状况作出的主观评价和估计,就是主观健康。这种评价或估计不完全取决于躯体是否有病,而是受许多因素的影响,在各种因素的交互影响下,带有很大的主观性。

一、自测健康概念

"健康"概念自提出以来经历了不同历史阶段,在初期的很长一段时间,人们借助健康的对立面——如何抵抗疾病,来认识健康、谋求健康和评价健康,认为健康就是能正常工作或没有疾病。随着时代的发展,进入20世纪中期以后,医学空前发展,科技进步巨大,相继发现和阐明了许多疾病的成因、机理,认识到影响人的健康的因素既包括生物因素,又包括社会、心理以及个人生活方式等多种因素,使得"健康"由过去单一的一维的"生理健康"发展到二维的"生理、心理"健康,再发展到三维的"生理、心理、社会"健康,继而发展到四维的"身体、心理、社会、道德"健康,甚至提出"心理、智力、身体、社会、情感"的五维健康。当前,随着科学技术和认知的不断发展,"健康"概念的维度可能会变成"六维""七维"……这就使得在实际的健康领域不太可能寻找到一个完全有效的健康量度指标来度量和评价一个人的健康状况。

自评健康[①],又称自测健康、自感健康,或健康状况自我报告、主观健康、自填健康、自估

---

① 李运明.国人健康风险模型及风险评估方法研究[D].西安:第四军医大学,2011:15-20.

健康和自觉健康状况等,是个体对自身健康状况的主观评价和期望,最早是由 Suchman 等在1958年提出,是由被调查者根据自己躯体、心理、社会功能、角色功能等各方面的综合情况,对自身健康状况进行的总体评价。其后经过许多学者的充实和完善,大多数研究者认为它是评价健康状况的一个有效、可靠、可获得个体全面健康状况的测量方法[1]。如 Tessler 等人认为自测健康能够更全面地反映机体症状和功能失调;Hays 等人认为个体可以广泛概括生理、认知和外界环境的信息,来形成对自身全面健康状况的认识,自评健康可以作为广泛的健康概念框架的一部分[2]。一般来说,自感健康是指个体对自身健康状况的一种自我感觉,也就是对自身健康状况作出的主观评价和估计。它不完全以躯体是否有病来决定,而是带有很大的主观性。自感健康受到许多因素的影响,在各种因素的交互影响下,个体根据自身的感觉,对自己的健康情况作出主观判断。1972年[3],世界卫生访问调查在问卷中包括了一条问题,让答卷者对自己(或家人)的健康状况与其他同龄人相比,并估计自己的健康情况是非常好、好、一般还是差。国际标准化组织发布的标准"卫生信息学——健康指标概念框架"就将自评健康作为概念框架中健康状况维度的指标。总之,自测健康是目前人们比较关注的一种健康测量方法,其不但表现出个体当前的健康状况,也能够从一定程度上反映个体对将来健康状况的预测,既包括个体对自身目前的健康状况进行的现时自测健康综合评估,又包括个体根据现在的情况对自己未来一定时间内的健康变化的预测。

二、自测健康的方法

主观健康的自测方法有很多[4],一般来说,经常采用参照自身的、别人的或客观的时间参数、年龄参数、总体参数或几种参数的结合信息,从极好到极差或从健康到不健康等几个尺度设计问卷来进行测量。时间用语有当前、现在、一年前、过去的几周内等;常用的年龄参数是同龄人和自身;总体参数的常用词语有总体上、总的来说、全面的等。在多数研究中,常采用"与你的同龄人相比,或就你的年龄而言,从总体上说,你如何评价自己的健康"等几种参数结合的表述。备选项目采用 Likert-scale 尺度法进行测量,常见陈述有差、较差、一般、较好、好、极好、一般、差、极差,很好、好、一般、差、很差,极好、很好、好、一般、差,变好、大约相同、变差,极好、好、一般、差,健康、相当健康、中等健康、不健康,健康、十分健康、有病、患严重疾病、不知道,等等[5]。如美国健康调查中自评健康包含的问题是[6]"平时,您认为您的健康是_____?非常好、很好、好、一般、差,得分依次为1～5分";芦鸿雁等对西部地区宁夏城乡老年人健康自我评价的研究中,设计为"与同龄人相比,您觉得您的健康状况怎么

---

[1] 吴维东,任晓晖,李宁秀.成都市高新区老年人健康自评影响因素分析[J].现代预防医学,2016,43(10):1801-1805.
[2] 许军,陈和年.自测健康及其应用研究[J].国外医学(社会医学分册),1998,15(3):105-109.
[3] 李坚,Fielding R,Hedley A J,等.自感健康的概念及其重要性[J].中国社会医学,1995(3):11-12.
[4] 杜本峰,郭玉.中国老年人健康差异时空变化及其影响因素分析[J].中国公共卫生,2015,31(7):870-878.
[5] 许军,陈和年.自测健康及其应用研究[J].国外医学(社会医学分册),1998,15(3):105-109.
[6] 李运明.国人健康风险模型及风险评估方法研究[D].西安:第四军医大学,2011:15-20.

样？评价等级分为5级,即很好、好、一般、差、很差"[1];英国利物浦大学精神卫生研究所科普兰(Copeland)教授设计的《老年健康状况多维尺度分析和相关因素调查量表》中,因变量为健康自评状况,评价等级为"很好、好、一般、差"[2];北京大学中国社会科学调查中心设计的中国家庭动态跟踪调查问卷中,健康自评是请被访者根据自身的实际情况,从"健康、一般、比较不健康、不健康、非常不健康"5个选项中做出相应的选择。健康自评变化是指被访者根据自身的情况与前一年相比,回答其个人健康水平的变化情况,从"更好、没有变化、更差"中选择[3]。

随着健康概念的内涵和外延的不断发展,尤其是世界卫生组织提出的三维健康观,使得以往的许多研究仅采用一个综合的自评指标(优、好、中、差),测量的方法太粗糙、不全面,不能反映自测健康的真正内涵[4][5]。这就需要编制内容更丰富的多维自测健康问卷来更直观、全面、准确地反映自测健康的真正内涵。如自测健康评定量表(SRHMS)、症状自评量表(SCL-90)、美国简明健康状况调查问卷(SF-36)、欧洲五维健康量表、老年人健康综合功能评估、生存质量测定量表等。可见,自测健康是对老年人健康的综合评估,是采用多学科方法对老年人的躯体健康、功能状态、心理健康和社会环境状况进行评估,自提出以来,经过许多学者对这一概念的充实和完善,其逐渐具备较高的可靠性和稳定性,且费用不高,是一种易于理解和实施的健康测量方法,目前已成为国际上比较通用的健康测量方法之一,是老年人选择合适的养老方式、为老年人提供个体化的照护服务不可缺少的工具之一。但因健康本身的复杂性,使得健康自评受到许多其他因素的影响,自测健康的应用前景受到质疑。编制多维结构的自评健康特征量表,体现健康与各种因素之间的关系将是未来自评健康定量研究发展的趋势。在构建新的评估量表时,除了采用文献研究法和Delphi法,最好有理论框架的支持,量表设计要更为精简有效(科学、全面,具有可操作性、针对性,测试时间在30~40 min)[6]。

第四节 太极与太极拳

"太极"一词,最早见于《周易·系辞》:"易有太极,是生两仪,两仪生四象,四象生八卦。"

---

[1] 芦鸿雁,王秀兰,靳修,等.西部地区宁夏城乡老年人健康自我评价的对比研究[J].现代预防医学,2015,42(15):2767-2770.
[2] 付文宁,柴云,刘冰.鄂西北地区老年人健康自评及其影响因素的有序Logistic回归分析[J].中国老年学杂志,2015,35(20):5922-5926.
[3] 罗一民,孙菲,李君,等.辽宁省3 129名成人的健康自评情况[J].现代预防医学,2016,43(4):677-781.
[4] 仲亚琴,高月霞,工健.不同社会经济地位老年人的健康公平研究[J].中国卫生经济,2013,12:21-23.
[5] 郭振友,石武祥.基于新健康观指标体系的老年人健康公平性研究[J].中国卫生统计,2015,32(5):741-745.
[6] 杨琛,王秀华,谷灿,等.老年人健康综合评估量表研究现状及进展[J].中国全科医学,2016,19(9):991-997.

太极在中国传统文化中是阴阳未分、天地混沌时期的状态,因含有至高、至极、无穷大之意,故称之为"太极"。太极拳作为中国武术的代表作,从产生到如今,在四百年左右的发展史中,主动随社会发展需要不断改变以适应社会,其健身养生功能日益彰显,当今已成为"强身健体、益寿延年"的文化符号。

一、太极

太极是中国的哲学理论,太极理论是中国的传统哲学思想。这个理论从中国氏族社会开始,到宋明时期发展到极致,形成完整的体系。但是由于受文化普及的限制,加之太极理论的叙述烦琐,能够理解、掌握太极理论的人很少,只是局限于士大夫阶层。

太极的哲学思想由于比较深奥,且表示方法与现代认识之间有隔膜,致使好多人不能理解它的真正含义。它就像一个触不可及的神秘东西,看不到,摸不着,但又实实在在存在于我们周围。中国的宗教、民俗、艺术、古代科技(天文、历法、医学、算学、乐律、军事学等)、衣食住行、娱乐、婚配、生育、生产活动等等,无不与这个神秘的文化有着密切关系,人们对这个神秘的东西怀着敬畏和好奇。用这个哲学思想作指导的拳术——太极拳,是健身和技击的高度统一,是力学和生理学的巧妙配合,也给人们一个向往的空间,同时也带有一种神秘色彩。

《周易·系辞》说:"易有太极,是生两仪,两仪生四象,四象生八卦。"太者,大也,非常之意;极,指尽头、极点、无限之意;太极即正负无限大。《易辞》之中的"太极"是至高无上的存在,指原始宇宙,简而言之,天地混沌未开之前的状态,就是太极。自《系辞》之后,太极成为中国哲学的重要范畴[1]。北宋哲学家周敦颐所著《太极图说》中,提出以太极为中心的世界创成说,他说:"无极而太极。太极动而生阳,动极而静;静而生阴,静极复动。一动一静互为其根;分阴分阳,两仪立焉。阳变阴合,而生水、火、金、木、土。五气顺布,四时行焉。五行——阴阳也,阴阳——太极也,太极本无极也。五行之生也,各一其性。无极之真,二五之精,妙而合凝。乾道成男,坤道成女。二气交感,化生万物,万物生生变化无穷焉。"

南宋朱熹在太极学说上,建立了一个完整、系统的太极理论,他提出:"太极,理也。""总天下万物之理,便是太极——太极无方所、无形体、无地位可顿放。""太极之有动静,是天命之流行也。"[2]清代陈长兴指出:"夫物散必有统,分必有合。天地间,四面八方,纷纷者各有所属;千头万绪,攘攘者自有其源。盖一本可散为万殊,而万殊咸归于一本。拳术之学,亦不外此公例。"[3]清代王宗岳指出:"太极者,无极而生,动静之机,阴阳之母也。……虽变化万千,而理唯一贯。"[4]可见,太极是万事万物存在、发展、变化的规律,也就是事物发展变化的对立统一的辩证关系。太极是中国古典哲学理论,而将这种理论结合周敦颐的太极图用于

---

[1] 闵建蜀.太极哲学[M].香港:香港中文大学出版社,2015:443.
[2] 张肇平.论太极拳[M].北京:北京体育大学出版社,2009:333.
[3] 吴图南.太极拳[M].上海:商务印书馆,1957:83.
[4] 高峰.中国传统哲学思想与太极拳的理论研究[M].西安:西安交通大学出版社,2016:197.

指导拳术练习,就是太极拳。

二、太极拳

太极拳是拳术种类之一,它以"掤、捋、挤、按、采、挒、肘、靠、进、退、顾、盼、定"等为基本动作,将中华民族辩证的理论思维与技术动作、艺术、引导术完美结合,是高层次的人体运动形式。在长期的演变过程中,太极拳形成了许多流派,其中流传较广的有陈式、杨式、武式、吴式、孙式等。各式太极拳虽然各有其具体特征,但在拳理上基本相同,习练时身体各部位的姿势要求和运动特点基本一致。新中国成立后,国家体育管理部门组织有关人员新编了"简化太极拳""八十八式太极拳""四十四式太极拳"等。太极拳动作行云流水,连绵不断,习练中要求心静体松,中正安舒,呼吸自然,柔和缓慢,圆活完整,轻灵沉着,协调连贯,虚实分明。

太极拳蕴含着丰富的哲学思想,是在符合阴阳对立统一的基础上创造出的一套具有刚柔相济、内外相合、上下相通、快慢相兼、形意结合等特点的阴阳相合的动作套路,它综合性地继承和发展了明代民间和军队中流行的各家拳法,结合了古代的导引术和吸纳术,吸取了古典唯物哲学、阴阳学说和中医基本理论的经络学说,成为一种内外兼修的拳种。经常练习太极拳,对于中枢神经系统、血液循环系统、呼吸系统等均有良好的保护或改善作用。综上所述,"太极"是我国哲学上的一个术语,指派生万物的本源,而太极拳,是以"太极"之理立论的一种拳术。

太极拳早期被称为"长拳""绵拳""十三势""软手"。现有关太极拳概念的表述,有的是对太极拳的一些特点和分类做简单介绍,有的是对太极拳的外延或内涵进行简单表述,也有的是对太极拳的某一特点和功能做简要描述。学者孔祥华等依据逻辑学下定义的方法,在分析太极拳的内涵、外延以及上位概念的基础上,认为太极学说是太极拳的理论基础,武术是太极拳的邻近属概念(上位概念),并基于此对太极拳进行了界定:太极拳是以太极学说为理论基础,以"掤、捋、挤、按、采、挒、肘、靠、进、退、顾、盼、定"十三法为运动技术核心,包括套路、推手、散手和功法的武术徒手项目[①]。其中"以太极学说为理论基础,以'掤、捋、挤、按、采、挒、肘、靠、进、退、顾、盼、定'十三法为运动技术核心"是太极拳的本质属性,"套路、推手、散手和功法"是太极拳的外延,"武术徒手项目"的运动形式确定了太极拳所属的范畴。由此可见,太极拳是中华优秀传统文化的重要组成部分,它是以中国传统儒、道哲学中的太极、阴阳辩证理念为核心思想,结合易学的阴阳五行之变化、中医经络学、古代的导引术和吐纳术而形成的一种内外兼修、柔和、缓慢、轻灵、刚柔相济的优秀武术拳种。在其自身发展的历史进程中,太极拳不断汲取中国传统哲学思想和智慧,最终形成一套以身体活动和理性思辨的双重路径诠释中华文化的符号系统,成为中华优秀传统文化的重要组成部分。

---

① 孔祥华,刘小平.太极拳概念的界定[J].体育学刊,2009,16(7):102-104.

第二章 太极拳发展及其康养思想

太极拳是我国武术的优秀拳种之一,距今已有四百年左右的历史。当前,随着我国经济和社会的飞速发展,人们的社会价值取向也开始趋向利益化和商业化,这给太极拳的文化内涵带来了严重的冲击,部分拳械套路濒临消亡,太极拳原创地环境及部分古迹、文物遭到破坏,给太极拳的普及、发展带来不少难以解决的问题,太极拳的全面传承面临困境。因此,我们应该唤醒人们注重传承优秀传统文化的意识,正视太极拳所蕴含的价值,这对太极拳的传承和普及具有深远的意义。随着人们生活水平的不断提高,健康成为社会关注的焦点,太极拳的习练能产生促进健康的效应也得到广泛的认可。实践也证明,习练太极拳是一种符合人体生理、心理特点的科学健身方法,是预防疾病的有效手段。

第一节 太极拳的起源与发展

随着国家非物质文化遗产传承人的有序认定,太极拳和其他优秀传统文化一样得到了政府层面空前的重视,然而从太极拳等传统武术的现状来看,其传承却总是那么亦步亦趋,不尽如人意,常常仅依靠少数人的个人情怀来苦苦支撑。虽然当前太极拳的现实困境是多方面原因造成的,但太极拳的传承是以人为载体的。我们关注了太多的外部环境对太极拳的影响,甚至以为将其纳入非物质文化遗产保护体系便可解决问题。事实上,当前的研究中很少有针对太极拳传承人进行的研究,要使太极拳的传承形成一条永不断流、奔腾向前的河,"人"是决定性因素,作为传承人,他们的主观选择可以说直接决定了拳种的流传、错传或失传。此外,太极拳传承与其他非物质文化遗产相比具有自身的特殊性,当我们认为将太极拳纳入非遗名录就可一劳永逸时,却仍发现效果并不太好,其原因即在于此。因此,应从太极拳传承人的角度出发,对传承困境进行解析,探究传承困境形成的原因及其影响。

一、太极拳的起源

"太极拳",古时又称"长拳""软手""绵拳""十三势"①。清乾隆年间,山西人王宗岳用《周子全书》中阴阳太极哲理解释拳义,在其所著《太极拳论》中使用了"太极拳"一词,从此太极拳这个名称才被确定下来,并开始广泛使用。太极拳作为拳种之一,起源的说法众多,概括起来主要有以下几种:①由唐代许宣平或李道子所创。②由宋代武当山修炼的丹士张三丰所创,且资料考证较多,例如哪个朝代的人,其籍贯都记载得不一致,莫衷一是。③梁时韩拱月、程灵洗所创。④明初陈卜创编。⑤明末清初的陈王廷创编。⑥元末明初武当山道士所创。⑦河南温县当地(陈家沟所在地)对于太极拳起源有两种说法,一种是当地陈王廷在民间拳法的基础上创造的;另一种是由蒋发自山西拜师学艺后,传给陈家沟的陈长兴,即杨氏太极拳创始人杨露禅之师。综合来看,太极拳来源有三②:①综合吸收了明代各家拳法,特别是吸收了戚继光三十二势长拳。②结合古代导引、吐纳之术以及中医经络学说。③古代阴阳五行学说及宋以来的三大哲学思潮是太极拳的哲学基础。通过阅读众多不同方面的历史资料,看到众专家或研究者们以不同的角度和脉络对太极拳起源所进行的论述、论证,为我们提供了更广的视野和更大的解读平台。

有学者从太极理论指导太极拳的视角出发,认为以中国哲学思想太极理论为依据的中国武术的表现形式就是太极功夫,表现的拳术就是太极拳术。太极理论的影响,深深启迪着专注武术研究的人们。太极拳发源地河南温县陈家沟与巩义县(现巩义市)只有一河之隔,深厚的文化积淀为太极拳的形成奠定了基础,其地理优势也为太极拳的出现提供了必然保证。宋明时期是华夏文明的鼎盛时期,从伏羲到周文王,再到宋明时期形成的完整的太极理论,不仅影响着人们对武术和养生的再认识,也影响了人们的世界观。太极拳,它是在其他武术基础上发展起来的,但又是不同于以往功夫的一种新的功夫——拳术。它的方法、理论明显有着其他武术和古代养生术的痕迹,这在许多地方可以看出,但它将东方哲学思想——太极理论贯穿整个武术体系,并把它作为追求的目标、方向和最高境界,作为修身习武的指导思想,追求心与意、外与内、力与气、力量与技巧、修与练、健身与技击、内在精神与肢体外型、处世与做人的高度统一。正如近代太极拳理论家陈鑫所言:理根太极,故名曰太极拳。太极拳的表现形式、修炼方法,明显不同于过去的功夫和养生术,它把武术和养生高度和谐地结合在一起。它的出现标志着中国武术发展水平达到了空前的高度。

二、太极拳的发展

百年来,太极拳得到了空前的发展,技术不断演变,内容不断丰富,逐渐形成了很多流派,不仅有陈、杨、吴、武、孙这五大普及广泛的流派,还有武当太极拳、李式太极拳、赵堡太极

---

① 王建珠,程英武,张旻,等.太极拳国内外研究进展[J].辽宁中医杂志,2017,44(9):2001-2004.
② 张选惠,温佐惠,吴昕,等.太极拳概说[J].成都体育学院学报,1984(4):25-37.

拳、何氏太极拳、东岳太极拳等。其中陈、杨、吴、武、孙五大流派又有七种架式[①]。陈氏老架：传自温县陈家沟的陈长兴，其拳系陈家老架中之大架式。陈氏新架：传自陈家沟的陈有本，其拳系陈家新架中之头套，亦属大架。陈氏小架：传自赵堡的陈清萍，系陈家新架之二套，属于小架。杨氏大架：传自北京杨澄甫，其祖父杨露禅在清咸丰年间把太极拳带到北京，后经杨健侯、杨澄甫父子加以改进而成。武氏小架：传自永年县武禹襄，后来传于郝为祯，郝把拳带到北京。吴氏中架：由吴全佑、吴鉴泉父子阐理发挥，形成特色。孙氏小架：传自北京的孙禄堂，其拳得自郝为祯，后加以改进，自成一家。尽管各流派、各架式的太极拳风格、形式等各具特点，但有其共同之处[②]：(1)静心用意，呼吸自然。要求以意识引导动作，动作与呼吸紧密配合，呼吸要平稳，深匀自然。(2)中正安舒，柔和缓慢。身体保持舒松自然，不偏不倚，动作连绵不断，轻柔匀缓。(3)动作弧形，圆活完整。动作要呈弧形，回活不滞，同时以腰为轴，上下相随，周身组成一个整体。(4)连贯协调，虚实分明。动作之间，衔接和顺，处处分清虚实，重心保持稳定。(5)轻灵沉着，刚柔相济。每一动作都要轻灵沉着，不浮不僵，外柔内刚，发劲要完整。

从历史唯物主义和辩证唯物主义角度来看，太极拳的起源是一个逐步融合、变化、发展、定型的过程。太极拳的形成过程，就是一个继承、完善、适应社会需求变化的演变过程，并在该过程中涌现出不少推动太极拳拳种形成的武术大家，甚至一代宗师。太极拳汇集着不止一个大成者、中兴者的智慧、武技、健身于一体。陈氏、杨氏、吴式、武式、孙氏五大太极拳流派之间有着千丝万缕的联系。随着社会对健康越来越重视，太极拳运动越来越受到各国人民的喜爱，其影响力将遍及全世界。

第二节 太极拳健康文化的特质

自古以来，生命健康是人类不断探索和追求的永恒话题。太极拳作为一种中国古代健康智慧的集中体现，其对于人类生命健康的价值和功效日益凸显。在解密太极拳健康价值和功能的过程中，离不开现代科技手段，同时也离不开对传统文化理论的诠释和解读。美国学者对于太极拳健康促进的研究，十分注重体医融合，长期从医学的角度关注太极拳对疾病的干预作用，分析其药用价值，并取得了丰硕成果；而中国学者则更多地关注太极拳作为体育运动项目的健身价值[③]。中美学者的关注点虽然不同，但太极拳的健康价值和功能已被国内外诸多学者所证实。同时，对于太极拳所蕴含的健康智慧，也是学界不断论证和追溯的重要话题。相比于"阴阳和合"之说，笔者认为偏向阴性的文化特质使得太极拳健康文化充

---

① 毛光骅.太极拳源流小考[J].天津中医学院学报,1987(1)：3-5.
② 张选惠,温佐惠,吴昕,等.太极拳概说[J].成都体育学院学报,1984(4)：25-37.
③ 杨亮斌,郭玉成,史海阳.近20年中美太极拳与健康促进研究的对比分析[J].体育科学,2018,38(4)：73-84.

满智慧和独具特色。这种充满智慧和独具特色的健康文化体现在太极拳讲曲、求静、崇柔、尚缓、主舍、贵和等表现形式和技术要求上。而这些表现形式和技术要求的思想根源在哪里,健康理念在哪里,当代价值在哪里……要回答这一系列的疑问,就需要回到滋养太极拳的中国传统文化中去。在刘康德先生看来,中国传统文化具有阴性柔长的一面。而太极拳健康文化正是深受这种文化特质的影响,才形成了一种迥异于西方的身体文化现象。因此,本研究置身于中国传统文化的历史长河中,以"深入阐发文化精髓"①为使命,深度阐释太极拳健康文化中阴性特质的根源、理念、价值,使之在新时代更好地发挥滋养人民的价值和功能。

一、从阴阳合德到阴性柔长:太极拳健康文化的源起与转向

关于健康的定义,学界普遍认同《世界卫生组织章程》中所提出的,健康是身体、心理和社会适应的良好状态②。那么太极拳健康思想,则应该是太极拳所蕴含的关于促进或调节人处在这种良好状态的原理、方法、理念等。基于这一定义,太极拳健康思想至少应包含身体、心理、社会适应等三个方面。历代太极拳实践者们都在不断地丰富着太极拳的健康思想,从易、医、道、儒、释等传统文化中的养生观、修身论中汲取营养,形成了独特而丰富的健康思想系统。在这个系统中,阴阳学说贯穿于太极拳健康思想形成、发展、成熟的整个过程之中。阴阳之意,初指气象、地理,后引申为事物发展的两个方向,再经老子、孔子等古代哲人的抽象化,逐步形成了阴阳概念③。

随着这种概念的广泛运用,阴阳有了更为丰富的"实义""虚义"和"别义"④。这些"实义""虚义"和"别义"又反过来丰富着中国传统哲学、兵学、医学、农学、风水学等各领域。到了宋明时期,这些"义"更为丰富而充盈,阴阳学说也更加体系化和系统化。太极拳也正是继承和发展了这种体系化和系统化的阴阳学说,才使得它不仅在技击方面强调"阴阳",在养生上也更注重"阴阳",无论技击还是养生,都强调"阴阳合德,而刚柔有体"⑤。"合德"意为阴阳转化应合乎自然规律,"有体"泛指事物的存在形式。"体"本指人身之骨,"刚柔有体"是将"体"与"刚""柔"等性德联系在一起⑥,来表达刚、柔两种属性的存在之体。在太极拳健康思想中,则是以"刚柔之体"来运化"阴阳合德"。因为阴阳合德作为内在逻辑,并不能通过阴阳本身来体现,而需要借助身体的刚柔转化来表达和呈现,也就是通过有形体的"刚柔"实践来遵循阴阳合德的内在规律。其实践形式在太极拳中表现为意有内外、气有缓急、力有刚柔、

---

① 中共中央办公厅,国务院办公厅.关于实施中华优秀传统文化传承发展工程的意见[J].中国勘察设计,2017(2):30-34.
② WHO. Preamble to the Constitution of the World Health Organization[J]. International Organization, 1947, 1(1):225.
③ 彭华.阴阳五行研究:先秦篇[D].上海:华东师范大学,2004:31-38.
④ 刘康德.术与道:中国传统文化中的阴性特征[M].成都:四川人民出版社,2018:1-223.
⑤ 朱清国.周易本义[M].长沙:湖南大学出版社,2015:206.
⑥ 贡华南.体、本体与体道[J].社会科学,2014(7):111-119.

技有巧拙、动有快慢、欲有守舍等等。当然这些对立统一的矛盾运动都具备了阴阳转化的属性,而落在实践上则必须有"体"来承载。因为有"体","阴阳"之"德"才有了具体的可供人操作的技术。"刚柔"在一定程度上仍然具有一定的抽象性,而"体"可以落在具体的形式上,如呼吸运动的深浅、缓急,肢体运动的轻重、快慢,意念运动的动静、聚散等。因此我们可以理解成"阴阳合德"为内因,"刚柔有体"为表现形式。因为"阴阳"要"合德","刚柔"要"有体",所以"太极拳理"的核心要求是以顺应"阴阳"运化的内在规律来指导合乎"刚柔"运化的表现形式。

在"阴阳合德,而刚柔有体"理论的指导下,太极拳健康思想虽然追求阴阳平衡、刚柔相济,但在现实生产生活的实践中,人们的身体、心理和社会适应情况往往会偏于阴或偏于阳,因此需要调和阴阳使人处在阴阳相对平衡的状态之中。从中国传统农业社会的生产、生活方式来看,体力劳动占主要形式,《黄帝内经》认为久视、久卧、久坐、久立、久行都对健康不利,对于身体劳作提出了"形劳而不倦"的指导思想。在《素问·上古天真论》中有这样的记载:"圣人之教下也,皆谓之虚邪贼风,避之有时,恬淡虚无,真气从之,精神内守,病安从来。是以志闲而少欲,心安而不惧,形劳而不倦。"①可见,主静养生观在《黄帝内经》中就已经形成。在后来的发展中,中国传统养生理论继承和丰富了这种静养观,并对太极拳健康思想产生了深远的影响,使其形成了独特的阴性柔长的文化特质。而这种文化特质作用于追求身体、心理、社会适应等方面的健康上,就分别具有了柔以养身、静以养心、水以养德的理念和价值。

二、柔以养身:太极拳健康身体的阴性文化特质

"形劳"对身体的伤害莫过于体僵。过劳会造成机体乳酸堆积、三磷酸腺苷(ATP)下降、内环境紊乱等②,从而造成机体僵硬,肢体活动范围缩小。而身体长期的僵硬,不仅会直接影响运动能力,也会反过来影响机体的内环境稳态。研究表明,"当人体部分功能远离各自FSH(功能内稳态)时,人体会出现功能失调或功能障碍,即偏离健康走向亚健康甚至疾病"③。因此通过保持身体柔性来缓解和消除僵硬状态,是有利于身体健康的。古人对"柔以养身"的科学认知虽不及今人,但对于养身经验的总结却值得今人借鉴和学习。传统养生学很早就提出"导气令和、引体令柔"的基本理论,这对后来的太极拳健康思想有着重要影响,并由此催生了太极拳自成体系的"柔以养身"观。

1. 外柔内润——柔以养身的内在需求

与主流的健身方式不同,太极拳对身体机能的锻炼并不主张通过高强度训练来刺激机体,而是倡导通过适度的刺激来促进机体代谢和循环。虽然中国古人很早就意识到"流水不

---

① 常学辉.黄帝内经[M].天津:天津科学技术出版社,2016:4.
② 张燕,丁建国,赵光.运动性疲劳的机制研究与进展[J].中国临床康复,2006(44):133-136.
③ 王国军,徐培林,虞丽娟.功能内稳态理论与健康风险分级理念下的亚健康理论重构[J].体育学刊,2014,21(1):118-123.

腐,户枢不蠹"①的道理同样适用于身体健康,但中国传统养生观更强调"细水长流"的缓动,而非剧烈运动。在孔颖达看来,"外为阳,内为阴,血在脉内,故称阴血。血既动作,脉必张起,故言张脉也。气愤于外,内必干燥,内血为力,故内润则强,内干则弱"②,故有"外虽有强形,内实中干竭"的论断。另外,"养命,养其五脏,五脏为根,根固叶自茂"③,故内养首要的是养"五脏"。五脏内部之间各有连属并共同构成整体五脏系统,而气通行于这个系统中,并通过气实现与皮、肌、脉、筋、骨的外合④。从中医辨证角度来看,皮、肌、脉、筋、骨的外部活动又反过来影响五脏。五脏之中,"肝疏泄——气,肝藏血——血"⑤,故有肝为血海之说,对内润具有基础性的作用。而"肝为刚脏,非柔润不能调和也"⑥。从养肝——内润的角度来说,养命的基础则在于柔润。因此,传统养生更注重以柔和的外在运动来实现内养其"润"。

正是基于这样的内润理论,太极拳健康思想反对"外强中干",放弃"气愤于外"的高强度身体运动,而选择了相对更为柔缓的运动方式来促进对"阴血"的养护,以保持"内润",实现"壮内"。也正是因为古人认为这种外柔的身体运动是"养命"之本,故陈鑫强调,每打一势要"轻轻运行、默默停止"。"外柔"的身体运动对运动强度保持克制和收敛,从而保证运动时间可以更长,也就是中低强度的"有氧运动"。通过现代科技手段对人体生理功能进行的研究表明,"有氧运动通过影响免疫细胞数量及其功能来改善机体免疫内环境稳态"⑦,而内环境稳态是保持机体健康的前提,因此也证实了"内润则强"的说法。在太极拳健康思想中,外柔的目的是内润,是基于养内的需要;但这种外柔是相对于内润来说的,绝非一味地柔下去,而是在柔中慢慢变强。在这个过程中,不能超越内在需求而过分追求"外强"。

2. 体柔通顺——柔以养身的内外和合

内润的滋养需要通过间质通达周身各处,间质不通则会"民气郁阏而滞着,筋骨瑟缩不达"⑧。先秦时期人们为了应对这种"气滞""筋缩"创作了宣导之舞,"缓节柔筋而心调和者,可使导引行气"⑨,后来逐渐发展成"导引术"。而导引术是将"导气令和,引体令柔"作为核心思想,其中"导气令和"主要是通过"吹呴呼吸,吐故纳新"⑩使经络气血保持通畅,"引体令柔"主要是针对外在的身体之形,包括屈伸、俯仰、行卧、倚立、踯躅、徐步等⑪。太极拳强调的体柔通顺的健身原理源于导引养生思想,这其中包括徐缓的腹式呼吸方式、意念与呼吸的

---

① 吕氏春秋[M].高诱,注,毕沅,校,徐小蛮,标点.上海:上海古籍出版社,2014:52.
② 李学勤.十三经注疏·春秋左传正义[M].北京:北京大学出版社,1999:375.
③ 张继禹.中华道藏:第五册[M].北京:华夏出版社,2014:405.
④ 邓铁涛,郑洪.中医五脏相关学说研究:从五行到五脏相关[M].广州:广东科技出版社,2008:186.
⑤ 钟婷.易象与五脏生理及病理特性的系统研究[D].广州:广州中医药大学,2018:19.
⑥ 叶天士.临证指南医案[M].北京:中国中医药出版社,2008:2.
⑦ 谢宇,王军朋.有氧运动对免疫系统和自身免疫病影响的研究进展[J/OL].[2019-09-22].生理学报,https://doi.org/10.13294/j.aps.2019.0062.
⑧ 吕氏春秋[M].高诱,注,毕沅,校,徐小蛮标点.上海:上海古籍出版社,2014:101.
⑨ 张新渝,马烈光.黄帝内经·灵枢[M].成都:四川科学技术出版社,2008:477.
⑩ 庄子[M].俞婉君,译注.南昌:二十一世纪出版社,2014:147.
⑪ 方春阳.中国气功大成[M].长春:吉林科学技术出版社,1999:109.

配合、呼吸与肢体运动的配合等等。不同之处在于太极拳对身体柔性的要求和训练不像导引术那么直接，而是通过身体的螺旋运动达到"引体令柔"的效果。

在中医看来，"筋骨瑟缩不达"是经筋不通所致。经为经脉，"人体主要有十二经脉，它们是气血运行的主要通道，对称地分布在人体两侧"①，筋为肉之力②，包括参与运动的肌肉、筋膜、肌腱、韧带、关节囊等结缔组织、神经等①。而经筋"循行于四肢百骸，是卫气游行出入的场所，经筋的正常生理状态可以使卫气发挥固护体表、防御外邪的作用"③。经筋若出了病变，身体就会出现相应的病症，"经筋之病，寒则反折筋急，热则筋弛纵不收，阴痿不用。阳急则反折，阴急则俛不伸"④。于是古人创编了"熊经鸟伸"的导引术来伸筋拔骨、通顺筋经，而导引术的核心思想就是"引体令柔"。因为十二经筋由手足连接五脏六腑并通达周身各处，因而引体的方式主要通过手足等肢体的牵拉引伸来带动身体各处。太极拳则以更柔缓的螺旋运动来实现，主要通过手、肘、肩、胯、腰、膝、足的螺旋运动并配合呼吸，达到节节贯穿从而促进经筋畅通的效果。相比导引术，这种配合呼吸的缠丝运动并不能一蹴而就，而是需要意念上对呼吸和缠丝高度关注，并经过一段时间的系统训练，才能实现周身的高度协调。只有周身的高度协调才能做到更松、更柔，经筋才能更通顺。正如张文鼎所言，"太极拳松散通空柔和之修，就在于建立遍布周身的畅行通道，由松散而畅通，能畅通则无滞病"⑤。因此，体柔通顺的太极拳实践形式有助于经筋通，经筋通则筋骨达而郁气散，筋骨达郁气散则百病消。

3. 周身轻灵——柔以养身的外在表现

经筋通顺、郁气消散所带来的身体外在表现是周身轻灵。周身轻灵一方面表现在身体的平衡能力上，另一方面表现在身体的灵敏性上。其中，平衡能力在于下肢的支撑力量以及双腿对支撑力量的分配。太极拳强调下肢的根基作用，注重对下肢力量的锻炼，认为足定和足稳是身体平衡的基础。对身体强调"一举动，周身具要轻灵"⑥，反对"双重"，"双重则滞"。周身轻灵在技击上的作用更为重要，轻灵便于判断对方之力，便于发放自如。"双重则滞"的拳理中，"左重则左虚，右重则右杳"是在技击上应对左右发力的论断。而在避免"双重"实践中，需要锻炼"左右轻灵、上下相随"，强调"偏沉则随"。以太极拳步法为例，单脚支撑为常态，双脚一虚一实亦为常态，同时身体重心既不能偏前，也不能偏后，要求做到"立如秤准"才能"活如车轮"。按照这种对身体重心控制的要求进行训练，对身体平衡能力的提高是至关重要的。国内外大量的研究都证实了太极拳对于身体平衡能力的价值，特别是对老年群体，平衡能力强则意味着跌倒风险降低，从而减少跌倒所带来的更大风险。实验结果表明，与多模式运动和伸展运动相比，TJQMBB（太极拳这项使身体更平衡的运动）与伤害性跌倒的发

---

① 茹凯.拉筋活血养生易筋经[M].长春：吉林科学技术出版社，2011：14.
② 许慎.说文解字注[M].(清)段玉裁，注.上海：上海古籍出版社，2000：178.
③ 吴金鹏.中医导引术的经筋理论研究[D].北京：北京中医药大学，2007：23.
④ 徐凤敏.黄帝内经(灵枢篇)[M].乌鲁木齐：新疆人民卫生出版社，2016：74.
⑤ 张文鼎.老子·太极拳本原[M].武汉：湖北科学技术出版社，2017：46.
⑥ 山东省国术馆编辑科.太极拳讲义[M].庞大明，整理.郑州：河南科学技术出版社，2013：30.

生率降低相关,包括导致成年人就医的跌倒率①。

而灵敏性是身体对外部力量的感知和判断。太极拳追求身体对外部力量的感知和判断能够达到"一羽不能加、蝇虫不能落"的灵敏程度。虽然这样的灵敏程度难以企及,但为太极拳习练者悬置了一个身体感知和判断的"理想目标"。为追求这一目标,需要把身体放松,集中意念来锻炼"听劲"的能力,并通过"听劲"来判断"桥点"②(这种桥点有时被称为"称准"或者"质点"),再通过"桥点"来实现对对手的引进或发放以使其落空或跌出,达到收发自如、发放轻灵的技术效果。这样的训练过程有益于锻炼身体的灵敏性,从而达到健身的效果。实验结果表明,太极拳的这种听劲训练有助于提高人体关节的稳定性和空间感知的准确性③。因此周身轻灵得益于太极拳对习练者身体平衡能力和灵敏性的培养和锻炼,同时它又是太极拳健康身体的外在表现。

基于以上,我们认为柔以养身体现了太极拳健康身体的阴性文化特质。其中外柔内润是柔以养身的内在需求,体柔通顺实现了柔以养身的内外和合,而周身轻灵则是柔以养身的外在表现。三者之间是由内而外的递进关系,同时三者之间又是相互交织和密切联系的,这也体现了太极拳壮内强外的健身养生规律。

三、静以养心:太极拳健康心理的阴性文化特质

研究表明,静修不仅可以增进大脑半球不同区域的同步性,还可以促进放松、领悟、发展自我理解和控制等,甚至有助于超个人目标的实现④。因此,静对于个人心理的健康至关重要。另外,从中国传统文化来看,养心除了具有个体价值之外,还具有"使个体之心合于天、道,从而重建社会秩序与价值体系"⑤的作用。可见,静以养心对于中国人来说,除了实现个体心理健全之外,还上升到了形而上的天道理论,具有了超越性的内涵。太极拳作为一种追求静以养心的实践形式,在对静的修炼和对心的养护上遵循着以缓入静、致虚守静、静则心安的递进层次,为人们实现以拳求静和以静养心提供了切实可行的操作路径。

1. 以缓入静——静以养心的身体基础

太极拳的"静"是"动中求静"。它对身体姿势、身体部位、呼吸节律、运动节奏、意念聚焦等方面都作了一系列的规定,帮助习练者能通过"缓动"进入"静"的状态,即"以缓入静"。这种通过放缓身体的运动来获得心静的过程,在古人看来是"以形调神"的过程。司马迁认为,形为"生之具",神为"生之本",提出"神大用则竭,形大劳则敝,形神离则死"⑥。"形缓"而

---

① Li F, Harmer P, Eckstrom E, et al. Effectiveness of Tai Ji Quan vs multimodal and stretching exercise interventions for reducing injurious falls in older adults at high risk of falling: follow-up analysis of a randomized clinical trial[J]. JAMA Network Open, 2019, 2(2): e188280.
② 宋凯,韩金清.简析陈氏太极拳桥点的存在[J].运动,2017(6):151-152.
③ 文建生.不同水平太极拳练习者运动感知特点研究[J].西安体育学院学报,2010,27(2):252-256.
④ 郭永玉.静修与心理健康[J].南京师大学报(社会科学版),2002(5):75-81.
⑤ 郑淑媛.先秦儒道养心观之比较研究[J].中州学刊,2015(2):117-121.
⑥ 司马迁.史记[M].北京:线装书局,2006:545.

"神静"是古人主静养生的重要理念,但"形神之间"并非直接地联系和互动,而是通过二者之间的媒介或间质来实现。这种媒介或间质在《淮南子》中被描述为"气","形者,生之舍也;气者,生之充也;神者,生之制也"①。"形—气—神"对应"舍—充—制",在太极拳中则对应"体松—气固—神凝"。体松即形缓,通过"沉肩""坠肘""虚灵""顶劲""竖项""含胸""拔背""实腹""松腰""敛臀""圆裆"等身体规训来实现形体的放松。形体松,则气通畅而不滞。

　　在中医看来,气是功能的,也是物质的②,"气固"既需要外在的呼吸运行,又需要内在的以意导气,实现气充而鼓荡。"鼓荡"在体内的具体要求是"无使有缺陷处,无使有凹凸处,无使有断续处"③,也就是气在体内均匀不断、缓慢柔长。从操作层面来看就是以肢体配合呼吸,调节气息通达全身。而在这个调节过程中需要注意"虚其心、实其腹"④。在太极拳中,"虚其心"可以理解为不让气停在胸腔,"实其腹"可以理解为让气下行至腹腔,因此二者相辅相成。"实腹"则"气固",动作要求即为"气沉丹田"。气沉丹田需要意守,因此初练者需要时时留意,时时留意便是意守丹田,意守则神凝。因此,太极拳以缓入静正是外形动作、呼吸运动和意念精神相互配合的结果。以放缓动作、均长呼吸、凝神意守来让人从形到气再到神都进入相对安静的状态,达到身心俱静的状态,而整个过程是太极拳对身体由外而内以缓入静的调节过程。

2. 致虚守静——静以养心的功夫实践

　　入静易,守静难。在中国古代养生智慧中,"守静"备受推崇。自老子提出"致虚极,守静笃"⑤后,"致虚守静"就一直被修身养生界奉为圭臬,其作为流传两千多年的重要法则,也深深影响着太极拳的理论与实践。相比"以缓入静"来说,太极拳的"守静"则更注重意念和精神的作用。若"守静",须"致虚","致虚"是"守静"的基础和前提。"虚者,无欲也,无欲则静,盖外物不入,则内心不出也"⑥,可见"虚"也是描述心理活动的概念。这里的"虚"是指隔离和舍弃"外物"所带来的欲望,而去追求"静"。又曰:"夫物芸芸,各复归其根。归根曰静,是谓复命。"⑦"静"在道家思想中上升到了事物本源属性和生命本真状态的高度。"静"是生命的本真状态,那么太极拳健康思想中的"守静",则应该回归到对生命本真的敬畏和追求上。而这样的回归需要抛却生命本真之外的一切,"不以物害己"⑧,去追求自身生命的自然而然。在老庄(老子和庄子的并称)看来,外物和外物所带来的欲望都是有害的,"五色令人目盲,五音令人耳聋,五味令人口爽,驰骋畋猎令人心发狂,难得之货令人行妨"⑨。

　　只有关注自身的生命本真状态才是归根,才是守静。而守静则需要实践和训练,这种实

---

① 刘康德.淮南子鉴赏辞典[M].上海:上海辞书出版社,2012:166.
② 章真如.调气论[M].武汉:湖北人民出版社,1983:89.
③ 徐震.太极拳谱理董辨伪合编[M].太原:山西科学技术出版社,2006:7.
④ 老子[M].冯国超,译注.北京:华夏出版社,2017:8.
⑤ 同④33.
⑥ 魏源.老子本义[M].上海:上海书店,1987:12.
⑦ 同④34.
⑧ 庄子[M].萧无陂,注译.长沙:岳麓书社,2018:209.
⑨ 同④25.

践和训练在王阳明看来才是最见功夫和最考验人的地方。为此,他主张坚守内心的平静要在"事上练",是"知行合一"的动态的守。太极拳所强调的守静也正是这种动态的守。李亦畲在谈太极拳训练时说,"心不静则不专",要保持"心静"则需要"息心体认","久之,则人为我制,我不为人制矣"①。虽然这种训练的出发点主要是为了提高技击能力,但在追求健康方面也需要这种对"静"的"息心体认"。在太极拳的整个理论体系中,关注人自身的要求几乎贯穿了太极拳修炼的始终,"十三势行功心法"强调"先在心后在身,腹松气敛神舒体静,刻刻在心",还强调"全身意在蓄神不在气"②。太极拳所强调的"心法",要求在练拳的始终都要全身心地关注自身,即关注自身生命的本真状态,这正是"致虚守静"在身体上的呈现,也体现了"恬淡虚无、真气从之,精神内守、病安从来"的健康思想。

3. 静则心安——静以养心的自我超越

"定则不扰而静,静而不妄动则安,安则一心一意只在此处"③。阳明心学认为,对于人内心的磨炼要经过"定而静、静而安、安而至善"的过程。太极拳由缓动而入静的过程也需要"定"的意志,这种"定"体现在太极拳习练时要求排除杂念、不受干扰的"调心"过程中。太极拳所强调的由定而静,在技击层面主要是为了训练对外来力量的感知力,即"听劲"。这种训练达到一定程度就可以通过感知对方的力量做出相应判断和反应,即"懂劲"。太极拳对静的训练过程具有"入静察微""察微知几""知几度化"的层次递进特征,这种递进特征在健康层面上也具有较高的价值。这种价值体现在对身、气、心的整体松静调节上。临床试验研究表明,这种对身、气、心的松静调节,与一般转移注意的调节方式相比,前者更具稳定和持续地改善主观情绪状态的作用④,即更具促进心神安宁的作用。而心神不安则在于思虑过多,《黄帝内经·素问》反对思虑过多,强调"少欲","是以志闲而少欲,心安而不惧"⑤,孟子也说"养心莫善于寡欲"⑥。太极拳虽然更注重对心理的实际调控和训练,但也追求"有形归无迹,物我两相忘"的无欲之境。

无欲是心安的基础形式,是心静而"不妄动"阶段。而心安的目标是"一心一意只在此处"的"至善"之境。"至善"作为中国古代文人士大夫追求的最高形式的善,上升到了形而上学层面,也就具有了认识论和本体论的属性。以这种至善的关怀来看待世间万物,体现在太极拳中就是物我归一的天人观。太极拳所追求的天人合一,既是人自身内部小宇宙的天人合一,又是人与自然大宇宙的天人合一,是将宇宙运化规律运用到人体运动规律之中,追求人与自然的统一、小宇宙与大宇宙的统一⑦。这也是将自身融入到宇宙万物之中,与之合而

---

① 王宗岳,等.太极拳谱[M].沈寿,点校考译.北京:人民体育出版社,1991:64-65.
② 马有清.吴图南太极功[M].北京:世界图书出版公司,2013:80.
③ 王阳明.传习录[M].郑州:中州古籍出版社,2015:105.
④ 夏宇欣,周仁来,顾岱泉,等.三调松静对心理应激情境下思维活动与情绪反应的作用[J].中国临床心理学杂志,2013,21(1):146-152,145.
⑤ 常学辉.黄帝内经[M].天津:天津科学技术出版社,2016:4.
⑥ 孟子[M].徐强,译注.济南:山东画报出版社,2013:294.
⑦ 王岗,陈保学.中国武术美学精神论略[J].上海体育学院学报,2019,43(2):103-110.

为一。此心安通达至善,是以对生命关怀的"无我之境"来观照世界,达至游目骋怀的澄明之境,至此"参透虚无根蒂固,混混沌沌乐无涯"①。

四、水以养德:太极拳健康德行的阴性文化特质

水作为自然物,与人类道德精神本无联系,但在认识自然、改造自然的过程中,中国古人因逐渐认识到水对于人类的重要价值而亲近水,并将水的自然属性"附以社会含义"②。而这种社会含义在中国传统的宗法制社会中表现为对德行的规范和崇尚,由此形成了以水为美、以水为德、以水为善的德行理念。受这种德行理念的深刻影响,太极拳十分推崇"水以养德"的阴性文化思维,体现在"美善如水"的心灵之源、"滴水穿石"的专注之功、"水无常形"的变通之道等方面。

1. 美善如水:水以养德的心灵之源

老子提出,"上善若水,水利万物而不争,处众人之所恶,故几于道"③,尚善如水就成为中华民族的优秀传统。孟子说,"人性之善也,犹水之就下也;人无有不善,水无有不下"④。古人将对水的推崇转接到对人的道德培养上,希望人的品德也能像水一样"利万物"而"不争",最终达到"以其不争,天下莫能与之争"的境界。这种"不争而争"的辩证思维,在太极拳这里也体现得淋漓尽致,如太极拳讲究"中正安舒""不偏不倚""不丢不顶""后发先至"等等。这些"不争"的技术要求,从实战角度讲是为了防止自身陷入不利的位置,以便更有利地"争";从道德上讲是遵循"礼让为先"的人际交往法则,只要对方不主动挑起事端,便可以各自相安。另外,在许多太极拳典故中都讲述了太极拳师与世无争、淡泊如水、德艺双馨的故事和传说。诚然,故事和传说有虚构的成分,但这并不影响其作为德育教育的主题来引导人们追求美和善。这正如"武"字从"举戈为武"到"止戈为武"的寓意演变一样,并非兼具文治武功楚庄王"望文生义的曲解"⑤,而是他真正赋予"武"一种"哲学思辨"的高度,一种人性向善的"德"的高度⑥。

也只有这种"德"的高度才能真正解释太极拳中"欲天下豪杰延年益寿,不徒作技艺之末也"⑦的价值转向。太极拳家认为,对人的关怀不能仅仅是基于技击层面的,更应该追求造福人类,实现天下豪杰的"益寿延年不老春"。因此,诸多太极拳家终其一生都在探索、研究、实践太极拳的养生功能,有的传徒,有的立说,为后世留下了宝贵的知识和丰富的经验,这亦是一种道德上的善。在太极拳的尊师重道传统中,尤其注重对善的传承。《口授穴之存亡

---

① 王宗岳,等.太极拳谱[M].沈寿,点校考译.北京:人民体育出版社,1991:240.
② 刘康德.术与道:中国传统文化中的阴性特征[M].成都:四川人民出版社,2018:26.
③ 老子[M].冯国超,译注.北京:华夏出版社,2017:16.
④ 孟子[M].赵清文,译注.北京:华夏出版社,2017:244.
⑤ 杨建营,韩衍顺.以字源为逻辑起点的中华武德内涵解析[J].武汉体育学院学报,2019,53(8):55-61.
⑥ 傅海燕,张沫飞.楚庄王止戈为武[J].前线,2019(3):84-86.
⑦ 祝大彤.太极解秘十三篇[M].北京:人民体育出版社,2008:1.

论》中对于太极拳中关乎存亡的穴法作了8项不可传和5项可传的规定[1],其核心思想都是所传之人要有善的德行。这样的规定一方面要求将太极拳的核心技术传给有善心善行之人,另一方面也将太极拳的修习指向了善的维度。基于此,我们认为太极拳是一项善的修行,它循着"上善若水"的道的指引,将善贯穿于太极拳的技击技术、传徒育人等方面,而善正是人类社会交往中不可或缺的道德品质。

2. 滴水穿石：水以养德的专注之功

拳谚有云,"太极十年不出门",可见太极拳的习练绝非一日之功。历代太极拳界的行家里手没有数十年纯功,绝不可能成一家之拳。正是因为太极拳的修炼是一个循序渐进的缓慢过程,所以需要"水滴石穿"的精神。著名太极拳家杨澄甫先生在论述太极拳时曾说,从初学模仿到拳路熟练,从拳路熟练到学习推手,从推手到渐悟懂劲,从懂劲到无微不觉,从无微不觉到用着(招),从用着到"不需用着只须用劲",从不求用劲而劲自合到以意运劲,再到以气代意,最后到精神所触莫之能御则阶及神明,是非数十年纯功曷克臻此[2]。"数十年纯功"的代价,远远超越了作为功用的日常技术,而是上升到了对人性的锤炼,如若不是脱离功利目的谁又能为此花上数十年的时间呢？因此,太极拳的技术体系是建构一个可以终其一生去修炼的人生之路。在这条路上,需要不忘初心地坚守上善若水的品格,还需要水滴石穿的意志。

当然,这种水滴石穿的意志不是外部强加的,而是"一任自然之功",是生活习惯的自然养成。自然、习惯是专心自律的极致表现,这种自律既不能间断,又不能激进。杨澄甫先生在《太极拳之练习谈》中讲,"虽然良师之指导,好友之切磋,固不可少,而最要紧者,是在逐日自身之锻炼",又讲,"若能晨昏无间,寒暑不易,一经念动,即举摹练,无论老幼男女,及其成功则一也"[3]。而在练习时间上更是强调,每日都要练习两遍,每遍要练七八次[4]。在太极拳名家眼里,练拳就如同吃饭、睡觉一样,需日日练,时时想,一有时间就要练习。可见太极拳的修炼之路,是对人专注和自律精神的锤炼,是水滴石穿精神的体现。

3. 无形之形：水以养德的变通之道

水善于变化,大不可及、微而无形、上天为雨、下地为泽,又击之无创、斩之不断、焚之不然、深不可测,故出于无有、入于无间[5]。因此《孙子兵法》云,"兵无常势,水无常形"[6],用兵要根据敌方的虚实做出相应变化,做到避实击虚。太极拳完全借鉴了这种用兵智慧,如在《十三势歌》中强调虚实、动静变换须时刻留意,不可拘泥于常规,要"因敌变化示神奇"[7]。也正是这种"兵无常势,水无常形"的用兵智慧,让太极拳战术充满了变和应变的思想。对于

---

[1] 王宗岳,等.太极拳谱[M].沈寿,点校考译.北京：人民体育出版社,1991：190.
[2] 杨澄甫.太极拳选编[M].北京：中国书店,1984：119.
[3] 赵斌,等.杨氏太极拳真传[M].北京：北京体育大学出版社,2001：1.
[4] 同[3]3.
[5] 刘安.淮南子[M].许慎,注；陈广忠,校点.上海：上海古籍出版社,2016：16.
[6] 孙武.孙子兵法[M].北京：北京出版社,2008：120.
[7] 杨澄甫.太极拳体用全书[M].北京：人民体育出版社,1957：46.

急缓变化,提出了"动急则急应,动缓则缓随"①的指导思想;对于进退变化,总结出"往复须有折叠,进退须由转换"②的应对策略;《打手歌》更是凝练出"掤捋挤按须认真,上下相随人难进。任他巨力来打吾,牵动四两拨千斤。引进落空合即出,沾连黏随不丢顶"③的太极拳战术体系。可以说,"水无常形""因势而动"是太极拳的核心战术思想。而这样的战术思想在日常社会交往中也具有一定的实际运用价值。这种价值即"随机就势、舍己从人、引进落空、借力打力以及'以其人之道,还治其人之身'的生命智慧"④。

这种因势而变、还治其身的生命智慧,在太极拳思想中可以概括为通过"舍己从人""随曲就伸""避实就虚"等方式,达到"以柔克刚"的效果,最终获取成功。作为社会中的个体,一个人要获得成功,需要应对来自各方面的阻力和障碍,因此需要借助这种智慧来应对那些依靠传统方式难以抗拒的阻力和难以逾越的障碍。孔子观泗水而感慨水就像有远大志向的仁者,虽然百转千旋、迂回曲折,却总向东流⑤。水之形善变,水之志坚定,故能"舍己从人""随曲就伸""避实就虚",实现"以柔克刚""水到功成"。当然这种"水无常形"的善变不能不讲原则,不讲原则的善变就容易走向随波逐流、顺风而倒、趋炎附势、不择手段等为社会所不齿的一面。而对善变的控制,则需要具有"上善若水"的道德品质和"水滴石穿"的意志品质。唯有如此,"水无常形"的变通法则才能为世人所接受,为社会所允许。

基于以上,我们认为太极拳"水以养德"的健康思想,体现在"美善如水"的心灵之源、"滴水穿石"的专注之功和"水无常形"的变通之道三个方面。而这三个方面不是相互孤立的,而是以美善为前提、以专注为保障、以变通为途径的社会适应的有机组合。这个有机组合体现了太极拳健康思想在追求社会适应的完美状态方面所表现出来的柔性似水的一面,因此也体现了它的阴性文化特征。

五、结语

"孤阴不生,独阳不长",强调"阴阳合德"的太极拳,受《黄帝内经·素问》中"形劳而不倦"思想的影响,却在追求健康方面发生了偏"阴"转向,形成了以"阴""柔"求"长"的文化特质。这种阴性柔长的文化特质并非绝对的"阴"、一味的"柔",只是相对于那种刚硬的、迅疾的、强烈的偏"阳"的文化而言,它更呈现出柔静顺随、美善若水的一面。对于太极拳健康文化特质而言,虽然柔以养身、静以养心、水以养德等"阴性柔长"的特质可以实现为人类健康服务,但我们也要警惕"过度阴柔"可能带来的风险和危害。如"过度阴柔"导致男生更"娘"的身体,"过度安静"导致人更"宅"、体更"弱","过度变通"导致人更"圆滑"、更"投机取巧"等。因此,对待阴性柔长的太极拳健康文化特质,既要肯定并发挥其对于健康

---

① 山东省国术馆编辑科.太极拳讲义[M].庞大明,整理.郑州:河南科学技术出版社,2013:36.
② 同①49.
③ 杨澄甫.太极拳体用全书[M].北京:人民体育出版社,1957:46.
④ 金玉柱,李丽,张再林.中国武术"以屈求伸"之身道及其意象表达[J].沈阳体育学院学报,2018,37(1):125-131.
⑤ 汤恩佳,朱仁夫.孔子读本[M].广州:南方日报出版社,2007:92.

促进的价值,又要警惕和规避其可能带来的风险与危害,唯此,才能使其更好地为人类健康服务。

第三节 太极拳养生的健康思想

随着太极拳与中医养生、道教养生等传统养生文化的不断融合,太极拳养生不管是在技术方面还是理论方面都逐渐趋于成熟和完善,其养生价值也逐渐被更多的拳家、民众所认识。对于太极拳祛病之效,黄乃桢在《新太极拳》中写道:"太极一门,矜平躁释,寓刚于柔,虽伛偻衰翁,日日为之,亦能却病延年,不知老之将至,故国人好之宜也"。徐思允在《太极拳术》中也写道:"咳唾喘促,乃习斯术,今行步如飞矣,一节一式而有效者,不可殚述,盖有导引之利"。也有一些养生家把它和道教养生相比拟,如李蠢在《太极拳讲义》序中写道:"故其拳法,合于道学,宜于养生,全于丹法而运用于拳法,有百利而无一害。"鲁景贤言:"太极拳直于道合,吐纳丹田精髓而化为气,举止轻舒,柔内含刚。"褚民谊在《科学化的国术太极拳》序中对太极拳养生效果更加赞扬道:"其真能身心兼修,学养并顾,而使老弱咸能练习,绝无流弊者,惟有太极拳耳;以言养生,则能活动筋骨,锻炼身心,调和气血,所谓祛病延年,顾非虚语。"彭广义根据自身锻炼情况,在《太极拳详解》自序中说道:"予自幼身体羸弱,疾病缠绵,寻遍补救之法,仍无效果。予自习(太极拳)之后,每日饮食增加,身体益渐强壮,久而久之,其病若失矣"。作为吴氏太极拳传人——吴公藻在《太极拳讲义》自序中也明显指出:"太极拳之动作,非务以力胜人也,不惟强筋健骨,调和气血,而自能修养身心,祛病延年,为后天养身之妙道也。"陈微明在《太极拳术》序中关于太极拳对治疗疾病的效果写道:"诸君中有痼疾及肢体麻木者皆亦痊愈,人言内家拳能却病延年,诚非虚言;虽劳伤痼疾莫不霍然脱体,诚养生却病之妙术。"吴志青在《太极正宗》一书中对太极拳的实用价值给予了高度评价:"太极拳是一种自然自卫运动法、自然健身治疗法,故太极拳可谓之实用卫生之科学也。因其动作活泼而自然,无论强弱老幼,咸宜练习,能使身体健康,精神充足。"董英杰在《太极拳释义》一书中谈太极拳运动养身时提道:"太极拳运动顺自然,合生理,最宜于养身;每日练三套太极拳,所有失眠、胃病、腰病、贫血等,一扫而空,全身无偏,各得其养,身体康泰矣。"可见,练习太极拳不仅对人体健康起到很好的作用,而且还可以治疗一些疾病。

太极拳对人的身体健康有着积极的作用,源于在其长期发展中,太极拳在练习形式上具备了心静、用意、运气、柔缓等养生特征。如陈鑫所论的"心静身正",孙禄堂的"心中虚静"。而我国传统养生文化也以提倡"静以养身",如《针灸大成》中提道:"心静则种种欲静,而神气相抱也。"[1]《养

---

[1] 杨继洲.针灸大成[M].北京:中医古籍出版社,1998:293.

性延命录》中则有："静者寿,躁者夭。"①《管子·内业》中所提的"人能正静,皮肤裕宽,耳目聪明,筋信而骨强"②,说明"静"能够祛除杂念,使神气静守,有利于身心内养。而对于太极拳中的"用意",如杨澄甫所言,"用意不用力,自始至终,绵绵不断",又如许禹生所说,"以心意作用,运动肢体"。在传统养生中,对"意念"一说也有所涉及,如《灵枢》中就提道:"志意者,所以御精神,收魂魄。"人的志意能驾驭精神,收摄魂魄。"取气之时,意想太平元气,下入毛际,流于五脏,四肢皆受其润,如山纳云,如地受泽,面色光焕,耳目聪明,饮食有味,气力倍加,诸疾去矣。"张伯端在内丹养生中对"意"写道:"心意为造化之主,意者,岂特为媒而已,金丹之道,自始至终,作用不可离也。"③太极拳这种"以意导气、以意导动"的练习方式,可以使人以意念来协调身心内外的配合,以达到身静、意静之效。"气"作为生命之本,在太极拳练习中也得到了一定的体现,杨澄甫十要中"气沉丹田",吴公藻所谓的"心气中和,神清气沉,以意导气"等,都体现出"气"在太极拳中的重要性。同样,"气"在古代养生家眼里也有着极为重要之作用,如《抱朴子·内篇》曰:"善行气者,内以养身,外以却恶。"陶弘景在《真诰》中也提道:"气全则生存,然后能养之。"太极拳所讲的"气"与导引术中的"气"十分相似,都讲究"运于任督,行于手足,归于丹田",以达到气沉丹田之功。再者,太极拳另一特征就是"缓慢柔和、连绵不断",如"道气令和,引体令柔"。在缓慢连绵中达到"养性之道,常欲小劳,但莫大疲及强所不能堪耳"。"太极拳动作以柔缓随和为主","此拳一举一动,轻松和缓,如抽丝"。从运动量来看,太极拳缓慢柔和的运动方式,既达到了运动效果,也不超出人体运动量,这与养生家所提出的"养生者,形要小老,无至大疲"④有着异曲同工之妙。

正是由于太极拳在发展中具备"心静""用意""运气""柔缓"的运动特征,而这些特征与传统养生之间又有着一定联系和相通之处,又由于诸多因素综合影响,使太极拳在实践中能够弥补局部运动所带来的顾此失彼的缺陷,能够实现人们心身一统的完美协调,能够达成人与社会的高度和谐。

一、太极拳中的"一动无有不动"的全身运动智慧

在众多的身体运动中,锻炼周身协调的项目比比皆是。而在以"一动无有不动"作为身体运动旨要的运动中,可以肯定地说,太极拳是最为高明的一种。在我们看来,它是西方身体运动文化所不能比拟的身体运动特质,在今天更具有促进健康的智慧光芒。

"一动无有不动"是太极拳运动的理念,也是习练太极拳的要求,更是练好太极拳的基本法则。这种法则不是凭空的说教,而是实践过程中习练者对照正误的法则。所以,对于参与太极拳习练的人而言,调动全身"大小关节""大小肌肉群"主动参与,就成为习练者时时刻刻必须追求和完成的身体使命。这种追求和必须完成的身体使命,应该说是生发于王宗岳先

---

① 陶弘景.养性延命录[M].赤峰:内蒙古科学技术出版社,2002:5.
② 管子[M].吴文涛,张善良,编著.北京:北京燕山出版社,1995:342.
③ 张伯端.悟真篇浅解[M].北京:中华书局,1990:232.
④ 蒲处厚.保生要录[M].北京:中华书局,1991:2.

前的"太极十三势"的"根脉"之中。对于"掤、捋、挤、按、采、挒、肘、靠、进、退、顾、盼、定"的实现,在拳理和身体上的要求不是也不可能是身体上某一个"关节""肌肉"及"单向度"的运动方向可以完成的。而更多地需要"腰脊为第一主宰,一动无有不动""周身节节贯通,毋使丝毫间断",更需要练习者在每次的实践中为达到"一动无有不动",养成"一动势,先问自己,周身合上数项不合?少有不合,即速改换"①的良好习惯。

这种良好习惯,在今天看来是人们极其需要的。因为对于人们的身体健康而言,大量的运动项目都可能具有促进和改善人不健康机体的功效,但问题的关键则是这些运动都可能只追求身体某一部分的改善和提高。从整体的促进健康的效果来看,以"螺旋为技法"②的太极拳则是必须做到"由外而内的螺旋,即肩带肘,肘带手,胯带膝,膝带足,吸气蓄势方可气沉丹田;由内而外的螺旋,即肩催肘,肘催手,胯催膝,膝催足,呼气发劲才能气贯于四梢"。这其中"带"和"催"更表明了"运动"的要领。这种人体的拳关节、腕关节、肘关节、肩关节、脊关节、腰关节、髋关节、膝关节、踝关节等九节,共同被调动、共同参与的运动原理和要求,就使得周身运动成为必然。这一点在不同流派的太极拳中都有非常明确的论述。

陈式拳论有云:"为了达到一动全动,必须以腰脊为中心。……才可以使周身九个主要的运动关节一次贯穿起来。……还要做到周身无缺陷,贯串如九曲圆珠,这样功夫才可以进展到周身一家的地步。"③杨式拳论云:"手动、腰动、足动,眼神亦随之动,如是方可谓之上下相随,有一不动,即散乱也。"④吴式拳论则指出:"太极拳在动作时,凡是全身能动的部分,都需要参加活动,所以叫作一动无有不动。"⑤武式拳论中更是将对周身一体的认识指向了更高的层面,"迫至功夫纯熟,练到周身一家,宛如气球一样"⑥。孙氏拳论则是对不完整一致所产生的后果做了直白的表述:"练时须注意上下相随,身体各部完整一致。如有一处动作不整,就会使神气散乱。"⑦

这些"周身一体""完整一致"的太极拳习练要求,也就构成了太极拳"一动无有不动"的周身运动智慧。太极拳的周身运动智慧贯穿习练技术体系始终,由画"圆"开始,到求"圆"大成。"归圆的太极拳终极追求",更是成为"一动无有不动"的技术和理论体系的"纲"。这个纲就使得习练者在练习过程中不能有"断"、不能有"滞"、不能有"跳"的肢体动作出现。所以,关节和肌肉之间自然而然的顺达,柔软似水的表现,都将这些指向了"无论行拳走架,皆以圆为宗,处处非弧即圆。手化圆、身走圆、步行圆、内劲圆,肩、肘、胯、膝等也皆做圆形或弧形的转动和滚动"。太极拳这种"画圆""求圆"的身体诉求,就使得身体的运动必须"节节贯串,周身一体"。

---

① 郭福厚.太极拳秘诀精注精译[M].北京:人民体育出版社,2014:84.
② 王岗,刘帅兵.论太极拳技术的三大要素:螺旋、阴阳、归圆[J].体育成人教育学刊,2014,30(4):52-56.
③ 人民体育出版社.太极拳全书[M].北京:人民体育出版社,1995:36.
④ 同③315.
⑤ 同③438.
⑥ 同③580.
⑦ 同③659.

正是这些对"一动无有不动""周身一体""节节贯串"的拳术习练要求,使得太极拳不仅保持了自身原始的技击防卫功能,更将其功能、价值和指向落实到促进健康的功能和价值中。

二、太极拳中的"阴阳转换一体"的平衡运动智慧

"太极拳由武术拳种发展为一种运动疗法,受到广泛的关注"[1],"学术界对太极拳的研究已经涉及人体科学、康复医学等多个学科,在太极拳增进人类健康方面出现了许多有价值的研究成果"[2],这其中对平衡能力的促进作用是目前的主要热点。太极拳对于老年人"平衡意识"的培养和平衡能力的提高功效,更是早已得到科学家和习练者的首肯和认同。"太极拳可以帮助老年人提高他们的平衡能力,降低发生跌倒的风险。通过减少发生跌倒的风险,老年人可以降低发生骨折的概率。"[3]"太极拳运动适合害怕跌倒的老年人练习,能够显著降低老年人害怕跌倒的心理水平和提高老年人的平衡能力。"[4]太极拳练习不仅可以提高静态平衡能力,而且可以提高动态平衡能力,目前已成为诸如帕金森病、中风等对患者的平衡能力和稳定性会造成危害的疾病的重要康复手段[5][6]。对比试验研究结果也证实了太极拳在改善人的平衡能力上优于其他项目,如与快走对比发现,"太极拳能够更快提高老年人的平衡能力,在停练后维持效果更好"[7]。"太极拳锻炼组的静态综合平衡能力优于健身秧歌锻炼组和无锻炼组,且均具有明显差异。"[8]这些参与太极拳锻炼所获得的独特预防功效,应该说是来自太极拳身体运动过程中始终坚守的"阴阳一体的基本理法"。这种"阴阳一体的基本理法"表现在运动方面,就是极力强调练习过程中追求平衡的智慧光芒。

众所周知,太极拳被称为"哲拳",这种"哲拳"的称谓则源自传统中国哲学中的"阴阳"学说[9]。在"一阴一阳谓之道"的朴素辩证法引领下,太极拳创始者将"阴阳学说作为太极拳的理法",研发出"独具和谐意蕴""体验享受平衡"的一种身体文化。纵观各类体育项目,很多都有与平衡相关的运动追求和体认要求,但这些要求大多是在强调特殊条件下的平衡和平衡维持,而太极拳则重在培养参与者养成平衡。这种养成平衡的身体要求和习

---

[1] 沈以昕,朱冬奇,牛文鑫.太极拳的平衡维持作用及其生物力学研究进展[J].医用生物力学,2018,33(4):372-378.

[2] 郭玉成.太极拳健康研究展望[J].搏击(武术科学),2009,9(9):2.

[3] 卢洋.练习太极拳是保持平衡的最佳运动[J].心血管疾病知识(科普版),2015(2):57-58.

[4] 洪都,徐军,林梅,等.简化太极拳运动对减轻社区老年人害怕跌倒的效果研究[J].中华护理杂志,2018,53(10):1224-1230.

[5] Rahal M A, Alonso A C, Andrusaitis F R, et al. Analysis of static and dynamic balance in healthy elderly practitioners of Tai Chi Chuan versus ballroom dancing[J]. Clinics, 2015, 70(3): 157-161.

[6] Chang Y T, Huang C F, Chang J H. The effect of Tai Chi Chuan on obstacle crossing strategy in older adults [J]. Research in Sports Medicine, 2015, 23(3): 1-15.

[7] 孙悦婉,王冬梅,王玮,等.老年人骨质疏松运动预防策略研究进展[J].中国生物医学工程学报,2019,38(2):233-240.

[8] 毛志帮,张玲莉,赖小勇,等.静态拉伸与下肢肌力锻炼在老年平衡能力中的意义[J].中国组织工程研究,2015,19(42):6803-6810.

[9] 高亮,麻晨俊,张道鑫,等.中国武术阴阳思想探析[J].体育学研究,2019,2(2):23-30.

惯,应该说是最具有生活日用性的。这其中,"阴阳转换一体"中的虚实转换对习练者养成把控及维持平衡能力的效果是最为明显的。太极拳的所有动作都必须分清虚实。"动作能分清虚实地转换,就可耐久不疲,这是最经济的一种动力活动"①,同时这种最经济的动力活动的动力来源正是来自"立身中正,上下相随"的太极拳习练"总纲"的要求,来自"柔与刚、缓与疾、慢与快、蓄与放、退与进、屈与伸、虚与实、合与开、落与起、静与动、吸与呼、俯与仰、走与黏、拿与放、化与打"等技术追求中矛盾双方的"互孕性"②的思想智慧。这种"互孕性"的身体运动要求,可以使习练太极拳者养成良好的控制平衡的意识和能力。"起"不可强求,"落"不可随性,"快"不可任性,"慢"不可涣散,"沉"不可求重,"轻"不可飘浮等,这些"不可"对练习者而言就是一种把握、运用平衡的强制性训练。而正是这种理论的运用和训练理念的落实,成就了太极拳"阴阳转换一体"的平衡运动智慧。

对于太极拳习练者而言,习练好太极拳"平衡"不仅仅是一种理念,更多的是需要在习练过程中获得身体上的感知和养成。"发现平衡""掌握平衡""感知平衡""破坏平衡"应该是太极拳习练者的终极追求。习练者从"发现平衡"起步,不论是单式练习,还是拳架姿势,发现其平衡要求都是习练者实践的第一步,可称之为"知阴阳"。"掌握平衡"是指习练者在不断精进的练习过程中,能够掌握好自我身体姿势上的平衡,能够在拳架演练和单式修炼过程中,处理好动静、起落、轻重、开合等平衡关系,并能够将其表现出来,可称之为"体阴阳"。"感知平衡"是在熟练拳架的过程中,通过推手盘圈的两两练习,感知自己技术动作中的平衡意识、平衡转换、平衡保持的一种手段和方式,称之为"察阴阳"。"破坏平衡"是为了实现太极拳技击功能的应用,习练者经过长期刻苦的训练、感悟和领悟后,在与他人"交手"时获得优胜的一种技术应用。这种应用就是在自保平衡的前提下,采用自己对平衡的把控技能,实现对他人身体平衡的破坏,称之为"用阴阳"。

聚思之,我们提出贯串太极拳习练整个体系过程中的"阴阳理论"和"平衡体用",不仅可以"改善老年人的平衡功能、柔韧性及关节灵活性,对于提高下肢肌力、本体感觉、平衡能力及步态肌电均有显著影响,从而帮助老年人增强抗跌倒能力"③,而且对于所有参与太极拳训练的个体都应该是有极大益处的。"美国航天员和我国航天员将太极拳作为提高平衡能力的手段,就是一个很好的佐证。"④

三、太极拳中的"无限拉伸追求"的舒展运动智慧

在"拉伸是最好的运动"⑤被世界卫生组织和运动健康专家普遍认可的今天,有关太极

---

① 人民体育出版社.太极拳全书[M].北京:人民体育出版社,1995:26.
② 王岗,刘帅兵.论太极拳技术的三大要素:螺旋、阴阳、归圆[J].体育成人教育学刊 2014,30(4):52-56.
③ Chyu M C, James C R, Sawyer S F, et al. Effects of Tai Chi exercise on posturography, gait, physical function and quality of life in postmenopausal women with ostepaenia: a randomized clinical study[J]. Clinical Rehabilitation, 2010, 24(12): 1080-1090.
④ 龙戈.太极拳健身的四个层次[J].搏击,2015(3):58-59.
⑤ 张帆,王长生,叶志强.不同拉伸方式对股后肌群柔韧素质影响的对比试验研究[J].天津体育学院学报,2014,29(1):61-65.

拳运动的拉伸健康价值,更是通过大量的实验研究得出了更具优势的结论。如"我们的研究确实证明,太极拳比拉伸等低强度运动的效果要好很多"①。环球网记者王欣报道,"美国波士顿大学医学院于2010年8月发布一项研究结果,证明中国的太极拳比传统的西式拉伸操等活动在缓解疼痛、消除病症方面对人体健康更加有益"②。

尽管拉伸可分为静态拉伸、动态拉伸、本体感觉神经肌肉促进法(PNF)拉伸等③,但促进健康的最好的拉伸运动必须让人感觉良好,而不是我们常常所提倡的"强制性拉伸"。美国学者鲍勃·安德森所著的《拉伸:最好的运动》一书中也明确给出这样的观点:"正确的拉伸让人感觉良好,它既不需要你挑战自己的身体极限,也不需要你每天都取得进步。不应当把拉伸当作一种自我挑战,在意自己'能够拉伸到什么程度',而是应当根据自己肌肉的结构、柔韧度和紧张度进行个性化的拉伸练习。拉伸的目的是降低肌肉的紧张度,使动作更加灵活,而不是追求极度灵活——后者常常会导致拉伸过度和受伤。"④比照太极拳的运动拉伸,我们不能不说它就是一种"根据自己肌肉的结构、柔韧度和紧张度进行"的个性化拉伸练习。在我们看来,太极拳的拉伸,是一种促进健康的运动,而非强制性拉伸。这一点和太极拳的修炼理念相吻合,也与促进健康的拉伸理念相一致。

拉伸在太极拳运动中是一种追求,这种追求不是浮在运动表面的,而更多的是深藏在身体运动和技术表现之中。众所周知,太极拳在练习过程中强调"用意不用力",太极拳中的拉伸也是一种通过意念引领的拉伸,并且这种拉伸强度不是强求的,而是自然而然的。在太极拳的练习要求"虚领顶颈""气沉丹田""含胸拔背""沉肩坠肘""坐腕舒指""松腰敛臀""开胯曲膝""脚心涵空"等要领中,有以一个方向为主的拉伸,如"顶"是向上拉伸,"拔""含"是向后拉伸,"沉""坠"是向下拉伸,"敛"是向前拉伸等。而更多的拉伸是多方向的,如太极拳追求的"中正安舒""支撑八面"就是要求以练习者为中心,发散外撑,这种外撑是"球体"的,延伸到四周各个方位。这里的"外撑",对于习练者的身体而言,无疑具有"拉伸"的价值和意义。

"拉伸"是必须的,"无拉伸"不可能求得太极拳的真谛。对于构成太极拳八门劲的"掤、捋、挤、按、采、挒、肘、靠"而言,各门各派都极力强调"八门劲都具有放长的弹性"⑤,并且"这种弹性,不仅是肌肉本身的弹性,而且是在肌肉弹性的基础上将骨骼韧带等与肌肉联合放长中锻炼出来的"⑥。这种"放长"的要求和实施,无疑就是我们所言的"拉伸"。这种对"放长"的追求,不在意手举多高,腿伸多长,柔韧性多好,而是极力强调"先从意着手,使思想上有放长的意思"。正是基于"从意着手"的放长,使得太极拳的拉伸没有了量化的长度、高度和远

---

① Reynolds G. What are the benefits of Tai Chi? [N]. The New York Time, 2018-05-06(8).
② 美国:中国太极比传统拉伸对健康更有益[EB/OL]. (2009-03-06)[2010-08-09]. http://health.huanqiu.com/health_news/2010-08/1027619.html.
③ 毛志帮,张玲莉,赖小勇,等.静态拉伸与下肢肌力锻炼在老年平衡能力中的意义[J].中国组织工程研究,2015,19(42):6803-6808.
④ 安德森.拉伸:最好的运动[M].边然,译.北京:北京科学技术出版社,2014:9.
⑤ 人民体育出版社.太极拳全书[M].北京:人民体育出版社,1995:15.
⑥ 同⑤16.

度,更多地变成了一种放松的、灵活的、个性化的拉伸。

与其他拉伸运动项目相比较,太极拳不仅有外在的身体拉伸,还有更利于促进健康的胸腹内脏部位的拉伸。"气沉丹田""气宜鼓荡"的太极拳习练要求,就是指对胸腹内脏部位的收缩扩展的自然训练。因为太极拳在很大程度上是以"内修"为个性的拳种,"以心行气""以气运身"的习练要求,"可以很自然地形成横膈肌式的深呼吸,同时由于横膈的张缩,使腹腔和肝脏受到时松时紧的腹压运动,对输送血液和促进肝脏机能活动,当然也有良好的生理作用"。这种对胸腹内脏之间的挤压拉伸,无疑有利于提高消化系统的功能,抵御内脏器官疾病的产生。

太极拳对于习练者身体部位的"拉伸",尽管习练者可能在运动过程中没有明显的感知和表现,不会像其他运动项目(包括瑜伽)那样拉伸感受表现得非常强烈,具有可显现的力量。它的"拉伸"是收敛的、含蓄的,甚至可以说是无限的。因为太极拳运动过程中的拉伸程度与习练者对拳理拳法的理解正误与深浅有关,所以,太极拳的拉伸是自然的拉伸,是递进式的拉伸,是良好的拉伸。因此,它不仅成就了太极拳"无限拉伸追求"的空间,也使太极拳具有了有利于健康促进的"内外"舒展运动智慧。

四、太极拳中"意念引领动作"的心理运动智慧

现代健康是一个多元化多维度的健康,尽管世界卫生组织对"健康"的定义从1946年起有过多次的讨论和争论,并出现了不同的文字表述,但对于将影响人健康的因素指向多元化多维度,应该是已经达成了共识①。不论是世界卫生组织官方中文网站的"健康不仅为疾病或羸弱之消除",还是《阿拉木图宣言》中"健康不仅是疾病与体弱的匿迹",抑或是中国学者的"健康不仅是没有疾病"的表述,都说明关于"健康"的问题,还有许多方面的影响因素存在。这其中,"心理健康问题"对人完全状态、完好状态的影响无疑是最强烈的。因为,"心理健康是身体健康的精神支柱,身体健康又是心理健康的物质基础。良好的情绪状态可以使生理功能处于最佳状态,反之则会降低或破坏某种功能而引发疾病"②。所以,挖掘、发现最优秀的运动项目以实现对人心理健康的促进,对人不健康心理状态的矫正,正在成为一种文化使命。而正是这种人类健康的需要,太极拳成为不仅促进"体格""躯体""身体"健康的方法和手段,更将太极拳的健康促进作用指向了"精神""身心""心理"方面。究其动因,相对于其他体育运动而言,太极拳所倡导的"意念引导动作"的身体运动要求,无疑更具有心理运动智慧的光芒。

太极拳是一种"动"的身体活动,但更讲究"静"的心理状态。"动""静"同在,以"静"为本,引领运"动",是太极拳区别于其他身体运动的根本特征。太极拳《十三势歌诀》中有"静中触动动犹静",《十三势行功心解》中有"先在心,后在身,腹松净,气敛入骨。神舒体

---

① 人民体育出版社.太极拳全书[M].北京:人民体育出版社,1995:454.
② 苏静静,张大庆.世界卫生组织健康定义的历史源流探究[J].中国科技史杂志,2016,37(4):485-496.

静,刻刻在心。切记一动无有不动,一静无有不静"。已故当代太极宗师郑悟清先生更是在其"太极拳之练法说明"中提出,"倘能平心静气,注目凝神……自能臻自然而然之妙境矣"①。这些先辈大师的太极拳论说,无不告诫后学者,理解好"静"的含义,找到"静"的状态,对练好太极拳极其重要。正是基于太极拳对习练者"入静""守静"的强调和要求,习练者能够很好地获得一种心理上的良好状态,达到"虚静闲恬,虚融淡泊"的心理状态,形成"虚怀若谷、恬静无欲"的平和心境②,进而能够学会"放下",能够在复杂的当代社会中,回归和守住"宁静"的生活状态。因此,有学者指出:"太极拳是一项'动中求静'的运动,它不同于中国古老的坐忘、心斋、心养、面壁等几千年来以'静'追求健康的方式。它的运动方式独树一帜,既不同于单式用意、运气、活动肢体的导引术,也不同于疏通经络调和气血,一个个动作分开来做的按摩术。太极拳既具有用意、运气、活动四肢等传统导引术的优点,又具有势势相承、绵绵不断、贯通一气的特点。这一特点有利于人的精神和气息较长时间集中在自身体内按套路规律运行,这是单个动作所不具备的。"③

正是因为有了太极拳对习练者"神舒体静,刻刻在心"的要求,有了太极拳要论中"静中触动动犹静"的理法规定,有了对太极拳习练者"倘能平心静气,注目凝神"的提醒,才使得太极拳习练者在追求"以意导气、以气行身,意到气到、气到劲到"的过程中,促进了心理上的锻炼和抚慰。这是因为,"太极拳家把精神锻炼和身体锻炼看得同等重要,甚至把前者看得更重,提出了'用意不用力'的最高原则,即要求习练者在运动时思想集中、心神专一,用意识不断地指导动作并且灵活变化,使动作有一定指向,避免顾此失彼的错误动作"④的目标追求,更可以帮助习练者自身在习练过程中排除杂念,剔除干扰,在无欲、无求、无畏的状态下"身随心动",进而达到"心中无一物、极其虚实"的臻化之境。

正是这种"心中无一物"的追求和"身心合一"的修炼原则,使得太极拳习练者有了更高的人生境界,大大提高了太极拳的心理健康促进价值,成就习练者"居为不争、无为而为""清心寡欲、知足常乐""淡泊名利、宁静致远"的良好心理品格⑤,改善和矫正习练者原本所存在的"紧张、愤怒、疲劳、抑郁、慌乱"的不良心理状态,使习练者的"正性情感、正性体验的得分和幸福度总分明显上升"⑥。

五、太极拳中"中正有度推己"的社会与道德智慧

世界卫生组织早在1984年就提出,"健康不仅是躯体没有疾病,还包括心理、社会适应能力、道德均处于完美状态"。随着社会的进步,"人"的发展问题,已经不再是家族、家庭和自我能单独解决的问题。社会的高度参与,迫切要求个体以良好的道德风范适应社会与融

---

① 王彦峰.健康是生产力[M].北京:社会科学文献出版社,2014:39.
② 何俊龙.图解武当赵堡太极拳秘笈[M].北京:华夏出版社,2008:54.
③ 郭志禹,姜娟.中国太极拳健康文化系统研究[J].上海体育学院学报,2006,30(3):57-62.
④ 张长思.对太极拳心理学效应实验研究的反思[J].山东体育科技,2014,36(6):90-94.
⑤ 王岗.太极拳对现代人心理调节的作用[J].武汉体育学院学报,2001,35(1):107-108.
⑥ 陈新富,刘静,邱丕相.太极拳运动对中老年女性心理健康的影响[J].上海体育学院学报,2005,29(5):79-83.

入社会。因此,"社会适应能力、道德均处于完美状态"就成为人健康生活的重要影响因子。对此,联合国教科文组织更是强调"学会求知、学会做事、学会做人和学会共处"①。这里的"做事""做人"和"共处"都与"社会适应和道德"有直接的关系。"社会适应能力、道德均处于完美状态"已经成为个体健康成长过程中重要的决定性因素。

作为"智慧拳"的太极拳,不仅对习练者的身体健康和心理健康有着一定的正性促进和影响,而且对习练者的社会适应能力和道德修为的提升同样具有正性促进和影响。因为"太极拳文化中的种种要义更是一种包罗万象的文化形态,它折射出的人文精神长期以来一直和我们、和这个民族的人文精神所契合,它所倡导的价值理念一直和我们这个民族的人生追求相一致"②。正是基于以上的文化特质,可以推演太极拳中"中正"立身、"有度"行事和"推己"及人的拳论要诀,对于参与者的社会适应能力的提高和良好道德品格的培养具有一定的促进作用。

一个人的社会适应能力的提高和道德品格的提升,归根到底是为了获得一种良好的处世方法和策略。养成做人"中正"的原则,把握做事"有度"的技巧,进而达到"推己"及人的境界。对于太极拳习练者而言,"守正"是太极拳的习练要求和原则中最为人们所强调的,"太极围绕中定运,万法皆由中定生"就充分说明了这一点。所以,在太极拳的各门各派前辈大师那里对此都有过论述,如"立身中正安舒,支撑八面"③"尾闾中正神贯顶""身虽有歪斜,而且歪斜之中,自有中正,不可执泥""虚灵顶劲,尾闾中正""能中正,则能支撑八面"④"练此拳时应气沉丹田,不偏不倚"⑤等。著名的太极拳理论家陈鑫先生一语道破了"立身中正"对于参与太极拳习练的人格品质培养的价值,即"身必以端正为本,身一端正,则做事无不端正矣"⑥。

做人要端正,这是太极拳给予习练者的良好人格品质。做事应"有度",则是太极拳理论和实践带给习练者的另一种智慧。太极拳是一种将"度"视为生命线的身体技术。这种技术,不强调"更快、更高和更强",只追求演练过程中对技术的良好把握。这种把握因人而异、因势而动、因机而行,这些都来自习练者对这些"人""势""机"的把握水平、体验程度和感知能力。历代拳谚对此有大量论述,如"不可使硬气、亦不可太软""左重则左虚,右重则右杳,仰之弥高,俯之弥深""惟有五阴并五阳,阴阳无偏是妙手"等。这些有关"度"的太极拳拳谚大都体现在或对"动静"之机的把握,或对"虚实"之分的判断,或对"轻重"之力的控制,或对"快慢"之速的驾驭,或对"进退"之状的选择,或对"曲伸"之技的运用等方面,都极力追求"不即不离""不沾不脱""不偏不倚""不先不后""无过不及""阴阳无偏"的妙手之境。这种"妙手之境",要求太极拳习练者学会并娴熟掌握对"度"的驾驭和运用。求"度"的过程是太极拳习

---

① 李蓉蓉,王岗.太极拳:从"推己及人"到"内圣外王"[J].成都体育学院学报,2011,37(11):45-49.
② 同①45-49.
③ 常朝阳.太极拳文化的儒家中庸思想表征研究[J].体育学研究,2018,22(2):6-10.
④ 张长念,刘世海.太极拳:中国文化的道家哲学[J].南京体育学院学报,2018,1(8):73-82.
⑤ 张春峰.论太极拳中的中国艺术元素[J].武术研究,2019,4(1):29-32.
⑥ 王岗.太极拳:体认道德伦理的文化教场[J].南京体育学院学报(社会科学版),2011,25(1):22-27.

练者不断进行心理暗示、肢体训练、思想强化的过程,久而久之修炼出"从心所欲不逾矩"的处事态度。

太极拳理论与实践除了给予习练者"为人有品格""处事有态度"的理念之外,还使习练者在与人交往中达到"推己及人"的境界。太极拳的论著中反复强调"己"与"人"的关系,如武禹襄在《太极拳解》中要求"须要从人,不要由己。从人则活,由己则滞"[①],王宗岳在《太极拳论》中指出"本是舍己从人,多误舍近求远"[②]等。可以看出,太极拳拳理主张不能以"对抗性"矛盾观处理"己"与"人"的关系,而应站在对方的角度要求自己,同时也应"用自己的心思来推想别人的心思,设身处地地替别人想"[③]。这种"非对抗性"的矛盾观,在我们看来就是太极拳"推己及人"的智慧所在。人们通过对太极拳的学习、训练以及深入的参悟,必将在提升技术的同时,对于做人的法则也会大彻大悟,在道德品质上得到感悟和提升,进而获得良好的处世之道,实现社会适应和道德方面的完美状态。

"中国哲学有很多特点,但根本的特点是对生命的重视。"[④]这一点在太极拳中体现得更加明显。尽管它以技击为文化的肇始,但在发展进化过程中,逐渐地演变为一种关注生命意义的文化存在,促进人全面健康地生活和发展,呈现出一种厚重、灿烂的智慧光芒。

太极拳中的健康智慧,是一种"知行合一"的智慧,是一种"守一存真"的智慧,更是一种"涅槃寂静"的智慧。这种包涵"躯体、心理、社会、道德"四位一体的健康智慧是全人类共同的文化财富,守护好这份文化财富需要我们尊重传统、善待文化,需要我们不忘初心、坚持文化惠民,需要我们砥砺奋进、创新文化。唯如此,我们优秀的太极拳健康智慧才能在传承和创新中得到更为广泛的弘扬,才能在利民和惠民中,在世界范围内得到更为广泛的认可,才能在"构建人类命运共同体"的伟大浪潮中实现服务全人类的宏大旨愿。武术名家邱丕相教授也指出,未来武术的发展方向是"为大众健康服务"[⑤]。

---

① 郭福厚.太极拳秘诀精注精译[M].北京:人民体育出版社,2014:51.
② 同③4.
③ 李蓉蓉,王岗.太极拳:从"推己及人"到"内圣外王"[J].成都体育学院学报,2011,37(11):45-49.
④ 刘俊骧.武术文化与修行[M].北京:中央翻译出版社,2008:33.
⑤ 杨建营.深陷困境的中华武术的发展之路:邱丕相教授学术对话录[J].体育与科学,2018,39(4):18-26.

第三章 老年人健康的基本特征

1953年世界卫生组织就提出"健康是金"的理念。健康是人类最基本的需要和权利,充分享受这一权利是人生最大的幸福。健康是躯体、精神和社会适应三个方面的完美状态,即健康不仅是没有疾病或不受伤害,而且是生理、心理和社会健康均处于完好状态。就生理健康、心理健康和社会健康三者而言,它们既有区别,又有联系。生理健康是指人体的结构完整和生理功能正常,是其他健康层次的基础,而心理健康则以生理健康为基础并高于生理健康,是生理健康的发展。社会健康是健康的最高境界,是以生理健康和心理健康为基础而发展的高级健康层次[①]。"躯体是基础,心态是关键,适应自然社会环境是保障"[②],三者有轻重缓急之区别,但统一于整体健康状态(自测健康)之中。老年人处于人生的特殊阶段,健康对于老年人就显得尤为重要和珍贵。对于老年人而言,他们的生理、心理和社会健康状态及整体健康状态都不同程度地弱于青壮年。

第一节 老年人生理健康特征及其评价

随着年龄的增长,老年人的组织器官功能也在逐渐减退。生理衰老是不可避免的自然现象,人的一生自婴儿开始,走过童年、青年、中年、老年,直至生命的终点。从生物学上讲,衰老是生物随着时间的推移而自发的必然过程。它是复杂的自然现象,表现为结构的退行性变化和机能的衰退,适应性和抵抗力减退。尤其进入老年期,衰老速度便开始加快,表现为身体组成成分、形体、各系统组织器官功能的快速减退等,如出现视力退化、动作变迟钝、心脏渐衰弱、肺活量减少、老年斑增多、肌肉逐渐萎缩、骨骼变短变脆、大脑功能减退、动脉硬化和对外来刺激抵抗力减弱等症状。

---

① 夏祥伟.研究生体育锻炼与健康问题的研究[D].上海:华东师范大学,2005:14.
② 梁峻,郑蓉,孙灵芝.论健康的关键要素[J].中国中医基础医学杂志,2016,22(3):365-368.

一、老年人身体成分的特点

人体成分的变化是人衰老的最显著特征。随着年龄的增长,身体成分会发生很大的变化,并主要表现在体内脂肪与肌肉含量、皮肤、毛发、指甲、骨组织和身高等方面。

1. 体内脂肪与肌肉含量

随着年龄的增长,人体成分会发生较为显著的变化,体内的脂肪含量便是其一。正常成年男子全身含水量约为体重的60%,女子约为50%。60岁以上男性和女性全身含水量分别为51.5%及42%~45.5%[1]。随着年龄的增加,新陈代谢逐渐减慢,耗热量降低,摄入的热量常高于消耗的热量,多余的热量即转化为脂肪,使得脂肪组织的比例增加从而趋于肥胖。脂肪含量与个人生活习惯、遗传和运动都有很大的关系。但研究表明,体脂含量和年龄呈正相关,可能的原因包括随着年龄的增长,饮食摄入量增加,体育锻炼减少,脂肪动员能力降低。游离脂肪在30岁后也开始大量降低,部分原因可能是由于运动减少,造成肌肉质量减少和骨骼矿物质丢失。事实上,对于当前我国居民而言,个人生活习惯的影响是成年人体内脂肪含量增加的主要原因。随着生活水平的改善,人们的饮食品种大为丰富,部分人群尤其是脑力劳动者,由于能量摄入大于消耗导致了体内脂肪的集聚。此外,生活作息不规律、饮酒、吃夜宵等都直接增加了体内脂肪含量,这种体脂含量若不通过一定的运动消耗加以调整,会使得老年期体脂含量更为增加。

与肌肉含量相关的肌肉工作能力下降是衰老的重要标志。人的肌力从30岁开始减弱,且从事非体力劳动者比体力劳动者明显。骨骼肌发生退行性变化的主要特征是肌纤维的体积减小,下肢衰退尤其明显。其主要原因是快肌纤维数目减少,或者是肌肉兴奋-收缩耦联功能减弱,或者是快肌纤维运动单位末梢启动功能降低[2]。可见,老年人肌重与体重之比下降,是造成老年人肌力不足的一个重要原因。

2. 皮肤、毛发与指甲

人体的皮肤系统包括皮肤、毛发和指甲。伴随着衰老过程最明显的生理上的变化是皮肤皱纹的产生。皮下脂肪和皮肤表面之下的水分减少,再加上皮肤细胞内弹力纤维丧失,皮肤变薄,弹性减少。作为正常的机体维护过程的一部分,从30岁到70岁皮肤细胞的更替减慢了50%。在老年期皮肤变得比较脆弱,更替缓慢。这些加在一起可以说明为什么老年人比年轻人更容易碰伤皮肤。随着机体的老化,循环系统总体上的效率滑坡,血液循环到皮肤表面的速度减慢,造成皮肤受伤后愈合的时间延长。在伤口愈合上,老年人比年轻人需要多50%的时间。血液循环到皮肤表面的功能受损,常常会影响老年人对冷热反应的灵敏度,于是老化的机体不大能有效调节身体温度。对老年人来说,房间的温度要高3~4℃才会觉得

---

[1] 童坦君,张宗玉.医学老年学:衰老与长寿[M].北京:人民卫生出版社,1995:23.
[2] 邓树勋,王健,乔德才.运动生理学[M].北京:高等教育出版社,2005:471.

舒服①。并且，老年人皮肤可出现另一种明显的老化标志，即脸上、手背等处出现老年斑。这是皮肤黑色素的产物，同皮肤色素代偿性增生和紫外线照射有关系，老年斑出现率及其数量与年龄呈正相关，而与性别无关。

头发变白是正常衰老过程中另一个常见的特点，尽管对一些人来说还没进入老年就早已开始有白发。出现白发是因为头发的毛囊丧失了黑色素。这是一个渐变的过程，所以有些老人头发完全变白，而另一些老人却会保留数量不等的黑发。由于机体产生的雌性激素和睾丸素减少，再加上头皮再生头发替代脱发的能力降低，从40多岁开始，头发会变得稀疏。尽管头上的毛发减少，但是长在身体其他部位的毛发却有可能增加。鼻孔、耳孔和眉毛上会长出较多的毛发，表明激素的缺失以不同的方式影响着躯体。随着身体衰老，毛发会变得稀疏，手指甲、脚趾甲会变厚、变干，这可能会带来卫生方面的问题，因为对老年人来说，够到脚趾会比较困难②。

3. 骨组织与身高

成年后各种细胞数量开始减少，这种情况随着年龄的增长而逐渐加剧，75岁老人的组织细胞减少约30%。由于老年人的细胞萎缩、死亡及人体水分减少等原因，人体各器官重量及体重减轻。且因骨质疏松、脊柱和下肢弯曲等原因，老年人的身高常常略有下降。男性和女性生命过程中骨密度最大值都在30岁左右，以后男性以每年0.5%、女性以每年1%的速度减少。雌激素是稳定骨钙的重要因素，女性在绝经后，由于雌激素的缺乏，骨质丢失的速度增至每年减少2%左右③。随着年事渐高，骨的重吸收增加，成熟骨单位减少，骨质中胶原和黏蛋白含量减少，钙质渐减，而无机物碳酸钙和磷酸钙含量相对增多，因而老年人骨骼较脆，易发生骨折。此外，关节软骨耗氧量随年龄的增长而下降，软骨失去弹性，且易发生钙化和骨质增生，关节面粗糙，关节活动能力下降。另外，由于年龄增长，人的脊椎骨受到压缩而变矮。尽管男女都会变矮，但是妇女的身高可能会矮六七厘米之多，因为她们的骨骼会随着绝经后失去雌性激素而发生变化。老人的脊椎可能会变得更加弯曲，让人产生常年无精打采的错觉。脊柱的弯曲加上肌肉力量的丧失会造成老年人保持平衡越来越难。

牙齿和支撑牙齿的下颚结构也被视为骨骼系统的一部分。它们可能会随着人变老而退化。那些在前期没有对牙齿采取预防性护理措施的老人，更容易在晚年掉牙或者没到晚年就掉牙。65岁及以上的人掉牙最常见的原因是牙周病，即稳固牙齿的牙龈和下颚骨结构受到感染。老人一旦失去了天生的牙齿，戴上义齿，下颚的结构就可能会发生改变，由此带来的影响是咀嚼食物非常困难④。

---

① 凯瑟琳·麦金尼斯-迪特里克.老年社会工作：生理、心理及社会方面的评估与干预[M].2版.隋玉杰，译.北京：中国人民大学出版社，2008：32.

② 同①33.

③ 邓树勋，王健，乔德才.运动生理学[M].北京：高等教育出版社，2005：471.

④ 同①32.

二、老年人氧运输系统的特点

1. 老年人心血管系统的特点

心脏和血管一起形成一个封闭的管道系统。心脏是一个肌性泵,通过一套精密的循环系统使循环血液把人体所需的氧气和营养物质送到全身各细胞组织,同时运走机体的代谢产物,使机体内环境保持相对稳定,维持生命的正常功能。

老年人的心脏和血管会随着年龄的增长而降低效能。增多的脂肪和胶原蛋白会集聚在心肌上,减少血液的输出。心脏瓣膜会变得比较僵硬,使心脏在工作的时候更加吃力。血流量的限制造成了老年人在从事体力活动的时候更容易疲劳。在老年人最需要更有效的血液循环的时候,身体供能却跟不上[1]。心脏的生理性老化主要表现为心肌萎缩,发生纤维样变化,引起心肌硬化及心内膜硬化,导致心脏泵效率下降,每分钟有效循环血量减少。此外,冠状动脉的老化,也使心肌本身血流量减少,携氧量下降,甚至出现心肌供血不足的临床表现。心电图研究结果显示,老年人心率减慢,P-R、QRS(磁共振血管造影)及Q-T间期延长,QRS综合波高度降低,电轴左倾也增多,传导阻滞及左心室肥厚比青年人多。25%~50%的健康老年人的心电图有一些改变。总之,随着年龄的增长,心脏泵血系统的水平在体力负荷后减退是比较明显的。例如最大摄氧量可比年轻时降低20%,在较大负荷时老年人的每分钟输出量、每搏输出量和心率均较低。随着年龄的增长,冠状血流相对减少,心肌纤维的ATP酶活性降低[2]。

老年人血管的老化现象主要表现为一定程度的动脉粥样硬化,这是脂肪堆积的结果。这些堆积的脂肪使心脏越发难以把血液有效地输送到身体的各个部位并有效利用氧气。这些堆积的脂肪缩小了大动脉的内径,并使大动脉的弹性下降,从而影响血液供往胃、肝和脑等大型器官。随着供血的减少,这些器官的功效会降低。由血管衰老带来的心血管疾病正成为老年人的第一杀手。首当其冲的是冠状动脉疾病,即动脉变硬或动脉粥样硬化。冠心病会限制心脏的供血量,导致心肌损伤,即常见的心肌梗死。其次,高血压同样是一种普遍的心血管疾病。老年人高血压一般是由不良生活习惯和血管老化引发弹性降低造成的。随着血管老化,末梢阻力不断上升,特别是主动脉的僵硬度随年龄的增长而大大增加。主动脉中层弹力纤维丧失、胶原增加、钙盐沉着和内膜粥样硬化,冠状动脉因粥样硬化而内径缩小,周围血管阻力增加。老年人血管弹性储备功能减退,大动脉血管弹性下降,使大小循环都受到影响。尽管用简单的血压检测方法就能诊断出高血压,但是高血压没有任何症状,常常被称为"沉默的杀手"。高血压会损伤动脉,容易生成血栓,是导致中风的常见原因。

2. 老年人呼吸系统的特点

呼吸系统是人体功能衰退得较早的系统。随着衰老的加速,呼吸系统也发生着重要的

---

[1] 凯瑟琳·麦金尼斯-迪特里克.老年社会工作:生理、心理及社会方面的评估与干预[M].2版.隋玉杰,译.北京:中国人民大学出版社,2008:32.
[2] 邓树勋,王健,乔德才.运动生理学[M].北京:高等教育出版社,2005:471.

变化,肺泡体积逐渐增大,肺的弹性结构的蜕变和呼吸肌的虚弱,造成肺的通气和扩散能力下降,肺弹性下降和呼吸无力,使人在做体力活动时易发生呼吸困难,呼吸做功升高。肺血管口径也变窄,肺动脉压增加,加重了右心的负担①。呼吸系统衰老的进程实际上是人一生的生活方式和环境因素共同作用的结果。事实上,难以区分出哪些呼吸系统的改变是由污染物和毒素造成的,哪些是由正常的衰老过程造成的。总的来说,随着年龄的增长,肺部的肌肉逐渐失去弹性和力量。力量上的缺失损害了老人深呼吸、咳嗽和清除肺部黏液与分泌物的能力。纤毛这一肺部中像毛发一样的结构物的减少,使肺部在获取氧气的时候效能降低。随着年龄的增长,肺部功能性的储存能力降低,导致呼吸较年轻时慢得多、浅得多。呼吸效能降低可能导致身体其他部位氧气的摄入量不足。长期氧气摄入量不足会伤害血液循环系统的功能,给心脏带来损害。不能适时地咳嗽以排除肺部的异物会导致老人患肺气肿、慢性支气管炎的可能性加大。肺炎是排在第五位的老人死亡原因,老人所患的许多肺部疾病都是由吸烟或环境污染造成的②。总之,老年人的肺生理功能如肺容量、通气功能、换气功能及免疫功能均逐渐降低,使肺部及呼吸道极易受外界因素刺激而受损或发生感染性疾病。

3. 老年人血液流变的特点

随着年龄的增长,老年人的血液出现浓、黏、聚和凝的状态,临床上称之为高黏滞血症(HVS)。HVS可使微循环的血管状态和血液流变发生异常,并直接影响组织器官的功能,许多心脑血管疾病均与HVS存在一定的关系。血液的黏稠度主要取决于红细胞的压积、血浆黏度与红细胞的变形能力。随着年龄的增长,老年人的纤维蛋白原增加,而纤溶能力下降,使血浆黏度增加。另外,机体造血机能下降使得血液中年轻的红细胞数量减少,衰老的红细胞数量增加,过氧脂质在体内不断积聚,血管硬化等,这些因素都可引起血液黏度升高。红细胞变形能力是影响血液黏度和血流阻力的重要因素。随着衰老过程的发展,红细胞膜弹性下降,血沉增加,导致变形能力下降,使血液的流变性降低,循环阻力增加,心脏负担加重③。此外,老年人的血管普遍地出现不同程度的硬化,弹性减弱,管腔变窄,血管内膜增厚、不平滑或有粥样斑块发生。这些变化导致血流阻力增加、血压上升及某些组织器官的血流量减少,甚至由于血管腔过于狭窄或血栓的形成使得血流中断,部分组织细胞坏死,以至于形成致命的威胁。

三、老年人免疫系统的特点

现代免疫是指机体能够识别"自己"和"非己"成分,并排除"非己"成分以保持机体安全的一种生理功能。免疫机能属于人体的防御机能,是人体健康和体质的代表性指标。随着

---

① 邓树勋,王健,乔德才.运动生理学[M].北京:高等教育出版社,2005:473.
② 凯瑟琳·麦金尼斯-迪特里克.老年社会工作:生理、心理及社会方面的评估与干预[M].2版.隋玉杰,译.北京:中国人民大学出版社,2008:33.
③ 同①473.

年龄的增加,人体的免疫系统如 T 淋巴细胞(简称"T 细胞")、B 淋巴细胞(简称"B 细胞")、自然杀伤细胞 NK、细胞因子中枢免疫器官、免疫球蛋白等方面都会发生各种变化。

1. 免疫器官的衰老

免疫器官中,衰老最明显的是胸腺。胸腺青春期时最大,达 30～40 g,到 60 岁左右为 10～15 g。退化的胸腺内仅残留原来细胞数的 5%～10%,胸腺的内分泌功能也会降低,胸腺激素在 60 岁后不再能测得[1]。老年人死后对其进行尸体解剖几乎找不到胸腺组织,同时胸腺分泌的胸腺素也随着年龄的增长而减少。胸腺是 T 细胞发育的重要场所,胸腺萎缩的直接后果是基因源的纯真 T 细胞在外周淋巴细胞内的比例下降,这也是人年老时免疫功能下降的重要原因。

2. 免疫细胞的衰老

老年人细胞免疫功能下降主要表现为对既往接触或未接触的抗原的反应能力降低。老年人 B 细胞数量虽然没有明显减少,但其产生抗体的能力有所下降,一般 55～56 岁的老年人群对各种细菌及病毒抗原产生抗体的能力明显低于年轻人。老年人体液中的免疫变化最重要的一点是自身抗体的发生率增高,这些自身抗体与体内相应的自身组织抗原反应,有可能造成组织的损伤,引起自身免疫性疾病。所以,老年人易患免疫性疾病[2]。此外,细胞免疫功能下降、淋巴细胞转化率降低以及白细胞介素-2(IL-2)等细胞因子分泌减少是免疫系统衰老的主要表现。有关胸腺依赖性淋巴细胞(T 细胞)的研究结果比较一致,多数学者认为 T 细胞的功能随年龄的增长不断下降,其数量也有所下降,并且抑制性 T 细胞数量比辅导性 T 细胞下降得更多[3]。衰老所致的 T 细胞功能下降包括对主要组织兼容性复合物(MHC)的反应降低、增值活动受损,胸腺的萎缩以及胸腺激素水平的大幅度下降会使得外周血中未成熟的细胞数量增加,而成熟 T 细胞是减少的[4]。与此同时,骨髓依赖性淋巴细胞(B 细胞)也受到了衰老的损害[5]。而对于自然性杀伤细胞(NK)随着年龄增加发生的变化,学者的看法则不一。有学者把百岁老人的 NK 细胞取出来,发现仍然能够有效杀伤靶细胞,这似乎表明人的先天免疫尤其是 NK 细胞的活动受年龄影响很小[6]。随着机体的老化,免疫细胞本身也进行着一个老化过程。老年人免疫功能减退主要是细胞免疫功能减退,尤其是 T 细胞。老年人的外周血 T 细胞总数和占比下降,仅为年轻人的 70%左右;T 细胞分裂增殖能力降低;细胞培养液中白细胞介素 2(IL-2)的含量仅为年轻人的 10%,且 T 细胞上的 IL-2 受体检出率显著降低。嗜中性白细胞的功能和趋化性与年轻人相同。巨噬细胞受衰老的影响较大,一方面作为引起炎症反应的巨噬细胞随衰老而机能亢进,另一方面作为抗原

---

[1] 章茜,孔旭黎.生理学[M].郑州:河南医科大学出版社,2002:339.
[2] 邓树勋,王健,乔德才.运动生理学[M].北京:高等教育出版社,2005:474.
[3] 夏书宇.运动对衰老过程中免疫机制的影响[J].武汉体育学院学报,2005,39(11):63-64.
[4] 潘天鹏,石津生.现代系统老年医学[M].北京:科学出版社,1998:34.
[5] 赵武述.现代临床免疫学[M].北京:人民军医出版社,1994:44.
[6] Ginaldi L, De Martinis M, D'Ostilio A, et al. The immune system in the elderly[J]. Immunologic Research, 1999, 20(3): 117-126.

提呈细胞产生细胞因子的机能减退①。一般来说,血清免疫球蛋白随年龄增长而增加。老年人血清中 IgA(免疫球蛋白 A)和 IgG(免疫球蛋白 G)值有增高倾向,其中 IgG 亚群 IgG_1 和 IgG_3 表现最为明显,而 IgM(免疫球蛋白 M)值有降低倾向。IgE(免疫球蛋白 E)从 10～30 岁逐渐下降,30 岁后维持在一定水平,60 岁后随年龄增长而降低②。

人体的免疫功能状态与心理因素密切相关。医学研究表明,许多疾病的发生、发展与不良的情绪状态有关。心情长期压抑的人易患各种慢性病。这是由于大脑长期处于紧张状态,使得中枢神经系统、内分泌系统紊乱,激素的分泌发生变化,降低了人体的免疫功能从而导致生病。对于广大的老年人,我们不仅要做好物质赡养工作,也要做好精神关爱工作,使他们幸福快乐地安享天伦之乐。

四、老年人神经系统的特点

覆盖在脑的髓膜变厚,有和头盖骨粘连的倾向,脑整个萎缩,超过 50 岁时,脑的重量发生进行性减少。这个重量的减少是脑的神经细胞数减少所致,在前额叶、颞叶表现特别显著。神经细胞本身也发生萎缩,被称作脂褐素沉积,这种色素增加的机理还不明确,认为是退行性过程的一种表现。此外,在组织学水平,可以看到阿尔茨海默型神经原纤维变性,以及老年斑出现。这两者在大多数的老年人的脑上均可以见到,但还不能明确是否和增龄有密切关系。再者,在神经组织内发生了被称作粥样化物质的沉淀,具体表现为神经递质效率下降和神经系统结构改变。

1. 神经递质效率的下降

伴随"老年化"而来的最值得关注的变化是神经递质效率的下降。神经递质是脑内传输信号并把信号从脑部传输到身体的相应部位的化学物质,它是实现神经元之间或神经元与效应细胞之间化学信号传递的物质基础。突触这一神经细胞间电脉冲通过的点,随着机体的衰老,在传达脉冲时的速度会变慢。神经系统要花很长时间才能把信息发送到脑部,再由脑部处理信息并给予回复。进入老年后,脑细胞会减少 10%～17%,所以大脑中枢处理信息的能力下降。老年人脊髓运动神经元数量减少 37%,神经冲动的传递速度减慢 10%,因而神经肌肉活动能力受到影响,表现为简单反应时和复杂反应时变长,运动时延长。这是老年人对特定刺激反应较慢的原因。例如,老年人反应时变长,这是因为处理脑部得到信息的速度变得较慢。或者在开车的时候,老年人可能要花更长的时间才能对疾驰而来的车做出反应。老年人的认知功能可能完好无损,但是需要长一点的时间去搜集和加工信息③。65 岁的老年人反应时比 20 岁青年人的延长了 50%。此外,老年人与记忆有关的神经递质如乙酰

---

① 瞿祥虎.运动锻炼对中老年人免疫功能的影响[J].武汉体育学院学报,1996(11):76.
② MacKinnon L T. Current challenges and future expectations in exercise immunology: back to the future[J]. Medicine & Science in Sports & Exercise, 1994, 26(2): 191-194.
③ 凯瑟琳·麦金尼斯-迪特里克.老年社会工作:生理、心理及社会方面的评估与干预[M].2 版.隋玉杰,译.北京:中国人民大学出版社,2008:29.

胆碱等减少,形成条件反射的潜伏期延长,衰老的神经细胞兴奋抑制过程转化变慢,对外界刺激的反应变迟钝,动作协调性变差,注意力不集中,记忆力减退,但减退程度有较大的个体差异。在增龄性学习记忆改变中,首先出现的是反射性记忆减退,即运动技巧及感知觉减退,而逻辑性记忆衰退较晚[1]。

2. 神经系统的结构改变

随着年龄的增长,神经系统的结构与功能的变化是相当明显的。40 岁以后脑细胞数量明显减少,每天要丧失数以千计的神经细胞,到 80 岁时,神经细胞数量减少约 25%。老年人脑的总重量降低,特别是超过 80 岁的老年人,通常减少 10%~15%。老年人脑的体积也缩小,表现为轻到中度的脑回萎缩,脑沟增宽、加深。这些变化以额叶最为明显,脑室也随年龄的增长逐渐扩大,脑实质出现萎缩,脑脊液增多。衰老时大的神经元数量进行性减少,而小神经细胞和胶质细胞则进行性增加。接近 100 岁时小脑的浦肯野细胞平均减少 25%,人丘脑前核神经细胞减少 18%,老年人前脑基底部的胆碱能神经元和纹状体的小细胞有明显减少,视交叉上核神经细胞也有减少现象,尤以阿尔茨海默病患者为甚。脑干中许多神经核团不随年龄的增长而减少,但黑质和蓝板等核团有明显的神经细胞减少。脊髓细胞数量也表现出某种程度的改变。老年人的锥体细胞树突棘减少,树突发生退化,而某些部位如人齿状回颗粒细胞树突的增生可能是对神经细胞死亡的一种代偿反应。老年人脑组织中轴突膨胀呈圆形或椭圆形,轴突末梢也有退行性变化。衰老时神经元纤维的典型变化是失去正常的形态,发生肿胀和出现缠结。神经元纤维缠结主要是由直径为 10 mm 左右的神经中丝蛋白构成,发展到一定程度可使神经元胞体变性、被破坏以至解体,它通常发生在海马和新皮质的大锥体细胞等神经元中,阿尔茨海默病患者的缠结数量可能与痴呆的程度成正比。衰老斑在正常老人的脑中和阿尔茨海默病患者的脑中均比较常见,主要集聚于细胞外,其主要成分是一种 β-淀粉样蛋白和一些不规则疏松排列的神经元和胶质细胞突起的聚合体,常见于海马、新皮质、基底节和丘脑,小脑中也有。有人发现脑中衰老斑越多,则老人完成智力活动的能力越小[2]。

五、老年人生理健康评价内容

什么样的老人才算健康的老人,老年人的生理健康有没有客观标准,这不仅是老年人非常关心的一件事,也是社会学家、医学专家和从事老龄工作的相关人员十分关注的问题。时至今日,随着时代的发展和医学的进步,对健康的认识也在不断深化和扩展。

1. 神经系统

目光炯炯有神,说明视觉器官与大脑皮层生理功能良好。中医学认为,肾开窍于耳,肝开窍于目,而且为肝气所通,肝肾充足,则耳聪目明。眼睛是人体精气汇集的地方,故眼有

---

[1] 章茜,孔旭黎.生理学[M].郑州:河南医科大学出版社,2002:342.
[2] 同[1]341-342.

神,是精气旺盛,肝、肾功能良好的明证。所以身体健康的老年人,眼睛应该是亮的,此外,思维敏捷,能接受并整合来自体内外各种环境变化的信息,并做出迅速而合适的适应性调节。

2. 氧运输系统

说话声音洪亮,呼吸从容不迫,说明发音器官、语言中枢、呼吸系统以及循环系统的生理功能良好。中医学认为,声息和是正气内存的表现。正气充足,邪不可干,就不容易得病,所以身体健康的老年人声音洪亮,呼吸均匀通畅。健康的老人脉形小,血压不高(收缩压为 90~140 mmHg,舒张压为 60~90 mmHg),心律正常(50~80 次/min)。动脉血管硬化程度低,脉形就小。中医学认为老年人多因肾水亏虚,肝阳偏亢,故脉常粗大而强。如果 60 岁以后还能保持较小的脉形,说明阴平阳秘,气血调和。国内外长寿老人之所以身体健康,其重要原因就是心脏功能好,血压、脉搏正常,血管硬化程度低,脉形小。

3. 排泄系统

首先前门松。小便正常、畅通无阻,说明泌尿系统和生殖系统功能良好。中医学认为小便淋漓不畅,可谓"膀胱气化失利",表明泌尿系统或生殖系统功能受损。所以身体健康的老年人,肾功能良好,膀胱功能正常,排尿通畅,尿量每天为 1 000~1 500 ml,每天 5~6 次,每次 200~250 ml。如每日尿量少于 400 ml 或多于 2 500 ml,说明肾功能不正常或有疾病。其次后门紧。肛门括约肌紧张度良好,肠道无特殊疾病。中医学认为,老年人由于脾肾阳虚导致中气下陷,可发生五更泻、便秘或大便失禁。所以,身体健康的老年人排便通畅,一般每日一次或两次,或隔日一次,最好每天早晨起来按时大便,这样可减少大便内有毒物质重新被吸收,即所谓影响人类长寿的"自身中毒"学说。

4. 体成分

首先,老年人体形应偏瘦,不应肥胖,尽量保持标准体重。经调查,我国百岁以上老年人,无一例肥胖者。老年人肥胖不仅气喘吁吁,行动不便,且易引起"肥胖综合征",即高血压、冠心病、糖尿病、高血脂、胆囊炎和胆石症等。肥胖必然影响寿命,有的科学家研究后提出,如果超过本人标准体重 10 kg,短寿 13%;超过标准体重 20 kg,短寿 25%;超过 30 kg,短寿 42%。如世界上最胖的女子美国的约翰·史泰美丝腰围 2 m,体重 682 kg,仅 38 岁就病死了。老年人标准体重的简单计算公式为:男子,身高(cm)-105=体重(kg);女子,身高(cm)-100=体重(kg)。其次,牙齿完坚者老化慢。中医学认为:"齿为骨之余,肾主骨生髓。"肾精充足,则牙齿坚固,自然多寿,如肾虚则骨败齿摇。古代医书记载著名医学家华佗的弟子吴普 90 岁高龄仍耳聪目明、牙齿完坚,说明长寿者口腔健康状况都比较好。

5. 运动系统

腰腿灵活自如,说明腰腿的骨骼、肌肉、运动神经以及运动中枢生理功能良好。俗语说:"人老腿先老,将老腰先病。"中医学认为,老年人腰腿灵活,说明肝、脾、肾尚实。因为肝主筋,脾主肉,肾主骨,肝好筋强,脾好肉丰,肾好骨硬。

六、老年人生理健康评价标准

健康是指循环系统、呼吸系统、机体各器官、关节活动力和肌力都达到正常水平;健康行为要求健康达到一定水平,并与敏捷性、速度、肌肉的耐受和收缩力有关。可见,健康有助于减少退行性疾病发生的概率,而健康行为能使机体更好地从事职业与娱乐方面的生理活动,健康与健康行为是两个概念。个体生理健康既有遗传因素,又与个人的自然发育生长等生物因素相关,躯体健康具有相对性。陈小月建议,老年人生理健康评价从患病率、生活自理水平和健康自我感觉几个方面来进行综合测度,要求躯体器官形态完整和机能健全,个体生理的物理、生化检查指标符合正常值[1]。郑晓瑛认为,老年人生理健康评价应该包括自我健康评价、医学健康评价、医疗服务质量评价、患病程度评价等[2]。也有学者建议从老年人日常活动能力(ADL)角度来评价老年人的生理健康[3]。

第二节 老年人心理健康特征及其评价

我们知道,人过中年之后,随着年龄的增长,体质逐渐下降,认知功能开始逐渐衰退,表现为信息加工速度、反应速度减慢,信息加工容量、记忆力下降,注意功能衰减等脑组织功能退化症状。据国家疾病预防控制局调查,我国60岁及以上人群阿尔茨海默病患病率为4.2%,广州地区每100名65岁及以上老人中就有近5名阿尔茨海默病病患。因而,有效延缓老年人智力衰退无疑是老龄化问题中首先要解决的问题。俗话说:"人非草木,孰能无情。"心理学认为,情绪、情感是人对客观事物的态度体验及相应的行为反应,是客观事物与人的需要之间关系的反映,表现为客观事物是产生情绪、情感的来源,情绪、情感的产生是以客观事物是否满足主体的需要为中介,情绪、情感不是态度本身,而是一种主观的态度体验。积极情绪可以延缓老年人的生理衰老和心理衰老,对提高老年人的生活满意感和生活质量具有独特作用,而消极情绪体验对老年人的健康极其不利。人格作为一个有别于他人的个体独具的、稳定的特质,是个人在适应环境的过程中所表现出来的系统的独特的反应方式,它由个人在遗传、环境、成熟、学习等因素交互作用下形成,并且具有很大的稳定性。

一、老年人的智力特点

传统的智力发展观认为,老年人的智力发展总体上是表现出逐渐衰退的过程,下降是不可避免的[4]。即随着年龄的增长,特别是步入老年期以后,个体随着生理机能的下降和功能的退化,尤其是大脑活动水平的下降,智力水平表现为一种不可逆转的逐渐下降的趋势。研究结果表明,老年人的智力具有以下三方面特点:

---

[1] 陈小月."健康老龄化"社会评价指标的探索[J].中国人口科学,1998(3):51-56.
[2] 郑晓瑛.中国老年人口健康评价指标研究[J].北京大学学报(哲社版),2000(4):144-151.
[3] 李建新,李春华.城乡老年人口健康差异研究[J].人口学刊,2014,36(5):37-48.
[4] 蔡晓领.老年人智力与年龄关系研究述评[J].心理科学,2007(2):203-211.

1. 老年人智力结构中不同成分的变化不同步

老年人智力减退是一种自然现象,有的减退早些,有的晚些,有的减退快些,有的慢些。美国心理学家卡特尔把智力分成晶体和流体两种:流体智力主要指通过抽象作业测定的比较直接依赖于生理结构的智力机能,如近似记忆力、思维敏捷度、知觉整合能力等,是以神经生理为基础的[1];晶体智力主要指与个体可得的知识经验有关的可得能力,如词汇、言语理解和普通常识等以回忆贮存的信息为基础的能力,是通过社会文化经验而获得的智力。这两种智力发展的模式不一样,流体智力在青春期达到最佳的发展,之后的发展开始缓慢下来,较早地表现出下降,而晶体智力衰退较迟,在青年期仍在上升,并保持其水平直至老年。国内学者在20世纪80年代做过一项研究,比较了20~89岁之间不同年龄成人的智力变化。结果表明,凡是与知识经验积累方面有关的智力,随年龄增长减退较晚,直到七八十岁才有所减退,而且减退缓慢,有的甚至还有所提高[2]。Horn等人的研究也发现,进入老年期后,言语智力的改变相对不大,而操作智力则随年龄增长的下降明显[3]。

2. 老年人个体之间智力差异较大

因为智力受先天和后天的生理、教育、环境等多方面因素的影响,使得老年人智力的发展表现出很大的个体差异性。有的老年人头脑清晰,思维敏捷,智力不减当年,到晚年仍能做出成就;而有的老年人则智力减退严重,甚至患上阿尔茨海默病。解亚宁等研究发现,健康水平、视力、听力、知觉和运动等生理因素与智力明显相关[4]。文化、职业和活动锻炼等社会文化因素也与智力明显相关,各种影响因素对智力的作用大小是不同的,影响作用较大的因素依次有文化、职业、知觉、健康、血压和活动锻炼等,智力的变化约有60%是由上述生理和社会文化因素所决定的。可见,职业、性别、文化程度以及健康状况不同的老年人的智力年老化程度各有不同,有较大的差异性。

3. 老年人智力具有可塑性

随着年龄的增长,智力不可避免地降低,大量的对人类活动行为的研究已经指向这一结果。但国内外研究已证实,如果采取适当的干预措施,可延缓老年智力减退和改善老年智力,因为智力具有一定的储备能量,即通过干预而提高的这部分能量。这种潜能是可以挖掘的。这表明老年智力减退不是一成不变或不可逆转的,而是具有一定的可塑性。德国心理学者巴尔特斯等对60~80岁的老年人进行了短时间的认知训练,他们的成绩可与未经训练的年轻人相比拟。我国心理学研究人员许淑莲研究发现,老年人在进行认知训练后平均成绩略微超过未经训练的年轻人[5]。陈艳玲等通过4年对退休老人进行心理干预,结果显示,干预组老年人的心理年龄要显著低于对照组老年人,表现出比实际年龄要小的特点。因此

---

[1] 李丹.儿童发展心理学[M].上海:华东师范大学出版社,1987:3010.
[2] 赵慧敏.老年心理学[M].天津:天津大学出版社,2010:22.
[3] 谭天秩.临床核医学[M].北京:人民卫生出版社,1993:350-356.
[4] 解亚宁,龚耀先.离退休老年人智力与生理及社会文化因素的关系[J].中国临床心理学杂志,1996(3):139-145.
[5] 许淑莲.我国老年心理学研究进展[J].老年学杂志,1989(9):378-381.

对老年人的心理社会活动的干预,能改善老年人的智力状况[①]。有一项对 4 000 名老年人 7 个认知活动行为的参加频率分级的研究发现,那些经常参加认知活动的老年人有更少的认知能力下降的概率,认为社会行为和保持积极的态度是阻止痴呆的有力工具,积极的、愉快的、开放的、有责任心的和目的明确的人更可能延迟衰老。也有相关研究提出:坚持大量阅读,对自己专业以外的事情经常保持热情,选择一套适合自己的调节大脑的活动,保持充足的睡眠时间,保持稳定而乐观的情绪,培养坚强、乐观、开朗、幽默的性格,经常活动手指、手腕,饮食方面注意优质蛋白质的摄入,戒烟酒,结交一些比自己年龄小的朋友和进行适度的体育锻炼,能够延缓智力的衰退,甚至提高智力水平,使人的智力随年龄增长衰退得更加迟缓。随着科学的发展,我们相信一定会出现更多改善老人智力状况的新途径。

二、老年人情绪、情感变化与特点

老年人由于各自的人生经历、文化背景、生活环境、个性特征和行为需求存在差异,因而他们所处的情绪状态也会不一样。又因为人进入老年期后,随着年岁的增长身体健康水平下降,社会交往圈子缩小,空闲时间增多,会出现一系列情绪情感变化。依据心理学相关研究的结果,进入老年期后,人的情绪与情感会发生相应的变化,主要表现为:

1. 容易产生消极的情绪情感

由于生理机能衰退和老化、社会角色改变、社会交往减少以及心理机能产生变化等主客观原因,老年人经常会产生消极的情绪体验和反应,如失落感、疑虑感、孤独感、忧郁感、焦虑和固执等不良情绪。通常,年龄越大,孤独、抑郁、焦虑、多疑等感觉越严重。有一项对 860 位老年人的调查研究表明:最担心自己健康的有 378 人,最担心物价上涨、经济入不敷出的有 299 人,担心患病后无人照顾的有近 90 人,除此之外,还有不少老年人担心自己被社会遗忘等。可见,老年人因担心的问题较多,容易出现消极情绪。有学者提出,合理宣泄、情趣转移、理性升华、适度让步以及自觉遗忘、自我解脱是不良情绪的调节方法。

2. 情绪体验强烈、持久

老年期由于中枢神经系统内发生生理变化,使得中枢神经系统有过度活动的倾向和较高的唤醒水平,加之体内稳态调整能力下降,老年人的情绪一旦被激发,将呈现出内在、强烈而持久的特点,恢复平静的时间较长,尤其是对消极情绪的体验强度并不随年龄的增长而减弱。这些都使得老年人对于负性应激事件所引发的情绪体验要比青年人和中年人持久且强烈。

3. 善于控制自己的情绪

"心态是人们真正的主人,要么你去驾驭生命,要么是生命驾驭你,而你的心态将决定谁是坐骑,谁是骑师。"老年人漫长而丰富的生活经历使他们能够对事物保持平常心,从而愈发容易看到事物的另一面(好事坏的一面和坏事好的一面),其情绪体验很少表现为纯粹的肯

[①] 陈艳玲,陈智玲.心理社会干预对老年人智力衰退的作用[J].中国临床康复,2004(25):5271-5275.

定或否定,而能够客观、冷静地分析事物,"得而不乐,失而不哀"常常是老年人情绪状态的表现。有调查结果表明,老年人比青年人和中年人更遵循某些规范以控制自己的情绪,尤其表现在控制自己的喜悦、悲伤、愤怒和厌恶情绪方面。

4. 情绪表达方式较含蓄

随着年龄的增长,老年人在性格方面往往有一个由外向向内向转变的倾向,因此情绪表达方式上较为含蓄,这与老年人的长期生活经验有关。老年人遇事,往往要考虑事情的前因后果,照顾到方方面面,这在一定程度上缓冲了老年人活动的倾向性和表达方式,久而久之,逐渐形成内向的性格,情绪表达日趋含蓄。

三、老年人人格变化与特点

国内外学者的调查研究发现,老年人的人格随着身体健康、社会角色、家庭、情绪和认识功能等方面会发生多方面的改变,与此同时,也有些研究发现老年人的基本人格仍然具有其持续稳定的特点。老年人的人格特征是稳定多于变化,具体的人格变化与特点主要表现为:

1. 安全感差

老年人退休赋闲或放弃原来从事的劳动,使得生活圈迅速缩小,心理上感到空虚,既往对事业的兴趣和注意力就会转到对身体的感觉变化上来,因生理系统和器官逐渐发生功能和机能上的变化,经常出现各种疾病。老年人过分注意自己的身体健康和担心自己的健康,就会对身体功能的变化很敏感,产生不安全感,甚至导致疑病观念的形成,如把偶然的不适误认为大病临身,多方求医。另外,到了老年期,因失去劳动能力以及各种疾病的经常发生,还会导致老年人对经济保障的担忧,主要表现为老年人对生活保障和疾病的医疗与护理保障的担忧。减少和防止不安全感对老年人身心健康产生影响,我们应从社会各方面加强老年保健事业,对老年的健康与疾病防治加强保障。

2. 孤独感明显

对于老年人的生活调查显示,大部分老年人都感到孤独,老年人的孤独感较为普遍。造成老年人有孤独感的原因是多方面的。其中老年期病理或生理的变化是原因之一,机体生理功能衰退,体内激素平衡失调等,这些生理变化都会引起老年人的心理变化,使老年人的性格变得孤僻。老年人社会地位的变化也是原因之一。老年人退休后,脱离了原来的集体,生活节奏减慢,活动范围和与人的交往相对减少,使得老年人有权势失落和信息缺乏等被社会抛弃、冷落的心理不适感,产生精神上的空虚和孤独感。另外,老年人家庭地位的变化是又一重要原因。在我国传统大家庭中,老年人是一家之主,在家庭中承担重要角色。作为父母、长辈,他们受到小辈的尊重,很有权威。但是,现在这种传统的家庭结构发生了变化,儿女结婚后组成小家庭,即使与儿女生活在一起,也常常由于两代人的代沟,使他们之间在兴趣、爱好方面大不相同,相互间共同语言也很少。除此之外,老年丧偶、无子女等情况都会造成老年人心理上的孤独感。因此,我们应"了解和合理满足老年人的需求,创造老年人与同龄人相处的机会,鼓励老年人积极参与各种社会活动"来减缓老年人的孤独感。

3. 外界适应性差

老年人适应是指老年人根据外在社会和自然环境的要求,不断调整自身的心理和行为方式,达到内在的以及个体与外在环境的和谐统一。适应不仅是一种生活方式,也是一种对周围环境的心理调适,包括利用周围环境以及个体对周围环境背景下的自身状况的内心感受等。因退休后的收入水平降低、社会支持和家庭功能减弱,以及患病情况增加等,导致老年人不容易适应新环境和新情境,他们对待周围环境的态度和方式逐渐趋于被动,依恋已有的习惯,较少主动地体验和接受新的生活方式是较为普遍的现象。已有研究结果显示,城市居民退休后在社会适应能力方面均有不同程度下降[①]。故加大对老年人社区服务的财政投入,完善老年人社区服务的法律法规,发展老年人社区医护人才队伍,让老年人快乐、健康地融入社会,是提高老年人社会适应的重要举措。

4. 行为刻板保守

老年人拥有丰富的人生阅历,对待事物变迁很平淡,很少出现大喜大悲现象,与年轻人相比,老年人行为倾向刻板保守,做事按部就班、循规蹈矩,在解决问题时,唯恐自己做错,宁愿牺牲速度也要注重准确性,或担心什么事没有做到最好更好,难以接受新鲜事物,越来越保守,固执地坚持自己的方法和态度,不愿去冒险。有研究发现,一般人到50多岁以后,刻板保守就逐渐增强,此后各年龄组均呈显著差异。人在年轻时兴趣较广泛,到了老年后变得兴趣狭窄,生活单调、枯燥、刻板、墨守成规,不愿放弃过去的老习惯,不易适应新环境,与经常变化的外界不融洽。

5. 回归心理强

随着年龄的增长,老年人的机体逐渐衰老,思维能力降低,远期记忆力反而加强,因而对储存在大脑中的往事印象很深,难以忘却,常表现为回忆过去、夸耀自己,或触景生情、念叨不绝,这种现象心理学上称为"回归心理"。老年人回归心理的产生与老年人以往的生活经历有关。在漫长的人生道路上,他们有成功和失败,有喜悦和悲伤。他们的社会经验很丰富,既有耳闻目睹,又有亲身经历,他们过去的生活中充满了甜、酸、苦、辣。在人生的暮年期希望小辈们不要重犯自己过去的错误,同时,通过话语的不断重复来达到心理活动和客观环境间的平衡。有研究表明,回归心理是老年人容易产生的常常带有消极、悲观情绪的一种不良的心理机制,一旦受到抑制,就会出现烦躁、易怒、焦虑、抑郁等心理状态,促使老年人的身体机能加速衰退,内分泌系统、心血管系统以及消化系统功能减退等。医学统计表明,有严重怀旧心理的老年人,死亡率和癌症、心脑血管病的发病率比正常的老年人高3～4倍,同时也易导致阿尔茨海默病、抑郁症和消化性溃疡等疾病。因此,要预防和消除回归心理带来的不良影响,老年人应该树立起豁达、积极的人生观,同时,注意培养广泛的兴趣,为自己创造一个良好的晚年生活环境。

老年期是"身心健康、社会角色、经济基础和生活价值"等一生获得的丧失期,虽然老年

---

① 付泽建,亓德云,林可,等.城市居民退休前后社会适应能力变化趋势分析[J].中国公共卫生,2014,30(2):155-159.

人人格的某些方面发生变化实属事实，但同时也要看到人格的基本特征始终具有稳定性。美国和德国的学者们都曾对不同年龄阶段的人群，特别是老年人群进行过长达10年左右的纵向跟踪研究，结果发现：神经质（焦虑、敌意、冲动性等）、外向性（依恋、交际、活动等）和体验与接受的个性（审美、情感体验、价值观接受等）三个维度上的主要表现基本上都具有持续稳定性（其中只有体验和接受方面的稳定性较低）；还有"活动性、反应能力、控制力和情绪"这些较容易变化的人格特征，也表现出基本稳定的倾向。这表明老年人人格的基本类型和基本特征还是不容易发生大的变化的。

可见，随着机体各系统、组织器官逐渐老化，功能衰退，以及生活环境条件发生变化，老年人的心理也随之出现各种变化，形成老年人特有的心理特征。在其智力的变化上，程序性和经验性的知识在老年期不会有明显的下降，而与有关于基本信息加工过程的智力逐渐下降；在情绪的变化上，由于多种情绪体验和矛盾感触相互交融，表现出自责、内疚、自尊、自卑、自豪、骄傲、悔恨等情绪并存；在性格的变化上，因生理上的衰老、脱离社会、家庭异变等因素影响，老年人的性格、兴趣爱好、价值观等发生改变，出现一些恐惧、焦虑、保守、孤独、任性等异常心理。

四、老年人心理健康评价

当前，心理健康不仅是学校教育的重头戏，也是大众语境中的流行语，何为心理健康？心理健康的标准是什么？这一基本问题至今学界仍未达成共识。随着人口老龄化问题的不断加剧，老年人口的心理健康及其标准问题引起众多学者的关注。据统计，2009年我国60岁及以上老年人口已达1.671 4亿，占总人口的12.5%，我国已进入老龄化社会[1]。而老年人同时又是社会的一个弱势群体，退休在家、社会交往急剧减少、社会角色改变、自身的身体功能下降等多方面问题的出现，必将对老年人的心理产生极大的消极影响。同时，老年人又是身体和心理出现疾病和障碍最频繁的一个群体，实证研究也表明，中国自杀率最高的人群是老年人群体，自杀已在我国老年人死亡原因中排第十位，而在自杀死亡的老年人中95%的老年人都有不同程度的心理障碍[2]。有资料表明，85%的老年人或多或少存在着不同程度的心理问题，如曾经对上海市1 447名60～79岁老年人进行的调查发现，严重心理问题检出率为10.64%[3]。因此关注老年人的心理健康及其标准问题，无疑对厘清老年人心理健康问题的相关研究具有积极的推动作用。

1. 老年人心理健康及其意义

心理健康是身心健康的重要组成部分，是对健康的全面关注的表现。心理学上认为心

---

[1] 全国老龄工作委员会办公室.2009年度中国老龄事业发展统计公报[R].北京：全国老龄工作委员会办公室，2010：1-2.

[2] 人民网.关于老年人心理健康问题的有关建议[EB/OL].(2015-05-07)[2020-08-08]. http://cp-pcc.people.com.cn.

[3] 廖全明.中国人心理健康现状研究进展[J].中国公共卫生,2007(5)：33-37.

理健康是个人心理所具有的正常的、积极的状态和同环境保持良好心理适应的能力①。而老年人随着年龄的不断增加,身体不可避免地出现机能退化现象,加上社会人际交流的减少、社会成就感的消失,最终导致老年人出现不同程度的心理障碍甚至是心理疾病。中科院心理所老年心理研究中心认为,老年人心理健康包括认知功能正常、情绪积极稳定、自我评价恰当、人际交往和谐、适应能力良好等5个方面②;吴振云等认为老年人心理健康应包括性格健全,开朗乐观;情绪稳定,善于调适;社会适应良好,能应对应激事件;有一定的交往能力,人际关系和谐,认知功能基本正常③。可见,老年人心理健康就是个体内部心理和谐一致,且与外部适应良好的稳定的心理状态。

生理心理学研究表明,积极的情绪有利于身体健康,而消极的情绪则会给健康带来不良影响。当人处于某一种情绪状态时,会引起身体的外部和内部的一系列生理反应。人在发怒时,心跳加快,血压上升,呼吸频率增加;人在抑郁、焦虑时,会抑制胃肠蠕动和消化液的分泌。对于老年人来说,消极情绪往往是引起或激发某些疾病的心理因素。相反,积极情绪可以增进身体健康,从而达到延年益寿的目的。

2. 老年人心理健康的影响因素

通过查阅大量涉及老年人心理健康方面的期刊论文以及相关方面的研究成果,我们发现广大学者大多集中于从年龄、性别、家庭、经济条件、生活满意度、主观幸福感、生活质量、婚姻状况、社会活动及地域等角度来探讨影响老年人心理健康的因素。通过对文献的筛选和比较分析,对影响老年人心理健康的因素进行归纳分析发现,众多学者主要是从三个层面来进行研究,即个人层面、家庭层面和社会层面。另外,也有部分文献涉及老年人心理健康干预和测量研究。

(1) 个人层面

除个人的身体衰老是引发心理变化的最直接原因外,个人层面的年龄、性别、身体状况、性格等因素也是影响老年人心理变化的重要因素。胡宏伟等的研究表明,身体健康状况越好的老年人,其越不容易产生心理问题,心理症状的表现越不明显④。姚远、陈立新以年龄、性格为变量展开研究,研究结果显示,随着年龄的增长,老年人人格特征更趋于内向,性情更趋于平和,情绪稳定的老年人心理健康水平要显著好于情绪不稳定的老年人⑤。张爱民等人认为文化程度低,不仅会导致不恰当的休闲方式,从而影响健康行为,而且会导致卫生知识缺乏,从而影响自我保健能力⑥。这就要求老年人要加强自身层面的心理健康保健,积极参加健康、有趣、有益的活动,做到"老有所学、老有所乐、老有所为、老有所用",保持"从心所

---

① 叶奕乾,祝蓓里.心理学[M].上海:华东师范大学出版社,2001:363.
② 李娟,吴振云,韩布新.老年心理健康量表(城市版)的编制[J].中国心理卫生杂志,2009(9):656-661.
③ 吴振云,许淑莲,李娟.老年心理健康问卷的编制[J].中国临床心理学杂志,2002(1):1-3.
④ 胡宏伟,串红丽,杨帆,等.我国老年人心理症状及其影响因素研究[J].西南大学学报(社会科学版),2011(6):145-152.
⑤ 姚远,陈立新.老年人人格特征对心理健康的影响研究[J].人口学刊,2005(4):10-15.
⑥ 张爱民,于文平,高恒乾,等.山东省老年人健康与卫生知识现况调查[J].调查研究,2002(4):389-391.

欲不逾矩"的心态。

(2) 家庭层面

家庭层面主要涉及老年人的家庭成员,特别是老年人的子女,还包含经济状况、婚姻状况、生活方式等因素。当代老年人不仅需要传统意义上的赡养,更需要"精神赡养",家人对老年人的关心对老年人的心理健康非常重要[①]。吕林等人的研究表明,家庭养老的老年人比社会养老的老年人有更高的生活幸福感,且生活态度乐观。家庭养老的老年人心理健康状况较好,社会养老的老年人心理健康状况较差。与社会养老模式相比,家庭养老模式下的老年人心理健康指数高,家庭养老模式更适合我国目前的老年人群体[②]。谢桂华的研究表明,得到更多的、更经常的经济支持、生活照料和精神慰藉的老年人,其心理健康状况明显优于其他老年人群。[③] 贺寨平也认为,不仅老年人本人的经济收入对老年人的身心状况有较大影响,其网络成员的经济收入对老年人的身心状况也有影响。张明芝、朱永烈等人在《1 067例老年人生活及心理状况调查》一文中指出,老年人的生活条件、生活方式和心理状况是影响老年人心理健康的因素[④],因此,营造和谐的家庭氛围,了解和理解老年人的行为,关注失能老年人的需求等,是改善老年人心理健康的重要途径。

(3) 社会层面

除了老年人自身和家庭因素以外,社会因素对老年人的心理状态也会产生一定程度的影响。社会层面的因素一般是影响老年人心理健康的客观因素,指整个社会整体的风气、医疗保障水平、受教育水平,以及城市与农村的区域性差异等因素,其中(区域差)包括政府及其相关部门、企事业单位、社区组织、民间社团组织以及社会心理健康教育或服务的机构等。李实、杨穗的研究显示[⑤],随着养老金收入水平的提高,中国老年人自评健康状况越来越好。何流芳对退休老年人心理健康状况进行了分析,结果表明退休对老年人的心理健康影响较大,退休老人比较突出的问题是抑郁,该研究还发现丧偶对老年人的心理健康有着极为不利的影响[⑥]。李娟、吴振云和许淑莲通过对北京城区老年人心理状况进行调查后发现,对老年人心理健康总体情况影响最大的是健康满意度和教育水平两项因素,他们认为教育水平高者参与社会活动较多,且善于调适自己,因此心理健康状况相对较好[⑦]。邱莲在《农村老年人心理健康状况调查》一文中,通过农村老年人与城市老年人心理健康状况的比较发现,农村老年人心理健康状况较差,认为"文化程度低、生活方式缺乏科学性、认知功能有障碍、对健康缺乏正确认识、社会地位偏低、生活条件艰苦、随儿不随女的陈旧传统养老意识"等因

---

① 贺寨平.社会经济地位、社会支持网与农村老年人身心状况[J].中国社会科学,2002(3):135-148.
② 吕林,杨建辉,吕牧轩.不同养老模式对老年人心理健康状况影响调查分析[J].中国老年学杂志,2011(17):33-44.
③ 谢桂华.老人的居住模式与子女的赡养行为[J].社会,2009(5):149-167.
④ 张明芝,朱永烈,杨永生,等.1067例老年人生活及心理状况调查[J].苏州大学学报(医学版),2004(2):176.
⑤ 李实,杨穗.养老金收入与收入不平等对老年人健康的影响[J].中国人口科学,2011(3):26-33.
⑥ 何流芳.退休老人心理健康状况分析[J].中国老年学杂志,1998(1):8.
⑦ 李娟,吴振云,许淑莲.北京城区老年人心理健康状况及其相关因素分析[J].中国老年学杂志,2002(22):338.

素,对农村老年人心理健康产生了较大影响①。可见,政府践行"老有所养""老有所医"、全社会加强"敬老爱老"的美德,相关老年组织为老年人提供心理帮助,为老年人营造一个健康、愉快生活的社会环境,是社会不可推卸的责任。

3. 老年人心理健康的测量

一个人的健康不只是身体健康,还要心理健康。作为人生的特殊时期,关注老年期的心理健康尤为重要。关注老年人的心理健康离不开心理测验以了解老年人的心理健康状况。程雪、蒙华庆、周建初关于目前应用于老年人心理健康的测量标准的研究表明,目前用于评定老年人认知及智能方面的量表有简易精神状态检查表、老年人认知评定问卷;用于评定老年人幸福度与生活满意度的量表有情感平衡量表、生活满意度指数、纽芬兰纪念大学幸福度量表;用于评定老年人自信心的量表有费城老年学中心信心量表;用于评定老年人社会支持情况方面的量表有社会支持评定量表;用于评定老年人其他综合评定和各种症状评定的量表有症状自评量表、康奈尔医学指数等②。可见,目前评定老年人心理健康的测评工具多数为针对单一症状的问卷。吴振云等从东方传统文化下人的心理健康特质出发,构建了符合中国社会文化背景的老年人心理健康量表,即《老年人心理健康问卷》③。该问卷共50个题目,包括性格、情绪、适应、人际和认知五个维度。最高得分100分,最低得分50分。得分越高,表示被试者在相应维度上或总体心理健康状况上的问题越多、状况越差,总系数a为0.89,其中性格8个项目($a=0.58$)、情绪9个项目($a=0.80$)、适应12个项目($a=0.73$)、人际12个项目($a=0.75$)、认知9个项目($a=0.75$)。问题采取2点计分方式,正向和反向计分的项目各25项,经因素分析证实了问卷的结构效度,问卷得分与适应于我国不同年龄群体的流调中心抑郁量表得分、健康满意度、生活满意度、遭遇重大生活事件数和慢性疾病患病数等因素显著相关,比较结果表明该问卷具有良好的实证效度,符合心理测量学要求。可见,因老年人的心理健康状态是通过性格变化和精神状态反映出来的,当前大多用精神疾患诊断量表对老年人的心理健康进行分析,其中有关抑郁症研究的量表是最为常用的,但也有研究指出,对老年人的性格和精神综合状态评价的方法除采用心理学量表外,还要建立与社区和家庭结合的定性评价内容④。

4. 老年人心理健康的标准

关于何为心理健康的争论由来已久。中国古代哲学以清静无为、与世无争、顺其自然作为心理健康的内容,而现代有关心理健康的理论流派纷呈,有临床模式、功能模式、统计学模式、社会适应模式、社会规范模式、成长模式等。严海辉认为,心理健康应当是一种完好的状态,是积极的社会适应,即心理健康不仅仅是没有精神疾病,还要能充分挖掘自身潜力,施展自身才能,积极面对和解除生活中的种种压力与不幸,能动地适应并改造周围环境,努力追

---

① 邱莲.农村老年人心理健康状况调查[J].中国老年学杂志,2003(8):518.
② 程雪,蒙华庆,周建初.老年人身心健康研究现状[J].重庆医学,2011,40(17):1707-1710.
③ 吴振云,许淑莲,李娟.老年心理健康问卷的编制[J].中国临床心理学杂志,2002(1):1-3.
④ 郑晓瑛.中国老年人口健康评价指标研究[J].北京大学学报(哲社版),2000(4):144-151.

求富有成果的、满意的、有价值的生活,为社会做出贡献[①]。就老年人心理健康的标准而言,除一些极端的心理现象外,没有一个统一标准。判断老年人的心理是否健康,陈露晓综合国内外专家对老年人心理健康标准的研究,结合我国老年人的实际情况,将我国老年人心理健康的标准界定为5个方面,即有正常的感觉和知觉、有良好的人际关系、有健全的人格、能保持正常的行为和能正确地认知社会[②]。也有学者提出老年人心理健康的10条标准,即充分的安全感、生活目标切合实际、充分地了解自己、与外界环境保持接触、具有一定的学习能力、保持个性的完整与和谐、保持良好的人际关系、有限度地发挥自己的才能与兴趣爱好、能适度地表达与控制自己的情绪、在不违背社会道德规范的情况下个人的基本需要得到一定程度的满足[③]。除此之外,还有学者也提出了老年人心理健康的5个方面,即性格健全,乐观开朗;情绪稳定,善于调适;社会适应能力强,可以应对外界各种压力;人际关系良好,有一定的交往能力;认知功能基本正常。戴秀英将国内外学者专家提出的老年人心理健康的标准归纳为以下7点[④]:①对生活充满爱,有奋斗目标,善于接受新生事物,进取心强,具有主动为社会服务的公德,能享受工作和生活的乐趣,勇于克服困难。②具有现实主义态度,对现实有客观、清醒的认识,能够根据现实变化调整心态。③有良好的自我认识,对自己的价值有正确的估量,知道自己的不足和长处,尊重自己和他人,既对自己负责,也对别人和社会负责。④具有处理和解决日常生活所需要的足够知识,感觉、知识、思维能力、饮食和睡眠良好,对事物的判断合理,能适应环境,美化生活。⑤有自我控制能力,情绪稳定,遇事不慌,性格乐观开朗,能调整和控制自己的意识与行为,能较快地调整心理,摆脱逆境与不快,保持愉快而平衡的情绪心理状态。⑥具有安定感和自足感。⑦有良好的人际关系,互相交流,尊重他人,而非麻木不仁、孤独离群。这些关于老年人心理健康标准的界定,是当前社会发展的产物,有它的现实意义,但随着社会的不断发展,对于老年人心理健康的标准还会有更高的要求。

综上所述,关于我国老年人心理健康的相关研究已取得了很大的进展,众多学者进行的研究从不同方面和不同角度不同程度地探讨了老年人的心理健康问题,并总结出影响老年人心理健康的因素有个人层面(年龄、性别、身体状况、性格等)、家庭层面(经济状况、婚姻状况、生活方式、养老模式等)和社会层面(医疗保障水平、受教育水平、城市与农村的区域性差异等)等。同时,相关研究也提出老年人的心理健康的标准问题。但是现有的研究也存在着对老年人心理健康状况影响因素的描述多,提出的建议过于刻板,实用性不够强等问题,且关于老年人心理健康的研究重复性较多,创新性较少,致使整个老年人心理健康领域的研究停滞。至于什么是老年人心理健康,目前还缺乏被广泛接受的、操作性强的定义。随着社会的发展,人们对老年人心理健康水平的要求也越来越高,需要广大学者在今后的研究中加以关注和重视。

---

① 严海辉.心理健康与心理健康评价标准[J].教育探索,2001(7):65-67.
② 陈露晓.老年人心理问题诊断[M].北京:中国社会出版社,2009:174-175.
③ 王若愚.心理健康新标准[J].心理世界,2006(11):53.
④ 戴秀英.全社会要重视老年人的心理健康[J].宁夏社会科学,2000(2):40-42.

第三节 老年人社会健康特征及其评价

健康不仅是没有疾病或羸弱,而且是躯体、精神与社会适应的完美状态,可见一个人的健康不仅包括生理健康、心理健康,还包括了带有主观综合评价性质的社会健康[①]。一般来说,社会健康指的是与他人及社会环境相互作用、培育满意的人际关系和实现社会角色的能力,包括参与社会,为社会做出贡献,与人和睦相处,建立起积极的相互依靠的关系[②]。老年人伴随着生理和心理的老化,与社会的互动关系也随之弱化,社会适应能力降低,社会功能逐渐丧失,从重要的社会角色退位到了次要的角色,家庭角色也从主角向配角转变,这些都使得老年人与社会保持整体性的能力下降。

一、社会健康概念的提出

人们眼中传统的健康概念通常被简单扼要地定义为"机体处于正常运作状态,没有疾病"。《简明不列颠百科全书》1985年中文版对健康的定义是:"健康,使个体能长时期地适应环境的身体、情绪、精神及社交方面的能力。"在历史和现实中,也存在着不少从社会学角度给健康下定义的做法。例如"健康是在一个特殊团体中认为身体和/或行为状态是正常的""健康是一种商品,一种投资""健康是身体的完好,是合乎需要"。但从社会学角度给健康下定义最有影响、最受重视的是世卫组织在其《世界卫生组织宪章》中正式提出的:"健康不仅是没有疾病和衰弱,而是保持身体、精神和社会适应的完美状态(complete well-being)。"(健康是身体、精神和社会适应都处于完全良好的一种状态,而不单是指没有疾病或体弱。)这一定义的提出纠正了"健康就是没有疾病"定义的许多漏洞,指出了健康应该包括精神和身体两方面,抛弃了那种把身体、心理、社会诸方面机械分割开的传统观念,使得现代健康的定义在我国受到了广泛的欢迎。

因此,现代健康的含义是多元的、广泛的,应包括生理、心理和社会适应性3个方面。心理健康是生理健康的精神支柱,生理健康又是心理健康的物质基础,而社会适应性归根结底取决于生理和心理的素质状况。按照马斯洛需求层次理论,需求分为5个层次,像阶梯一样从低到高,按层次逐级递升,分别为生理上的需求、安全上的需求、情感和归属的需求、尊重的需求以及自我实现的需求。在温饱还没解决之前,人类追求的是满足生理和安全的需求,对健康的理解更多的是无病。随着人类生活水平的提高,多数地区的温饱问题已得到解决,人类的需求上升到了情感和归属的需求、尊重的需求乃至自我实现的需求。所以,健康的心

---

① 李燕燕,李虹.初探人的健康评价标准,积极推进健康标准化[J].世界标准化与质量管理,2006(10):39-42.
② 樊炳有.辨识体育与健康的本质联系[J].天津体育学院学报,2002(1):68-70.

理维度和社会行为维度逐渐进入人们的视野中。虽然人们对社会行为与健康关系的理解还不是很充分,但是人们对于人类行为或生活方式对健康的重要性已有基本认识。

社会健康作为健康的一个单独的维度,指的是个体在与他人相处或交往中的状态以及个体与社会环境相互作用的情况。社会健康可以在某种程度上看成是生活方式、生活水平和生活条件的综合反映,相对于其他健康维度更容易进行人为干预。但是,由于社会健康本身就是一个复杂的概念,而且它还和一些其他因素相互交织在一起,使得到目前为止,对社会健康的认识还只是停留在初始阶段。当前大多数社会健康相关的研究成果都是基于西方发达国家的人口社会经济背景而得出的结论。McDowell 和 Newell 认为个体的社会健康是指人们如何与别人相处,别人又是如何对他做出反应,以及他与社会制度和社会习俗如何相互作用[①],将社会健康研究作为理解社会功能和社会支持的一个方面。Larson 从社会适应和社会支持两个方面提出了社会健康的概念框架,社会适应包括社会关系满意度、社会角色表现和对环境的适应,社会支持包括社会网络和社会联系的满意度[②]。

综上,社会健康也称社会适应,指个体与他人及社会环境相互作用,并具有良好人际关系、实现社会角色的能力。有此能力的个体在交往中有自信和安全感,与人友好相处,心情舒畅,少生烦恼,知道如何结交朋友、维持友谊,知道如何帮助他人和向他人求助,能聆听他人意见、表达自己的思想,能以负责任的态度行事并在社会中找到自己合适的位置。也就是说,社会健康的人不仅能够正确处理人际关系,有广泛的朋友圈,同时社会适应能力也较强,并且能够找到社会存在感和适合自己的社会位置。相反,则与他人交流较困难且相处得不愉快,不愿听取他人的忠告和建议,拒绝从另一角度考虑问题且应变能力不强,不能很好地适应社会环境和处理人际关系,甚至有些人拒绝与他人接触,对社会交往怀有恐惧感。

二、老年人社会健康的特点

社会健康是一个复杂的概念,作为个体健康的一个维度,主要指的是个体在与他人相处或交往中的状态以及个体与社会环境相互作用的情况。美国社会医学家 Parson 提出,社会健康是指个体在与他人及社会环境相互作用中表现出的适应社会、社会角色等生活状态,一般可通过社会角色、社会适应、社会资源、社会接触和社会支持程度等来衡量。老年人因已离开工作岗位,身体衰老日趋显著,疾病日趋增加,缺乏社会参与的机会和场所,使其社会参与度低,缺乏子女、同事、好友的社会支持,不善于主动寻求帮助等,导致出现不同程度的社会健康问题。有研究表明,老年人经历的生活事件多,阅历广,人生经验丰富,但存在社会适应能力下降和获得的社会支持不够的缺憾。周丽苹对城市社会的老年人进行了调查,结果表明城市老年人社会适应状况较差,主要表现在与社会接触方面,社交

---

① McDowell I, Newell C. Measuring health: a guide to rating scales and questionnaires[M]. New York: Oxford University Press, 1987.

② Larson J S. The measurement of social well-being[J]. Social Indicators Research, 1993, 28(3): 285-296.

范围小,活动参与少①。分析认为老年人离退休后,随着年龄的增大,行动不便,加上社区现有适合老年人参与的活动种类少、场所比较匮乏,社会上提供给老年人再就业的机会又少,使老年人的社会交往和社会参与明显减少。老年人平时交往的主要对象是家人和亲属,物质帮助和精神慰藉也主要来自家庭成员和亲属,可获得的其他各方面的支持很有限。

王莉华、高亮的研究结果显示,老年人的社会健康是建立在整体健康的基础上的,与生理、心理等健康关系密切;女性老年人的社会健康显著好于男性老年人,这可能与我国传统的"男主外,女主内"的男女社会角色的分配有很大关系②。一般来说,男性在离退休前无论是社会地位还是经济收入等,扮演的社会角色都较女性重要,而在离开工作岗位后,男性获得的社会资源、社会接触和社会支持程度等相对于离退休前大大减少,所承受的社会压力增大,而女性老年人一般更易安于现状,对自己的社会要求不高,这可能是男性老年人社会健康得分显著低于女性老年人的重要原因。胡山山等人的研究结果也表明,女性老年人的社会健康得分高于男性老年人,且差异显著。在文化程度上,老年人受教育程度越高,社会健康得分也越高③。一方面,受教育程度高的老年人社会地位较高,社会提供的资源就较多,另一方面,受教育程度越高的老年人获取健康知识越容易,心理自我调节能力也越强,这些都使得老年人社会健康得分也相应增高。付泽建等对上海市虹口区1 567名退休前后5年之内的老年人的社会适应能力变化进行了研究,结果表明,退休对老年人的社会适应能力有较大影响,退休后的老年人各方面的社会适应能力均出现一定程度的下降,其中,退休后男性老年人参加各类社交活动的频率明显低于退休前,女性老年人也有所下降④。

在社会支持上,城市社区老年人的社会支持状况不容乐观,尤其突出的是对支持的利用度不高。如李磊等应用社会支持评定量表对山东省城市社区老年人社会支持状况进行了调查,结果表明,山东省城市社区老年人的主观支持、客观支持、支持利用度得分及社会支持总分均不高;不同性别、年龄及受教育水平的老年人在重要社会支持上存在显著差异;老年人得到的社会支持大多处于中等水平,农村老年人获得中等水平的支持较城市多;随着年龄的增长,老年人获得的高水平支持减少;女性获得的中等水平支持高于男性⑤。事实上,老年群体内部是千差万别、多种多样的,与其他年龄群体一样,老年群体的社会健康具有一定的差异性或特异性。

三、老年人社会健康的影响因素

1. 外部因素

(1) 社会经济因素

在社会健康的各影响因素中,社会经济因素最大。城乡差距、受教育程度、不同的职业

---

① 周丽苹.老年人口健康评价与影响因素[J].社会工作,2012,27(5):27-32.
② 王莉华,高亮.城市社区老年人社会健康现状及其影响因素[J].中国老年学杂志,2018,38(1):197-198.
③ 胡山山,王洁,王雪,等.老年人自测健康状况及影响因素研究[J].中国医学伦理学,2011,24(5):605-609.
④ 付泽建,亓德云,林可,等.城市居民退休前后社会适应能力变化趋势分析[J].中国公共卫生,2014,30(2):155-159.
⑤ 李磊,施帆帆,张强,等.城市社区老年人社会支持现状及影响因素分析[J].中国卫生事业管理,2014(6):412-417.

和人均收入等因素对社会健康有重要影响。艾斌等的研究表明,社会经济地位对文化性闲暇活动具有中等强度的正向的直接影响,同时文化性闲暇活动对健康状态具有中等强度的正向的直接影响[①]。而老年人由于家庭生活与社会生活中的责任不断减少,生活中的责任性外出大幅度减少,其文化性闲暇活动的增加维持了老年人的社会交往。社会经济地位较高的老年人仍然维持着文化性闲暇活动,增加了其外出交往活动事件的发生,促进了其社会健康。

（2）家庭因素

家庭是老年人度过余生的主要场所。家庭具有情感、经济、健康维护等功能,在非正式支持中具有不可替代的地位,家庭功能健全对于老年人而言非常重要。家庭的各种功能如情感、社会化、家庭照顾等正常,使家庭成员能得到关心、支持,能缓解社会生活带来的烦恼和压力,能更好地适应社会。陈勃的调查研究显示,对老年人适应社会起着最重要的作用的因素有家人的支持、政府的支持等,大多数老年人将改善其社会适应水平的途径归结为家庭的支持[②]。张拓红等对北京市两个社区老年人躯体健康和社会支持状况进行的调查也表明,家庭支持是社会支持的支柱,老年人所需要的帮助有70%以上来自家庭,有10%来自社区(邻里、朋友等)[③]。但是家庭支持和照顾的力度与结构,随着社会经济的发展和家庭结构的变化都会发生深刻的变化,家庭因素对社会健康的影响作用正在弱化[④]。我国正在经历着前所未有的家庭"转变",即家庭结构的小型化,这使家庭养老的功能正在弱化,但并不是说家庭因素对老年人的社会健康不重要[⑤]。

（3）人口学因素

不同人口学特征对于社会健康的影响也是不同的。如男女比例失调、年龄层级差距大,都会对社会健康造成不良影响。张河川等对空巢老人的社会健康进行的调查表明,老年人的社会健康在性别、年龄、文化、职业上出现非常显著的差异[⑥]。张文娣、丁宝坤对老年人社会健康的多因素进行了调查,结果显示,文化程度、有无职业、婚姻状况、政治面貌、经历分层、饮酒习惯、有无疾病、职务分层等与老年人的社会健康有相关性[⑦]。周丽苹的调查结果也表明,在不同年龄、不同性别的老年人之间存在显著差异,随着年龄的增大,社会适应得分逐渐下降,但男性老年人好于女性老年人[⑧]。张明妍等以年龄、性别、主观健康状况和受教育程度为自变量,以实际支持总量、期望支持总量和平均强度为因变量进行多元方差分析,

---

① 艾斌,王硕,星旦二.老年人社会经济地位影响健康的作用机制[J].人口与经济,2014(2):48-57.
② 陈勃.人口老龄化背景下城市老年人的社会适应问题研究[J].社会科学,2008(6):89-96.
③ 张拓红,杨辉,冯文,等.北京市两社区老年人躯体健康和社会支持状况调查[J].中华流行病学杂志,2002,23(3):240.
④ 傅崇辉,王文军.多维视角下的老年人社会健康影响因素分析[J].中国社会科学院研究生院学报,2011(5):124-132.
⑤ 李淑杏,陈长香.老年人健康维护的社会支持[J].医学与哲学,2014,35(7):41-46.
⑥ 张河川,李如春,岑晓钮.空巢老人社会健康的脆性与对策[J].云南财经大学学报,2008,23(3):51-55.
⑦ 张文娣,丁宝坤.沈阳市社区居民自测健康状况及影响因素分析[J].中国医药指南,2011,9(15):9-12.
⑧ 周丽苹.老年人口健康评价与影响因素[J].社会工作,2012,27(5):27-32.

结果表明,老年人获得的社会支持总量和平均强度受性别、年龄、受教育程度和主观健康状况影响①。王莉华、高亮对老年人社会健康的影响因素进行的调查也表明,不同文化程度、职业、健康状况以及是否参与社会活动的老年人之间,社会健康得分存在非常显著的差异②。在文化程度上,受教育年限越长,社会健康得分越高,运用最小显著性差异法(LSD)检验发现,高于初中教育程度的老年人,社会健康得分显著高于小学教育程度(或更低文化程度)的老年人,高中(中专)和初中教育程度的老年人之间差异不显著;以脑力劳动为主的老年人社会健康得分显著高于以体力劳动为主的老年人;健康状况越好的老年人,社会健康得分也越高,其中健康老年人的社会健康得分非常显著地高于不健康的老年人;参与各种社会活动的老年人社会健康得分也显著高于不参与社会活动的老年人。

2. 内部因素

(1) 生理因素

生理因素、自然因素、经济因素、家庭因素都对社会健康有着一定的影响,在一定程度上影响着社会健康的结果。有研究表明③,相较而言,年龄并不是导致老年人社会适应困难的直接因素,而身体状况、心理态度等因素对老年人社会适应的影响更大。随着年龄的增长,老年人生理功能逐渐下降,慢性病成为影响老年健康的重要因素之一,而患有慢性病的老年人活动受限,参与社会团体活动的能力受限,从而降低了其社会支持水平④。良好的身体素质是老年人从事一切社会活动的基础,只有身体健康,老年人才有更多的精力投入到人际交往和社会活动中,在活动中接触的人较多,交际圈子更大,相互间提供的支持和帮助也更多,所以更有利于老年人获得社会支持⑤。巩存涛等的调查结果也表明,无论是社会支持的客观支持维度、主观支持维度和对支持的利用度维度的得分还是社会支持的总分,均分别与生理健康得分、心理健康得分呈正相关⑥。

(2) 心理因素

老年人社会健康影响的因素较多,心理因素是影响老年人口社会健康的关键性因素⑦。有关心理因素与社会健康的相关性研究的成果表明,心理因素对社会健康有直接影响,而其他各种因素通过心理因素产生的间接影响,在影响强度上,甚至超过了社会经济因素对社会健康的影响,同时,该研究还表明,生理健康是通过心理因素间接地发生作用⑧。岳春艳等

---

① 张明妍,王大华,Power M,等.老年人重要社会支持的特点及其与老化态度的关系[J].心理科学,2011,34(2):441-446.
② 王莉华,高亮.城市社区老年人社会健康现状及其影响因素[J].中国老年学杂志,2018,38(1):197-198.
③ 陈勃,桂瑶瑶.农村老年人社会适应状况调查分析[J].安徽农业科学,2008,36(17):7461-7463.
④ 齐玉玲,张秀敏,史秀欣,等.城市社区老年人社会支持现状及影响因素研究[J].中国全科医学,2016,16(21):3099-3103.
⑤ 张艾莉,延爱锦,李宝侠.老年人生活习惯与健康关系的调查报告[J].现代预防医学,2006,33(6):979-980.
⑥ 巩存涛,王奕,胡良志,等.老年人生命质量与社会支持和家庭婚姻状况的相关性[J].医学与哲学,2014,35(2):40-43.
⑦ 王生锋,齐玉梅.中小城市老年人健康促进与自测健康的研究[J].现代预防医学,2012,39(21):5574-5577.
⑧ 傅崇辉,王文军.多维视角下的老年人社会健康影响因素分析[J].中国社会科学院研究生院学报,2011(5):124-132.

从社会活动、社会支持和社会网络三个维度对老年人的社会健康进行了研究,结果表明,心理健康与总体社会支持显著相关,并与主观支持、客观支持和支持的利用度显著相关,性格、情绪与主观支持相关,适应、认知与主客观支持相关,人际关系与社会支持的3个维度均呈正相关[①]。良好的心理状态有助于老年人与社会保持良好的整体性。

可见,伴随着生理和心理的老化,老年人与社会的互动关系也随之弱化,社会适应能力降低,社会功能逐渐丧失。生理健康、心理健康和社会适应三者并不是孤立存在的,而是有着相互联系、互为因果的综合关系。

四、老年人社会健康评价

就 Larson 提出的社会健康的概念框架来说,社会健康的内容应包括社会适应和社会支持两个大的方面。其中社会适应包括社会关系满意度、社会角色表现和对环境的适应,而社会支持应包括社会网络和社会联系的满意度。

1. 社会健康评价的内容

(1) 社会适应

个体能够在其人际关系方面有良好的适应能力是对社会适应最普遍的解释。社会适应是个体与各种环境因素间连续而不断改变的相互作用过程,社会适应的主要机制是个体充分发挥自己的潜能,主动地解决情境中面临的问题,改变环境使之适合自我的需要。社会适应评价包括社会关系满意度、社会角色表现和对环境的适应的评价。其中,对于社会关系满意度而言,人是社会的产物,人的生活离不开人际交往。人际交往伴随着一个人生命的整个过程,正常的人际关系可以使人们在心理上产生归属感、安定感、安全感,进而体现为幸福感,特别是当人在抑郁、孤独、焦虑、危难的情况下,更加渴望密切的人际交往和正常的社会关系所带来的慰藉。相反,失常的人际交往和社会关系会造成一系列不良影响。如果没有社会生活的经历及与他人的交往,也无法形成正常人的心理。科尔曼曾提出:"判定一个人是否健康,要考察其行为是否与所处环境相协调,或者说其人际关系是否适当,他对社会事件和社会关系的态度是否符合社会要求。"对于社会角色表现而言,只要是社会成员,都会承担某种社会角色。当一个人具备了充当某种角色的条件,且去担任这一角色,并按这一角色所要求的行为规范去活动时,就是社会角色的表现。在社会舞台上,人们并不能随心所欲地扮演任何角色。一个人在社会舞台上担任角色前要先有一个确定的过程,这被称为"认同",即证明一个人的实际地位、身份能力及其他条件与他所承担的角色是一致的、等同的。对于每一个个人来说,社会角色的确定也就是要回答"我是谁"的问题。而在回答"我是谁"的过程中,逐步确定自己的实际地位、与别人的关系,从而充当起某种角色。社会角色的表现是一个动态的过程。在这个过程中,角色的扮演通常要经历三个阶段:对角色的期望、对角色的领悟和对角色的实践。当然,人们对社会角色的表现从来都不是一帆风顺的。正如社会

---

① 岳春艳,王丹,李林英.老年人心理健康状况及与社会支持的相关性[J].中国临床康复,2006,10(18):53-56.

的运行常会产生不协调因素一样,在社会角色的扮演中也常会产生矛盾,会遇到障碍,甚至遭遇失败,这就是角色的失调。常见的角色失调有角色冲突(指在社会角色的表现中,在角色之间或角色内部发生了矛盾、对立和抵触,妨碍了角色表现的顺利进行)、角色不清(指社会角色的表现者不清楚某一角色的行为标准,不知道这一角色应该做什么、不应该做什么和怎样去做)和角色中断(指在一个人前后相继所承担的两种角色之间发生了矛盾的现象,人们在一生中随着年龄和多方面条件的变化,总会依次承担多种角色)。对于环境的适应而言,如果按照我们各自的性格、生活方式、追求目标和欣赏水平行事,对生活中的许多人和事会不大习惯,这其实是很正常,我们不必为此而烦恼。随着时间的推移,我们会由不习惯而渐渐地习惯起来。刚到一个新的环境,人生地不熟,仿佛一切都与我们格格不入。但过不了多久,我们便会对许多事习以为常。一个聪明的人,首先是一个适应性很强的人,而不是企图改变环境和他人的人。人的整个生命过程就是不断地适应与再适应。人是随着环境改变而改变的,环境也会随着人的变化而变化,只不过环境随人变化的速度比人随环境改变的速度慢而已。人的改变是主动的、迅速的,环境的改变是被动的、缓慢的。如果让环境适应人,不是不可以,那么付出的代价就是时间。人的一生有多少时间可以花费在等待环境的改变上呢?如果没有足够的时间,那么,只有人去适应环境。

(2) 社会支持

关于社会支持的概念有很多的讨论,人们从不同角度对社会支持进行定义。林南综合众多学者对社会支持的讨论给出了一个综合的定义:社会支持是由社区、社区网络和亲密伙伴所提供的可感知的和实际的工具性或表达性支持。工具性支持包括引导、协助、有形支持、解决问题的行为等等;表达性支持包括心理支持、情绪支持、自尊支持、情感支持等等。换句话说,社会支持就是某个体拥有他可以信赖的人和他所依靠的人,有了这个人,他就觉得自己是被当作一个活生生的人而被关心和对待。社会支持包括社会网络和社会联系。社会网络是指按照某种确定的关系、友谊或者相识的关系将个体连接起来的各种角色和纽带。社会网络也可以认为是个人可以直接接触的一些人,包括亲戚、同事、同学、朋友等等,这些人对于个人来说是十分重要的。社会网络反映的是个人及其生活环境之间的状态。社会网络的理论基础是六度分隔理论。六度分隔理论(Six Degrees of Separation)由美国著名社会心理学家 Stanley Milgram(1933—1984)于 20 世纪 60 年代最先提出。1967 年,米尔格伦(Milgram)想要描绘一个联结人与社区的人际联系网,在做过一次连锁信实验后,他发现了"六度分隔"现象。六度分隔理论简单来说就是"你和任何一个陌生人之间所间隔的人不会超过六个,也就是说,最多通过六个人你就能够认识任何一个陌生人"。"六度分隔"理论说明了社会中普遍存在的"弱纽带",但是却发挥着非常强大的作用。有很多人在找工作时会体会到这种弱纽带的效果。通过弱纽带,人与人之间的距离变得非常"近"。社会联系是指社会各分子之间的交互关系。人类社会各种组织的内部和各组织之间的联系是通过以下三种基本关系实现的:一是业缘关系,指从事共同或有关联的工作而形成的关系;二是地缘关系,指生活在同一地域而形成的关系;三是亲缘关系,指由婚姻、生育而产生的一种关系。在三种基本关系中,亲缘关系是对人的思想和行为影响最大的一种关系,同时也是最稳固的一种关系。它一经形成,一般不会因业缘关系和地缘关系的改变而发生变化。

2. 社会健康的测量方法

社会健康的测量评价是对社会健康概念及与社会健康有关的事物或现象进行量化的过程,即依据一定的规则,根据被测对象的性质或特征,用数据来反映社会健康及与社会健康有关的事物或现象。随着社会的发展,社会健康评价标准也在不断变化着,因为不同的时代人们的心理、身体都会发生很大的变化,尤其是人们心理上的变化,所以这个评价标准的常模也是在动态变化着的。我们对社会健康进行评价的时候,要充分考虑当今社会的各种因素,而不是用以前的标准评价现在的社会健康程度。

McDowell等人认为社会健康包括人格和社会技巧两方面的因素[1]。围绕社会健康的两种因素,国外社会医学家建立了近40种测量方法,但适合我国当前实际情况的量表并不多。常见的工具分两种:一是社会适应测量,如社会适应量表(SAS)[2]。二是人际关系测试,如社会关系量表(SRS)[3]、社会支持问卷(SSR)[4]。从社会健康的形成机制看,人的社会交往能力是建立在一定的信念和品质基础上的。人们通过对相关学科的学习,结合自身的生活感知和经历,能够对诸如公共道德、社会交往方式和方法等社会健康领域的问题形成正确的认识,并通过进一步的认知活动的强化,形成相应的道德认识。国内学者关于社会健康测量的研究,主要集中在对人际关系和社会支持的测量,但由于研究起步较晚,许多量表又尚未本土化,故现有的社会健康测量工具仍较缺乏。

事实上,对人们进行社会健康测量最直接的方式就是测量其社会适应程度。适应即为"协调"。人的社会适应表现为与周围环境具有积极、稳定的双向作用,既包括个体的主动适应,又要求周围环境的协调,前者即个体执行社会角色的能力,后者体现在人际关系的和谐和社会支持的充分上。由于人与环境之间的作用无时无地不在发生改变,个体的适应状态往往是过程性的,某个时间、地点上的社会适应测量有时并不能反映个体总的社会健康状况,所以大多数学者更愿意选择较为稳定的二级指标即社会角色、人际关系和社会支持来代替直接的社会适应测量。在对人们社会健康的测量上,国内最常见的方式也是间接地分析人际关系和社会支持。如使用去公园晨练、购物办事、广场聊天等外出活动频度测评城市老年人生活中的偶遇性社会适应程度,同时使用与邻里、朋友、同事等的互访活动频度测评老年人主动性社会适应程度[5]。也有研究指出,社会健康是指个人适应社会生活、扮演社会角色、行

---

[1] McDowell L, Newell C. Measuring health: a guide to rating scales and questionnaires[M]. 2nd ed. New York: Oxford University Press, 1996.

[2] Weissman M M, Bothwell S. Assessment of social adjustment by patient self-report[J]. Archives of General Psychiatry, 1976, 33: 1111-1115.

[3] McFarlane A H, Neale K A, Norman G R, et al. Methodological is-sues in developing a scale to measure social support[J]. Schizophrenia Bulletin, 1981, 7(1): 90-100.

[4] Sarason I G, Levine H M, Basham R B, et al. Assessing social support: The Social Support Questionnaire[J]. Journal of Personality and Social Psychology, 1983, 44(1): 127-139.

[5] 艾斌,王硕,星旦二.老年人社会经济地位影响健康的作用机制[J].人口与经济,2014(2): 48-57.

使社会功能的状态①。社会健康的测量指标主要包括社会活动的参与度和社会网络的大小、交际频率等内容,社会健康可从社会活动、社会支持和社会网络三个维度来测量。徐雯洁等提出,评价老年人社会健康的方法可通过对人际关系、社会支持、社会适应、行为模式的测量以及对群体社会健康的评价来完成,通常采用调查问卷的方式②。

可见,社会健康作为健康的单独维度得到学术界的普遍认同,学者们也进行了大量的相关研究。但由于社会健康本身就是一个复杂的概念,而且它还和一些其他因素相互交织在一起,到目前为止,对老年人社会健康的认识还只是停留在初始阶段③。

第四节 老年人自测健康特征及其评价

随着科学技术的发展,人们对健康的认识越来越深入和完善,健康所包含的维度也越来越多,这也使得全面评价健康变得越发复杂和困难,如何选择一种合适的健康评价方式就显得至关重要。自测健康作为一种综合性主观评价指标,能够全面地反映个体的健康状况。自测健康作为一种最常用的可获得个体全面健康状况的测量方法,在面对庞大的老年人群时,为如何测量各类老年人的不同健康状况,提供了针对性的测量工具。但自测健康受到许多主客观因素的影响,既包括过去的经历,又包括目前的处境,还涉及对自身健康状况的期望等因素④。

一、老年人主观健康状况的分布

自测健康的方法有很多,研究者一般采用一个综合的自评指标(如优、好、中、差)的测量方法来测量健康的等级。郭振友、石武祥对广西桂林市社区的1 800名老年人进行现场问卷调查,调查结果显示,有9.02%的老年人认为自己的健康状况"很好",35.85%的老年人认为自己的健康状况"好",42.44%的老年人认为自己的健康状况"一般",自评为"差"或"很差"的有12.69%⑤。王秀红等对1 400名农村老年人进行调查,结果有40.4%的老年人健康自评为"好",健康自评"一般"的占45.4%,健康自评为"差"的占14.3%⑥;胡月等对江苏高邮农村老年人自评健康情况进行调查,受访老年居民的自评健康等级为很好、好、一般和差的

---

① 傅崇辉,王文军.多维视角下的老年人社会健康影响因素分析[J].中国社会科学院研究生院学报,2011(5):124-132.
② 徐雯洁,刘卫红,李萍.健康状态评价研究概述[J].北京中医药,2013,32(5):395-400.
③ 同①124-132.
④ 刘汝刚,李静静,王健.中国农村居民健康影响因素分析[J].中国公共卫生,2016,3(4):488-493.
⑤ 郭振友,石武祥.基于新健康观指标体系的老年人健康公平性研究[J].中国卫生统计,2015,32(5):741-745.
⑥ 王秀红,黄文湧,杨敬源,等.农村老年人慢性病患病与健康自评的相关研究[J].中国现代医学杂志,2013,23(2):100-104.

分别占到14.4%、48.9%、32.6%和4.1%①;付文宁等关于鄂西北地区城乡老年人健康自评调查的结果显示,健康自评为"好"的老年人占61.5%,健康自评为"一般"的占29.7%,健康自评为"差"的占8.8%②;李蕾等对北京市城乡老年人健康自评进行调查,结果发现,有6.38%的老年人认为自己的健康状况为"很好",40.21%的老年人认为自己的健康状况为"好",分别有17.26%和2.01%的老年人认为自己的健康状况为"差"和"很差"③;湖北十堰市老年人的自评健康状况为很好、好、一般、差的分别占11.4%、49.8%、30.2%和8.6%④;成都高新区老年人健康自评基本情况是,健康自评为好的占47.9%、自评为一般的占40.8%、自评为差的占11.3%;孟琴琴、张拓红采用刻度尺百分制的方法对北京市顺义区老年人的自测健康进行分析,自测健康得分的最小值为0分,最大值为100分,平均得分是72.49分⑤。杜本峰、郭玉从老年人健康状况时空变化特征来进行研究,在空间上,不发达地区老年人健康自评较差,中东部省份老年人自评健康状况好于西部省份的老年人,地区间差异较大;在时间上,65～80岁的老年人自评健康状况随年龄的增长下降速度较快⑥。

总体来看,自评等级为"一般"的比例最高,自评等级为"差"或"很差"的比例最低,老年人口总体健康状况较好;在区域上,农村老年人认为自己健康较好的比例高于城区老年人,东部地区老年人自评健康状况优于中西部地区,其中西部地区自评健康状况为不好的人数占比最多,东部最低,自评健康状况为好的人数东部地区占比最高,西部地区最低⑦。但也有调查显示,城镇老年人自评健康状况好于农村老年人,各省(区、市)老年人健康状况差异很大,东部地区老年人健康状况普遍较好,而中西部大多数地区健康老年人的比例相对较低⑧;农村老人在自评生理健康上优于城镇老年人,而在自评心理健康上城镇老年人优于农村老年人,相对综合的自评健康方面不存在统计上的显著性差异。在控制一些重要的影响因素之后,城乡老年人在生理健康上的差异实际上要比观测到的要大,而在心理健康上的差异实际上要比观测到的要小⑨。

二、老年人主观健康与常见病的关系

有研究显示,在冠心病、糖尿病患病人群中,自测健康与死亡的关系密切,而老年人自测

---

① 胡月,龚磊,陈福宽,等.农村老年人自评健康状况的影响因素分析[J].中国卫生统计,2013,30(2):232-235.
② 付文宁,柴云,刘冰.鄂西北地区老年人健康自评及其影响因素的有序Logistic回归分析[J].中国老年学杂志,2015,35(20):5922-5926.
③ 李蕾,孙菲,汤哲,等.老年人生活自理能力与健康自评的相关性研究[J].首都医科大学学报,2016,37(4):513-519.
④ 钟森,汪文新,柴云,等.十堰市老年人自评健康状况及影响因素调查与路径分析[J].中国全科医学,2016,19(27):3356-3361.
⑤ 孟琴琴,张拓红.老年人健康自评的影响因素分析[J].北京大学学报(医学版),2010,42(3):258-264.
⑥ 杜本峰,郭玉.中国老年人健康差异时空变化及其影响因素分析[J].中国公共卫生,2015,31(7):870-878.
⑦ 罗会强,钱佳慧,吴侃,等.基于地区差异视角下的老年人自评健康影响因素分析[J].四川大学学报(医学版),2016,47(2):248-252.
⑧ 杜鹏.中国老年人口健康状况分析[J].人口与经济,2013(6):3-10.
⑨ 李建新,李春华.城乡老年人口健康差异研究[J].人口学刊,2014,36(5):37-48.

健康与慢性病患病情况也存在密切关系,一个老年人在经历了严重的疾病或者长期被慢性疾病困扰之后,会降低对自己健康状况的评价。王秀红等对贵州农村老年人进行的调查发现,农村老年人主要患类风湿性关节炎、慢性支气管炎、高血压、慢性胃肠炎、结核病和运动系统疾病等慢性病,患病率达到18.5%[1]。患有慢性病的老年人自测健康差,对健康自评影响显著。患病类型对健康自评也存在一定影响,患胃肠炎的老年人健康自评最差,其次是结核病、高血压、运动系统疾病、慢性支气管炎和类风湿性关节炎等。从不同慢性疾病对老年人自测健康的影响程度来看,反映出当前农村老年人对疾病的认知仍停留在较浅层面,明显的机体症状更易引起其心理上的消极评价。孙玉华等对齐齐哈尔市老年人慢性病患病状况与自测健康的关系进行研究,结果显示,齐齐哈尔市有71.4%的老年人患有慢性病,依次是高血压、冠心病、消化系统疾病、呼吸系统疾病、糖尿病、高脂血症、脂肪肝等,其中患慢性病及慢性病患病数量对老年人健康自评有显著影响,是影响老年人健康自评的消极因素[2]。总体来看,自测健康与疾病存在密切且相对独立的关系,自测健康"较差""一般"的人群患病率明显升高[3]。

三、老年人主观健康的影响因素

健康是多因素共同作用的结果,既有遗传因素、行为因素,又有卫生保健因素、社会经济因素等。孟琴琴、张拓红通过调查表明,在单因素分析结果上,性别、年龄、婚姻、文化程度、收入水平、就业类型、医疗保险类型、患病情况、焦虑或沮丧的程度均与老年人的自测健康得分有关[4]。而多因素分析显示,年龄、就业情况、医疗保险类型、焦虑或沮丧的程度、慢性病患病情况为老年人自测健康得分的影响因素。付文宁等的研究表明,居住地、生活满意度、生活态度、是否与子女同住、慢性病患病情况、慢性病患病数量、生活方式对老年人的自测健康有显著影响,老年人自测健康更大程度上取决于其自身躯体健康状况、生活状况及生活方式[5]。王秀红等通过研究认为,文化程度高、收入高、有经常性社会交往的老年人自测健康好,年龄越大、患有慢性病、做过健康体检及生活照料依赖家人或亲友的老年人自测健康差[6]。罗会强等以2013年中国健康与养老全国追踪调查数据为样本源,对我国老年人自测健康的影响因素进行分析,结果显示,性别、户口类型、教育年限、人均消费性支出、吸烟状

---

[1] 王秀红,黄文湧,杨敬源,等.农村老年人慢性病患病与健康自评的相关研究[J].中国现代医学杂志,2013,23(2):100-104.
[2] 孙玉华,王晓峰,张幸福.齐齐哈尔市老年人慢性病患病对健康自评的影响[J].中国老年学杂志,2016,36(8):1994-1995.
[3] 张凤梅,徐恒戬.健康自评与中老年人群常见病关系的研究[J].现代预防医学,2010,37(1):16-22.
[4] 孟琴琴,张拓红.老年人健康自评的影响因素分析[J].北京大学学报(医学版),2010,42(3):258-264.
[5] 付文宁,柴云,刘冰.鄂西北地区老年人健康自评及其影响因素的有序Logistic回归分析[J].中国老年学杂志,2015,35(20):5922-5926.
[6] 同①2482-2486.

况、饮酒状况、社会活动参与度、慢性病患病情况、生活满意度对老年人自测健康影响显著[①]。其中女性比男性更为消极,农村老年人比城镇老年人消极。受教育程度越高,其自测健康结果越积极,同时随着社会活动参与度的提高,老年人对自身健康状况评价越好。钟森等以性别、年龄、婚姻状况、职业、文化程度、吸烟情况、饮酒情况、健康状况改变、经济困难、亲密的人去世、使人难过的事情、慢性病患病情况、经济收入满意度、生活满意度和乐观态度为自变量,对湖北十堰市老年人自测健康状况的影响因素进行 Logistic 回归分析,结果显示,吸烟情况、健康状况改变、慢性病患病情况、经济收入满意度、生活满意度、乐观态度是老年人自测健康状况的影响因素,其中生活满意度是影响自测健康状况的最重要因素[②]。白思敏、谢慧玲分析乌鲁木齐市 65 岁及以上老年人自测健康状况影响因素后发现,年龄、家庭收入水平、对自身健康的重视程度、是否患有慢性病、经济来源、行走能力、参加社会活动频率、对社区卫生服务的满意度这几个因素对自测健康影响显著。而吴维东等对成都市高新区老年人自测健康影响因素进行分析,结果显示[③],锻炼时间大于 30 min 是老年人自测健康影响因素中的保护因素[④]。空巢、两周患病、感到焦虑或抑郁、记忆力受损、年内住院、患慢性病种类较多是老年人自测健康影响因素中的危险因素[⑤]。另外,对社会健康功能和经济状况与我国老年人自测健康的相关性进行研究发现,与我国老年人自测健康较差密切相关的社会健康功能主要是生活不满意、家庭关系不和谐和没有人关心,其经济状况主要是收支不平衡、支付医疗费用困难和家庭月收入少于 100 元,除此之外,生活自理能力是老年人的自测健康状态的重要影响因素之一[⑥]。

总体来看,影响老年人自测健康的因素有自然属性因素(性别、年龄、民族)、社会经济状况因素(婚姻状况、居住地、居住方式、受教育程度、职业、生活来源、医疗保险)、生活方式因素(吸烟状况、饮酒状况、体育锻炼状况、参加各种活动情况)、患病状况因素(慢性疾病患病率、患病种类、住院情况)、心理因素(有无抑郁、难过等情绪)等五大类[⑦]。一般而言,随着年龄的增长,健康完好自评出现明显的下降趋势;静态型生活形态(看电视、上网、棋牌麻将、喝茶闲聊、书报画画)对健康完好自评产生显著的负面影响,而动态型生活方式(健身活动、家

---

① 罗会强,钱佳慧,吴侃,等.基于地区差异视角下的老年人自评健康影响因素分析[J].四川大学学报(医学版),2016,47(2):248-252.
② 钟森,汪文新,柴云,等.十堰市老年人自评健康状况及影响因素调查与路径分析[J].中国全科医学,2016,19(27):3356-3361.
③ 白思敏,谢慧玲.基于有序 logistic 回归的乌鲁木齐市≥65 岁社区老年人自评健康影响因素分析[J].中国卫生事业管理,2015(2):96-100.
④ 吴维东,任晓晖,李宁秀.成都市高新区老年人健康自评影响因素分析[J].现代预防医学,2016,43(10):1801-1805.
⑤ 李婷,吴红梅,杨茗,等.我国老年人健康自评状况相关社会经济因素的系统评价[J].环境与职业医学,2012,29(2):107-111.
⑥ 李蕾,孙菲,汤哲,等.老年人生活自理能力与健康自评的相关性研究[J].首都医科大学学报,2016,37(4):513-519.
⑦ 姜向群,魏蒙,张文娟.中国老年人口的健康状况及影响因素研究[J].人口学刊,2015,37(2):46-57.

务、外出行走购物等)对健康完好自评会有积极的影响①。

四、老年人主观健康的评价

李建新、Hooker等认为,自评健康测量中应使用一个综合变量来测量健康,它是回答者对自身健康水平的一个总体性的主观认知评价②③。一个人的生理机能状况是这种自我健康认知的基础,其中患有疾病、日常生活能力受限、身体失能等都会引起更加消极的健康自评,同时,作为一种整合性的认知,自评健康还渗透了自评者心理状况所产生的影响。可见,这种"健康、一般、比较不健康、不健康、非常不健康"的提问形式,尽管本身较为主观,没有较明确的评价标准,也没有像卫生服务调查用健康自评得分来得客观,但上述测量方法结果较为一致地表明,健康自评"一般"或"不良"的老年人慢性病总患病率以及各类疾病(如心脏病、脑卒中、呼吸系统疾病等)患病率均明显高于健康自评"良好"的老年人④⑤⑥。健康自评对人的死亡有较高的预测价值,健康自评较差的人群后续会有更高的死亡风险,且在不同性别、不同种族人群中,健康自评对死亡都具有较高的预测价值。但也有研究指出,我国老年人的主观健康感觉对生命预后的影响程度尽管较大,但主观健康指标在现阶段对我国老年人生命活动中的作用尚没有达到美、日等国的程度⑦。

随着健康概念内涵和外延的不断发展,侧重于健康自评与死亡,以及健康自评与常见病关系的研究已不能满足现实的需求,尤其是世界卫生组织提出"生理、心理、社会"三个方面的良好状态的三维健康观,使得以往的许多研究仅采用一个综合的自评指标(优、好、中、差)来测量健康的方法受到挑战,不少学者认为这种测量太粗糙,不全面,未能反映自测健康的真正内涵⑧⑨。这就需要编制内容更丰富的多维自测健康问卷来更直观、全面、准确地反映自测健康的真正内涵。如我国学者许军等人基于WHO的健康概念,吸收人文科学的最新成果,采用德尔菲法和现场调查法,从生理、心理和社会三个方面筛选自测健康评价指标,设置健康评价问题,建立了适合我国国情和文化背景的《自测健康评定量表》(SRHMS)。该量表的实际应用表明,生理健康、心理健康、社会健康三个子量表分以及量表总分与其相应条

---

① 毛丽红,万绍勇,朱健民.江西吉安市社区老年生活形态对健康完好自评的影响调查[J].卫生研究,2013,42(4): 674-678.

② 李建新,刘保中.健康变化对中国老年人自评生活质量的影响[J].人口与经济,2015(6): 1-11.

③ Hooker K, Siegler I C. Separating apples from oranges in health ratings: perceived health includes psychological well-being[J]. Behavior, Health, and Aging, 1992(2): 81-92.

④ 张凤梅,徐恒戬.健康自评与中老年人群常见病关系的研究[J].现代预防医学,2010,37(1): 16-22.

⑤ McGee D L, Liao Y, Cao G C, et al. Self-reported health status and mortality in a multiethnic US cohort[J]. American Journal of Epidemiology, 1999, 149(1): 41-46.

⑥ 吴维东,任晓晖,李宁秀.成都市高新区老年人健康自评影响因素分析[J].现代预防医学,2016,43(10): 1801-1805.

⑦ 艾斌,王硕,星旦二.老年人主观健康感觉与生存时间关系研究:以沈阳市城市老年人9年跟踪数据为中心[J].中国卫生统计,2015,32(5): 875-879.

⑧ 仲亚琴,高月霞,工健.不同社会经济地位老年人的健康公平研究[J].中国卫生经济,2013(12): 21-23.

⑨ 郭振友,石武祥.基于新健康观指标体系的老年人健康公平性研究[J].中国卫生统计,2015,32(5): 741-745.

目的健康自测分之间存在关联[1][2]。SRHMS能够反映不同人群、不同年龄、不同家庭人均收入、不同文化程度、不同职业和不同住地的评价者间自测健康的差异,量表还能够敏感地反映个体在不同时间内自测健康的变化,表明SRHMS是可靠的、有效的和灵敏的。目前对自测健康工具的使用趋向于顺应生物医学模式向生物—心理—社会医学模式转变以及健康测量从一维到多维、群体到个体、负向到正向的转变,并吸收人文科学的最新成果,从生理、心理和社会三个方面筛选自测健康的评价指标,建立适合各国国情和文化背景的自测健康评定量表。如临床症状自评量表(SCL-90)是由L. R. Derogatis于1975年编制的,量表共有90个项目,包含较广泛的精神病症状学内容,从感觉、情感、思维、意识、行为到生活习惯、人际关系、饮食睡眠等,均有涉及,并采用10个因子分别反映10个方面的心理症状情况,是世界上最著名的心理健康测试量表之一,也是当前使用最为广泛的精神障碍和心理疾病门诊检查量表。美国简明健康状况调查问卷(SF-36)由美国波士顿健康研究所研制,广泛应用于普通人群的生存质量测定、临床试验效果评价以及卫生政策评估等领域[3]。SF-36作为健康调查问卷,调查项目包括生理机能、生理职能、躯体疼痛、一般健康状况、精力、社会功能、情感职能以及精神健康8个方面,全面概况被调查者的生存质量及健康状况。计分方法为根据条目编码进行分数赋值,再根据公式将总分进行换算,各方面的得分越高,说明被试者健康状况越好。

虽然多维自评健康量表(问卷)已广泛应用于流行病学、社会医学、老年病学等领域,但有学者认为由于某些疾病存在潜伏期,自评健康不能预测未来的疾病。某些特殊人群,如老年人,健康状况经常发生变化,单独采用自评健康不能充分预测未来的健康状况。也有学者提出,因文化背景和种族不同,使得自评健康评价标准受到影响。就老年人自评健康而言,我国有学者研究提出[4],老年人自评健康应包括:日常生活能力自测(吃饭、穿衣、上下床、室内走动、洗脸刷牙、上厕所、洗澡、上下楼梯、小便情况、大便情况等)、独立生活能力自测[做饭、洗衣、打扫卫生、服药、剪指(趾)甲、管理钱物、打电话、雨天外出、购物、看病等]和高层次活动能力自测(外出乘车、购买日常用品、自己付款、在银行存取钱、写简单的收据、看报看书、收看健康节目、走访朋友、与家人商谈事宜、主动与青年人交谈等)。Anderson等人认为,如何度量健康是一个复杂的工程,它涉及人类测量学、伦理道德、主观判断等诸多方面[5]。总之,在健康的定义不断发展和完善的今天,健康的维度越来越多,也使得全面地评价健康变得越发复杂,选择一种合适的健康评价方式至关重要,自评健康作为一种综合性主

---

[1] 杜本峰,郭玉.中国老年人健康差异时空变化及其影响因素分析[J].中国公共卫生,2015,31(7):870-878.
[2] 许军,杨云滨,胡敏燕,等.自测健康评定量表的测试初报[J].中国公共卫生,2000,16(10):887-891.
[3] 张林,林晓明,刘堃,等.社区慢性病老年人的健康状况及居家护理需求调查[J].现代预防医学,2015,42(14):2561-2564.
[4] 李挺.做好健康评价,争做健康老年人[J].药物与人,2005(4):4-5.
[5] Anderson K H, Burkhauser R V. The retirement-health nexus: a new measure of an old puzzle[J]. The Journal of Human Resources, 1985. 20(3):315.

观评价指标,一定程度上能够较为全面地反映老年人个体的整体健康状况①。

综上所述,生理健康、心理健康和社会健康之间既有区别,又有联系,其中社会健康取决于生理和心理的素质状况。心理健康是身体健康的精神支柱,身体健康又是心理健康的物质基础。良好的情绪状态可以使生理功能处于最佳状态,反之则会降低或破坏某种功能而引起疾病。身体状况的改变可能带来相应的心理问题,生理上的缺陷、疾病,往往会使人产生烦恼、焦躁、忧虑、抑郁等不良情绪,导致各种不正常的心理状态产生。

---

① 刘汝刚,李静静,王健.中国农村居民健康影响因素分析[J].中国公共卫生,2016,3(4):488-493.

第四章　太极拳对老年人健康促进的研究进展

健康早已成为人类永恒的话题，人们对健康的认识随着时代的发展而不断变化，人们最初认为健康就是"无病、无残"。随着现代医学的快速发展及人类寿命的普遍延长，人们也认识到，健康不仅仅是生理上无病、四肢健全，还要有良好的精神状态。1948 年 WHO 将健康定义为"健康不仅是没有疾病和衰弱状态，还要保持生理、心理和社会适应的完美状态"，该定义体现出三维健康观。因此，健康应包含身体健康（physical health）、心理健康（psychological health）、社会适应良好（good social adaptation）和道德健康（ethical health），这种健康观念将使传统的医学模式从有病治病的单一医学模式转变为生物—心理—社会医学模式。

第一节　老年人习练太极拳健康促进研究概况

随着太极拳在世界范围的推广与普及，以及现代科学技术对太极拳健康促进功能的不断挖掘，当前太极拳已成为风靡世界的"动药"。国内外有关太极拳习练促进老年人健康的研究逐渐增多，本节将对国内外太极拳研究进程、热点、重点、知识群形成和发展过程进行概述。

一、数据来源

英文数据来自美国科学情报研究所（ISI）Web of Science 数据库。检索式 TS（主题）="tai chi/ji quan older or tai chi/ji health"，文献类型＝（Article），语言＝（English），检索文献时间跨度为"2000 年 1 月—2019 年 7 月"，共检索到 2 252 篇文献，将检索到文献以纯文本 TXT 格式导出，导出文献信息包括作者、标题、来源出版物、摘要、引用参考文献。中文数据来源于中国知网的"核心期刊库"和"CSSCI 库"。主题为太极拳、老年人、中老年人、健康等，检索时间从建库开始至 2019 年 7 月，共检索到 763 篇论文，将检索到文献以 RefWorks 格式导出，导出文献信息包括作者、标题、来源出版物、摘要、引用参考文献。

二、研究方法

本研究选用基于 Java 平台的 CiteSpace Ⅴ 信息可视化软件作为主要分析工具,信息可视化技术使人们可以更便捷地观察、浏览和理解信息,并且找到数据中隐藏的规律和模式。CiteSpace Ⅴ 软件可以将复杂抽象的数据用图谱的形式清晰、直观地展现出来,以便于研究者进一步分析数据、发现规律,是一种适用于多元、分时、动态的复杂网络分析的新一代信息可视化技术软件,现已成为国际文献计量学研究的主要研究方法之一[①②]。

三、研究者背景信息

1. 中文文献背景信息

从图 4.1 可以看出,研究太极拳对老年人健康效应的作者共现频次较高的主要有以下几位:杨慧馨的频次最高,共 5 次;其次是刘静、王晓军,频次均为 4 次;王乾贝、王齐、崔华、谢文、段功香、虞定海、任可欣、胡晓飞的频次均为 3 次。王齐、崔华、胡晓飞有较为稳定的合作关系,该合作网络的研究领域为中老年人的血糖和血脂水平、平衡能力的改善、太极拳运动的安全性以及糖尿病患者的改善效果。谢文、罗丹一直保持着合作关系,主要研究太极拳锻炼对老年人身心健康的影响。但是,从中心度指标来看,所有作者的研究均是 0,说明我国太极拳的研究方向众多,热点转变频繁,在同一个方向上长时间钻研的研究者严重缺乏,这使得

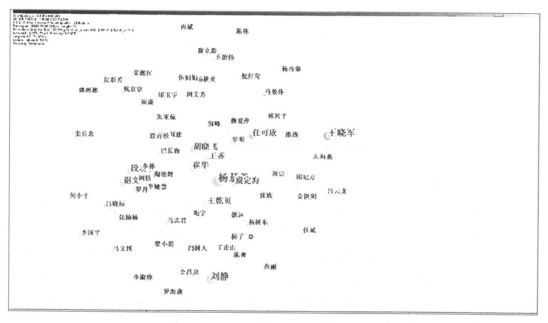

图 4.1　国内太极拳研究的作者热点图谱

---

① 赵蓉英,余波.国际数据挖掘研究热点与前沿可视化分析[J].现代情报,2018,38(6):128-137.
② 于红妍,刘敏.国际体能训练研究现状、热点及前沿的可视化分析[J].成都体育学院学报,2014,40(10):79-84.

该领域的研究衔接性不强,研究成果也没有得到后续研究的佐证。因此,建议研究者在该领域深入研究,以期为太极拳的实践提供更加可靠的证据。

从图4.2研究者单位热点图谱可知,从影响力分布来看,上海体育学院武术学院共现频次是8次,上海体育学院共现频次是5次,上海体育学院在"太极拳对老年人健康影响"方面共现频次最高,为13次。其次是北京体育大学,共现频次为11次。苏州大学体育学院紧随其后,共现频次为10次。之后分别是郑州大学体育学院,共现频次为6次;华东师范大学体育与健康学院,共现频次为4次;陕西师范大学体育学院,共现频次为4次;哈尔滨体育学院民族传统体育系,共现频次为4次。其中,上海体育学院与哈尔滨体育学院民族传统体育系存在合作关系。

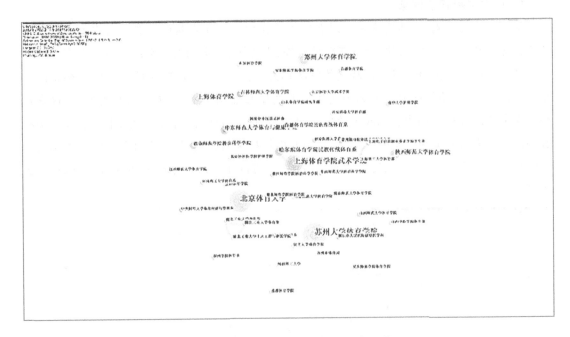

图4.2　国内太极拳研究的单位热点图谱

2. 外文文献背景分析

从图4.3研究者影响力的热点分析图可以看出,P. M. Wayne在太极拳对于老年人健康效应的研究方面共现频次最高,为33次;其次是F. Z. Li,共现频次为28次;P. Harmer的共现频次为21次;之后共现频次从高到低分别是:R. E. Taylor-Piliae, W. W. N. Tsang, G. Y. Yeh, M. R. Irwin, C. C. Wang, J. Tao, S. L. Wolf, Y. Liu, L. Y. Zou。他们所发表的研究成果在国外太极拳的健康效应领域占比重较大,主要研究领域从太极拳对生理生化指标的变化、心理健康到对慢性阻塞性肺疾病、糖尿病、骨质疏松症、认知障碍的预防和治疗以及生活质量的影响。从中心性上来看,P. M. Wayne、F. Z. Li, P. Harmer, Y. Liu的中心性为0.01,说明他们四人长时间在太极拳的健康效应领域进行持续研究,并对后续研究提供了合理的佐证。然而,其余研究者的中心性均为0。

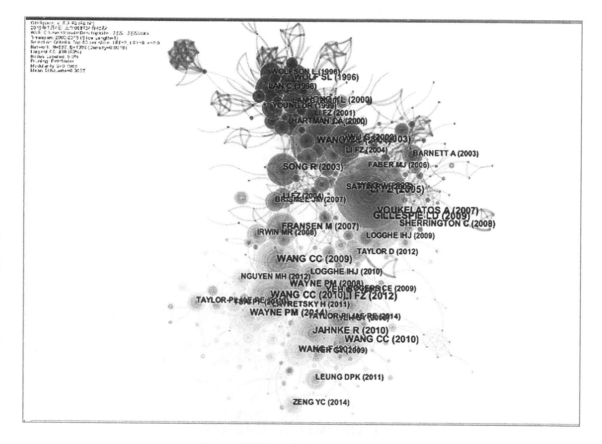

图 4.3　国外太极拳研究的作者热点图谱

从图 4.4 研究机构热点图中可知,共现频次前十的单位机构:哈佛大学(Harvard University)的共现频次最高,为 90 次;香港中文大学(The Chinese University of Hong Kong)的共现频次紧随其后,为 62 次;香港理工大学(The Hong Kong Polytechnic University)和悉尼大学(The University of Sydney)的共现频次均为 50 次;之后分别为加州大学洛杉矶分校(University of California,Los Angeles)47 次、上海体育学院(Shanghai University of Sport)41 次、伊利诺伊州大学(University of Illinois)31 次、俄勒冈大学(University of Oregon)30 次、亚利桑那大学(The University of Arizona)27 次、马萨诸塞州综合医院(Massachusetts General Hospital)25 次。从中心性上来看,悉尼大学的中心性为 0.24,香港理工大学的中心性是 0.2,哈佛大学的中心性是 0.18,伊利诺伊州大学的中心性为 0.15,香港中文大学和亚利桑那大学的中心性均为 0.12,上海体育学院的中心性是 0.11。说明这些机构长期钻研太极拳对健康促进的某一领域,研究集中度较高。

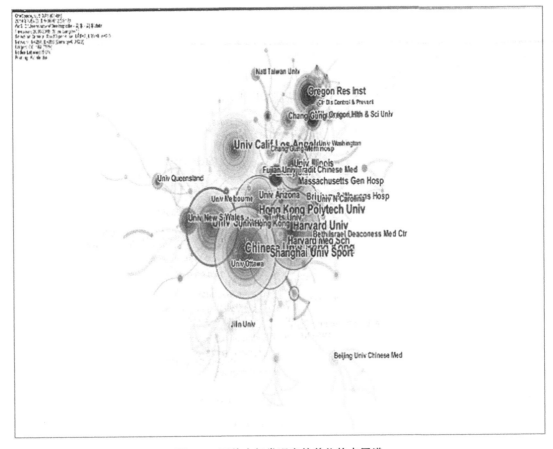

图 4.4 国外太极拳研究的单位热点图谱

四、关键词研究热点分析

1. 中文文献关键词热点分析

选取关键词运行软件,再采用聚类分析得到我国太极拳对老年人产生的健康效应的共现图(图 4.5)。图 4.5 中"♯＋数字＋关键词"代表聚类,字体的大小与聚类规模成正比[1]。十字架代表节点的中介中心性,字体大小与十字架的规模与该节点的中介中心性成正比[2]。从聚类图中可以看出,我国关于"太极拳对健康的影响"的研究主要集中于太极拳对社区老年人/中老年人轻度认知障碍的影响,太极拳对平衡能力、心理健康的影响,以及拳术的试验性研究。由于同一关键词在不同的研究中可能采取不同的表达形式,为了更好地统计关键词的中心性,可规范合并同类词汇后再统计各关键词的出现频次。笔者将"太极拳""太极拳

---

[1] 陈栋,熊媛琦,赵华,等.国外体育教师研究计量可视化分析[J].武汉体育学院学报,2017,51(12):80-87.
[2] 李小芬,许佳慧.国内外体育舞蹈研究进展分析:基于科学知识图谱的可视化研究[J].北京体育大学学报,2018,41(4):89-97.

运动"和"拳术"合并,将"老年"和"老年人"合并,将"中老年"和"中老年人"合并①。从中心性来看,太极拳的中心性为1.5,老年人的中心性为0.69,中老年人中心性为0.55,平衡能力的中心性为0.27,心理健康的中心性为0.11,健康的中心性是0.09,本体感觉的中心性为0.05,轻度认知障碍、健身的中心性为0.04,执行功能和身体机能的中心性为0.03,体质、肌力的中心性为0.02。中心性是测度节点在网络中的重要性的一个指标,具有高中心性的关键词通常是连接两个不同领域的关键枢纽,因此探究中心性是具有重要意义的②。研究也说明高频词和中心性有一定的一致性,高频词和中心性最高的都是太极拳,表明国内研究以"太极拳"为焦点,对老年人和中老年人的平衡能力、认知障碍进行探索,并逐步转向实证研究。

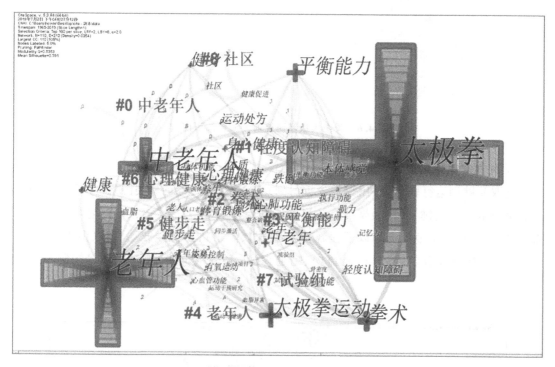

图 4.5　国内太极拳研究主题聚类视图

为了进一步把握研究主题,揭示国内太极拳研究主题的动态变化,在可视化分析中将节点以引文年轮方式表示,横坐标为时间轴,表示文献的历史,有利于研究判断该领域研究的发展趋势。从图4.6演化知识图谱中可以看出,国内太极拳对老年人健康影响的研究主题,从早期的心肺功能到健身、健康、心理健康、体质,再到跌倒、身体机能、睡眠质量,再转向血脂、认知功能、姿势控制,到最近关注的对轻度认知障碍的治疗效果,可见国内的研究已逐步深入,由表及里,从防治向治疗过程转变。

---

① 李立峰,王洪彪.中国公共体育服务研究10年(2007—2016):热点、趋势与展望:基于CiteSpaceⅢ的可视化分析[J].沈阳体育学院学报,2017,36(3):39-47.

② 张欣,赵亮.基于知识图谱的国内外排球领域研究现状及热点的可视化分析[J].北京体育大学学报,2017,40(10):113-119.

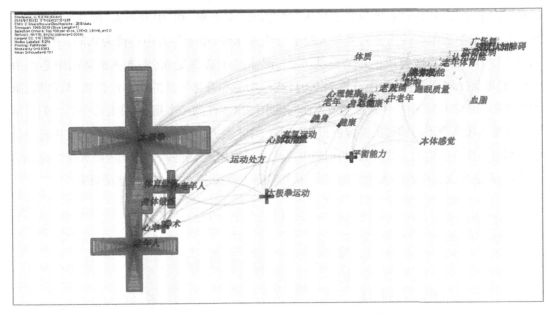

图 4.6 国内太极拳研究前沿演化知识图谱

2. 外文文献关键词热点分析

选取关键词运行软件,采用聚类分析得到外文文献的关键词聚类图(图 4.7)。图 4.7 中,"#+数字+关键词"代表聚类。从聚类图中可以看出,关于"太极拳对老年人产生的健康效应"的研究主要集中在以下领域:跌倒预防、静止状态低频波动、健康促进、睡眠质量、心理健康、实证研究、女性骨质疏松、帕金森病、潜在生长曲线分析、姿势控制和身体适能。

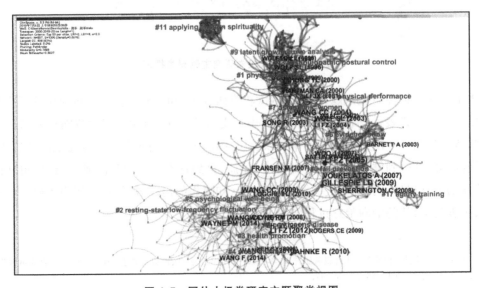

图 4.7 国外太极拳研究主题聚类视图

为了探究研究热点开始的先后顺序,以及研究方向的发展趋势,在聚类过程中加入时间序列,以横坐标为时间轴,得到国外关于"太极拳对老年人产生的健康效应"的时序图(图4.8)。从时序图谱中可以看出,1992 年关于健康效应的研究集中在将潜在生长曲线分析作为研究的起点。2001—2010 年,研究热点开始转变到女性骨质疏松症、跌倒预防、睡眠质量、健康促进、心理健康和实证研究方面,这些研究领域从 2001 年才开始起步。2004 年预防女性骨质疏松的中心性达到最高;2004—2010 年,研究跌倒预防的文献的数量一直居高不下,2005 年其中心性达到峰值;关于睡眠质量的研究开始得较晚,2007 年才出现零零散散的文献,2010 年其中心性最高;健康促进和心理健康的研究同时开始,2006 年逐渐有学者探究太极拳对老年人健康促进、心理健康的影响,2010 年其中心性较高。2010—2019 年,跌倒预防、心理健康、骨质疏松的研究热度逐渐下降,健康促进的研究热度不减,帕金森病、静止状态低频波动的研究热度上升。

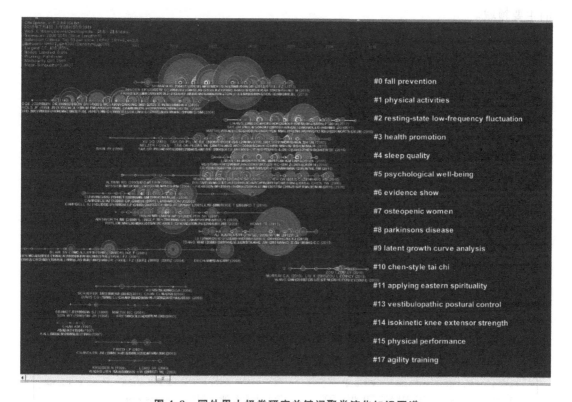

图 4.8　国外界太极拳研究关键词聚类演化知识图谱

文献被引强度高表示那些发表后的文献在同一领域内被引用的次数较多,被引用次数最多的属于该领域的里程碑或转折点,具有标志性意义。图 4.9 表示被引强度前 25 的文献,这些文献都对后续研究起到重要作用。1996 年,Wolf 为了减轻老年人的虚弱和减少跌倒次数,通过太极拳干预老年人的平衡能力,该文献被引率最高,达到 31.17。2000 年,Hong 探究老年太极拳练习者的平衡控制能力、灵活性和心肺健康状况的文献被引强度次之,达到

24.48。1998年,Lan的研究12个月太极拳训练对老年人健康体适能的影响的文献被引强度紧随其后,达到23.78,主要评价了老年人的最大摄氧量、柔韧性和膝关节屈伸力量。1996年,Wolfson的研究被引强度为22.27,其主要研究太极拳训练后老年人的平衡能力的改善。1997年,Wolf研究了太极拳训练后老年人的体位稳定性和平衡能力的变化,其文献的被引强度为16.9。

综上可知,太极拳对老年人平衡能力的改善早有定论,应避免重复性研究。太极拳干预老年人健康方面的研究热点也从1996年的平衡能力,到1998—2000年的体适能、心肺功能,再到2004年的女性骨质疏松、预防跌倒,再到2010年的睡眠质量、健康促进、心理健康,转到2013—2016年的帕金森病,因此,可以预见未来的研究方向将会从对身体功能的改善转变到对慢性病的预防和治疗,以及何种太极流派干预效果最优。我国社会现已进入严重老龄化阶段,伴随而来的高血压、高血脂、糖尿病将是今后研究的主要领域。

Top 25 References with the Strongest Citation Bursts

References	Year	Strength	Begin	End	2000 - 2019
LAI J S, 1995, J AM GERIATR SOC, V43, P1222, DOI	1995	7.6218	2000	2003	
LAN C, 1998, MED SCI SPORT EXER, V30, P345, DOI	1998	23.7758	2000	2006	
LAN C, 1996, ARCH PHYS MED REHAB, V77, P612, DOI	1996	11.0897	2000	2004	
KUTNER N G, 1997, J GERONTOL B-PSYCHOL, V52, P242	1997	8.984	2000	2005	
PROVINCE M A, 1995, JAMA-J AM MED ASSOC, V273, P1341, DOI	1995	13.3644	2000	2003	
KUTNER N G, 1997, J GERONTOL B-PSYCHOL, V52, P0, DOI	1997	6.1698	2000	2005	
WOLF S L, 1997, PHYS THER, V77, P371, DOI	1997	16.8965	2000	2005	
WOLF S L, 1996, J AM GERIATR SOC, V44, P489, DOI	1996	31.166	2000	2004	
SCHALLER K J, 1996, J GERONTOL NURS, V22, P12	1996	11.0897	2000	2004	
WOLF S L, 1997, ARCH PHYS MED REHAB, V78, P886, DOI	1997	12.3692	2000	2005	
WOLFSON L, 1996, J AM GERIATR SOC, V44, P498, DOI	1996	22.2719	2000	2004	
CAMPBELL A J, 1997, BMJ-BRIT MED J, V315, P1065, DOI	1997	5.1636	2001	2005	
LAN C, 1999, MED SCI SPORT EXER, V31, P634, DOI	1999	13.9055	2001	2007	
YAN J H, 1998, J AGING PHYS ACTIV, V6, P350, DOI	1998	6.3138	2001	2005	
YOUNG D R, 1999, J AM GERIATR SOC, V47, P277, DOI	1999	18.2566	2001	2007	
CHEN W W, 1996, INT Q COMMUNITY HEALTH EDUC, V16, P333, DOI	1996	3.5706	2001	2004	
CHANNER K S, 1996, POSTGRAD MED J, V72, P349, DOI	1996	4.1666	2001	2004	
JACOBSON B H, 1997, PERCEPT MOTOR SKILL, V84, P27, DOI	1997	10.7398	2001	2004	
HONG Y L, 2000, BRIT J SPORT MED, V34, P29, DOI	2000	24.4755	2002	2008	
HARTMAN C A, 2000, J AM GERIATR SOC, V48, P1553, DOI	2000	18.6379	2002	2008	
FORREST W R, 1997, BIOMED SCI INSTRUM, V33, P65	1997	3.0508	2002	2004	
LAN C, 2000, ARCH PHYS MED REHAB, V81, P604, DOI	2000	15.9547	2002	2008	
HAIN T C, 1999, ARCH OTOLARYNGOL, V125, P1191, DOI	1999	9.8764	2002	2007	
LI F Z, 2001, ANN BEHAV MED, V23, P139, DOI	2001	13.0306	2002	2009	
SHIH J P, 1997, PERCEPT MOTOR SKILL, V84, P287, DOI	1997	3.0508	2002	2004	

图4.9 国外界太极拳研究被引强度前25的文献

第二节 老年人习练太极拳的生理健康效益

追求更高的生活质量已成为老年人的共同追求,越来越多的老年人都认识到,太极拳是成就他们晚年身心健康的重要手段。与此同时,学界关于老年人参与体育锻炼的研究成果也日趋增多,其中,对于生理健康效益的研究近年来获得了长足的进步。那么,太极拳锻炼对老年人的生理健康具有什么样的效应,既有的研究成果中有哪些给予了老年人更好的健身指导,哪些领域还有待完善,哪些研究又值得学界进一步进行探索?

一、太极拳对心血管的影响

心血管系统包括心脏、动脉、静脉、毛细血管等,在人体中形成一个复杂的封闭的管道系统,血液在其中运行。血液自心脏经动脉、毛细血管和静脉再返回心脏,这个过程称为血液循环。太极拳对老年人心血管的影响,体现为对脉搏、血压、外周阻力等多项生理指标的良好影响和改善[1]。

心率是每分钟心脏搏动的次数。习练太极拳时,老年人心率的高低与运动持续时间、动作娴熟程度、技术规范与否,以及太极拳流派有关系。有研究总结了太极拳习练时的心率后发现,陈氏太极拳习练时的心率,要高于其他流派。另外随着太极拳锻炼时间的延长,心率在整个过程中,呈现出较为平稳的变化特点。与其他项目相比,太极拳锻炼 1 h 左右,随着锻炼时间的延长,老年人心率变化比较稳定,最大心率也没有发生显著的差异性变化[2]。这表明太极拳锻炼对老年人心脏的脉搏影响特点,即随着老年人锻炼时间的增加,运动心率保持平稳。如使 10 名老年受试者练习同一内容,但练习时间不同,测试其心血管的适应情况,结果显示运动过程中老年人的平均最大心率稳定在 109.6 ± 3.8 次/min,不同运动时间最大心率的差异不显著($P>0.05$)[3]。老年人的心率受多种因素相互作用的影响,包括自主神经系统的副交感神经和交感神经分支、激素、体温、身体活动、消化和昼夜节律,这些因素在大范围的时间尺度上又影响心率动力。心率动力多尺度熵(MSE)与老年人心脏疾病、术后并发症、情绪障碍、心力衰竭和心血管相关的总体死亡率有关[4]。有研究认为,与传统的心率变异性相比,基于复杂程度的心率动力学指标显示出更好的预测能力。有研究发现,长期的

---

[1] 王建华.简易太极拳健身功[M].北京:人民体育出版社,2003:144.

[2] 朱广超,陈艳艳.太极扇锻炼对绝经女性心肺和心血管机能的影响[J].延安大学学报(自然科学版),2010,29(4):102-105.

[3] Kaplan D T, Furman M I, Pincus S M, et al. Aging and the complexity of cardiovascular dynamics[J]. Biophysical Journal, 1991, 59(4): 945-949.

[4] Pikkujämsä S M, Mäkikallio T H, Sourander L B, et al. Cardiac interbeat interval dynamics from childhood to senescence: comparison of conventional and new measures based on fractals and chaos theory[J]. Circulation, 1999, 100(4): 393-399.

太极拳锻炼与更高的 MSE 有关。重要的是,即使考虑到多种潜在的混杂因素,6 个月的实验后,与原始对照组之间的统计差异仍然存在,太极拳锻炼对老年人的健康有益[1]。

血压是指血管内流动的血液对单位面积血管壁的侧压力,它包括收缩压和舒张压。血液在血管中流动主要是由于心室收缩时造成主动脉首端与右心房产生压力差,血流在各段血管中所遇到的阻力不同,压力降落不均匀。众所周知,高血压是影响老年人健康的主要因素之一。定期进行体育锻炼是促进老年高血压患者健康的一种可能的途径。许多研究表明,太极拳是患有慢性病的老年人的最佳运动选择[2]。一项系统的综述报道,太极运动可以降低收缩压和舒张压,并为心血管疾病患者提供心理社会效益[3]。在心血管疾病患者中,高血压患者通过太极拳锻炼也获得了良好的健康结果。如 Tsai 等人的研究表明,在血压高于正常或处于一期高血压的健康参与者中,为期 12 周的太极拳锻炼可降低血压,改善血脂水平[4]。Sun 等人的一项社区研究发现,12 个月的太极拳锻炼可以帮助 45～80 岁的高血压患者降低血压和体重指数,维持正常肾功能,改善健康相关的生活质量[5]。因此,太极拳可能是高血压患者预防心血管疾病和减少医疗资源使用的一种好方法。鉴于太极拳对老年高血压患者健康状况的影响是显著的,应将太极拳推荐给成年高血压患者,尤其是高龄人群或长期因高血压而感到不适的人群。社区应定期举办太极拳训练班,对于有时间限制的老年人,应该制订灵活的训练计划,为他们提供更多的社会支持,改善他们的社会互动,减少他们的孤独感。

长期的太极拳锻炼可以提高老年人的血管弹性,保证收缩压和舒张压在正常值内。可能是因为太极拳锻炼可加大肌肉剪切力,使血流动力增加,降低心血管外周阻力,使血液流动更加通畅。另外,通过实验测试,在完成定量负荷运动后,常年参加太极拳锻炼的老年人心脏泵血功能、心肌收缩机能明显优于对照组(即无太极拳训练者)。这为太极拳有益于老年人心血管功能的维持提供了可靠的实验依据。Meta 分析和系统综述支持太极拳可能有益于心血管健康的临床相关结果:降低收缩压和舒张压;降低甘油三酯、低密度脂蛋白、血清 b 型利钠肽水平;提高运动能力、疾病相关生活质量、情绪、睡眠质量和运动自我效能[6]。

---

[1] Ma Y, Wu C W, Peng C K, et al. Complexity-based measures of heart rate dynamics in older adults following long-and short-term Tai Chi training: cross-sectional and randomized trial studies[J]. Scientific Reports, 2019, 9(1): 7500.

[2] Lee L Y, Lee D T, Woo J. The psychosocial effect of Tai Chi on nursing home residents[J]. Journal of Clinical Nursing, 2010, 19(7/8): 927-938.

[3] Yeh G Y, Wang C, Wayne P M, et al. Tai Chi exercise for patients with cardiovascular conditions and risk factors: a systematic review[J]. Journal of Cardiopulmonary Rehabilitation and Prevention, 2009, 29(3): 152-160.

[4] Tsai J C, Wang W H, Chan P, et al. The beneficial effects of Tai Chi Chuan on blood pressure and lipid profile and anxiety status in a randomized controlled trial[J]. Journal of Alternative and Complementary Medicine, 2003, 9(5): 747-754.

[5] Sun J, Buys N. Community-based mind-body meditative Tai Chi program and its effects on improvement of blood pressure, weight, renal function, serum lipoprotein, and quality of life in Chinese adults with hypertension[J]. The American Journal of Cardiology, 2015, 116(7): 1076-1081.

[6] Zou L, Han J, Li C, et al. Effects of Tai Chi on lower limb proprioception in adults aged over 55: a systematic review and Meta-analysis[J]. Arch Phys Med Rehabil, 2019, 100(6): 1102-1113.

太极拳还可以降低已知的导致冠心病的炎症标志物。少数研究评估了太极拳对心率变异性的各种时域和频域测量的影响,然而,这些研究的结论是混合的,很难解释。综上所述,太极拳是一种多模式的中低强度的身心运动,具有悠久的中医历史渊源,若注意科学安排运动量,将更有效地提高老年人心血管系统功能。如可以改善老年人心脏泵血功能,心率储备增加,血容量相对增加,提高心肌收缩机能,改善血压,等等。总之,这些发现为越来越多的研究提供了支持,这些研究支持太极拳可以对与心血管健康相关的标志物和风险因素产生积极影响。

太极拳属于有氧运动,运动强度适中,对于心血管系统和微循环能够起到积极的影响。管道系统是循环系统的主要组成部分,这些管道系统是封闭的、连续的。心血管系统和淋巴系统是组成微循环系统的主要管道系统,将氧气、激素以及营养物质不断地输送到全身各器官、组织和细胞,并对输送目的地中的代谢物进行排除,使人体正常的生理活动得到保证,这是循环系统的主要功能与价值。血管与心脏共同组成循环系统中的心血管系统。血液循环是由心脏和血管(遍布全身各个角落)组成的管道系统中完成的,血液循环能够使人体向身体各个组织、器官和细胞中输送氧气和营养物质,然后向排泄系统的器官中输送组织细胞中产生的代谢物质(二氧化碳、尿素、尿酸等)。在人体内,循环系统不断进行着规律性的运动,正因为如此,通过参与太极拳运动进行养身与健身能够提高自身循环系统的功能[①]。

经常参与太极拳运动进行身体锻炼有利于增加体内血液中的白细胞与红细胞。白细胞具有很好的免疫能力,它能够使抗体得以产生,并能够有效地消灭侵入人体内部的细菌或病毒,从而促使身体保持健康状态。大量的血红蛋白包含在红细胞中,血红蛋白的携氧能力很好,红细胞越多,就说明在血液循环中血液能够携带越多的氧气。充分的氧气供应,使身体能够在较为轻松的状态中运动,否则习练太极拳时很容易感到疲劳。太极拳锻炼对增强组织和细胞的活力是有效的。大量实践证明,太极拳锻炼不但能够促进血液运氧能力的提高,有效减少运动疲劳,而且也能够促进人体免疫力的提高。

二、太极拳对呼吸系统的影响

呼吸系统是人体完成气体交换的所有器官的总称。机体在进行新陈代谢的过程中,经呼吸系统不断地从外界吸入氧气,由循环系统将氧气运送到全身的组织和细胞,营养元素在体内经过氧化,产生组织、细胞活动所必需的能量,同时在氧化过程中产生二氧化碳,再通过循环系统运送到呼吸系统,排出体外,以保证机体活动的正常进行。武术中的呼吸与自然呼吸相比,前者更强调"深、长、细、缓、匀、柔"。老年人可以参与太极拳锻炼以增强自身呼吸系统的功能,主要表现在以下三个方面[②]。

1. 增强肺活量

人体肺部能够容纳空气量的最高限度就是肺活量,人体呼吸系统的工作能力水平能够

---

① Huang Z G, Feng Y H, Li Y H, et al. Systematic review and Meta-analysis: Tai Chi for preventing falls in older adults[J]. BMJ Open, 2017, 7(2): 13661.
② 王培生.太极拳的健身和技击作用[M].北京:人民日报出版社,1988:172.

通过呼吸系统反映出来。人到老年后,肋软骨钙化,使胸廓的活动受限,肺气肿会导致肺动脉高压和肺源性心脏病。常练太极拳,可以改善肺呼吸机能,使肋间肌等呼吸肌纤维变粗,肌肉强壮有力,肺廓活动度好,肋软骨骨化率低,肺活量变大,从而使肺部更好地进行气体交换。

太极拳强调丹田内转,其实丹田内转从某种意义上讲,就是锻炼腹式呼吸与肺(胸)式呼吸相结合。医学研究表明,胸式呼吸时肺活量小,长期部分肺组织利用率低,即肺叶中下部分的肺泡组织活动度小,部分肺组织就会易退化、纤维化以及为细菌生长创造条件。太极拳锻炼可以逐步改变老年人的呼吸方式,由胸式呼吸转变为腹式呼吸。氧是人生命活动不可缺少的物质,成人每分钟耗氧量至少在 0.25 立方分米以上,人体内氧的贮量仅 1.5 立方分米左右,因此生命活动所需氧气就只有靠呼吸空气中的氧气来获得。吸入人体的氧气经过肺脏,通过血液运送到全身各个器官组织。组织细胞利用氧将摄入人体内的脂肪、蛋白质、糖等氧化分解,产生可供人体吸收的营养物质和能量,供给人在生命活动及劳动中使用。与此同时,身体中还会产生二氧化碳,它在人体内不能大量滞留,通过血液被输送到肺脏,再由肺脏通过呼吸排除,这是氧在人体内参与生物氧化的正常生理过程。正是这种频繁的不间断的呼吸及氧参与能量转化的过程,才维持着人体的生长发育和代谢过程。有规律地练习太极拳的老年人的肺活量要比不练习者明显大很多。通过对某地区 212 名长期进行太极拳锻炼者与不常进行体育锻炼且身体健康的 209 名老年人进行试验测试比较,经过太极拳锻炼的老年人肺活量、台阶实验指数明显上升[①],表明太极拳锻炼对老年人心肺功能具有良好的促进作用,并能降低老年人心血管疾病的发生概率。

2. 促进呼吸肌发达

肋间肌、腹肌、膈肌等肌肉都属于呼吸肌。在进行太极拳练习时,肌肉需要大量的氧气,要比静止时需要的氧量多。老年人在练习太极拳时,所进行的动作是与自身的呼吸节奏相互配合的,呼吸肌随着身体的运动而有节奏地配合着运动。呼吸肌节奏性的运动能够锻炼其内部的腹肌、肋间肌及膈肌肌肉,能够促进肌肉力量的强壮,从而促进呼吸肌的壮大。肌肉舒张力、收缩力也会随着呼吸肌的壮大而增强,呼吸时会伴随一定的肌肉运动,肌肉运动的幅度会随着呼吸肌的增强而不断增大。通常使用呼吸差来对呼吸运动幅度的大小进行衡量。呼吸差是指尽力吸气和尽力呼气的胸围大小的差额。老年人经常进行太极拳锻炼,其呼吸差能够达到 8~16 cm,与不经常参与太极拳锻炼的老年人相比,前者高出后者 1 倍多。呼吸时吸入与排出的气体都很多,气体频繁交换,有利于练习太极拳时人体组织细胞对氧气的需求得到不断的满足。

3. 降低呼吸频率

人体每分钟呼吸的次数就是呼吸频率。通常来说,正常男性成年人的呼吸频率是 12~18 次/分钟,与男性相比,正常女性成年人的呼吸频率要快一些,老人和孩子的呼吸频率要

---

① 郭红喜.COPD 患者太极运动时的呼吸中枢驱动和肺通气[D].广州:广州医科大学,2014.

比成年人更快。老年人经常参与太极拳锻炼,能够使机体的呼吸肌变得强壮,从而也会增加每次正常呼吸的气体量,加大呼吸的深度,这就使得呼吸频率不断减慢。人体的呼吸系统是否有较强的功能,主要从呼吸频率的快慢中反映出来。

三、太极拳对神经系统的影响

中枢神经(由脑和脊髓组成)与周围神经(遍布全身各处)共同组成神经系统。神经系统对人体的各个器官系统具有主导作用,能够对人体的活动进行调节与控制,促使人体发展成为一个有机的整体。这个有机整体不仅能够对不断变化的外界环境加以适应,而且可以通过自身的不断变化来保持与外界环境的相对平衡。各种不同的简单或复杂的反射活动共同组成神经系统的活动,从形态和机能来看,神经系统的活动是不可分割的完整体。传统武术运动中讲究"以意导动""以意运气""以气运身"。随着动作意守丹田、意到五梢、意存丹田、意布五梢……如此循环往复不绝,能够很好地锻炼神经系统,增强神经的兴奋性,从而促进应变能力的加强[①]。具体而言,传统武术练习主要从以下两个方面影响神经系统。

1. 加强神经系统的调节作用

人体在完成武术套路动作的过程中,离不开身体的左右侧的相互配合。身体的配合有利于均衡地发展人的左右脑。老年人在练习太极拳的过程中遇到的一些刺激有利于其神经系统反应能力的增强与提高,使神经系统能够快速、准确地判断外界环境的变化,并做出一些支配或调整来适应外界变化。如在进行太极拳练习时,当自身体内积累的热量达到一定程度时,或面对极高的外界气温时,神经系统会及时准确地做出一些反应,并向相应的器官传达相关命令,增加皮肤的血流量,使皮肤表面的毛孔扩张,汗液从毛孔中排出,达到消热的效果。同样的道理,老年人在太极拳的练习过程中面临寒冷的刺激时,神经系统会及时做出正确的反应,从而使肌肉变得紧张,同时收缩皮肤血管和毛孔,减少血流量,达到积热的效果。

人类依靠神经系统的活动来适应外界环境并改造外界环境。首先,练太极拳时要求精神贯注,"意守丹田",不存有杂念,也就是要"心静用意"。这样,在意识的支配下,人的意念始终集中在动作上,排除大脑其他思绪的干扰,专注于指挥全身各器官系统机能的变化并协调动作,使神经系统受自我意念控制的能力得到提高。其次,练习动作需要"完整一体",从眼神到上肢、躯干、下肢,上下不散,前后连贯,绵绵不断。同时,由于某些动作比较复杂,需要有良好的支配与平衡能力,因此要求大脑在紧张的状态下完成活动,这也对中枢神经系统起着间接的训练作用,从而达到强化大脑调节能力的目的。与力量或耐力训练不同,太极拳需要在运动时集中精神和平静地冥想,以往的研究表明,太极拳练习者在练习太极拳之前、之中和之后都表现出较活跃的副交感神经系统活动。自主神经系统向副交感神经系统的生理转移可以防止动脉收缩,尽管在练习中需要长时间保持半蹲式的力量训练。根据近年来

[①] 范维.太极拳运动与健身[M].成都:西南交通大学出版社,2012:166.

生理学的发展,特别是许多生理学家对中枢神经的研究,我们更进一步地认识了中枢神经系统对人体的重要作用。神经系统,尤其是它的高级部分,是调节与支配所有系统与器官活动的枢纽。人类依靠神经系统的活动(通过条件反射与非条件反射),来适应外界环境并改造外界环境。人依靠神经系统的活动,使体内各个系统与器官的机能活动按照需要统一起来。因此,任何一种锻炼方法如果能增强中枢神经系统的机能,对全身来说都有很好的保健意义。

2. 促进神经系统反应灵敏、准确

由于脑、脊髓和周围神经是构成神经系统的主要组成部分,老年人在参与太极拳锻炼时,所做出的动作都是通过神经系统支配其骨骼、肌肉和关节来完成的。神经系统不仅能够对运动过程进行调节与控制,而且能够直接感受动作的完成方法是否正确,在神经系统的支配下,经常进行太极拳练习的老年人其骨骼、肌肉与关节活动都会不断变得更加准确与灵敏。太极拳是一种很有趣味的运动,经常练习的老年人都会感到:练架子时全身感觉舒适,精神焕发;练推手时,周身感觉活泼,反应灵敏。这些都是练拳时情绪提高与兴趣浓厚的证明。情绪的提高在生理上具有重要的意义。情绪提高,可以使各种生理机制活跃起来。许多试验证明,运动时,在用力之前,仅仅是精神的影响就可以使血液化学、动力过程以及气体代谢等发生改变。对患某些慢性病的人来讲,情绪的提高更为重要。它不仅可以活跃各种生理机制,同时能够使病人脱离病态心理,这对治疗功效来讲很重要。由此充分地说明,练习太极拳对中枢神经系统具有良好的作用。

四、太极拳锻炼对免疫系统的影响

免疫系统是机体执行免疫应答及免疫功能的重要系统。免疫系统由免疫器官、免疫组织、免疫细胞和免疫因子组成,是防止病原体入侵最有效的武器,它能发现并清除异物、外来病原微生物等引起内环境波动的因素,但其功能的亢进会对自身器官或组织产生伤害。

人体免疫系统,是病原菌侵犯人体时最重要的保卫系统。免疫系统的基本功能包括以下三方面:第一,识别和清除外来入侵的抗原,如病原微生物等。这种防止外界病原体入侵和清除已入侵病原体及其他有害物质的功能,称免疫防御。第二,识别和清除体内发生突变的肿瘤细胞、衰老细胞、死亡细胞或其他有害的成分。这种随时发现和清除体内出现的"非己"成分的功能,被称为免疫监视。第三,通过自身免疫耐受和免疫调节使免疫系统内环境保持稳定。它是人机体的防御体系,起到保护机体免受侵害的作用,警示机体已遭受侵袭。有研究发现,淋巴细胞亚群 Th1/Th2 失衡是老年期免疫机能逐渐衰退的现象之一[①]。

太极拳锻炼可提高中年女性 Th1/Th2 型细胞因子的比值,其具体调节机制仍在探索之

---

① 吴志建,王竹影,胡冰倩,等.运动锻炼对淋巴细胞及亚群、细胞因子影响的 Meta 分析[J].武汉体育学院学报,2018(11):70-76.

中。另有研究发现,调节性 T 细胞可影响 Th 细胞分化,而太极拳运动对调节性 T 细胞的数量和功能有积极的影响。此外,太极拳对患有非小细胞肺癌病人的细胞免疫也有影响。即用太极拳运动对非小细胞肺癌手术后的病人进行 16 周的健身干预,对照组为有同样病情但不进行太极拳练习的手术后患者。练习太极拳前后检测两组受试者外周血辅助性 T 淋巴细胞和抑制性 T 淋巴细胞比率(CD4+：CD8+),以及淋巴细胞表面补体调节蛋白(CRPs、CD55 和 CD59)的表达量,得出的结论是,太极拳可明显延缓淋巴细胞表面 CD55 蛋白表达的增加[①]。

太极拳运动可引起 CD4+细胞数量和 CD4+与 CD8+细胞数量的比值升高,此变化可能与 MDC 数量的增高促进了 Th 细胞的分化有关。太极拳运动可提升 Th1 细胞的数量和 Th1 与 Th2 细胞的比值,以及 I 型细胞因子 IFN-γ、IL-2 的含量和 IFN-γ 与 IL-4 的比值,诱发 Th1 与 Th2 的比值平衡向 T1 方向漂移。该变化机制可能是调节性 T 细胞数量的增高抑制了 Th 细胞的分化,从而降低了 L-4 对 Th1 细胞分化的交互抑制作用。针对太极拳运动对老年女性外周血白细胞因子 IFN-γ、L-4 的影响的研究发现,经过半年太极拳运动后老年女性的 IFN-γ、IL-4 百分含量明显上升,IFN-γ 与 IL-4 的比值呈上升趋势,与实验前相比差异非常显著[②]。IL-6 通过激活 T 细胞、分化 B 细胞和诱导急性期反应物(CRP)在炎症过程中发挥重要作用,从而起到抗炎作用,通过抑制促炎细胞因子产生 TNF-α,同时刺激抗炎细胞因子 IL-1 受体拮抗剂、IL-10 和可溶性 TNF-α 受体的合成。IL-6 作为一种抗炎和免疫抑制剂,外周循环含量增多与炎症反应呈正相关,已证明 IL-6 的浓度高被确定为心血管疾病的危险因素之一,习练太极拳后 IL-6 浓度下降。其原因是运动时骨骼肌持续收缩,促使骨骼肌纤维产生和释放细胞因子,同时在运动过程中随糖源耗竭、钙信号传导、血糖储存不足和交感神经激活的变化,刺激葡萄糖代谢释放细胞因子,使其浓度增加。运动后由于运动造成的肌肉损伤作为对 IL-6 反应的强烈信号,诱发骨骼肌炎性因子的产生,促使外周血 IL-6 向骨骼肌中聚集,从而降低了循环池中的 IL-6 含量。也可能是因为运动时诱导了 ROS 的增加,ROS 可以通过信号传导通路激活核因子 NF-kB,然后,NF-kB 迅速激活有丝分裂原活化蛋白激酶(MAPK),并且使 MAPK 位移到细胞核中,MAPK 可以使核内转录因子磷酸化,进而促进 IL-6 的基因转录和蛋白合成,运动结束后,通过启动 NF-kB,在运动后持续诱导骨骼肌 TNF-αmRNA 和蛋白表达,降低其含量。长期锻炼太极拳的老年人外周血中细胞因子发生变化,但仍维持机体促炎—抗炎与氧化—抗氧化平衡[③]。

刘晓丹将 20 名老年人随机分为两组,实验组进行 8 周太极拳锻炼,锻炼后 CD4+T 细胞含量明显升高,CD8+T 细胞含量明显降低,CD4+与 CD8+的比值也明显升高。CD4+

---

① 倪红莺,雷芗生,叶槐菁,等.一次急性 42 式太极拳练习对中老年知识分子心血管机能和血液状态的影响[J].中国运动医学杂志,2001(1):102-104.
② 李晓乾.河北永年传统杨、武氏太极拳健身功效比较研究[D].石家庄:河北师范大学,2014.
③ 吴志建,王竹影,胡冰倩,等.运动锻炼对淋巴细胞及亚群、细胞因子影响的 Meta 分析[J].武汉体育学院学报,2018(11):70-76.

与CD8+的比值代表了机体整体的免疫平衡水平[①]。CD4+T细胞数量和CD4+与CD8+的比值升高,说明运动锻炼能促进正向免疫系统调节,增强机体细胞免疫的调控能力,提高细胞免疫功能。太极拳锻炼具有增强机体特异性细胞免疫功能的效益,这也许是太极拳增强体质的主要机理之一。现实生活中,太极拳早已被许多免疫力低下、癌症病患术后者选为常用健身手段之一。太极拳锻炼增强老年人免疫力的可能机制是太极拳锻炼引起应激反应,激活交感神经系统和下丘脑垂体肾上腺轴,造成心输出量的增加、儿茶酚胺和糖皮质激素分泌的增加,促使边缘池中白细胞从血管壁、脾、肺和肝白细胞库中迅速脱离,以及骨髓中未成熟的白细胞进入外周循环,使运动后即刻外周血中白细胞含量增加;白细胞增加也与肾上腺素和皮质醇浓度有关,急性运动后机体血液中肾上腺素和皮质醇含量均升高,加快了白细胞的转运速度,使机体白细胞含量增加,免疫力提高。

五、太极拳对身体素质的影响

人体在运动活动中所表现出来的力量、速度、灵敏度及柔韧度等肌能能力称为身体素质。老年人的身体素质水平,不仅取决于肌肉本身的解剖、生理特点,而且与肌肉工作时的供能情况、内脏器官的配合,以及神经调节的能力有关。太极拳对老年人身体素质的影响主要表现为柔韧性好,动作平衡能力、协调性、下肢力量较同龄人群不运动者更好。

1. 平衡

平衡功能是身体维持姿势稳定,或受到外力作用时躯体进行自我调整以防止跌倒的能力,是维持站立、行走以及各种日常活动的重要保障。太极拳运动讲究手眼身法步的协调配合,对内要求精神、气、劲的合三为一,是项内外兼修的体育锻炼手段。它动作缓慢、柔和,体现了左右肢体交替、对称的圆运动特点。在自然、流畅的运动过程中,周身一动无有不动,一静无有不静。身体在一动一静、一虚一实,柔中带刚的运动中,体现出了上下、左右、内外的和谐平衡。因此,太极拳运动对人的身体素质、机体机能的锻炼和提高,是一个长期锻炼的结果,也是一个逐渐变化、完善的过程,需要持之以恒,才能显现效果。

太极拳运动是中老年健身群体经常采用的锻炼手段。随着年龄的增长,中老年人的各项生理机能逐渐衰退,平衡能力、下肢力量的下降更明显。研究证明,长期进行太极拳运动对练习者的平衡能力,有很大的提高作用。同时,对于练习者的骨骼、关节活动能力、肌肉力量(主要是下肢肌肉)都有改善和提高。散步或快走也是中老年人经常选择的一种运动手段。对比对人的平衡能力的影响,快走和太极拳锻炼都可以提高老年人的平衡能力,但当两种运动手段中断一个时期后,太极拳锻炼者的较好平衡能力保持得比快走锻炼者更好。

老年人平衡能力变差的原因是多方面的,包括肌力变化,关节柔韧性降低,视觉减弱,前庭功能下降,震动觉减退,灵活性、感觉运动的协调能力下降以及信息处理延迟等。有研究表明,经过一段时期的太极拳锻炼,老年练习者的双足平衡站立的TL(动摇总轨迹长)、Area

---

① 刘晓丹.八周太极拳运动对老年人免疫功能的影响[J].中国临床康复,2006(27):10-12.

(外周面积)、X轴动摇速度、X轴平均摆幅、Y轴平均摆幅,较实验前显著降低,表明平衡能力明显提高①。还有研究证明,太极拳对人平衡能力的提高的原因,是足底压力重心在额状轴的摆动幅度显著减小,有效增加了老年人行走中身体重心的稳定性②。许多研究表明,太极拳练习者比一般人群中的老年人具有更好的平衡控制能力③。Wong 等比较具有 2~35 年不等的太极拳习练经历的锻炼者和健康的非太极拳锻炼老年人发现,当面对躯体感觉和视觉输入受到干扰时,老年太极拳练习者比非练习者有更好的姿势稳定性④。Li 等的研究结果发现,太极拳组在所有功能平衡测试上的表现都明显好于非练习者组。在干预后的随访中,两组患者的功能平衡指标均出现恶化。然而,太极拳组的下降速度明显慢于对照组⑤。最近的研究结果表明,太极拳训练可以提高老年人的力量和灵活性、平衡能力和心肺功能。这些发现支持太极拳是一种对老年男性和女性都有好处的锻炼形式。Yu 和 Yang 的研究表明,太极拳在平衡能力和其他身体功能方面对老年人有潜在的好处,在不同条件下,老年人的柔韧性、反应时间、静态平衡指标均有明显改善⑥。还有研究发现,经过 24 周的太极拳运动干预后,老年人单脚站立和睁眼站立的平衡感有所改善。在双脚站立和单脚睁开眼睛站立的情况下,干预后动摇轨迹显著降低,这种下降也发生在 A、X-DA 和 Y-DA 的双足站立和 SS 的单足站立的情况下。

维持和发展与平衡密切相关的灵活性水平是老龄化过程中健康促进计划的重要组成部分。24 周太极拳练习者与他们之前久坐不动的生活方式相比拥有更好的躯干和腿筋灵活性。Wong 和 Lan 通过站立和到达测试分数来衡量老年人的灵活性,指出与久坐不动的老年人相比,拥有 10 年以上从业经验的太极拳练习者在髋关节灵活性方面的表现要明显好于久坐不动的太极拳练习者⑦。对这一发现的一个可能解释是,太极拳是一种身心练习,它结合了冥想和缓慢、温柔、优雅的动作。它被认为是一种综合了生理、心理、社会、情感、精神和行为因素的复杂的、多成分的干预,其特征是不断地摇摆、移动和向四面八方转动,包括向左、向右、向前和向后。这种活动需要将注意力高度集中在身体和身体不同部位之间的协调上。运动系统、神经系统和本体感受系统都在太极拳运动中被调动起来。

平衡能力差主要是由于肌力降低,应变能力下降,并导致步态改变进而加大了跌倒的风

---

① Yu D H, Yang H. The effect of Tai Chi intervention on balance in older males[J]. Journal of Sport and Health Science, 2012, 1(1): 57-60.

② Stel V S, Smit J H, Pluijm S M F, et al. Consequences of falling in older men and women and risk factors for health service use and functional decline[J]. Age Ageing, 2004, 33(1): 58-65.

③ Tsang W W, Hui-Chan C W. Effects of exercise on joint sense and balance in elderly men: Tai Chi versus golf[J]. Medicine and Science in Sports and Exercise, 2004, 36(4): 658-667.

④ Wong A M, Lin Y C, Chou S W, et al. Coordination exercise and postural stability in elderly people: effect of Tai Chi Chuan[J]. Archives of Physical Medicine and Rehabilitation, 2001, 82(5): 608-612.

⑤ Li F Z, Harmer P, Fisher K J, et al. Tai Chi: improving functional balance and predicting subsequent falls in older persons[J]. Medicine and Science in Sports and Exercise, 2004, 36(12): 2046-2052.

⑥ Yu D H, Yang H. The effect of Tai Chi intervention on balance in older males[J]. Journal of Sport and Health Science, 2012, 1(1): 57-60.

⑦ Wong A, Lan C. Tai Chi and balance control[J]. Med Sport Sci, 2008, 52: 115-123.

险。跌倒的定义是指一个人无意中与地面、地板或其他较低的水平上的接触,不包括故意改变在家具、墙壁或其他物体上休息的位置。跌倒的直接后果包括毁灭性的伤害和骨折,这些伤害和骨折可能导致行动能力下降、功能下降、抑郁症状、社交活动减少和生活质量下降。从跌倒受伤中恢复的延迟,加上跌倒后的焦虑,进一步增加了去适应、虚弱和步态异常而导致的后续跌倒的风险。跌倒和相关伤害也是影响老年人的最严重和最常见的医疗问题,平衡能力下降是导致跌倒的内在因素。预防跌倒的一种方法是增加肌肉力量和改善身体平衡。太极拳作为一种健身运动已经历了几个世纪,在老年人群中尤其受欢迎,它为减少老年人跌倒的发生率提供了有效的潜在可能性。Lelard 等人认为,太极拳能增强本体感受输入,使直立状态下达到姿势平衡性的提高[1]。Xu 等人也赞同这一观点,他们认为踝关节本体感觉有助于维持姿势平衡,习练太极拳后踝关节运动能力明显改善(<1.21 度)。而久坐控制也表现良好(1.95 度)[2]。Li 等指出练习太极拳后,屈体与背屈体运动感觉无显著差异,尽管如此,16 周后膝关节屈伸运动感觉分别改善了 36% 和 25%,而对照组仅改善了 14% 和 5%[3]。这是由于半蹲的姿势作为太极拳的一部分,有更多的压力放在膝关节上。因此,不同的太极风格可能会对关节产生不同的影响。Gatts 和 Wollacott 发现练习太极拳可以显著减少绊倒,而脚跟着地后不久是发生滑倒最危险的阶段[4]。Kim 等人对此表示支持,他们认为老年人跌倒发生在运动过渡期间,太极拳提高了步态启动时产生动力的能力。因此,可以认为步态周期的增强对目标人群降低跌倒发生率是有价值的。太极拳改善了老年人在完成挑战性任务时的能力,比如过马路。在执行认知任务时,较慢的步行速度是摔倒的先兆,太极拳练习者更能将注意力从脑力劳动转移到身体运动上[5]。Logghe 等人的系统分析表明,有足够的证据证明太极拳对预防老年人跌倒有效,与对照组相比,习练组老年人跌倒的发生率下降了 49%[6]。但在大多数提到太极拳的有益效果的研究中,结论都是基于习练太极拳前后的分析,而不是与恒定对照进行比较。这可能会对证据基础的有效性产生负面影响。

2. 柔韧性

柔韧性,指运动时各关节活动的幅度或活动范围。影响柔韧性的因素有三:关节的骨结构,关节周围组织的体积,跨过关节的韧带、肌腱、肌肉和皮肤的伸展性。其中第三个因素

---

[1] Lelard T, Doutrellot P L, David P, et al. Effects of a 12-week Tai Chi Chuan program versus a balance training program on postural control and walking ability in older people[J]. Archives of Physical Medicine and Rehabilitation, 2010, 91(1): 9-14.

[2] Xu D, Hong Y, Li J, et al. Effect of Tai Chi exercise on proprioception of ankle and knee joints in old people[J]. British Journal of Sports Medicine, 2004, 38(1): 50-54.

[3] Li J X, Xu D Q, Hong Y. Effects of 16-week Tai Chi intervention on postural stability and proprioception of knee and ankle in older people[J]. Age Ageing, 2008, 37(5): 575-578.

[4] Gatts S K, Woollacott M H. How Tai Chi improves balance: biomechanics of recovery to a walking slip in impaired seniors[J]. Gait and Posture, 2007, 25(2): 205-214.

[5] Blake H, Hawley H. Effects of Tai Chi exercise on physical and psychological health of older people[J]. Current Aging Science, 2012, 5(1): 19-27.

[6] Logghe I H, Verhagen A P, Rademaker A C H J, et al. The effects of Tai Chi on fall prevention, fear of falling and balance in older people: a Meta-analysis[J]. Preventive Medicine, 2010, 51(3/4): 222-227.

对柔韧性的影响最大。柔韧性不仅取决于结构方面的改变,也取决于神经系统对肌肉的调节,特别是调节对抗肌间的协调,以及对肌肉紧张和放松的调节。在运动活动中,肌肉活动的协调性改善,特别是对抗肌间协调能力的提高,能保证动作幅度加大。

太极拳运动技术要求,以腰为轴枢,周身上下、左右、内外高度和谐地进行周而复始的圆运动。另外,太极拳运动的屈、伸膝的重心移动,以及开胯圆裆,下肢不断地外展、内收,重心虚实的转换,有效地锻炼了下肢各部分肌群的协同性,这种动静相间、虚实分明的运动特点,对于提高练习者肩臂、腰腿的活动幅度,增加柔韧性,发挥了重要作用。根据调查研究,太极拳运动能使人的脊柱、下肢主要关节得到充分的活动,对增加运动的灵活性和下肢的柔韧性,以及腰、胯、膝的运动幅度有着明显的改善作用。此外,还有研究者通过实验揭示,太极拳实验组的坐位体前屈、反应时、握力等项目指标,都好于不锻炼太极拳的对照组。这表明了太极拳对于人的脊柱活动、下肢柔韧性的积极影响和改善作用。

3. 力量

有经验的太极拳参与者比对照组有更好的动脉顺应性和膝关节肌肉力量。从目前的研究结果来看,太极拳可能是一种很好的锻炼老年人血管健康和肌肉力量的方式。有研究表明,太极拳受试者的膝关节偏心肌力高于健康对照组,然而,他们的同心屈膝肌力并没有明显改善。这可能是因为这项研究招募的太极拳受试者年龄较大[73.7±4.5(实验组) VS 69.3±5(对照组)]。每周2次参与太极拳锻炼、周期为16周的计划可以有效地提高上、下肢肌肉骨骼强度进而提高健康相关的体适能。握力也是反映老年人机体衰老程度的重要指标,不经常参与体育锻炼的人群的握力随着年龄的增长呈现大幅度下降的趋势。男性老年人经过3个月的太极拳锻炼后,握力从36.36±5.08 kg 增长到49.28±7.21 kg,其差异具有统计学意义;女性老年人经过太极拳锻炼后握力也得到了明显的增加(实验前21.53±3.31 kg,实验后30.04±2.54 kg)[①]。练习太极拳者与同龄的不进行锻炼的老年人相比,前者的握力明显强于后者,手眼配合的反应时也明显较快,下肢平衡力量明显加强。其原因是太极拳各组成部分锻炼不同部位的力量,经常保持在屈膝、屈胯状态下进行练习,使股四头肌处于一个静力工作状态,即股四头肌处于持续收缩状态,但其长度没有变化,从而增加了下肢的肌力。

六、太极拳对机体代谢的影响

1. 影响脂肪代谢

在体内,脂肪分解与合成的过程就是所谓的脂肪代谢。人体最大的能源库就是脂肪。当人体获得的外界能量比身体所需量多时,多余的那部分能量就会向脂肪转化,并以新的形式在体内储存,等到身体需要的时候,再对储存的那部分能量进行分解。当参加的太极拳锻炼活动时间长、强度较小时,脂肪向身体提供的能量超过会糖类向身体提供的能量,人体在

---

① Lu X, Hui-Chan C W, Tsang W W. Tai Chi, arterial compliance, and muscle strength in older adults[J]. European Journal of Preventive Cardiology, 2013, 20(4): 613-619.

进行耐力素质锻炼时,人体消耗的能量的最主要来源是脂肪。

脂肪不仅能够对能量进行积累与储存,而且还有利于体温的保持与对内脏器官的保护等。通常,人的体重中有20%左右是脂肪,然而如果没有充分的运动或摄取过多的能量,就会使大量的脂肪堆积于体内,当人体体重中脂肪所占的比例达到50%时,就远远超出了正常的比例,从而出现肥胖症。肥胖症指的就是身体内积聚了过多的脂肪,比同年龄同身高的标准体重多出20%以上。肥胖症主要是长期以来身体对能量的摄入量远远比消耗量大而导致的[①]。肥胖症不仅会对人们的正常发育造成影响,而且还会导致一系列疾病(糖尿病、动脉硬化等)的发生。脂肪代谢有以下四种基本途径。第一,通过储存性脂肪的形式存留能量;第二,参加人体的组织构成;第三,再分解为脂肪酸与甘油;第四,经过各种腺体的利用后会有一些特殊分泌物生成。从以上四种脂肪代谢的途径可知,在摄取能量物质数量一定的条件下,如果机体需要大量的能量,就会相应减少储存的脂肪。Yu等人在一项横断面研究中提出,太极拳在不降低老年妇女总脂肪量的情况下,可能会由于某些肌肉群的使用而改变身体脂肪的分布。相比之下,Hui等人的研究表明,太极拳运动对中国中老年人的身体构成和减肥均有好的影响。因此可以说,一定强度的太极拳锻炼能够减少体内储存的脂肪,从而达到塑形的效果。由此可见,太极拳锻炼是一种健康、科学而且十分有效的减肥方式。但也有研究发现,经过太极拳锻炼后超重和肥胖老年女性的基础代谢率无明显变化,体脂重量无明显减少,去脂体重也无明显变化,仅改变了心肺参数。目前的队列研究也显示,在脂肪量、体重、基础代谢率等方面没有显著变化,太极拳不能改善血糖稳态或胰岛素敏感性。

2. 影响胆固醇代谢

胆固醇名字的由来主要是其被发现存在于胆石中。血浆胆固醇以两种方式存在于体内,一是高密度脂蛋白,二是低密度脂蛋白。在体内,这两种存在形式的胆固醇发挥着不同的作用。低密度脂蛋白附着在动脉血管壁上,而且可以以大块形式附着,促进动脉硬化的形成;高密度脂蛋白能够对抗低密度脂蛋白,能够对低密度脂蛋白(附着在血管壁上的)进行清除,使血管壁中沉积的低密度脂蛋白减少,使动脉硬化的产生得到有效防止。在人体系统的不同器官中,心血管系统能发挥重要的作用,然而人类的身体健康经常因为冠心病、动脉硬化、心肌梗死等各种各样的心血管系统疾病而受到困扰。这些疾病的产生与血脂在血浆中的含量有很大的关系。所以,临床医学在对人体血脂进行衡量时,通常将胆固醇在血液中的含量作为一项重要的指标。据研究,太极拳锻炼不仅能够对脂肪进行分解,还能够促进体内脂蛋白酶活性的提高,使低密度脂蛋白的分解速度加快,从而使血脂总量降低,这有利于预防心血管系统疾病的发生。

3. 影响糖代谢

在体内,糖的分解与合成的过程就是所谓的糖代谢。在人体体内,糖是能量供给的首要来源,是人体供能物质中最经济的一类物质。人体所需的营养元素中,糖类是较为重要的一

---

① 高国忠.太极拳文化与健身[M].石家庄:河北科学技术出版社,2017:191.

种,人体在运动时也离不开糖提供的能量。单糖与多糖是糖类的两种形式。人们在日常生活中所食用的食物中所含的糖分大部分是多糖。在生物酶(唾液酶等)的作用下,多糖可以被分解为单糖,供人体直接吸收利用。人体肌肉中储存了80％左右的糖类物质,肌肉中的糖也被称为"肌糖原";肝脏中储存了20％左右的糖类物质,肝脏中的糖也被称为"肝糖原";血液中也有少量的糖存在,也就是血糖。在静止状态下,正常人体的血糖含量为80~120 mg每100 ml血液。如果体内没有充足的血糖,在进行太极拳锻炼时就很容易感到疲劳,这会对其体质健康水平造成不良的影响。在进行太极拳锻炼的过程中,肌糖原首先被分解,当没有充足的肌糖原供分解时,用血糖加以补充。与此同时,肝脏也会不断释放肝糖原,使其补充到血液中。在没有充足的氧气供应的情况下,肌糖原会发生无氧分解,分解之后将能量提供给人体,同时也会使大量的乳酸产生。太极拳的动作大都是和缓徐进的,活动的强度不大,有充足的氧供给,肌糖原能够得到充分氧化分解,水和二氧化碳是主要分解物,分解物能够释放大量能量。另外,太极拳锻炼可增加有氧代谢酶的活性,改善糖的分解,是改善高血糖的有效手段之一。

七、太极拳对骨质疏松症的影响

骨质疏松症(osteoporosis, OP)是以骨密度降低,骨微结构退化为特征,使骨骼脆弱、骨折风险增加的一种全身性疾病。它隐匿进展,渐呈全球流行趋势,21世纪以来正日益受到医学界高度关注。骨健康的流行病学和临床重要性在于与该疾病相关的骨折,超过80％的老年人骨折归因于骨质疏松症,骨质疏松相关骨折甚至比心脏病或癌症更常见。我国2011年发现2.1亿人骨密度较低,每年2 000万老年人至少发生2 500万次摔倒,直接医疗费用超过50亿元[①]。由于OP相关的医疗保健费用给家庭和社会造成了极为沉重的负担,因此,预防与治疗OP,特别是绝经后妇女髋部与脊柱的骨量下降,已成为全世界包括我国临床医学和公共卫生领域的当务之急。目前,为了预防骨质疏松和骨质流失,常采用长期药物治疗。然而,观察到的这种治疗的依从性很差。这可能是由于缺乏骨质流失的症状,成本和副作用。因此,确定非药物干预措施,如参加体育活动,促进骨骼健康,特别是对于老年人的骨骼健康,是非常有意义的。

不同运动对老年人骨骼的作用体现在骨骼的反馈机制上。当运动负荷增加时,骨的应变增加,结果使骨量增加,骨结构也发生变化,而骨量、骨结构的改变影响骨的力学性能,使骨的应变降低,最终骨量和骨结构稳定在一个新水平。相反,当运动刺激降低时,骨应变升高,最终骨量和骨结构变化也稳定在一个新水平。因此,运动引起的骨骼适应性反应变化,实际上包括骨结构、骨量和力学性能三方面。Frost提出"力学调控系统"理论可以用来解释机械力作用下的骨骼适应机制,增加机械负荷能刺激骨骼重塑和抑制骨吸收,骨骼的形成与

---

① Burge R, Dawson-Hughes B, Solomon D H, et al. Incidence and economic burden of osteoporosis-related fractures in the United States, 2005-2025[J]. Journal of Bone and Mineral Research, 2007, 22(3): 465-475.

吸收还会受到激素和营养的影响。钙和维生素 D_3 使得骨形成超过骨吸收,达到骨骼质量增加的运动强度阈值,能使骨骼对运动锻炼或机械负荷的刺激更为敏感。运动锻炼使骨骼中骨钙素含量下降,抑制雌激素减少,加速骨的重建,对骨骼产生积极影响。运动产生的机械信号刺激成骨细胞,提高护骨素的产生,细胞因子抑制破骨细胞分化,降低骨吸收。此外,运动中随着血清甲状旁腺素的增加,血清钙减少,刺激骨骼形成,有利于增强腰椎骨质[1]。

人在成年至中年阶段,骨骼成长处于相对平衡状态,骨密度也处在一生的高峰期,为了较长时间维持高峰值的骨量,避免或减少骨的丢失,宜以全身运动为主的同时,辅助一些力量性练习,有利于骨骼、肌肉维持在一个较强健的水平上,增强人的生命活力。人到中老年阶段,骨骼系统的内部结构和成分,以及内分泌功能都发生变化,骨量和性激素水平逐渐减少。骨质疏松,足跟或须椎易出现骨刺,一旦发生跌跤,极易造成骨折。运动对中老年期间骨的影响,表现为增加或保持骨量。进行太极拳运动对老年人骨矿物质、骨密度、钙代谢都有积极的影响,可以有效地减少体内骨矿物质的自然流失,使骨密度多年保持稳定,并有效调节骨钙与血钙之间的动态平衡[2]。另外,研究不同形式的健身运动对中老年女性骨密度的影响,其结论是,在快步走、冬泳、太极拳几项运动的比较中,快步走、太极拳对骨密度的改善效果较好,冬泳对改善骨密度效果较差,这揭示了应力因素对骨密度的影响更为重要。此外,还有关于跳绳、踢毽子、扇子舞、打太极拳、负重深蹲、登台阶等不同运动形式对中老年人(女性)的跟骨骨密度的研究,发现以上这些运动形式都对跟骨骨密度有影响,其中跳绳最为显著,其次是负重深蹲,打太极拳在第三位[1]。高强度或强化运动具有刺激骨骼的作用,但不适用于老年人,因为随着年龄的增长,肌肉骨骼系统会发生退化,并伴有损伤风险。太极拳运动缓慢、柔和,已被证明对老年人、体弱者和无运动人群非常安全,活动自由,也相对便宜,因此,太极拳运动已被推荐为适合老年人或风湿性关节炎和骨质疏松症患者的最佳运动方式。

大量循证医学表明,运动锻炼能有效改善绝经后妇女的骨量,提高骨密度,减缓骨丢失和保存骨密度,有益于肌肉骨骼健康。此外,最近的研究发现,太极拳运动可以降低老年人氧化应激的水平,这可能是太极拳运动的潜在作用机制之一[3]。Chan 等人采用太极拳干预绝经后妇女的随机对照实验,结果显示,与久坐的生活方式相比,参与太极拳锻炼的绝经后妇女明显延缓了腰椎、股骨近端、胫骨远端骨密度的下降,降低了患骨质疏松症的风险[4]。Sun 等人的关于太极拳对绝经妇女骨密度的影响的 Meta 分析,纳入了 11 篇研究文献,共涉及 762 名参与者,分析结果显示:太极拳对绝经期和绝经后妇女脊柱骨密度变化与未治疗

---

[1] Bolam K A, van Uffelen J G, Taaffe D R. The effect of physical exercise on bone density in middle-aged and older men: a systematic review[J]. Osteoporos is International, 2013, 24(11): 2749-2762.

[2] 曾令烽,杨伟毅,梁桂洪,等.传统太极功法干预对改善骨密度流失疗效及安全性的系统评价[J].中国组织工程研究,2019,23(27): 4420-4428.

[3] 杜新星,张明军,苟波,等.太极柔力球运动对围绝经期女性雌激素及骨代谢指标的影响[J].西安体育学院学报,2014,31(4): 459-463.

[4] Chan K M, Qin L, Lau M, et al. A randomized, prospective study of the effects of Tai Chi Chuan exercise on bone mineral density in postmenopausal women[J]. Archives of Physical Medicine and Rehabilitation, 2004, 85(5): 717-722.

组比较,显示出显著的疗效,效应量(WMD)为 0.03 g/m²[95％的置信区间(CI):0.01～0.06,P＝0.008][1]。郝建英等人的关于太极拳对中老人骨密度影响的 Meta 分析,共纳入 35 篇研究文献,经过太极拳锻炼的中老年人腰椎骨密度得到明显改善(MD＝0.09,95％CI:0.06～0.12),股骨颈骨密度得到明显提高,提高了 0.09 g/m²,95％CI:0.06～0.13,太极拳锻炼后中老年人股骨大转子骨密度提高了 0.06 g/m²(95％CI:0.03～0.10),Ward 三角区也得到了明显的改善(MD＝0.07,95％CI:0.06～0.09)。表明太极拳锻炼对延缓中老年人骨密度下降具有明显的作用,对预防骨质疏松具有重要意义。太极拳改善骨密度的可能机制是适当的太极拳锻炼能促进骨皮质的血流增加,改善骨组织的血液供给,促使血液中的钙离子向骨内运输,加快破骨细胞转变成骨细胞的速度,从而促进骨的形成;机械负荷也是调节骨代谢的重要因素,运动可以通过肌肉活动对骨骼产生应力,骨骼应力的提高使骨骼产生负压电位,促使骨骼与 Ca^{2+} 结合,使骨细胞增生分化;此外,经常参与太极拳锻炼的老年人可接受充足的阳光照射,使其体内维生素 D 的含量提高,从而促进胃肠对钙离子的吸收。

另外,有研究认为,跌倒不仅会导致软组织损伤或骨折,也会增加老年人对跌倒的"恐惧",以及在今后运动中自我感知的限制,这将进一步增加复发性跌倒和恶性循环的风险,因此,增加老年人骨密度,预防"第一次跌倒"至关重要。太极拳不仅能提高老年人股骨颈、腰椎的骨密度,还能改善平衡能力、肌肉力量和功能性体适能,从而预防跌倒风险,降低骨折的发生率。有研究还发现,与腰椎相比,股骨颈密度的改善效果更好,这可能归因于两个不同区域骨骼的代谢特性和机械负荷的受力方式不同,以及做直立或深蹲姿势时,更大负荷作用在髋部区域,使运动更有利于提高股骨颈密度,与股骨颈相比,腰椎可能更松脆。髋部骨折 80％～90％发生在股骨颈与转子组合的区域,被誉为"人生的最后一次骨折",其带来的疼痛、长期卧床及凶险的并发症,使得患者一年存活率不足 50％,堪称攸关性命的骨折。仅次于髋部骨折的部位为腰椎,严重者甚至会造成瘫痪[2]。而习练太极拳能有效改善老年人的股骨颈和腰椎的骨密度,提高平衡能力、肌肉能力,预防跌倒和髋部、腰椎骨折。有分析显示,习练太极拳引起的股骨颈、腰椎骨密度的增加,在未来 20 年将会减少 11％股骨颈、10％腰椎的 OP 骨折风险[3]。因此,习练太极拳是预防和治疗骨质疏松症的有效手段之一,成为老年人群健身的最佳选择。

八、太极拳对 COPD 影响

慢性阻塞性肺疾病(Chronic Obstructive Pulmonary Disease, COPD),是一种缓慢侵略

---

[1] Sun Z, Chen H, Berger M R, et al. Effects of Tai Chi exercise on bone health in perimenopausal and postmenopausal women: a systematic review and Meta-analysis[J]. Osteoporos is International, 2016, 27(10): 2901-2911.

[2] Wayne P M, Kiel D P, Buring J E, et al. Impact of Tai Chi exercise on multiple fracture-related risk factors in postmenopausal osteopenic women: a pilot pragmatic, randomized trial[J]. BMC Complementary and Alternative Medicine, 2012(12): 7.

[3] Xu J, Lombardi G, Jiao W, et al. Effects of exercise on bone status in female subjects, from young girls to postmenopausal women: an overview of systematic reviews and Meta-analyses[J]. Sports Medicine (Auckland, N Z), 2016, 46(8): 1165-1182.

人体的病症,其特征为肺部的气流持续堵塞①。因患者多、病死率高、社会经济负担重,已成为一个重要的公共卫生问题。COPD 目前居全球死亡原因的第 4 位,是目前死亡率较高的全球性主要慢性病之一②。随着病情的恶化,患者的体征和症状变得越来越明显,进行日常活动的能力受到影响,这也限制了大多数患者的运动耐力。此外,COPD 常与焦虑、抑郁并存③。因此,COPD 的治疗和护理的主要目的是缓解症状,以降低潜在并发症出现的风险及病情恶化。尽管在药物和外科治疗方面有所改善,但许多患者仍然在日常生活中遭受呼吸困难和残疾,这制约了其参与体育锻炼,而不参与体育锻炼会导致身体机能失调,进一步限制了患者的运动时间。有证据表明,定期进行体育锻炼是提高 COPD 患者生理健康的一种有效的手段④。《慢性阻塞性肺疾病全球倡议》建议 COPD 患者要定期进行身体活动,身体活动是 COPD 患者自我管理必不可少的环节,COPD 患者可通过规律的身体活动改变其生活方式来降低慢性阻塞性肺疾病的发病率和死亡率⑤。COPD 患者呼吸困难,在选择运动项目时,应以动作缓慢、柔和、强度低的项目为主。大多数研究发现,太极拳动作柔和,可调节呼吸,太极拳的锻炼强度约为 3.5 METs(代谢当量),属于低中强度的有氧活动。太极拳运动有利于集中注意力、增强意识,符合 COPD 患者锻炼的需求⑥。对 COPD 患者来讲,太极拳是一种安全的锻炼方式,不仅花费成本低、不需要特殊的装备,而且锻炼空间要求很小,关键在于长期坚持。许多临床和研究发现,坚持习练太极拳对 COPD 患者的效果好于对照组或其他运动。由于每个研究者的研究水平不同、研究地域不同以及结局指标的测量方法不同,因此有必要对此类问题进行 Meta 分析,从客观上更加准确地评价太极拳对 COPD 患者肺功能及运动能力的影响。

COPD 的主要病理特征是阻塞性通气功能障碍,肺功能是诊断 COPD 的金标准,其中 FEV1(一秒用力肺活量)、FEV1%(一秒用力肺活量百分比)、FEV1/FVC%(用力肺活量百分比)是反映气道通气及阻塞程度的重要指标,能反映出患者症状的轻重、疾病的严重程度⑦。研究发现,与对照组相比,锻炼太极拳后老年患者 FEV1 得到明显的改善,效应量为

---

① 陈奕,钮美娥,韩燕霞,等.慢性阻塞性肺疾病患者开展运动疗法的研究进展[J].中华护理杂志,2015,50(5):603-607.

② 吴琼,陈礼龙,陈元菁,等.重复肺康复训练改善慢性阻塞性肺病患者运动能力的效果观察[J].中华保健医学杂志,2018,20(2):141-143.

③ 毛立伟,陆甘,王磊.有氧运动联合低水平抗阻训练对老年慢性阻塞性肺病患者肺功能与运动能力影响的观察[J].中国康复医学杂志,2018,33(8):928-933.

④ Ding M, Zhang W, Li K, et al. Effectiveness of T'ai Chi and Qigong on chronic obstructive pulmonary disease: a systematic review and Meta-analysis[J]. Journal of Alternative and Complementary Medicine, 2014, 20(2): 79-86.

⑤ 潘怡,王振兴,闵健,等.24 式简化太极拳在慢性阻塞性肺疾病稳定期肺康复中的疗效评价[J].中国康复医学杂志,2018,33(6):681-686.

⑥ Guo J B, Chen B L, Lu Y M, et al. Tai Chi for improving cardiopulmonary function and quality of life in patients with chronic obstructive pulmonary disease: a systematic review and Meta-analysis[J]. Clinical Rehabilitation, 2016, 30(8):750-764.

⑦ Li F, Harmer P, Fitzgerald K, et al. Tai Chi and postural stability in patients with Parkinson's disease[J]. The New England Journal of Medicine, 2012, 366(6):511-519.

0.46。为了探索研究间异质性的来源,通过单因素 Meta 回归分析发现,研究结果的发表年限和干预周期不能解释研究间的异质性。当剔除偏离回归线的文献后发现异质性降低,也能明显改善患者 FEV1 水平。老年人进行太极拳锻炼后,其 FEV1% 的改善效果明显优于对照组,效应量为 0.35。与对照组患者相比,经过一段时间的太极拳练习后,患者 FEV1/FVC% 也得到明显的提高,效应量为 0.51。太极拳开臂和闭合的动作与呼吸协调,深呼吸将空气向下吸入肺下部,增加肺活量,对心肺功能有益处[1]。但其异质性较大,为了探索其异质性来源,以干预周期、文献质量为亚组变量进行亚组分析,结果显示干预周期和文献质量均不是研究间的异质性的来源,异质性可能源于锻炼时间、锻炼频次等。肺功能的加速下降被认为是慢性阻塞性肺疾病的一个自然过程,太极拳锻炼后老年患者 FEV1、FEV1%、FEV1/FVC% 均有明显的改善,表明老年患者运动后肺通气提高,症状减轻,有利于形成良性循环,同时为太极拳作为老年 COPD 患者的有效干预手段提供实证依据。研究结果与邱亚娟、邵威等人的 Meta 分析结果一致,锻炼太极拳后 COPD 患者肺功能有明显的提高[2][3]。但本研究在前人的研究基础上结合主观指标,从主观感受层面表明锻炼太极拳后老年人呼吸困难指数下降程度高于对照组,降低效应量为 0.38,说明太极拳锻炼使老年患者呼吸更加通畅。Zhu 的 9 个月实验通过亚组分析、敏感性分析发现,剔除相关因素后,太极干预仍能明显降低患者呼吸困难指数。因此,为了预防 COPD 加重,应鼓励患者保持有规律的锻炼,习练太极拳能够使 COPD 患者维持肺功能,使病情发展得到有效的减缓。太极拳改善老年患者肺功能的机制可能是太极拳注重呼吸与动作的相互配合,运动时以深慢腹式呼吸为主,意识引导呼吸,在高级呼吸中枢调控下,膈肌肌肉收缩、舒张要与太极拳锻炼的"开吸合呼"密切配合,使胸廓扩张与回缩程度明显增加,胸膜腔内压发生大幅度的变化,从而使肺泡通气量增加。太极拳能促进膈肌收缩强度增加、辅助呼吸肌肌力增强,进而能促进吸气肌肌力,使肺通气功能得到改善。同时,由于肺泡的扩张,支气管壁受向外牵拉作用使呼吸道扩张,在一定程度上降低了气道阻力,使肺泡通气量增加,进而提高老年患者的肺功能[4]-[6]。

老年 COPD 患者运动能力是评价太极拳临床疗效的重要指标。COPD 通过影响患者肺功能,使其运动积极性降低,表现出肌肉力量和耐力持续下降的趋势,造成肌肉功能障碍,导

---

[1] 邵威,朱欢,陈威,等.太极拳运动对稳定期慢性阻塞性肺疾病患者肺功能康复效果的 Meta 分析[J].中国康复医学杂志,2016,31(5):558-563.

[2] 邱亚娟,龙晓东,罗洪,等.太极拳对老年慢性阻塞性肺病患者肺功能和体力状况的影响[J].中国老年学杂志,2018,38(1):151-153.

[3] Fu J J, Min J, Yu P M, et al. Study design for a randomised controlled trial to explore the modality and mechanism of Tai Chi in the pulmonary rehabilitation of chronic obstructive pulmonary disease[J]. BMJ Open, 2016, 6(8): e11297.

[4] Moy M L, Wayne P M, Litrownik D, et al. Long-term Exercise After Pulmonary Rehabilitation (LEAP): Design and rationale of a randomized controlled trial of Tai Chi[J]. Contemporary Clinical Trials, 2015, 45: 458-467.

[5] Tsang W W. Tai Chi training is effective in reducing balance impairments and falls in patients with Parkinson's disease[J]. Journal of Physiotherapy, 2013, 59(1): 55.

[6] Puhan M A, Mador M J, Held U, et al. Interpretation of treatment changes in 6-minute walk distance in patients with COPD[J]. The European Respiratory Journal, 2008, 32(3): 637-643.

致运动能力下降,运动受限又使患者无法从事运动锻炼,肺功能下降进一步加剧,呈现出恶性循环[1]。因此,运动能力成为评价 COPD 患者康复情况的关键指标之一。6WMT(6 分钟步行试验)是国内外评价患者运动能力常用的指标,步行距离越长,则表明患者运动能力越好。太极拳对 COPD 患者运动能力的干预效果并不一致,RWL 等人的研究指出,太极拳对 6WMT 有改善趋势,但无统计学意义;2018 年 Polkey 等人表明太极拳能明显提高 6 min 步行距离,提高了 41 m[2][3]。本研究发现,老年患者经过一段时间的太极拳锻炼,6WMT 组明显高于对照组,前者提高了 20.35 m。与周明等人的研究结果一致,Wu 等人指出 2 周太极拳干预后患者肌力增加 13%～16%[4]。也与 Wu 等人 Meta 分析结果一致,太极拳干预后 COPD 患者 6WMT 增加了 35.99 m[5]。说明太极拳锻炼使患者肌力增加,进而促进其 6 min 步行的距离增加,使老年人运动能力维持在较好的水平;同时运动能力的增强并不是孤立的结果,它与肺功能的改善并行。但研究间异质性较大,为了探索异质性的来源,对可能引起异质性的特征进行亚组分析,结果显示,文献质量 B 级、锻炼时间≤30 min 的亚组异质性可接受,其余亚组间异质性均较高,说明文献质量、干预周期、锻炼频率和锻炼时间均不能解释研究间的异质性。此外,通过亚组分析还发现,文献质量 A 级组干预后患者 6 min 步行距离提高了 45.67 m,B 级仅提高了 14.56 m,表明实验方案设计得越缜密、严谨,对患者的干预效果越好;干预周期亚组中,≤3 个月亚组患者 6 min 步行距离提高了 30.48 m,干预周期为 6 个月的亚组提高了 31.73 m,干预周期＞6 个月的亚组提高效果远高于前两组,老年患者 6 min 步行距离提高了 58.37 m,表明 COPD 患者应坚持长期规律的太极拳锻炼;锻炼频率亚组中,每周锻炼≤3 次的亚组 6 min 步行距离提高了 43.36 m,每周锻炼≥5 次的亚组仅提高了 24.49 m,表明老年患者每周锻炼 3 次时干预效果最好,建议采用隔天锻炼的频率;锻炼时间亚组中,每次锻炼时间≤30 min 对患者 6 min 步行距离有提高的趋势,但无统计学意义,每次锻炼时间＞40 min 对患者 6 min 步行距离有明显的提高,提高了 45.96 m,表明每次锻炼时间＞40 min 效果较好,建议老年患者应采用此锻炼时间。因此,为了使老年患者运动能力维持在较高的水平,老年人应练习太极拳,干预周期＞6 个月,锻炼频率为每周 3 次,每次锻炼时间为＞40 min。

太极拳的动作主要是"进、退、顾、眼、定"等步法,并以气引导,使各部分肌肉均得到有效锻炼,同时深慢式呼吸使肺血流量增加,提高气体交换率和血氧饱和度,进而提高老年患者的运动能力。练习太极拳能提高患者肌细胞的有氧代谢,使肌纤维增大,毛细血管密度增

---

[1] 周明,彭楠,黎春华,等.太极拳训练对老年人下肢骨骼肌肌力的影响趋势分析[J].中国康复医学杂志,2014,29(11):1050-1054.
[2] 杜舒婷,丁连明,王春霞,等.太极拳运动对慢性阻塞性肺疾病患者运动耐力及肺功能的影响[J].中国康复医学杂志,2013,28(4):374-376.
[3] Goldstein R S. Tai Chi is not equivalent to pulmonary rehabilitation[J]. Chest, 2018, 154(3): 732-733.
[4] Wu W, Liu X, Wang L, et al. Effects of Tai Chi on exercise capacity and health-related quality of life in patients with chronic obstructive pulmonary disease: a systematic review and Meta-analysis[J]. International Journal of Chronic Obstructive Pulmonary Disease, 2014, 9: 1253-1263.
[5] 朱正安,王爱民,孙厦厦.太极拳对 COPD 患者康复疗效的研究进展[J].上海护理,2018,18(3):54-57.

加,改善心肺系统协调能力,这可能是太极拳改善患者运动能力的主要机制①。太极拳锻炼能有效改善老年患者的肺功能,FEV1、FEV1%、FEV1/FVC%均得到明显提高,呼吸困难指数明显降低。太极拳能明显提高老年患者的运动能力,6WMT 提高了 20.35 m。同时还发现文献质量 A 级、干预周期>6 个月、锻炼频率为每周 3 次、每次锻炼时间为>40 min 的干预效果最佳。

第三节　老年人习练太极拳的心理健康效益

当前,随着预期寿命的提高,许多学者开展了改善或促进老年人心理健康的相关研究,能够促进老年人身心健康的做法变得越来越重要。对于这种身体和体育活动产生的心理健康效益的分析集中在三个领域:认知功能、生活质量和抑郁症。对此有一个明确的框架,指的是大脑的功能方面(记忆、抽象推理、空间能力、联想、比较、操作、合成)、认知过程(注意力、数据处理速度、心理运动能力和感知)以及两者之间的相互作用。在心理层面上,太极拳被认为有能力赋予那些练习它的人极大的平静和心理宁静的状态,并被归类为一种连接心灵和身体的运动冥想形式。然而,尽管如此,大多数关于太极拳的研究都集中在对老年人身体健康的益处上,对心理方面的关注较少。在所有分析太极拳心理效应的研究中,专门针对认知变量、生活质量和抑郁的研究非常少。

一、太极拳习练对老年人认知功能的影响

人口老龄化是全球性问题,还将在较长时间内持续存在并进一步加剧,且我国的情况尤为严重。随着人口老龄化的日益加剧,神经退行性疾病的发病率和死亡率增加。神经认知障碍使老年人遗忘大部分的记忆,执行功能下降,严重干扰老年人的日常工作能力。2015年美国 65 岁以上阿尔茨海默病患者 520 万人,而 65 岁以下患者仅有 20 万人。据 WHO 调查,2015 年底全球约有 4 680 万人患有阿尔茨海默病或其他类型的老年痴呆症,预计到 2030 年将达到 7 470 万人,2050 年将达到 1.315 亿人。2010 年我国阿尔茨海默病患者约占全球总数的 20%,达 919 万名,预计到 2050 年将达到 3 000 万人。据统计,2017 年全球阿尔茨海默病患者医疗花费达到 8 180 亿美元,预计 2030 年将增长到 2 万亿美元②。如此快速的老龄化及认知功能损伤不仅给家庭和社会带来巨大的经济负担,而且给国家卫生保健系统造成沉重的压力。因此,WHO 强调采取全球行动对抗认知功能衰退、痴呆,鼓励世界各国政

---

① Ng B H, Tsang H W, Ng B F, et al. Traditional Chinese exercises for pulmonary rehabilitation: evidence from a systematic review[J]. Journal of Cardiopulmonary Rehabilitation and Prevention, 2014, 34(6): 367-377.

② Mezey M, Kobayashi M, Grossman S, et al. Nurses Improving Care to Health System Elders (NICHE): implementation of best practice models[J]. The Journal of Nursing Administration, 2004, 34(10): 451-457.

府专注于预防和改良治疗措施，改善卫生保健服务。研究表明，体育锻炼能有效降低老年人阿尔茨海默病、心血管疾病、糖尿病等慢性疾病的患病风险。研究发现，长期进行体育锻炼能降低 14% 的认知下降风险，且运动强度与老年人认知能力呈正相关。老年人进行有氧运动已被证明可以改善与任务相关的认知功能、大脑连接（通过功能磁共振成像测量）和区域脑容量[①]。运动影响认知功能的生物学机制被认为包括分子、血管、突触和神经水平的变化，其机制包括神经发生和突触发生，涉及乳酸、酶、蛋白质、细胞因子和葡萄糖等物质。例如，在血管水平上，运动促进血管生成，而学习运动技能可促进突触连接。神经元的生长和维持受到激素、生长因子和神经递质等物质的影响。神经的再塑，神经递质的释放，细胞包括脑源性神经营养因子、胰岛素样生长因子-1、神经递质和细胞内通路的生长分化等神经功能受多种因素的影响。虽然每种神经认知变化的确切因果机制尚未确定，但越来越多的证据支持有氧运动与认知功能之间的积极联系，并表明体育锻炼能够维持或改善认知功能。

太极拳作为一种体育锻炼形式，其 MET 值为 3~6，是一种中等强度的运动，相当于快步走，太极拳也被认为是一种对心血管有益的调节活动。除了作为一种体育锻炼形式，习练太极拳还通过记忆一系列的姿势、集中注意力和冥想来锻炼大脑。通过身体和精神运动的结合，影响认知功能的可能途径包括丰富认知、改善情绪、促进睡眠和减轻压力的副作用。认知功能测试包括客观评估、使用各种语言和纸笔测试执行功能、语言、学习和记忆、全球认知评估，以及其他认知测试，如事件相关电位、主观测量和感觉组织测试。其中执行功能是一个复杂的概念，它包括工作记忆，与注意力重叠，需要感官选择、反应选择和警觉性。执行功能的组成部分通过多种测试进行测量，包括时钟绘制测试（CDT）、颜色轨迹测试（CTT）、数字跨度测试（DS）、数字符号测试（DSym）、Stroop 测试（ST）和轨迹生成测试（TMT）。TMT 进一步分为测试注意力和处理速度的 TMT-A 和测试思维灵活性的 TMT-B。除了测试执行功能外，其中一些测试还包括运动、视觉空间和知觉成分。一项关于锻炼太极拳和无运动行为的老年人认知能力变化的横断面调查结果显示，锻炼太极拳的老年人注意力明显改善（CTT-1，$F=2.69$，$P=0.03$；CTT-2，$F=1.63$，$P=0.02$）。在准实验研究中，与干预前相比，经过 10 周太极拳干预后，老年人完成 TMT-B 的时间有统计学上的显著改善（干预前 106.3 ± 33.48，干预后 89.0 ± 32.78，$P<0.05$）。在 RCT（随机对照试验）研究中，经过 6 个月的太极训练后，与不运动组相比，太极拳锻炼组老年人的 TMT-A、TMT-B 结果得到明显改善。在练习太极拳 10 周的女性癌症幸存者中也观察到注意力、思维灵活性的改善，TMT-A、TMT-B 结果的改善也有统计学意义[②]。

在 RCT 中，使用数字广度测试作为工作记忆的测量方法，比较了太极拳锻炼组与对照

---

① Taylor-Piliae R E, Newell K A, Cherin R, et al. Effects of Tai Chi and Western exercise on physical and cognitive functioning in healthy community-dwelling older adults[J]. Journal of Aging and Physical Activity, 2010, 18 (3): 261-279.

② Miller S M, Taylor-Piliae R E. Effects of Tai Chi on cognitive function in community-dwelling older adults: a review[J]. Geriatric Nursing, 2014, 35(1): 9-19.

组的差异,据报道,在 6 个月的太极拳锻炼后,数字广度改善($F=7.75$,$P<0.001$)。Lam 和他的同事研究发现,对认知衰退的老年人进行一年的太极拳干预后,他们的延迟记忆得到了明显的改善。在一项研究中,执行功能的测量使用时钟绘图测试,经过 10 周的太极拳干预后,得分有统计学上的显著提高(干预前平均值为 6.20,标准差为 0.77;干预后平均值为 6.50,标准差为 0.69,$P=0.029$)[1]。Stroop 测试测量认知控制和抑制习惯性反应的能力。在接受太极运动干预和抗抑郁药物治疗的重度抑郁症患者的 RCT 中,Stroop 测试的统计显著性变化没有报道。然而,在一项针对女性癌症幸存者和类似干预剂量的准实验研究中,发现 Stroop 试验在统计学上有显著改善。尽管太极拳形式多样,运动量不同,所测量的认知结果也各不相同,这使得不同研究之间的比较具有挑战性,但大部分研究都在执行功能、语言、学习和记忆以及主观记忆方面取得了统计上的显著改善。在报告结果不显著的研究中,一些因素,如样本尺寸较小和干预时间较短的太极拳运动干预剂量,可能是缺乏显著结果的部分原因。患有慢性、稳定疾病的老年人并没有被排除在研究之外,一些研究针对特定人群,包括癌症幸存者、脑血管疾病患者和抑郁症患者等[2]。因此,纳入具有多种常见健康问题的研究参与者,无论性别或地理位置,可提高太极拳改善老年人认知功能这一结论的普遍性。

  人们普遍认为,衰老过程与执行功能的认知能力下降有关,包括注意力、即时回忆、反应抑制、工作记忆和信息处理速度。虽然对于最佳的运动类型或剂量没有达成共识,但运动似乎对大脑结构和功能,包括执行功能,有保护作用[3]。然而,在综述的研究中,太极拳运动对执行功能的影响尚不清楚,注意力测试(如轨迹测试)显示,一些研究中的注意力有显著改善,而另一些研究中的则没有,且没有出现解释模式。同样,数字广度在一些研究中得到了改善,而在另一些研究中没有改善,而视觉广度得到了显著改善。两项太极拳运动剂量相似的研究测量了 Stroop 试验,结果相互矛盾,有一项研究使用时钟绘制测试作为执行功能的测量,并显示出显著的改善。因此,太极拳对执行功能的影响尚不清晰,需要进行更大样本的深入探究。许多不同的认知功能测量方法的使用使得不同研究之间的比较成为一项挑战,不同认知领域测量的重叠也是如此。在这些研究中,广泛选择的措施可能是由于人员、时间限制、财政限制、可行性或可及性等因素,使得结果的合成变得困难。明确地描述正在测量的认知领域(例如执行功能、语言、学习或记忆)将有助于研究人员标准化测量、促进比较、得出结论,从而为未来的研究提出建议,或帮助复制到实践中。除了提供有关正在测试的认知领域的信息外,确保这些测量方法在老年人群中有效和可靠,以及它们对变化的敏感

---

[1] Lam L C, Tam C W, Lui V W, et al. Modality of physical exercise and cognitive function in Hong Kong older Chinese community[J]. International Journal of Geriatric Psychiatry, 2009, 24(1): 48-53.

[2] Siu M Y, Lee D. Effects of Tai Chi on cognition and instrumental activities of daily living in community dwelling older people with mild cognitive impairment[J]. BMC Geriatrics, 2018, 18(1): 37.

[3] Chan W C, Fai Yeung J W, Man Wong C S, et al. Efficacy of physical exercise in preventing falls in older adults with cognitive impairment: a systematic review and Meta-analysis[J]. Journal of the American Medical Directors Association, 2015, 16(2): 149-154.

性是选择结果测量方法时要考虑的重要因素。

二、太极拳习练对老年人生活质量的影响

生活质量(QOL)在定义健康老龄化方面起着主导作用,其中抑郁症明显对生活质量有不良影响。目前,全球都高度重视健康老龄化,认为它是终极预防药物。中国作为世界上人口最多的国家,正经历着人口的迅速老龄化,这是由于预期寿命增长,经济财富空前增加,而独生子女政策才被废除不久。此外,这个地域辽阔的国家不同区域的发展速度存在很大差异。中国老龄人口迫切需要经济有效的、可实现的健康老龄化解决方案。通过减轻人口老龄化带来的医疗负担,也有助于经济持续增长。改善老年人生活质量的干预措施很可能有助于健康老龄化。太极拳运动缓慢、柔和,以腰为主宰,周身协调运动,是一项适合老年人群的中等强度的有氧运动。太极拳要求身心合一、形神兼备,太极拳十三势行功心解中说:"以心行气,务令沉着,乃能收敛入骨。以气运身,务令顺遂,乃能便利从心。精神提得起,则无迟重之虑,所谓顶头悬也。全身意在精神,不在气。在气则滞。有气者无力,无气者纯钢。气如车轮,腰似车轴。"在太极拳练习中,以意行气,专注于太极拳技术,意的运用是非常重要的。太极拳是具有内外兼修作用的民族传统体育。虽然太极拳对生活质量有益已经被证实,但关于它对生活质量的真正影响内容仍然存在争议。Liao 等采用了太极拳对老年人生活质量影响的随机对照实验,结果表明,经过 3 个月的太极拳锻炼后,老年人身体、心理、社会、环境方面均得到明显的改善,生活质量提高[1]。太极拳强调的是缓解人际冲突和释放压力的哲学,而不是保持一种平和的心态和和谐感,这与实现人生理想的愿望是一致的,可能有助于改善生活质量中的心理领域方面。组成团体进行太极拳锻炼时,可以增加社会接触,并被认为可以提高社会参与,这与观察到的生活质量的环境和社会领域的改善相对应。Wayne 等人对太极拳改善癌症患者生活质量方面的效果进行 Meta 分析,最终共纳入 15 篇 RCT 和 7 篇非随机或无对照组研究[2]。其中 12 篇研究评估了癌症患者相关的疲劳,疲劳评估使用以下问卷:简短的疲劳库存量表(BFI)、疲劳症状量表(FSI)、功能评估慢性病治疗疲劳量表(FACIT-F)、多维疲劳症状量表(MFSI-SF)、癌症治疗的功能评估疲乏量表(FACT-F)和欧洲癌症研究治疗组织生活质量问卷(EORTC-QLQ)疲劳亚量表。结果发现,经过太极拳锻炼后,癌症患者的疲劳程度明显改善(SMD=−0.53,95%CI:−0.97~−0.28)。有 7 项研究评估了癌症患者的睡眠困难,采用了以下问卷对睡眠困难进行评估:匹兹堡睡眠质量指数量表(PSQI)、维兰和斯奈德-哈珀恩睡眠量表(VSHSS)、EORTC-QLQ 症状子量表和症状问卷。结果发现太极拳锻炼使癌症患者睡眠困难度明显降低(SMD=−0.49,95%

---

[1] Liao S, Chong M, Tan M, et al. Tai Chi with music improves quality of life among community-dwelling older persons with mild to moderate depressive symptoms: a cluster randomized controlled trial[J]. Geriatric Nursing, 2019, 40(2): 154-159.

[2] Wayne P M, Lee M S, Novakowski J, et al. Tai Chi and Qigong for cancer-related symptoms and quality of life: a systematic review and Meta-analysis[J]. Journal of Cancer Survivorship, 2018, 12(2): 256-267.

CI：-0.89~-0.09)。有16项研究评估了生活质量(QOL)，包括12项随机对照试验，使用EORTC-QLQ、FACIT-F、FACT-General、FACT-Breast、SF-36问卷对生活质量进行评估，结果表明，太极拳干预后癌症患者的生活质量得到明显改善(SMD=0.33,95% CI：0.10~0.56)。也有Meta分析结果显示，与对照组相比，太极拳运动对绝经期妇女心理健康的改善具有统计学意义，对情绪健康的改善无统计学意义。Wang等人的研究得出结论，太极拳可以改善幸福感，包括减少压力、焦虑、抑郁和情绪干扰，增强自我效能感[1]。这一干预措施的广泛引入，可能有助于我国政府推动健康老龄化举措的实施。随着由人口老龄化带来的健康负担日益加重，以及我国老年社区抑郁症的高发，这些措施有望成为减少医院和其他医疗机构就诊人数的潜在策略。

三、太极拳习练对老年人抑郁的影响

抑郁症是一个严重的心理健康问题，在世界范围内，抑郁症对寿命的影响仅次于心脏病。抑郁症可能会增加发病率和死亡率，降低生活质量，并提高医疗成本。世界卫生组织最新统计结果显示，全球抑郁症患者已超过3.5亿人，约合世界总人口的5.3%，且高发人群为老年人群。老年抑郁症高发导致医疗条件恶化、功能恶化和医疗费用增加，控制抑郁症状被认为是减缓或预防抑郁症发展的第一步。虽然锻炼对减轻抑郁症状很有效，但并非所有的锻炼都适合老年人，他们的身体机能往往比年轻人差，而且可能因为慢性疾病而无法出门。然而，太极是适合老年人的运动之一，中国武术结合了深呼吸、放松和缓慢的、有组织的运动，被称为移动冥想。太极拳提倡释放压力和化解人际冲突，保持平和的心态和和谐的感觉，这与传统的追求生活圆满是一致的。以前的流行病学研究和对照试验的一些证据表明，太极拳、伸展运动和健康教育可以减轻抑郁症状。太极拳对老年人的抑郁水平影响的Meta分析结果显示，与不运动组相比，锻炼太极拳后老年人的抑郁得分明显下降(SMD=-0.27,95% CI：-0.52~-0.02)[2]。在改善老年骨关节炎患者的抑郁症状方面，与对照组相比，太极拳的综合效应(SMD)为-0.24(95% CI：-0.58~0.10)，但在统计学上并不显著。有11项研究描述了太极拳干预后癌症患者抑郁程度的变化，采用的量表有贝克抑郁量表(BDI)、简明症状量表(BSI-18)、流行病学研究中心抑郁量表(CESD)、抑郁与焦虑压力量表(DASS-21)、医院焦虑与抑郁量表(HADS)、情绪状态量表(POMS)和症状困扰量表(SDS)。结果显示，太极拳明显改善了癌症患者的抑郁水平(SMD=-0.27,95% CI：-0.44~-0.11)[3]。有一项关于太极对居住在社区的老年人抑郁症状的影响的分析显示，抑郁症状的改善，可

---

[1] Wang L H, Wu K L, Chen X D, et al. The effects of Tai Chi on lung function, exercise capacity and health related quality of life for patients with chronic obstructive pulmonary disease: a pilot study [J]. Heart, Lung and Circulation, 2019, 28(8): 1206-1212.

[2] Kim T H M, Pascual-Leone J, Johnson J, et al. The mental-attention Tai Chi effect with older adults[J]. BMC Psychology, 2016,4(1): 29.

[3] Wayne P M, Lee M S, Novakowski J, et al. Tai Chi and Qigong for cancer-related symptoms and quality of life: a systematic review and Meta-analysis[J]. Journal of Cancer Survivorship, 2018, 12(2): 256-267.

能有助于整体生活质量的改善。人们普遍认为,太极拳通过将思维管理与身体运动结合起来,以及增加老年人与群体参与者的社交联系,可以增加老年人的身体活动,减轻抑郁症。

有报道称,与对照组相比,太极拳组通过24周的太极拳练习,可以实现老年人夜间睡眠时间的增加,白天嗜睡的减少。Li等人研究了太极拳锻炼对增强老年人心理健康的效果。对照组继续他们的日常活动,而干预组参加太极拳练习,分别在基线、3个月和6个月的太极训练后评估心理健康指标。使用潜在生长曲线建模方法对重复测量得出的数据进行分析,结果表明,参加太极拳练习的个体在健康感知、生活满意度、积极情感和心理健康方面表现出更高的水平。有纵向研究表明,太极拳可能是改善老年人心理健康的一种有效的运动形式[1]。一项旨在调查太极拳对中国台湾老年人健康相关生活质量影响的横断面研究,得出太极拳改善了老年人的生活质量这一结论。在这项研究中,以140名老年人(男性77名,女性63名,年龄40~70岁)为研究对象,他们定期进行太极拳训练,采用SF-36问卷对8个领域的HRQOL(健康相关生活质量)进行评价,研究结果与560名年龄和性别匹配的对照组(308名男性和252名女性)的数据进行了比较。采用多元回归分析方法,比较两组8个领域的生活质量,结果显示,除了身体疼痛量表外,太极拳组在8个方面的生活质量评分均显著高于对照组。使用经协变量调整的多元线性回归模型后,太极拳组在身体功能、身体角色、一般健康、活力和社会功能量表上的得分显著高于对照组。太极拳组和对照组的生活质量均随年龄的增长而下降。然而,太极拳组的活力和社会功能领域的得分呈现出相反的趋势,在年龄增长的情况下,这两个领域的得分要么有所改善,要么保持不变。Hilfiker等人报道,为期6个月的太极拳体育锻炼可以显著改善身体和心理健康结果,包括减少老年受试者的抑郁症状[2]。Chan等人报道称,与对照组相比,接受为期12周的太极拳训练的老年受试者的抑郁症状有所减轻[3]。Wayne等人也报道,一个为期12周的太极拳项目可以增强老年骨关节炎患者的自我效能感,减少紧张,增加社会支持[1]。一项随机对照试验在为期25周的干预计划中,将112名59岁至86岁的健康老年人随机分配到太极拳组和健康教育组。根据两组老年人的匹兹堡睡眠质量指数(PSQI)评估结果,太极拳组的睡眠质量明显好于健康教育组,包括睡眠质量、习惯性睡眠效率、睡眠时间和睡眠障碍的睡眠参数。综上所述,现有证据表明,太极拳作为一种简单、低成本的运动方式,能够减轻机体功能的老化,达到抗衰老的目的;此外,太极拳锻炼也可以有效地改善老年人的心理健康,提高整体生活质量。

---

[1] Zhou M, Liao H J, Sreepada L P, et al. Tai Chi improves brain metabolism and muscle energetics in older adults [J]. Journal of Neuroimaging, 2018, 28(4): 359-364.

[2] Hilfiker R, Meichtry A, Eicher M, et al. Exercise and other non-pharmaceutical interventions for cancer-related fatigue in patients during or after cancer treatment: a systematic review incorporating an indirect-comparisons Meta-analysis[J]. British Journal of Sports Medicine, 2018, 52(10): 651-658.

[3] Chan C L W, Wang C W, Ho R T H, et al. A systematic review of the effectiveness of Qigong exercise in supportive cancer care[J]. Supportive Care in Cancer, 2012, 20(6): 1121-1133.

第四节 老年人习练太极拳的社会健康效益

太极拳的锻炼过程不仅是参与者身体和心理活动的过程,同时也影响着参与者的社会健康,它的意义与功能不仅是健身和健心,对社会健康也起到良好的调节与促进作用。一般而言,社会健康是一个复杂的概念,作为个体健康的一个维度,主要指的是个体在与他人相处或交往中的状态以及个体与社会环境相互作用的情况,可以通过社会角色与社会适应、社会资源与社会接触,以及社会支持程度等来衡量。

一、太极拳锻炼对老年人社会适应性的影响

人生之初,除了基本的生物本能外,毫无生存能力。要想继续生存下去,适应纷繁复杂的、不断发展的人类社会,除了发展其生物本能以外,还必须不断接受社会文化的教化,发展自身的适应性,即必须经过一个社会化的过程。所谓社会化,是指个人通过学习群体文化、学习承担社会角色,来发展自己的社会性的过程。人是社会的动物,人的本质属性是社会性。但是人的这一本质属性并不是与生俱来的,而是后天获得的。社会中的每个人,从出生到参与社会生活,都需要有一个在社会中学习和成长的过程,否则将无法适应社会的发展,最终必将被社会所淘汰。社会化就是把一定的价值、态度技能"内化"为自己日常生活中习惯化的准则和个人能力的过程,也是人对社会的适应、改造、再适应、再改造的过程[①]。因此,社会化过程对于每个个体来说具有极为重要的意义。

社会化的内容是非常广泛的,凡是社会生活所必需的基本知识、技能、行为方式、生活习惯以至于各种思想观念都包括在其中。社会化的基本内容主要有以下几个方面:第一,教导生活技能。一个人要在社会中生存,必须懂得并掌握两方面的技能:一是衣食技能,即维持生存的能力。二是职业技能,即谋求生存的本领。第二,传递社会文化。它的核心内容包括价值观念体系和社会规范体系。价值观念体系指社会、民族或群体中存在的比较一致的共同理想、共同信仰及较为持久的信念。它在社会文化中的核心地位首先表现为社会行为定向作用,其次表现为对社会成员的一种整合作用。它的这两种特性注定个人要接受群体和社会的价值观念,并将其内化,成为个人确定行为目标和行为方式的导向。社会规范是指人们在社会生活中创造出来的,用以调整、控制人们行为的文化手段的总和。它通过习俗、时尚、民风、民俗、道德、法律,以及各种各样的规章、制度、纪律等形式表现出来。人刚出生时对社会规范一无所知,只有经过长期的社会化过程才能逐渐地学会,并使之内化为自己的行为准则。第三,完善自我观念。自我观念的完善包括两个方面:一是对自己生理、心理状况的认识;二是对自我与他人、社会的相互关系的认识。第四,培养社会角色。社会化的最

---

① 刘嗣传.太极拳是道教适应社会的产物[J].中国道教,2001(4):38-41.

后成果,是为社会培养出符合社会要求的社会成员,使其在社会生活中担当一定的社会角色,并且这个角色要按社会结构中为他规定的规范办事①。

本研究中的社会适应性是指人为了能在社会上更好地生存,在心理上、生理上和行为上进行的适应性的变化,与社会达到和谐统一状态的执行适应能力,即个体适应自然和环境的有效性。适应又分为主观适应和客观适应。主观适应是个体自愿有目的地改变自己来满足需求,客观适应是所处的社会环境要求自我改变来满足一定需求。社会适应能力是一种社会实践能力,其中不仅包括个体改变自己以适应环境,也包括个体改变环境使之适合自身的需要。

良好的社会适应能力,主要是指和谐的人际关系,指个人能够积极和谐地与他人相处。社会是人的社会,人是社会的人,人是一切社会关系的总和。人生在世,谁也少不了与他人交往,交往是人们生活的基本需要,即"我为人人,人人为我"。一个人如果能够正确把握自己,并不断追求高水平的生活状态(包括物质生活状态和精神生活状态),最大限度地发挥自己的潜能,为他人和社会做出贡献,那么他不仅能不断提高自己的物质生活水平以及包括道德、文化、思想修养在内的精神生活水平,而且也将全面增加自己的生理、心理和社会接受能力,形成一个健康的人生。所以,良好的社会适应能力是心理健康的表现。发展心理健康是良好的社会适应能力的基础和条件。社会适应不良对老年人的身心健康会产生消极的影响。社会适应能力差的人常因人际关系中的矛盾而形成心理上的烦恼,并持续地出现焦虑、压抑、愤怒等不良的情绪反应,而不良的情绪反应可使人的免疫能力下降,进而使生理疾病发生的可能性大大增加②。我国著名的医学生理学家丁瓒教授说:"人类的心理适应,最主要的就是对于人际关系的适应,所以人类的心理病态,主要是由于人际关系的失调而来。"为了保持身心健康,老年人既需要在营养、体育锻炼、休息和其他生理方面获得满足,也需要安全、友谊、爱情、亲情、支持、理解、归属和尊重等通过人际关系所获得的心理方面的满足。从一定意义上讲,良好的人际关系是人生命中所需的非常宝贵的滋补剂,善于与人相处是不可缺少的能力之一。

太极拳能够增加老年人之间相互接触和交往的机会,通过与他人的交往,可以使个体忘却烦恼和痛苦,消除孤独感,并能提高自己的社会适应性。经常参与太极拳锻炼对老年人良好社交能力的形成有巨大影响。太极拳能够培养老年人的意志力、自制力、果断力、顽强性、纪律性和集体性等优良的心理品质。有研究表明,外向性格的老人比内向性格的老人的社交需求更强烈,这种社交需求通过太极拳集体性的活动方式得到满足。而内向性格的老人更应该参与集体性太极拳活动,这可使自己的性格得到完善,提高社会适应性。太极拳以平和为期,保持人的身心平衡,从而达到修养身心的目的,促进老年人人际关系的良好发展。太极拳"舍己从人"的理念,可帮助人们舍弃个人主义观念,待人接物以实际出发,多为别人

---

① 杨大卫.身体实践与文化秩序对太极拳作为文化现象的身体人类学考察[M].北京:光明日报出版社,2013:88-99.

② 王敬浩.身心运动的文化解构[M].桂林:广西师范大学出版社,2013:175.

考虑,预防主观主义的出现,实事求是、心境平和,此外还能让人们顾及周围人和环境的影响,谦虚和蔼,构建良好的社会关系。太极拳可在室外集体练习,也可单独练习,老年人在集体练习时,可切磋技艺、交流思想,达到以武交友的目的,还要注意自身动作的规范性,并与他人动作保持一致。这就需要老年人之间彼此合作,相互信任、配合,协调一致。另外,老年人在团队中找到自己的位置后,体验到自身价值的实现和社会关系的重要性,形成默契的协作方式和团队精神。因此,太极拳锻炼加强了老年人的人际交往能力,使他们学会如何与他人相处,如何处理人与人、人与社会的关系,提高老年人的交往能力,增强其社会责任感,提高其社会适应能力,还能促进人的可持续发展。

二、太极拳锻炼对老年人道德的影响

道德一词由来已久,在汉语中可追溯到两千多年以前的先秦思想家老子所著的《道德经》一书。在传统的中华文化中,道家称述的道德指大自然的体性及其自然规律;儒家称述的道德多指社会伦理。随着时代的发展,两家合流,从宇宙大自然的万事万物,到具体的人和事,都包含在道德之中①。

何谓"道"?最早的时候,道的含义是指宇宙间的一种最根本的物质。老子的《道德经》中说:"有物混成,先天地生,寂兮寥兮,独立而不改,周行而不殆,可以为天下母。吾不知其名,字之曰道,强为之,名曰大。"意思是说,有一种东西,自然地混合而成,比天地还早。这种物质非常寂静,里面非常空虚。它不受任何事物的影响而独立存在,并且不改变自己的形态、性状。但它不是一个僵死的东西,它可以周行于万物之中,而不会损失、不会消灭。天地间万事万物都可以由它而生长、化生。对于这个东西不知道它的名字,就称之为"道",称之为"大"。何谓"德"?简单地说,"德"是"道"的功能体性,是"道"外在的体现。《道德经》说:"道生之,德蓄之,物形之,势成之。是以万物莫不尊道而贵德,道之尊,德之贵,夫莫之命而常自然。"也就是说,宇宙大自然的万事万物都是由道化生而由德来蓄养的。各种事物经过一定发展而完成其最后的结局,由于各种事物都是由道和德化生形成的,所以万事万物都尊道、贵德。因此,《道德经》进一步指出:"故道生之,德蓄之,长之育之,成之熟之,养之覆之。生而不有,为而不恃,长而不宰,是谓玄德。"其意思是,道虽然能够生成万事万物,蓄养它们,使之发育成熟,可以载育万事万物,也可以覆盖保护万事万物,却不占有它们。它有很多作为,但不以此为功劳而自恃,虽然能长养万物,但不去主宰它们,顺其自然。道的这种体性,就是最大的德。老子这里论述的道和德是宇宙间的最根本的物质及其最根本的性能,即体和用。体即"寂兮寥兮,独立而不改,周行而不殆";用即自然,完全归于自然,以自然为用。它有其自己的功能,可使万物发生各种变化,这种功能即为"德"。当代旅美华人学者陈鼓应在分析"德"的概念时认为,它有三个意义:一是"道所显现于物的功能"。二是"内在于万物的道,在一切事物中表现它的属性,亦即表现它的德"。三是"道落实到人生层面时,称之为

---

① 田秀云.社会道德与个体道德[M].北京:人民出版社,2004:429.

德"。此德即通常说的人的"德行",也即人们的日常行为应遵循的原则和标准。所以"德"是人类顺从大自然的法则,在社会中按照自然的秩序去做事,如学习、生活、工作、待人接物等等。德行既修,便会约束自己,施惠于人,人既受惠,定然心存感激,人之关系会变融洽,推广开来,天下便和陆如一家[1]。本研究认为,"道德"就是得道,即掌握为人之道的原则和规范,是以善恶为标准用于调节人与人、人与社会之间关系的行为规范和精神境界。

道德观是道德观念。"道德观念"在中国权威辞书《辞海》中注释为:"支配人们进行道德判断、评价和道德活动的观念。如善恶观念、义务观念、是非观念、荣辱观念等。道德意识现象之一。是社会物质生活条件的反映,具有时代性、民族性和阶级性。对人们的道德行为起调节作用。"道德观形成后,道德的作用是十分宽泛的,它几乎无处不在,并长期起作用。例如一个讲道理的人如果做了不道德的事情,其心里就会产生内疚,因为道德的影子始终跟随着他。因此,建立起善与恶、美与丑、好与坏、爱与憎的观念,对形成良好的道德观有着难以估量的影响。

陈鑫先生认为:"太极拳其枢纽在一心,心主乎敬,又主乎静。能敬而静,自葆虚灵。""学太极拳不可不敬。不敬则外慢师傅,内慢身体。心不敛束,如何能学艺!"《太极拳经谱》记载:"岂知我心,只守一敬。""拳当功力既熟,端正恭肃,敬其所事,不敢自满。"正是由于太极拳端正恭敬的态度,有利于老年人在练习过程中树立良好的恭敬观念;太极拳的能敬而静、结合一体、端正恭肃的技术特征也是恭敬观念的体现。尊师重道是老年人练习太极拳的一贯要求,不仅要在形式上尊重太极拳传承人,还要心存敬意。太极拳恭敬的道德观深受中国传统文化谦恭思想的影响,这种影响不仅渗透到太极拳门规戒律之中,而且渗透到太极拳的拳理拳法等拳术风格之中,而太极拳传承者和习练者也深受其影响。太极拳体现了谦让的道德观,太极拳的技术沉着、含蓄、收敛的特点,处处都体现谦让的观念[2]。王宗岳提出"虚灵顶劲,气沉丹田"。陈鑫先生也说:"精神贵乎蕴蓄,不可外露圭角。""动作似柔而含刚,精神内藏而不露。"太极拳中推手动作也体现了"以静制动""以慢制快""以弱胜强""以柔克刚""舍己从人""后发制人"等谦虚的风格特色。太极拳这种沉着稳重、不矜不张、精神内敛的技术特点,以及不主动出击的风格,善于后发制人,以小胜大。老年人在练习太极拳的过程中,潜移默化地形成以守待攻、以退待进、以柔克刚的观念,有助于谦让道德观的形成。受儒家思想和道家思想的影响,太极拳也体现出中和道德观[3]。向恺然指出:"太极十三势以中定为主,掤等十二势为辅,有中定然后有一切势,一切皆不能离乎中定。"也有研究者认为,重心即为太极拳中所说的中定,太极拳练习过程中重心要保持稳定,无论是静态起势或站桩,还是动态的行拳走架、双人推手,均要做到身法中正,随时可变的动作始终保持中定,体现出中正、和谐的思想,有助于老年人养成不争、无为、中和的道德观。太极拳是内外兼修的拳法,有利于破除老年人"一己之私",树立"天下为公"的思想,注重融利己于利他人之中,老年人

---

[1] 王玉林.太极·文化[M].北京:北京体育大学出版社,2016:167.
[2] 人民体育出版社.太极拳全书[M].北京:人民体育出版社,1995:721.
[3] 唐豪,顾留馨.太极拳研究[M].北京:人民体育出版社,1996:169.

将自己置身于集体,就能从中得到愉快和力量。太极理论指出:"人人都有一太极,物物各具一太极。"①老年太极拳练习者,要从思想领域中,破除小我(为私)的传统观念,时刻想到自己要为集体服务、为社区服务,集体的利益高于自己的利益,把自身的小太极融于社会、大自然的大太极中,这样将得到更大的乐趣。因此,老年人通过参与太极拳练习更有利于良好道德观的形成,良好的道德品质会使老年人身体更加健康,精神境界更高。

三、老年人太极拳锻炼社会健康效应研究展望

人既是客体的生物,又是主体的社会人,在人类社会历史发展的进程中,人以客体的生物人为存在基础,通过主体的社会人去推动社会及自身的发展。因而就人的生命形式存在而言,人体的生物功能就要不断随着社会功能的需要进行调整,两者须达到协调,否则就会产生疾病。太极拳锻炼为客体的生物人提供了良好的适应社会的手段,一方面,能改善人的生物状况和机能,另一方面,能弥补和纠正由于生物功能对社会功能适应而形成或产生的负面影响。太极拳加强了人的社会性与生物性之间在健康上的高度协调。

可见,太极拳锻炼对老年人社会健康效应的研究要加强与生理健康和心理健康关系的研究,即要真正把握社会健康对个体作用的规律,从源头上针对性地解决问题,必须明确社会健康对其他健康的影响,并积极探索社会适应不良的主要影响因素。目前国内学者在研究中主要侧重于探索二级社会健康指标与心理健康的关系,而对社会健康的非心理因素研究较少。如混淆人际关系与心理健康的研究。Reynolds 在研究中指出②,心理咨询过程中,80%以上的心理问题与人际关系问题有关,人际交往障碍是心理问题产生的主要原因之一,其可以通过某个中间变量间接地作用于心理健康。陈嵘等采用多维度—多归因量表(MMCS)进行人际关系归因测量与分析,结果发现,人际交往失败后,人们更倾向把结果归因于背景和运气,并采取消极的应对方式,促使心理健康水平下降③。但人际关系与心理健康之间并非简单的单向关系。赵勇分析了人际关系障碍的心理原因,结果发现,性格特征对人际交往障碍有影响,性格内向者比外向者较多使用自责、幻想和合理化等不成熟的应付方式,而较少使用解决问题和求助等应对方式,故人际交往障碍发生率较高④。人际关系障碍既可以是心理问题产生的原因,也可以是心理问题导致的结果,但这种双向作用是否局限于某些心理特征的个体,尚未见相关研究。再如,混淆社会支持与心理健康研究。国外研究表明,社会支持对心理、精神问题和社会病态行为的产生具有重要的影响,个体在高应激状态下,如果缺少支持和良好的应付方式,则心理问题的发生率可达普通人的两倍,社会支持的多少可以预测个体身心健康的结果。国内对社会支持与心理健康的研究尚处于起步阶

---

① 赵连保.论太极拳的道德观[D].开封:河南大学,2006.
② Reynolds W M. Measurement of academic self-concept in college students[J]. J Pers Assess, 1988(52):223-240.
③ 陈嵘,秦竹,李平,等.云南贫困医学生心理控制感及其相关因素的研究[J].健康心理学杂志,2003,11(5):388-389.
④ 赵勇.河南省5所高等院校大学生人际交往障碍的相关因素分析[J].中国临床康复,2004,8(30):6004-6005.

段,使用的测量工具相对有限,研究主要围绕不同类型社会支持与不同心理问题间的关系展开。有研究表明,社会支持对抑郁的预测作用比对焦虑的预测作用要大,但若社会支持的分类方式不同,影响抑郁的主要维度也会相应发生改变[①]。王玲、陈怡华利用肖水源社会支持量表分析社会支持与抑郁的关系,结果发现抑郁只同社会支持的利用度相关[②]。

可见,尽管已有个别研究报道非心理因素对社会健康指标的影响,但大多数学者仍偏向从心理角度看待社会健康问题,注重人群的心理感受,从而使心理和社会健康的定义混淆。对社会健康与心理健康关系的研究方法仍以简单相关分析为主,二者相互作用的途径和机制始终不明确。因此,国外量表的修订和本土化,适合国内现状的综合社会健康量表的建立,社会健康的非心理因素的探索和干预等,应成为今后社会健康应用研究的主要方向。

---

① 阳德华.大学生抑郁、焦虑的影响因素调查[J].中国心理卫生志,2004,18(5):352-353.
② 王玲,陈怡华.师范院校学生抑郁与社会支持度的关系研究[J].中国行为医学科学,2002,11(2):216-217.

第五章 太极拳对老年人健康促进效果的实证研究

由于年龄的增大,老年人的生理机能逐渐衰退,对于疾病侵扰的抵抗能力也大大下降,综合健康水平较其他年龄段人群大大降低,这不仅影响了老年人的生活质量,同时还增加了社会的医疗负担。国际上为应对人口老龄化,提出了"健康老龄化"策略,即在老龄化社会中,使绝大多数老年人处于生理、心理和社会功能的健康状态,使社会发展不受过度人口老龄化的影响。法国哲学家伏尔泰也说,"生命在于运动",中国也有句俗语,"流水不腐,户枢不蠹",这些都说明了"动者不衰"的生命规律。太极拳对于延缓老年人机能衰退和改善慢性疾病症状具有极其重要的作用。运动医学理论也表明,老年人经常运动,可以加强心肌的力量,改善呼吸系统、神经系统的功能,预防骨质退化,提高机体对外界的适应能力等。此外,有研究表明,积极地参加太极拳锻炼,还有助于培养老年人积极的生活态度,消除其负面压力。人们在实践中也认识到,太极拳锻炼对维持健康具有低成本、高效益的特点,使其在实现"健康老龄化"中具有重大的经济和社会意义,是老年人动态、连续的健康管理过程中最重要的干预措施之一。可见,太极拳通过"康养"这一中介变量与"应对老龄化"之间建立了紧密的联系,太极拳锻炼对老年人的健康有着重要的影响。鉴于现阶段相关研究大部分都集中在太极拳锻炼的部分构成因素对老年人生理健康、心理健康、社会健康等不同指标与维度等影响的差异性分析上,未从整体上解析太极拳锻炼构成因素对老年人主、客观健康和多维度的影响。本章在上述研究的基础上进一步探讨太极拳锻炼对老年人生理健康、心理健康、社会健康以及整体自测健康的影响效果,为引导老年人科学参与太极拳康养运动提供参考。

第一节 老年人太极拳锻炼现状及效果自评

联合国发布的《世界人口展望2019:发现提要》中显示[1],全球人口正在继续增长,人口

---

[1] 河南中公教育.2020国考面试热点:养老蓝海需持续探索、规范发展.[EB/OL]. (2018-07-06) [2020-02-16]. http://he.offcn.com/html/2020/02/153571.html.

结构继续老化,其中,我国当前的老龄化率为12.0%,在全世界排第57位,预计到2050年达到26.1%,排第33位,60岁及以上人口比例将达到36.2%。国家卫生健康委的统计数据表明,截至2018年底,中国60岁及以上老年人口达2.5亿人,其中患有一种及以上慢性病的老年人比例高达75%,失能和部分失能老年人超过4 000万人,中国人均预期寿命为77.0岁,但人均健康预期寿命仅为68.7岁。可见,中国老年人"健康长寿"状况不容乐观,这也使得每年医疗费用保守估计需要150亿元。在2016年全国卫生与健康大会上,习近平主席也强调,"要重视重点人群健康,保障妇幼健康,为老年人提供连续的健康管理服务和医疗服务,努力实现'人人享有康复服务'的目标……推动全民健身和全民健康深度融合"。面对身体机能逐渐衰退的老年群体,如何保持或改善我国老龄人口的健康状况,延缓其衰老速度,将是当前和今后全社会关注的重点问题。

大量研究表明,老年人积极参加体育锻炼能有效地延缓衰老,促进身心健康。太极拳作为中国优秀传统体育项目中最具代表性的拳种,长期以来一直得到党和国家领导人的高度重视。2016年10月中共中央、国务院印发的《"健康中国2030"规划纲要》中明确提出:大力发展群众喜闻乐见的运动项目,鼓励开发适合不同人群、不同地域特点的特色运动项目,扶持推广太极拳、健身气功等民族民俗民间传统运动项目。近年来国家又提出"太极拳健康工程",要求实现太极拳从"动作"到"功能"和"价值"的重要转型。可见,作为中国民族传统体育项目的太极拳在国家实施健康中国战略和应对中国人口老龄化的时代背景下,被赋予了新使命和新任务,强调其在促进健康老龄化中的独特作用。纵观近年来国内外相关研究进展,主要集中在太极拳运动对老年人肌力、神经、消化、血液循环、呼吸等生理机能和认知、情绪等心理健康影响的实证研究方面,以及太极拳习练对老年慢性病的预防与康复作用等[1][2]。尽管这些研究从不同角度或不同层面揭示出老年人群习练太极拳的健康价值,但随着人们对健康的认识不断深化,仅仅从生理指标或心理健康指标去评价人群的健康已不能满足要求。"多元社会的综合需求让现代人更注重追求以'自感健康'为中心的个体认知与社会共融的整体健康状态。"[3]因此,本研究以"自感健康"为评价工具,对习练太极拳的老年群体进行调查,探讨习练太极拳的老年群体的基本特征、习练效果及其影响因素,以期为引导老年人群科学参与太极拳习练和老龄化社会的太极拳发展策略提供参考。

一、对象与方法

1. 研究对象

江苏省卫健委发布的《江苏省2018老年人口信息和老龄事业发展状况报告》中显示,全

---

[1] 杨晗,李涓,徐桂兴,等.国际近15年太极拳研究的文献计量及可视化分析[J].中国康复医学杂志,2020,35(3):327-333.
[2] 杨亮斌,郭玉成,史海阳.近20年中美太极拳与健康促进研究的对比分析[J].体育科学,2018,38(4):73-85.
[3] 满江虹.中国居民社会认知与自感健康关系研究:体育参与的中介效应[J].武汉体育学院学报,2017,51(9):95-101.

省户籍人口 7 835.72 万人,其中 60 岁及以上老年人口有 1 805.27 万人,占户籍人口的 23.04%,较去年同期增加 49.06 万人,占户籍人口的比例增长 0.53 个百分点,且在各年龄段上,65 岁及以上老年人人数持续增加,而 60~64 岁的年龄段的人口比上年减少 7.48 万人,全省每 5 个人中就有 1 名老人,江苏省已进入"深度老龄化社会"。江苏省也是地区经济发展不平衡的典型省份,苏南、苏中、苏北梯度差异明显,从这三个区域收集调查数据可以反映老年人太极拳习练在发达与欠发达地区的不同发展水平,可使研究更具有代表性、分析也更为全面。为此,本研究以江苏省 13 个地级市城区习练太极拳的老年人群为调查对象,对其人口学基本特征、习练行为特征、习练效果及影响效果的因素进行研究。

2. 研究方法

(1) 文献资料法

中文文献检索数据库包括中国知网、万方数据库、维普数据库等,外文文献检索数据库包含 Web of Science、ScienceDirect、Springer LINK、SPORTDiscus、EBSCOhost、PubMed 等。中文检索词为太极、太极拳、老年人等,外文检索词为 Taiji、Tai Chi、Tai Chi Quan、elderly 等,共搜集相关文章 353 篇,依据研究主题对其中相关的 60 余篇进行了研读。

(2) 问卷调查法

① 调查工具

参照《中国群众体育现状调查问卷》设计了《老年人太极拳习练状况调查问卷》,问卷内容涉及老年人的性别、年龄、受教育程度、原职业、经济收入满意度、居住情况等人口学变量;老年人学习和习练太极拳的途径与方式,习练太极拳的套路类型与数量,习练年限、时长、频次、强度,以及掌握太极拳习练的要领等行为变量;习练太极拳后的健康状况及其具体表现指标和影响因素。问卷采用再测法进行信度检验,信度系数 $R=0.92$,具有较高的可信度。

② 调查方法

基于对江苏省人口老龄化程度的差异及经济、地理位置的综合考量,在全省 13 个地级市中,选取苏州市(苏南)、南京市(苏中)和徐州市(苏北)习练太极拳的老年人进行调查。问卷调查时间为 2019 年 11 月 10 日—2019 年 12 月 15 日,在三个市老年太极拳协会的协助下,每市随机发放问卷 100 份,共 300 份,回收 300 份,有效问卷 267 份,其中苏州市 83 份,南京市 89 份,徐州市 95 份。问卷要求调查对象独立完成填写,如调查对象的读写能力不足以独立完成问卷,则由调查员逐条询问,调查对象做出判断,调查员记录。

③ 数理统计法

运用 Microsoft Excel 建立数据库,运用 SPSS 20.0 软件进行统计描述、卡方检验和二元 Logistic 回归分析。显著性水平以"$0.01<P<0.05$"为显著差异,"$P<0.01$"为非常显著差异。

二、研究结果

1. 太极拳习练老年群体的人口学特征

表 5.1 中统计数据显示,在性别上,女性老年人参与的比例显著高于男性老年人;在年

龄上,66～70岁年龄段的老年人占比最大,表现出中间高两边低的趋势;在受教育程度上,受过初等教育的老年人比例较高,小学及以下老年人参与比例较少;在退休前所从事的职业上,工人最多,其次是干部身份的老年人;在经济收入满意度上,对个人收入感到满意的老年人参与太极拳习练的积极性显著高于经济收入一般和不满意的老年人;在居住情况上,与子女同住的老年人参与比例显著高于未与子女同住的老年人。

表 5.1 习练太极拳老年群体的人口学特征

类别	指标	人数/人	百分比/%
性别	男	105	39.3
	女	162	60.7
年龄	60～65 岁	33	12.4
	66～70 岁	131	49.1
	71～75 岁	88	33.0
	76 岁及以上	15	5.6
受教育程度	小学及以下	20	7.5
	初中	111	41.6
	高中(中专)	94	35.2
	大学(含大专)及以上	42	15.7
原职业	干部	67	25.1
	工人	109	40.8
	个体	57	21.3
	其他	34	12.7
收入满意度	满意	163	61.0
	一般	90	33.7
	不满意	14	5.2
居住情况	与子女同住	153	57.3
	未与子女同住	114	42.7

2. 太极拳习练老年群体的行为特征

表 5.2 中的统计结果显示,老年群体习练太极拳的年限为 1～5 年的居多,5～10 年的次之,其中有 55.1% 的老年人每周习练 5 次及以上,有 80% 以上的老年人每次习练时长超过 30 min,有 67.4% 的老年人习练强度为微微出汗(冬季),超过 60% 的老年人学习和习练太极拳都以"有组织"的集体形式参与;在习练太极拳套路的类型和数量上(具体表述在"附录一"中),习练 24 式太极拳的老年人最多,占 67.0%,其次是 42 式太极拳(52.4%),再次是杨式(42.7%)和陈氏(33.0%),其中有 41.9% 的老年人只习练 1 种套路;在掌握太极拳习练要领类型和数量上(具体表述在"附录一"中),有 75.7% 的老年人能做到"心静,全神贯注地投

入打太极拳中",其次是"身正,头始终随着身体方向的变换而变换"和"动作匀速,连绵不断"的掌握,分别占 55.8% 和 43.4%,能做到"上下相随,内外合一,动静结合"要领的老年人占调查人数的 30%,有 18.7% 的老年人只掌握 1 项习练要领。

表 5.2 习练太极拳老年群体的习练行为特征

类别	指标	人数/人	百分比/%
习练年限	1 年以下	57	21.3
	1~5 年(不包含 5 年)	124	46.4
	5~10 年(不包含 10 年)	71	26.6
	10 年及以上	15	5.6
习练频次	每周 1~2 次	26	9.7
	每周 3~4 次	94	35.2
	每周 5 次及以上	147	55.1
习练时长	30 min 及以下	47	17.6
	31~60 min	124	46.4
	61 min 及以上	96	36.0
习练强度	全身微热	75	28.0
	微微出汗	180	67.4
	出汗较多	12	4.5
学习途径	跟朋友学	55	20.6
	跟协会或组织学	167	62.5
	其他途径	45	16.9
练习形式	自己个人	78	29.2
	亲戚朋友	12	4.5
	协会或组织	177	66.3
套路数量	1 套	112	41.9
	2 套	65	24.3
	3 套	46	17.2
	4 套及以上	44	16.5
要领数量	1 点	50	18.7
	2 点	77	28.8
	3 点	56	21.0
	4 点	44	16.5
	5 点及以上	40	15.0

3. 太极拳习练老年群体的健康促进效果

表 5.3 中老年人参与太极拳习练后健康状况总体感受和具体表现指标统计结果显示,85.8% 的老年人自感太极拳习练对自己健康状况改善明显,具体改善指标中,"腿脚灵活"和

"睡眠改善"的认可度超过60%,"食欲提高""免疫力提高""乐观开朗"和"乐于交流"等指标方面认可度也较高,表明太极拳习练对老年人健康的改善具有"全面性"特征。

表5.3 老年人参与太极拳习练后总体健康状况的变化情况

类别	指标	人数/人	百分比/%
健康效果	效果明显	229	85.8
	效果一般	38	14.2
具体表现	食欲提高	129	48.3
	睡眠改善	170	63.7
	腿脚灵活	178	66.7
	免疫力提高	159	59.6
	乐观开朗	158	59.2
	乐于交流	147	55.1

4. 影响老年群体太极拳习练健康促进效果的因素

(1) 影响老年群体太极拳习练效果因素的操作化处理

因变量:太极拳习练促进健康的总体效果评价。"总体效果"通过问题"参与太极拳习练后,您觉得太极拳改善您总体健康状况的效果如何"来测量。选项:1="不好",2="不太好",3="一般",4="较好",5="好"。依据指标量化处理要求将"总体效果"处理成分类变量。考虑样本含量不大,在具体操作时,我们将"总体效果"操作化为二分类变量,"较好""好"归为"效果明显"类别,即有效果(=1),而"不好""不太好"和"一般"效果评价视为"效果一般"处理,即没效果(=0)。自变量:性别、年龄、受教育程度、原职业、收入满意度、居住情况、习练年限、习练频次、习练时长、习练强度、习练形式、套路数量、学习途径、要领数量,其中套路数量和要领数量均为连续型变量,具体赋值如表5.4所示。

表5.4 变量的相关描述

变量类型	变量名	变量性质	最小值	最大值	变量值的含义
因变量	习练效果	二分类	0	1	1="有效果";0="没效果"
自变量	性别	二分变量	0	1	0="男性";1="女性"
	年龄	定类变量	1	4	1="60~65岁";2="66~70岁";3="71~75岁";4="76岁及以上"
	受教育程度	定类变量	1	4	1="小学及以下";2="初中";3="高中(含中专)";4="大学(含大专)及以上"
	原职业	定类变量	1	4	1="干部";2="工人";3="个体";4="其他"

(续表)

变量类型	变量名	变量性质	最小值	最大值	变量值的含义
自变量	收入满意度	定类变量	1	3	1="不满意";2="一般";3="满意"
	居住情况	二分变量	0	1	0="与子女同住";1="未与子女同住"
	学习途径	定类变量	1	3	1="跟朋友学";2="跟协会或组织学";3="其他途径"
	习练年限	定类变量	1	4	1="1年以下";2="1～5年(不包含5年)";3="5～10年(不包含10年)";4="10年及以上"
	习练频次	定类变量	1	3	1="每周1～2次";2="每周3～4次";3="每周5次及以上"
	习练时长	定类变量	1	3	1="30 min 及以下";2="31～60 min";3="61 min 及以上"
	习练强度	定类变量	1	3	1="全身微热";2="微微出汗";3="出汗较多"
	习练形式	定类变量	1	3	1="自己个人";2="亲戚朋友";3="协会或组织"
	套路数量	连续变量	1	7	习练套路的数量
	要领数量	连续变量	1	5	掌握习练要领的数量

(2) 影响老年群体太极拳习练健康促进因素的 Logistic 回归

运用 Enter 法进行 Logistic 回归,根据结果计算变量的偏回归系数及其标准误、Wald χ^2、自由度、P 值,及 Exp(B)值,由表 5.5 可见:在人口学变量中,"受教育程度"和"收入满意度"因素显著影响老年人太极拳习练的效果,尤其是"收入满意度"因素。受教育程度越高、经济收入越满意的老年人习练太极拳对健康促进的效果越好。在习练行为因素中"习练时长""习练方式"和"要领数量"因素也显著影响老年人太极拳习练的效果。每次习练时长越长、以集体形式习练和掌握太极拳习练要领的数量越多的老年人太极拳习练对健康促进的效果也越好。

表 5.5 老年人太极拳习练效果影响因素的 Logistic 回归分析

因素	回归系数 B	标准误	卡方值	自由度	显著性	Exp(B)
受教育程度	0.666	0.298	4.994	1	0.025	0.514
收入满意度	1.940	0.491	15.620	1	0.000	0.144
习练时长	1.557	0.437	12.682	1	0.000	4.743
习练方式	0.848	0.361	5.503	1	0.019	0.428
要领数量	0.403	0.167	5.806	1	0.016	1.496
常量	−4.591	2.406	3.641	1	0.046	98.547

三、分析讨论

1. 习练太极拳老年群体人口学特征的分析

随着我国经济社会不断发展,体育锻炼已成为越来越多的居民培养和形成健康生活方式的重要手段。伴随着我国人口老龄化程度的加剧,经常参加体育锻炼的健身者中,老年人的数量和比例不断增长。《健康中国行动(2019—2030)》中明确提出全民健身行动的目标之一是到 2022 年和 2030 年,经常参加体育锻炼人数比例分别达到 37% 及以上和 40% 及以上。2014 年国家体育总局关于全民健身活动状况的调查结果也显示,我国城乡居民经常参加体育锻炼的比例已达到 33.9%,但其中 20~69 岁居民经常锻炼率仅为 14.7%,成年人处于较低水平[①]。查阅以往相关研究报道,大多数研究都是从总体上了解和评价群众体育参与情况,较少关注体育参与中的老年人的特征和老年人体育参与的异质性特征。因而,依据群众总体体育参与情况难以全面有效地评估或制定老年人体育发展的目标与政策,对引导老年人参与合适的体育项目也难以产生重要的影响。随着人口老龄化的不断加剧,太极拳健康价值的不断丰富,以"体医融合""太极拳健康工程"等形式开展的太极拳全面推广活动正面临着前所未有的发展机遇,但太极拳的基本属性决定了它不可能完全取代老年人的所有体育活动,且由此会导致太极拳的老年目标群体存在较大差异。通过了解和把握太极拳老年目标群体的基本人口学特征,对于进一步深入推广太极拳和扩大太极拳习练的老年人口数量具有重要的参考价值。

我们知道,太极拳作为我国传统体育项目中最具代表性的拳种,它以中国传统儒道哲学中的太极、阴阳辩证理念为核心思想,结合易学的阴阳五行之变化、中医经络学、古代的导引术和吐纳术等,形成一种内外兼修、柔和、缓慢、轻灵、刚柔相济的传统健身养生项目。对于处于身体机能衰退期的老年群体而言,选择相对舒缓、节奏相对缓慢的太极拳项目无论从其传统文化内涵还是运动特征,都是较为合适的经常性体育健身养生手段。但在众多有关老年人经常参与体育锻炼项目类型的调查研究中却发现,参与太极拳锻炼的老年人数量和比例往往低于参与健步走、广场舞、排舞、慢跑和游泳等项目的老年人数量。如京津冀地区城市老年居民参与体育锻炼的项目依次是健步走、排舞、健身路径、乒乓球等,太极拳只占 4.44%;[②]上海市老年人主要的休闲体育项目是走步、老年人健美操、广场舞[③];张云策等的关于河北保定市辖区老年人体育锻炼项目的调查结果也显示,老年人的主要锻炼项目为快步走、跑步、健美操、舞蹈等[④]。南京市老年人参与体育活动排在前 10 位的项目,首先是慢跑、长走、登山等健身性项目,其次是健美操、交谊舞、体育舞蹈、民间舞蹈等健美性项目,最

[①] 浙江省体育局.国务院印发《国务院关于实施健康中国行动的意见》[EB/OL]. (2019-06-25)[2020-09-10]. http://www.sport.gov.cn/n316/n338/c917611/content.html.
[②] 李捷,王凯珍.京津冀地区城市老年居民体育锻炼参与现状研究[J].首都体育学院学报,2018,30(3):226-231.
[③] 王红英,翟英姿.上海市老年人休闲体育参与的现状调查与研究[J].沈阳体育学院学报,2015,34(1):61-66.
[④] 张云策,乔丹,魏芳,等.保定市老年人体育锻炼行为现状及相关因素分析[J].现代预防医学,2016,43(16):2988-2992.

后是健身气功、太极拳等特色民族性养生项目①。可见,老年群体的个人因素影响其对经常参与的体育健身项目的选择。高亮、王莉华的研究也证实,老年人的年龄、性别、文化程度、离退休前的职业、经济收入等人口学因素对体育活动项目的选择都具有显著影响②。由此可推测,经常习练太极拳的老年群体应具有独特的人口学特征。

本研究的研究结果表明,习练太极拳的老年群体在性别特征方面,女性老年人的比例显著高于男性老年人。这一特征不同于一般体育活动的不同性别比例的调查结果,如李捷、王凯珍对京津冀地区城市老年居民参加体育锻炼情况的调查显示③,男性占51.11%,女性占48.89%,性别比例差异不显著;王冬华等对长沙城市社区老年人体育锻炼参与情况的调查也显示,尽管老年女性比例高于老年男性,但性别差异也无统计学意义④;姜娟等对沈阳市太极拳健身站点进行调研,结果显示,从事太极拳习练的老年人中男性人数占28.4%,明显少于女性的71.6%,这一结果与本研究的结果相一致⑤。分析认为可能是由于不同性别对运动项目特点的偏爱不同所致,一般而言,"女性老年人对具有一定表演性的、运动强度相对偏小的运动项目有所偏爱"⑥,而太极拳的运动特征与此相符。在年龄特征方面,66~70岁年龄段和71~75岁年龄段老年人参与太极拳习练的比例较高,分别达到49.1%和33.0%。这与我国2017年国家统计局人口统计结果"60~64岁(5.9%)、65~69岁(4.5%)、70~74岁(2.8%)、75~79岁(1.7%)、80~84岁(1.28%)、85~89岁(0.58%)"基数不相一致;李捷、王凯珍的调查也发现参加体育锻炼的城市老年居民年龄差异较大的规律⑦。习练太极拳的老年群体呈现出这一年龄特征,可能与太极拳运动对参与者的身体素质和运动技术水平等要求较高有关,60~65岁年龄段的老年人刚离开工作岗位,社会角色、心理适应以及家务等因素使得这一年龄段的老年人没有充裕时间系统学习和掌握太极拳的运动技术与健身原理,75岁及以上年龄段的老年人又随着年龄的增长,老年性疾病增多,身体素质和机能下降,导致个人完成太极拳技术动作困难加大,害怕受伤等因素,使得参与太极拳习练的老年人越来越少。而66~75岁年龄段的老年人相对而言身心已适应角色转换,身体状况良好且有充裕的时间,使得这一年龄段的老年人口有较高的参与比。

在受教育程度、原职业和收入满意度方面,习练太极拳的老年群体主要是受过中等教育、对经济收入满意的工人和干部。已有研究表明,受教育程度、原职业和收入满意度三者

---

① 高亮,王莉华.基于人口学因素的老年人体育活动行为特征[J].上海体育学院学报,2015,39(6):68-76.
② 浙江省体育局.国务院印发《国务院关于实施健康中国行动的意见》[EB/OL].(2019-06-25)[2020-09-10]. http://www.sport.gov.cn/n316/n338/c917611/content.html.
③ 李捷,王凯珍.京津冀地区城市老年居民体育锻炼参与现状研究[J].首都体育学院学报,2018,30(3):226-231.
④ 王冬华,邓雪英,刘智群,等.长沙市社区老年人体育锻炼现状[J].中国老年学杂志,2015,35(9):4976-4979.
⑤ 姜娟,郭英杰,付彦铭,等.沈阳市老年人太极拳锻炼效果的诊断与测评标准的构建[J].沈阳体育学院学报,2013,32(6):6127-131.
⑥ 王富百慧,谭雁潇.我国老年人体育锻炼的队列分化机制研究:基于个体、家庭和社会网络支持的视角[J].中国体育科技,2019,55(10):22-32.
⑦ 同③.

相关性较高,对老年人参与体育锻炼的影响上也具有较高的一致性①。从全国第六次人口普查数据来看,60岁及以上的老年人口平均受教育年限约为6.0年,不识字率高达21.1%,高等教育普及率只有3.3%,初中尤其是高中的普及程度或入学率较低②③。可见,习练太极拳的老年群体中以接受过中等教育的老年人为主,表明参与太极拳习练的老年群体在同龄人中受教育程度相对较高。分析认为,一方面,受过较高教育水平的老年人比较在意自己的健康状况,对参与体育的积极性相对较高,另一方面,深刻认识和理解太极拳深厚的健身养生文化内涵本身对习练者的"悟性""修养"等传统知识文化的储备要求也较高。如有研究表明④,文化程度与喜好的体育项目有一定的关系,低文化层次的群体体育活动项目内容相对单调。近年来,随着太极拳由"乡村民间而进入城市"、由"低位文化而趋向高位文化"的转型与发展,使得参与太极拳习练的老年群体的社会层级结构发生了较大变化,更多不仅有着较好的健康状况,而且拥有较多健康资源的城市老年居民参与到太极拳的学习和习练中,他们参与太极拳习练不再仅限于健康诉求,而更多的是追求文化品位和社会价值认同,太极拳优雅的动作、丰富的传统文化内涵正迎合了这一社会阶层的需求。本研究调查统计结果也显示,习练太极拳的老年人原职业多为工人和干部,且60%以上对个人经济收入满意。这一调查结果进一步佐证了上述推测的合理性。可见,与同龄人相比,城区参与太极拳习练的老年群体一定程度上呈现出受教育程度较高、收入较高和职业声望较高的"三高"特征。这提示我们针对城区习练太极拳的老年群体的社会阶层结构特征,如何做好原生态太极拳"乡土文化"与"现代文化"的融合以及"文化再生产",是新时代太极拳文化推广与传播亟须思考的现实问题。

2. 习练太极拳老年群体参与行为特征的分析

《全民健身计划纲要》中指出,经常参加体育锻炼的人口数是衡量国民体育锻炼参与程度的重要指标。经常参加体育锻炼人口的标准是每周参加锻炼的频次为3次及以上,每次锻炼持续时间30 min及以上,每次锻炼强度达到中等及以上。我国连续多年的国民体质监测结果表明,个体的身体素质、健康水平与是否达到经常参加体育锻炼人口标准具有明显的正相关性。本研究结果显示,习练太极拳的老年群体中有90%以上达到经常参加体育锻炼人口标准,与"京津冀地区城市老年人参与一般体育锻炼项目的75%的'达标率'"⑤相比,差异极显著($P<0.01$),表明习练太极拳的老年群体的健身意识和健身素养总体水平相对较高。

具体指标特征方面,在每周习练频次上,城区习练太极拳的老年群体参与频次高于其他体育项目的老年群体。如李捷、王凯珍对北京市城区老年人体育锻炼现状的调查显示,每周

---

① 部义峰,周武,赵刚,等.社会分层视域下中国居民体育参与、偏好与层化研究[J].中国体育科技,2015,51(5):78-84.
② 翟振武,陈佳鞠,李龙.中国人口老龄化的大趋势、新特点及相应养老政策[J].山东大学学报(哲学社会科学版),2016(3):27-35.
③ 廖其发.新中国70年义务教育的发展历程与成就[J].西南大学学报(社会科学版),2019,45(5):5-15.
④ 侯广斌,任海.郴州市城区群众对体育锻炼项目选择的因素分析[J].中国体育科技,2003,39(5):33-36.
⑤ 李捷,王凯珍.京津冀地区城市老年居民体育锻炼参与现状研究[J].首都体育学院学报,2018,30(3):226-231.

锻炼3次及以上的占78.62%①；魏文、闫斌对西安市老年人的调查显示，每周锻炼3次及以上的占76%②；张东海等对京津冀地区参与羽毛球锻炼的老年人进行调查，结果显示，参加羽毛球锻炼的频次平均每周不足1次的占49.1%，每周1～2次的占31.2%，每周3次及以上的只占19.7%③。本研究统计显示，习练太极拳的老年人每周锻炼3次及以上的占90.3%，其中每周5次及以上的也达到55.1%，这一研究结果与姜娟等对沈阳市参与太极拳习练的老年人调查的结论"每周习练3次及以上的占86.6%，其中有70.1%的老年人每周习练太极拳5～7次"④基本一致。可见，习练太极拳的老年群体每周参与锻炼的频次较高。分析认为，一方面，与我国老年人退休后闲暇时间相对充裕有关，另一方面，可能由于太极拳在我国有较好的群众基础，对场地设施要求不高，参与者往往无需付费便能学习和习练太极拳，从而使得老年人参与者习练的频次较高。在每次习练持续时间上，习练太极拳的老年群体每次习练的持续时间相对较长。如京津冀地区参加羽毛球锻炼的老年人平均每次锻炼的时间<30 min的占总数的47.2%，30～60 min的占46.5%，60 min及以上的占6.3%⑤；杨凡等依据2016年中国老年社会追踪调查（CLASS）数据进行统计，结果显示⑥，平均每次锻炼时长不足30 min的有32.59%，有51.54%的老年人平均每次体育锻炼时长在30～59 min，平均每次参与体育锻炼的时长在60 min及以上的有15.87%；常佳等对山东日照市区老年人体育锻炼现状调查显示，有41.3%的老年人每次锻炼时间在30 min以内，47.8%的老年人每次锻炼31～60 min，10.9%的老年人每次锻炼时长超过60 min⑦。本研究中，有82.4%的习练太极拳的老年人每次习练持续时间超过30 min，其中36.0%的老年人持续时间在61 min及以上，只有17.6%的老年人习练时长不足30 min。姜娟等对习练太极拳的老年人的调查也显示⑧，有42.5%的老年人每次太极拳习练在30～60 min，每次进行60 min以上太极拳习练者占28.4%。可见，相比较而言，习练太极拳的老年群体每次习练持续时间较长，每次习练持续时间不足30 min的老年人群较少，分析认为这可能与太极拳项目本身运动强度较小有关。在习练强度上，本研究显示，习练太极拳的老年群体大部分达到身体微微出汗的中等运动强度（冬季）（67.5%），出大汗的大强度较少（4.5%）。姜娟等对习练太极拳的老年人的调查结果也显示⑨，每次太极拳习练中有72.7%的老年人微微出汗，有12.1%的老年人

---

① 李捷,王凯珍.京津冀地区城市老年居民体育锻炼参与现状研究[J].首都体育学院学报,2018,30(3):226-231.
② 魏文,闫斌.西安市老年人体质及社区体育状况调查[J].中国老年学杂志,2014,34(12):7056-7059.
③ 张东海.京津冀地区老年人自主参与羽毛球运动现状[J].中国老年学杂志,2014,34(6):1626-1627.
④ 姜娟,郭英杰,付彦铭,等.沈阳市老年人太极拳锻炼效果的诊断与测评标准的构建[J].沈阳体育学院学报,2013,32(6):127-131.
⑤ 同③.
⑥ 杨凡,潘越,邹泽宇.中国老年人体育锻炼状况及影响因素研究[J].中国体育科技,2019,55(10):10-13.
⑦ 常佳,王莎莎,李爱娇,等.山东省日照市社区老年人体育锻炼现状及影响因素分析[J].现代预防医学,2018,45(3):496-501.
⑧ 同④.
⑨ 同④.

出透汗。而张东海对津冀地区老年人参与羽毛球运动强度的调查却显示①,与不锻炼相比变化不大者占总数的58.3%,微微出汗者占27.5%,出汗较多者占14.2%。可见,习练太极拳的强度特征不同于参与其他项目的运动强度,可能与太极拳属于比较典型的有氧运动项目有关。

另外,在太极拳学习途径和习练形式上,"有组织"的特征比较明显,老年群体学习太极拳技术的主要途径是跟随辅导班或太极拳协会、社区组织等进行"有组织"的学习(62.5%),显著高于跟朋友学(20.6%)和跟书籍或光盘学等(16.9%)其他学习途径;同样,老年群体习练太极拳的主要形式也是跟随协会或社区这一有组织的形式(66.3%),和家人、亲戚、朋友等一起参与的比例只占4.5%,自己个人学习的也只占29.2%。与当前老年人群选择"散步、健步走、跑步、广场舞"②等健身项目相比,如杨凡等依据2016年中国老年社会追踪调查(CLASS)数据统计,结果显示,有77.31%的老年人在体育锻炼过程中"无人指导",有15.25%的老年人由"有锻炼经验的邻居或朋友"进行指导,而使用其他指导方式如社区体育指导员、学校体育教师、体育工作志愿者等的老年人数量占比均未超过2%,进而得出"当前我国老年体育锻炼专业指导欠缺,绝大多数老年人在进行体育锻炼的过程中没有人进行指导,少部分老年人由身边有相关经验的邻居或朋友进行指导,而由有组织的专门人员指导的老年人则更少"的研究结论③;李捷、王凯珍对京津冀城市老年人锻炼行为的调查显示,主要锻炼形式依次是与朋友同事一起锻炼、个人锻炼、和家人一起锻炼及参与社区组织的活动④;黄山等对安徽省城市社区老年体育健身现状的调查也显示,参加有组织活动的占12.93%,与家人结伴活动的占13.52%,独自或与朋友结伴的自由式活动占56.46%⑤;王红英等对上海市老年人参与体育协会活动的调查显示,有78.7%的人不参与老年协会组织的老年体育活动,只有21.3%的人参加老年体育协会组织的老年人体育活动,其中单项体育协会中,健美操协会组织锻炼活动时老年人参与人数最多,但也只有17.7%⑥。尽管当前总体上我国"社区老年体育组织化程度较低,老年体育健身组织尚不健全"⑦,但老年群体学习和习练太极拳仍以"有组织"的形式为主,这可能与太极拳项目蕴含丰富的运动要素和深厚的健康文化内涵有关。老年群体习练太极拳获取健康效益需要不断提高自身的理论和技术水平,有组织的协会或社区的锻炼形式为参与太极拳习练的老年群体提供了相互学习与交流的有效平台。如杨永惠的调查显示,有82.69%的老年太极拳习练者认为良好的环境和具有

---

① 张东海.京津冀地区老年人自主参与羽毛球运动现状[J].中国老年学杂志,2014,34(6):1626-1627.
② 常佳,李莎莎,李爱娇,等.山东省日照市社区老年人体育锻炼现状及影响因素分析[J].现代预防医学,2018,45(3):496-501.
③ 杨凡,潘越,邹泽宇.中国老年人体育锻炼状况及影响因素研究[J].中国体育科技,2019,55(10):10-13.
④ 李捷,王凯珍.京津冀地区城市老年居民体育锻炼参与现状研究[J].首都体育学院学报,2018,30(3):226-231.
⑤ 黄山,郑贺,李显国,等.安徽省城市社区老年体育健身现状的调查与分析[J].山东体育学院学报,2010,26(11):16-20.
⑥ 王红英,翟英姿.上海市老年人休闲体育参与的现状调查与研究[J].沈阳体育学院学报,2015,34(1):61-66.
⑦ 同④.

较高水平的体育指导员,是他们能持续从事太极拳习练的前提条件[①]。这也提示我们,在当前社区老年体育组织发展现状与习练太极拳的老年群体"有组织"特征的要求还存在一定差距的现实困境下,要实现"到2030年,我国将建立起以'太极拳健康工程'为核心的太极拳公共服务体系"的目标,培养一支稳定的太极拳核心骨干队伍,完成社区太极拳辅导站点的全覆盖,和完善各级老年太极拳协会或社区太极拳组织建设,将是今后一段时间太极拳老年人体育公共服务体系建设的首要和重点工作。

老年群体习练太极拳的内容和要领的掌握情况,一定程度上能反映出当前太极拳在老年人群体中推广的广度与深度。本研究发现,长期只习练1种太极拳套路的老年人数量最多,占41.9%。在太极拳类型上,习练24式的老年人数量最多(67.0%),其次是42式太极拳(52.4%)和48式(51.6%),再其次是杨式(42.7%)和陈氏(33.0%)太极拳,习练吴式、武式、孙式等太极拳套路的老年人数量相对较少。这与杨永惠[②]、李之俊[③]对城市社区习练太极拳老年群体现状调查的结果基本一致。新中国成立后编创的易学、易教、易懂的简化太极拳健身套路在老年群体中普及程度相对较高。习练传统太极拳套路的老年人数偏少,这既可能与动作难度较大、不易掌握有关,又可能与宣传、推广的力度不够有关。这提示我们在"大力发展群众喜闻乐见的运动项目,鼓励开发适合不同人群、不同地域特点的特色运动项目,扶持推广太极拳、健身气功等民族民俗民间传统运动项目"(《"健康中国2030"规划纲要》)的政策背景下,一方面,要加强传统太极拳的宣传力度,使各流派太极拳在服务"健康中国战略"中得到全面、均衡的发展,另一方面,要组织太极拳名家及科研人员,创编一系列满足老年人健身需求的分级简化的太极拳健身套路。另外,大量研究也证实,太极拳不是简单的"肢体运动",习练者只有"明其理,知其要,参其行",才能"享其功,得其果"[④],因而老年群体欲通过习练太极拳获得健康效益,正确理解和掌握习练要领至关重要。从列举的太极拳身体姿势、运动特点、健康要义等习练要领掌握情况的统计结果来看,掌握2点要领的老年人居多(28.8%),且随着掌握要领数量的增加,人数减少非常显著。表明当前习练太极拳的老年群体对太极拳的拳理、身体姿势、运动特点等的"太极拳味道"的理解和掌握还不够理想,提示今后在老年健身群体中进一步推广普及太极拳时,要加强对健康思想、运动特点和技术要领科学性与规范性的要求。

3. 习练太极拳促进老年群体健康效果的分析

老年人参与体育锻炼后能感知自身健康状况有所改善或提高,是其坚持或提高锻炼积极性的重要动力因素。实现健康老龄化的首要目标是降低老年人患慢病的概率,而适宜的体育锻炼能有效地预防慢病的发生或对慢病症状有缓解作用。在老年人体育锻炼效果的实

---

① 杨永惠.临沂市社区太极拳活动的现状研究[J].西安体育学院学报,2004,21(6):47-50.
② 同①.
③ 李之俊,沈勋章,阮恩茜,等.上海市社区中老年人习练太极拳现状调查与分析[J].上海体育学院学报,2003,27(5):75-78.
④ 高亮,王岗,张道鑫.太极拳健康智慧论绎[J].上海体育学院学报,2020,44(7):54-60.

际调查中,大多数老年人也常常把是否患有老年慢病或锻炼前后已患慢病症状是否好转等作为锻炼效果的客观评价指标。但随着医学的空前发展和科技的进步,相继发现和阐明了许多疾病的成因、机理,人们认识到健康不仅是没有疾病,还包括生物、社会、心理因素等多个维度,实践中很难用"是否患有慢病或慢病症状是否好转"这一客观指标来全面评估健康状况。因而,现实生活中研究者也常常把参与体育锻炼前后基于全面感知的总体评价"更好、没有变化、更差"等一种综合性主观健康评价来全面评估体育锻炼的效果。如1972年世界卫生组织的调查中设置了"对自己(家人)的健康状况与其他同龄人相比,并估计自己的健康情况是:非常好、好、一般、差";美国国民健康调查也设置了"平时,您认为您的健康是:非常好、很好、好、一般、差"[1];中国社会科学调查中心在《中国家庭动态跟踪调查问卷》中也设置了"自身的情况与前一年相比,健康状况是:健康、一般、比较不健康、不健康、非常不健康"[2]。除大规模的社会健康调查外,许多学者在老年人口的健康评价研究中也采用该指标,如芦鸿雁等对西部地区宁夏城乡老年人健康自我评价的研究[3],Idler等学者对老年人健康自评与死亡率的研究等[4]。这些研究结果都较为一致地表明,健康自评是获得个体全面健康状况的一个有效、可靠的测量方法[5][6]。如Tessler等人认为健康自评能够更全面地反映功能失调和机体症状;Hays等人也认为健康自评可以作为健康概念的一部分。另外,还有一些研究表明,健康自评不但能显示个体当前的健康状况,也能够从一定程度上预测个体将来的健康状况,如国内外的前瞻性研究显示,健康自评好的老年人死亡的危险低于健康自评不好的老年人,健康自评是预报死亡风险的独立危险因素等[7]-[9]。高亮等进一步就老年人健康自评结果与客观体质健康测试指标、心理健康测量指标之间的相关性做了研究[10]。

就本研究的健康自评结果而言,有85.8%的老年人自评参与太极拳习练后健康状况改善明显,健康自评结果为较好或好。朱健民对上海市普通老年群体健康自评调查的结果显示,有半数以上的老年人对自己的健康状况表示不满意[11]。可见太极拳习练与老年群体健

---

[1] 李坚,Fielding R,Hedley A J,等.自感健康的概念及其重要性[J].中国社会医学,1995(3):11-12.
[2] 李运明.国人健康风险模型及风险评估方法研究[D].西安:第四军医大学,2011:15-20.
[3] 芦鸿雁,王秀兰,靳修,等.西部地区宁夏城乡老年人健康自我评价的对比研究[J].现代预防医学,2015,42(15):2767-2770.
[4] Idler E, Leventhal H, McLaughlin J, et al. In sickness but not in health: self-ratings, identity, and mortality[J]. Journal of Health Social Behavior, 2004,45(3):336-356.
[5] 吴维东,任晓晖,李宁秀.成都市高新区老年人健康自评影响因素分析[J].现代预防医学,2016,43(10):1801-1805.
[6] 许军,陈和年.自测健康及其应用研究[J].国外医学(社会医学分册),1998,15(3):105-109.
[7] McGee D L, Liao Y L, Cao G C, et al. Self-reported health status and mortality in a multiethnic US cohort[J]. American Journal of Epidemiology, 1999, 149(1):41-46.
[8] 艾斌,王硕,星旦二.老年人主观健康感觉与生存时间关系研究:以沈阳市城市老年人9年跟踪数据为中心[J].中国卫生统计,2015,32(5):875-879.
[9] 吴晓光,汤哲,方向华,等.健康指标对老年人发生死亡预测价值的前瞻性研究[J].中华流行病学杂志,2004,25(4):325-329.
[10] 高亮,李晓智.体育锻炼对老年人全面健康影响的理论与实践研究[M].北京:人民体育出版社,2018:56-83.
[11] 朱健民.老年人生活方式对健康自我完好评价的影响[J].体育科学,2006,26(9):54-58.

康自评有密切关系,太极拳习练能够提高老年人对自身健康状况的自评结果。另外,研究中还发现有14.2%的老年人健康自评结果为不好或一般,笔者进一步分析这部分老年人习练太极拳的行为,发现存在掌握太极拳习练要领少、习练时长短和习练频率低等问题。对健康状况改善明显的老年群体进行进一步调查发现,在"食欲提高、睡眠改善、腿脚灵活、免疫力提高、乐观开朗和乐于交流"等生理、心理和社会健康功能表现指标上都有所体现,认可度均在60%左右,且指标之间差异不显著($P>0.05$),表明习练太极拳能全面改善老年人的健康状况,有效提高老年人的整体健康水平。

我们知道随着人口老龄化程度的加深,老年人跌倒问题日益突出,已成为社会主要的公共卫生问题和临床问题[1],衰老最先出现的症状就是腿脚不灵活,俗语说"人老先老腿"。太极拳运动的特点要求屈膝降低重心,步法完成都要历经两下肢单独、共同、再单独支撑体重的过程[2],这种人体重心处于较低的状态,人体髋、膝、踝的屈、伸、内收和外展的动作,极为有利地活动了下肢各关节部位,强化了膝关节周围的本体感受器的功能,改善了小腿三头肌、股四头肌等下肢的肌力。另外,太极拳运动又强调身、心、意、神的结合,这也有助于保持神经系统的灵敏性,加强下肢肌肉的协同与控制,提高反应和姿势控制能力。可见,太极拳这些运动特征与习练要求都有利于提高老年人的腿脚灵活度,有研究也证实,经常进行太极拳锻炼的老年人,不但膝和踝关节本体感觉好于久坐者,且踝关节的运动知觉也好于长期进行游泳或跑步锻炼的老年人[3]。同样,老年人随年龄的增长,免疫系统也会发生淋巴细胞数量与功能的下降、胸腺缩小等生理性的衰退变化,引起机体的免疫力下降,而太极拳习练过程中注重"三调"合一,既有利于改善神经系统、心血管系统、内分泌系统、呼吸系统等的功能,也有利于促进机体副交感神经和交感神经活性的增强和下降,降低机体应激的敏感性,达到通过"心理—神经—内分泌系统—免疫轴"[4]调节免疫状况,改善或提高老年人机体的免疫功能。如王晓军的研究发现,经过6个月太极拳习练后,老年人血液中NK细胞(自然杀伤细胞)的含量增加,一次性太极拳习练可明显提高血液中的NK细胞百分含量[5]。任丽娟对50名习练太极拳的老年人进行追踪调查,"92%的老年人认为太极拳习练对免疫系统功能有明显的改善,练习后普遍减少了感冒和因感冒继发的扁桃体炎、咽炎、气管炎、肺炎等疾病的发生率,以及因气管炎引起的肺气肿、肺心病"等[6]。就太极拳习练能改善老年人睡眠质量而言,有调查显示[7],适度参与太极拳习练可以改善老年人的睡眠质量。Chan等的随机对照研究也发现,太极拳习练可以改善老年人夜间睡眠障碍,认为太极拳习练是一项非药

---

[1] 乾清华.太极拳对老年人平衡能力影响的实验研究[J].体育学刊,2009,16(8):102-105.
[2] 姜娟.太极拳与健步走对老年人行走稳定性影响的比较研究[J].沈阳体育学院学报,2012,31(4):122-127.
[3] Xu D Q, Li J X, Hong Y. Effects of long term Tai Chi practice and jogging exercise on muscle strength and endurance in older people[J]. British Journal of Sports Medicine, 2006, 40(1): 50-54.
[4] 杨再惠,周兴伟.陈式太极拳功法对中老年人肺功能及免疫功能影响的研究[J].北京体育大学学报,2005,28(9):1212-1223.
[5] 王晓军.太极拳对老年人NK细胞的影响[J].北京体育大学学报,2004,27(5):644-646.
[6] 任丽娟.太极拳运动对老年人养生保健的作用[J].中国临床康复,2006,10(47):25-29.
[7] 刘志荣,倪进发.合肥市离退休老年人群生活质量的流行病学研究[J].中国公共卫生,2003,19(2):230-232.

物改善睡眠的有效方法①。张轶丹通过匹兹堡睡眠质量量表对习练24式太极拳的老年人睡眠质量、入睡时间及睡眠效率进行实验研究,得出习练24式太极拳可有效改善患者的失眠症状②。Carroll等的研究也表明,太极拳对改善失眠有积极的作用③。分析认为,太极拳运动是以心理调节为核心,将心理、体势(调身)、呼吸(调息)有机结合起来,对身体进行多向的、全面的和整体的调节,能有效降低习练者的心理、生理应激,使其精神和身体全面放松下来,从而促进老年人睡眠质量的改善。如周成林等对不同体育锻炼项目的老年人进行实验,结果显示,与骑自行车、游泳、慢跑等运动项目相比,太极拳习练对调节老年人的情绪状态效果更佳④。

另外,太极拳习练对提高老年人的食欲效果也较好。可能因老年人伴随着年龄的增长,胃肠道腺体会出现萎缩,胃酸、胃蛋白酶等分泌物减少,导致消化功能降低。而太极拳的运动特征是以腹式呼吸为主,使得腹腔血液循环畅通,平滑肌得到充足的营养和氧气,有助于消化器官自身的强健,同时,腹式呼吸运动中腹肌舒张和膈肌的起落,对内脏器官也起到按摩作用,使消化腺体分泌的消化液增加,这些都能提高胃肠的消化和吸收的能力,改进体内的物质代谢,增进食欲。除上述具体健康价值外,太极拳习练在改善老年人心理健康和社会功能上的积极作用也得到高度认可。太极拳运动通过外在的缓、慢、轻、柔的运动节律和内在的意、气、力协调配合的运动形式,使习练者在练习过程中达到身心统一的和谐状态,从而消除身心的紧张状态,使人乐观开朗,积极向上;加之老年群体习练太极拳的形式多为群体活动,也使得目标相同而无利益冲突的老年人之间更容易交流沟通,改善人际交往,提高社会适应⑤。如罗兴华等对习练24式太极拳的女性老年人进行了6个月的实验,结果显示,老年人的社会支持、人际交往能力、心理功能维度、社会功能维度等都有明显的提高⑥。总体而言,太极拳的运动学特征和生理学特征使其能全面提高老年习练者的身心健康水平,并在干预老年慢病中也起到独特的作用⑦。

4. 影响太极拳习练促进老年群体健康的因素分析

因素模型可揭示影响老年人太极拳习练效果的因素及其作用机制。本研究的因素模型显示,除"习练时长、习练方式和要领数量"等太极拳习练的相关行为因素外,还有"受教

---

① Chan A W, Yu D S, Choi K C, et al. Tai Chi Qigong as a means to improve night-time sleep quality among older adults with cognitive impairment: a pilot randomized controlled trial [J]. Clinical Interventions in Aging, 2016(11): 1277-1286.

② 张轶丹.24式太极拳干预治疗失眠症60例的疗效观察[J].中国社区医师,2014,30(35):109-110.

③ Carroll J E, Seeman T E, Olmstead R, et al. Improved sleep quality in older adults with insomnia reduces biomarkers of disease risk: pilot results from a randomized controlled comparative efficacy trial [J]. Psychoneuroendocrinology, 2015(55): 184-192.

④ 周成林,于晶,谢虹.不同身体锻炼方式对老年人心理效益的实验研究[J].天津体育学院学报,2003,18(1):51-53.

⑤ 张志雷,朱东.近15年太极拳健康促进的研究热点:基于PubMed数据库分析[J].中国康复理论与实践,2018,24(10):1215-1223.

⑥ 罗兴华,陈昆明,谭先明.二十四式太极拳对女性老年人健康的影响:不同锻炼周期的心理健康和生活质量的研究[J].广州体育学院学报,2008,28(3):68-72.

⑦ 倪红莺,郑旭旭,王海州,等.太极拳:老年女性体适能健康促进[J].中国体育科技,2013,49(5):99-102.

育程度、收入满意度"等社会人口学因素。这些因素的作用机制和结果变量相关的方向与预测的方向是一致的,表明对经济收入越满意、受教育程度越高的老年人太极拳习练促进其健康效果的主观评价越好,每次太极拳习练持续的时间越长、正确理解和掌握太极拳习练要领的数量越多也越有利于其对促进健康效果的自我评价。

对于随年龄增长健康状况逐渐衰退的老年群体而言,通过体育锻炼来维持或改善健康状况是最经济、最有效的方式[①],但并非"动则获益",只有科学、合理地参与体育锻炼,才能实现运动促进健康效益的最大化,尤其是参与对运动技术、习练方法和拳理内涵要求较高的太极拳项目。我们知道太极拳在长期演变中形成不同流派,各流派虽然各有其具体特征,但拳理基本相同,习练时身体各部位的姿势要求、运动特点和健身原理也基本一致。本研究的回归分析结果表明,老年人习练太极拳套路(流派)数量的多少对其促进健康效果无显著影响,而在习练中正确理解和掌握的太极拳习练要领的数量对促进健康的效果有显著影响。可见,习练太极拳的老年群体只有正确掌握太极拳运动的特点和健身原理,才能获得太极拳独特的健身与养生效果。当前,对于大多数老年人习练太极拳是为获得健康效益而言,只需通过某种外显的太极拳架(套路)为载体,在正确掌握太极拳的身体姿势要求和运动特点的情况下,反复习练即可达到"详推用意终何在,益寿延年不老春"的目的,而不是通过"学习和习练"多种套路才能达到强身健体的目的。正如有些学者所言:"练习太极拳,促进身体康复,不仅在于所练习动作的多少和长短,更在于每一个动作是否具有'太极拳的味道'。动作不到位,即使做了一个组合、一个段落,抑或是一套完整的拳套,那也只是'肢体运动状态',对促进身体康复与提升身体功能可能并无多大作用。"[②]

除掌握太极拳习练要领的数量因素显著影响促进健康的效果外,老年人每次习练太极拳的"持续时间"因素对健康促进效果的自我评价也有显著影响。有研究表明,运动获得的健康效益与运动量(运动量=运动强度×运动时间×运动频数)之间存在"量效反应"关系,运动量过小产生不了运动痕迹的累积效应,则达不到锻炼的目的[③],过大又超出了人体所能承受的限度,尤其是对于老年人和不习惯运动的人来说,容易发生受伤等问题,对健康不利。一般而言,运动强度较小可通过提高锻炼频率和增加锻炼持续时间来保证有足够的运动量。本研究表明,老年人太极拳习练能产生健康效益的"剂量"中,每次习练的持续时长是一项至关重要的因素,可能与"太极拳运动属于中小运动强度的有氧运动和老年人太极拳习练本身频次较高"有关。本研究显示,超过95.5%的老年人是身体微微出汗或全身微热的中小强度,近90%的老年人习练频次也达到每周3次及以上。有学者对24式太极拳运动强度与规律进行跟踪测试发现[④][⑤],习练太极拳时大部分老年人的心率在110~134次/min,属中小运

---

① 肖剑,邹克宁,李小兰.大健康视野下老年功能性力量评估:以武汉市老年太极人群为例[J].武汉体育学院学报,2019,53(2):74-81.
② 王岗,金涛,赵海涛.愈后康复可以打打太极[N].光明日报,2020-05-17(6).
③ 邓奎,杨栋,熊曼丽.不同运动处方对促进大学新生身高增长的研究[J].广州体育学院学报,2014,34(4):97-100.
④ 周之华,纪仲秋,周绍军.24式太极拳运动强度与规律研究[J].中国体育科技,2000,36(7):42-43.
⑤ 陈青,王宗兵,龚云.中、老年人太极拳健身运动处方[J].中国体育科技,2003,39(5):53-56.

动强度,当太极拳习练频次多于每周3次时,最大耗氧量的增加逐渐趋于平坦,增加到每周5次以上时,最大耗氧量的提高很小,习练频次在每周2次以下时通常不引起最大耗氧量的改变,习练频次在每周4次是最适宜的;王学敏的调查也证实老年人太极拳习练频次在每周3~4次与每周5次之间并未出现显著性差异,而每周5次与每周1~2次间存在显著性差异,老年人太极拳习练每周3次以上,是一个较好的临界值,有较好的健康效应[1]。这也提示,在我们响应2014年国务院印发的《关于加快发展体育产业,促进体育消费的若干意见》中提到"加强体育运动指导,推广'运动处方',发挥体育锻炼在疾病防治以及健康促进等方面的积极作用",和2016年中共中央、国务院印发的《"健康中国2030"规划纲要》中明确提出要通过"发布体育健身活动指南,建立完善针对不同人群、不同环境、不同身体状况的运动处方库,推动形成体医结合的疾病管理与健康服务模式"等政策要求,制定老年人太极拳健康运动处方时,需依据老年人不同健康水平,针对每次习练太极拳的持续时长制定一套科学的个性化运动方案。

另外,回归分析结果还显示,"习练方式"也是影响老年人太极拳习练效果的显著因素,这与大多数研究结果基本一致,即组织因素与老年人健身绩效具有较强的关联度,群体锻炼(有组织的锻炼)对健康的促进效果较好,是制约老年人健身效果的关键因素[2][3]。分析认为,老年人退休后从"单位人"转变成"社会人"[4],原有的"业缘"关系出现了断裂,以太极拳习练的"趣缘"关系为纽带的带有组织性质的习练形式为老年人在习练的同时,获取太极拳健身知识、分享和交流太极拳习练经验,以及相互支持与鼓励等心理需求都提供了场域,也扩展了老年人的社会网络关系,促使习练太极拳的老年群体获得良好的社会调适和社会认同,这些都有利于老年人解除精神与心理压力,进而影响其对健康状况的评价。同样,老年人受教育程度和收入满意度指标也被纳入回归分析模型,结果显示,这两项指标对老年人太极拳习练促进健康效果具有显著影响。我们知道,受教育程度和经济收入因素是决定老年人社会阶层的重要因素,我国当前社会制度安排的不足,使得老年人成为"弱势群体"[5]。而经济状况、受教育程度与老年人的生活密切相关,是获得社会支持和影响生活质量的重要因素,良好的经济状况能保障老年习练者参与高层次的太极拳交流、比赛,获得高水平教练的指导,能进一步促进太极拳习练更科学有效。另外,太极拳蕴含丰富的健康价值和健康智慧,要使太极拳的习练达到"明其理,知其要,参其行,享其功,得其果"的健康目标,仅仅"照猫画虎"的模仿运动形态是不够的。充分发挥太极拳对身心健康的促进作用还需要习练者具有较强的接受和理解能力,以及丰富的传统文化与健康知识储备,因而,受教育水平越高的老年人,越容易接受和理解太极拳的健康文化要义。

---

[1] 王学敏.老年人参与太极拳锻炼的心理效应研究[J].广州体育学院学报,2016,36(5):108-112.
[2] 高亮,王莉华.体育锻炼与老年人自评健康关系的调查研究[J].武汉体育学院学报,2015,49(8):64-72.
[3] 李剑忠.体育锻炼对老年人体质和自测健康水平的影响[J].中国老年学杂志,2014,34(8):4354-4355.
[4] 李文川.都市老年人社会支持与锻炼绩效的相关性[J].上海体育学院学报,2014,38(3):30-37.
[5] 孙霞,高源,韩秋风.泰安市老年人健康状况及影响因素研究[J].护理研究,2018,32(24):3880-3884.

四、结论与建议

1. 结论

健康是老年人幸福的基石,也是国家繁荣昌盛、文明进步的标志。太极拳运动既结合了古代的导引、吐纳术,又吸取了古典唯物哲学、阴阳学说和中医基本理论等,饱含着丰富的健康智慧。老年太极拳习练者在"以技载道"的统领下,"以技启智""以技悟慧",并获得健康的生活。城区习练太极拳老年群体:①女性多于男性,66~75岁年龄段参与比高,且具有受教育程度较高、收入满意度较高和职业声望较高的"三高"特征;②学习和习练以有"组织形式"为主,长期习练1种太极拳套路和掌握2项习练要领的老年人居多,且90%以上达到经常体育锻炼人口标准;③85.8%的老年人评价习练太极拳后健康状况"较好或好",且改善健康效果具有"全面性"特征;④受教育程度、收入满意度和每次习练时长、习练方式,以及掌握习练要领的数量因素显著影响健康促进的效果,受教育程度越高、经济收入越满意、每次习练时长越长、掌握习练要领的数量越多的有组织习练者,对促进健康效果的自我评价越好。

2. 建议

我国人口老龄化的快速发展和健康中国的稳步推进,为太极拳在老年群体中的进一步推广普及提供了机遇。鉴于习练太极拳的老年群体的人口学特征、习练行为特征,及影响太极拳促进健康的因素,就进一步扩大习练太极拳的老年人口规模和获取习练的健康效益而言:①组织太极拳名家及科研人员,创编满足不同层次需求的分级简化太极拳健身套路系列。武术管理部门牵头组织相关专家系统梳理和研究太极拳各流派典型技术动作及其健身价值,创编一系列满足不同层次(不同文化、不同职业、不同兴趣)老年人健身需求的分级简化的太极拳健身套路。当然,分级简化不是纯粹地简单化,而是依据太极拳习练方法和技术难度要求循序渐进,层层深入地编创各级太极拳健身套路。②加大社区太极拳社会体育指导员的培养,确保老年群体学习和习练太极拳时能获得科学有效的指导。具备较高理论与实践水平的太极拳体育指导员,是老年群体能持续从事太极拳习练的前提条件,太极拳习练价值有着自己的特点,并依托于套路规范的技术动作和习练方式。老年群体只有在正确的指导下理解和把握太极拳运动的特点与要领,才能获得独特的健身效果,才能避免在大众普及中出现简单化、粗糙化和形式化等问题。③推动社区太极拳健身组织建设,有计划地开展针对老年群体的太极拳活动。组织程度与老年人参与太极拳习练和健康促进效应具有较强的关联度,在实践中成为影响老年太极拳人口增长和健身效果获得的关键因素。我国城市老年居民大多分散居住在非单位社区,太极拳健身组织为这一独特群体提供了"社会空间",让对太极拳有相同需求的老年群体汇聚到一起习练太极拳,以获得相互支持,回归社会活动,从而能加速太极拳的传播和提高老年人习练的积极性。④多渠道开展老年人健康教育,提供必要的社会资源和社会支持。老年人经济收入和受教育程度是其社会经济地位的重要影响因素,社会分层理论认为,社会因果论和健康选择论也都承认社会经济地位与健康之间的积极关系①。习练太极拳的老年群体随着年龄的增大逐渐退出了社会和经济生产领域,导致新知识、新信息的来源受限,也失去了独立的经济来源,引起个体适应社会的资源发生了变化,给其身心健康带来压力。应多渠道开展老年教育,尤其是健康知识和健身技能的再教育,加强老年人社会适应性训练与咨询,扩大太极拳习练保障的范围和力度等,为习练太极拳的老年群体合理调控好个人有限的社会资源提供社会支持。

第二节 太极拳习练对老年人生理健康的影响

生理健康反映出躯体结构和功能正常,人体各部分组织、器官发育良好,能保证正常功能,各组织器官协调运作,机体处于健康状态、精力充沛,具有良好的劳动效能和对疾病的抵抗能力,具有生活自立能力。一般而言,进入中老年以后,人体的生理形态和机能逐渐出现组织结构老化、功能减退、适应能力减弱、器官应激能力下降,从而导致生活能力逐渐丧失。如消化功能减弱、神经细胞减少、心脏和血管功能萎缩、呼吸系统功能下降、骨骼肌弹性与韧性减低等形态和功能的改变。应根据老年人的生理特点,选择符合老年人生理要求的运动方案,以促进老年人的生理健康。依据老年人呼吸与循环系统特征,在运动种类中可选择与之相适宜的、较为安全的、能持续一定时间的有氧运动——太极拳。自测健康作为个体对自身健康状况的主观评价和期望,目前,广泛应用于很多领域,已经成为国际上比较通用的健康测量方法之一。本节以《自测健康评定量表》中生理健康子量表的得分为校标②,来评定老年人的主观健康水平。首先,探讨老年人的年龄、性别、职业、教育、收入、居住、慢病对其自测生理健康得分的影响,其次,研究是否参与太极拳锻炼对自测生理健康得分的影响,最后,探讨太极拳习练的年限、强度、频次、时长和形式对自测生理健康得分的影响,以期为老年人参与太极拳锻炼提供参考。

一、研究对象

鉴于江苏省当前人口老龄化的严峻形势和地区经济发展的不平衡性,苏南、苏中、苏北梯度差异明显,从这三个区域收集调查数据可以反映老年人太极拳习练在发达与欠发达地区的不同发展水平,可使研究更具有代表性,分析也更为全面。为此,本研究以江苏省60岁及以上老年人为调查对象,对其人口学特征、体育锻炼现状(太极拳)、自测健康特征进行调查,探讨各变量之间的关系。

---

① 陆杰华,郭冉.基于地区和社区视角下老年健康与不平等的实证分析[J].人口学刊,2017,39(2)57-68.
② 苏银花,段功香.养老机构老人自测健康状况及其影响因素调查[J].中国实用护理杂志,2009,25(23):6-9.

二、研究方法

1. 文献资料法

中文文献检索数据库包含中国知网、万方数据库、维普数据库等,外文文献检索数据库包括 Web of Science、ScienceDirect、Springer LINK、SPORTDiscus、EBSCOhost、PubMed 等。中文检索词为太极、太极拳、老年人等,外文检索词为 Taiji、Tai Chi、Tai Chi Quan、elderly 等,共搜集相关文章 495 篇,依据研究主题对其中相关的 80 余篇进行了研读。

2. 问卷调查法

(1) 调查工具

参照《中国群众体育现状调查问卷》设计了《老年人太极拳习练状况调查问卷》《老年人参与体育锻炼状况调查问卷》和《自测健康评定量表》,其中《老年人太极拳习练状况调查问卷》的内容见附录一;《老年人参与体育锻炼状况调查问卷》的内容包括性别、年龄、受教育程度、原职业、收入满意度、居住情况、患老年慢病情况、健康情况、是否参与锻炼、锻炼项目、锻炼年限、锻炼时长、锻炼频次、锻炼强度和锻炼方式,问卷采用再测法进行信度检验,信度系数 $R=0.90$;《自测健康评定量表》[①]是由许军等人基于 WHO 的健康定义编制的适用于我国国情和文化背景的自测健康评定量表,由 48 个条目构成生理健康、心理健康、社会健康三部分,其中生理健康包括身体症状与器官功能、日常生活功能和身体活动功能 3 个维度,心理健康包括正向情绪、心理症状与负向情绪、认知功能 3 个维度,社会健康包括角色活动与社会适应、社会资源与社会接触、社会支持 3 个维度,其理论最高值分别为 170 分、150 分、120 分,理论最小值均为 0 分,分数越高表明健康状况越好,量表的克朗巴哈系数分别为 0.857,0.847 和 0.815。

(2) 调查方法

基于对江苏省人口老龄化程度的差异及经济、地理位置的综合考量,在全省 13 个地级市中,分别选取苏州市(苏南)、南京市(苏中)和徐州市(苏北)为调查地点,其中《老年人太极拳习练状况调查问卷》和《自测健康评定量表》在各市老年太极拳协会的协助下,每市随机发放问卷 100 份,共 300 份,回收 300 份,有效问卷 247 份,其中苏州市 78 份,南京市 83 份,徐州市 86 份。《老年人参与体育锻炼状况调查问卷》和《自测健康评定量表》在社区居委会的协助下入户调查,每市随机发放问卷 300 份,共 900 份,回收 900 份,有效问卷 776 份,其中苏州市 260 份,南京市 263 份,徐州市 253 份。问卷要求调查对象独立完成填写,如调查对象的读写能力不足以独立完成问卷,则由调查员逐条询问,调查对象做出判断,调查员记录。问卷于 2019 年 11 月 10 日—2019 年 12 月 15 日完成发放与回收。

(3) 数理统计法

运用 Microsoft Excel 建立数据库,运用 SPSS 20.0 软件进行统计描述、独立样本 t 检验

---

① 汪向东,王希林,马弘.心理卫生评定量表手册[M].增订版.北京:中国心理卫生杂志社,1999:35-45.

和单因素方差分析。显著性水平以"0.01＜P＜0.05"为显著差异,"P＜0.01"为非常显著差异。

三、结果与分析

对不同性别老年人生理健康得分进行比较可知(表5.6),男性老年人在身体症状与器官功能维度上得分高于女性老年人,且统计学上差异极具显著性,而在日常生活功能维度上得分低于女性老年人,且统计学上具有显著性,但总体上不同性别老年人生理健康得分无显著差异。

1. 性别对老年人生理健康的影响

表5.6　不同性别老年人之间生理健康得分的比较

变量	性别	样本数	均值	标准差	标准误	t 值	P 值
B1	男	440	47.470 5	10.939 64	0.521 53	2.875	0.004
	女	583	45.524 9	10.541 96	0.436 60		
B2	男	440	47.138 6	5.820 50	0.277 48	−2.123	0.034
	女	583	47.852 5	4.582 45	0.189 79		
B3	男	440	42.295 5	9.019 29	0.429 98	1.334	0.183
	女	583	41.528 3	9.172 58	0.379 89		
BZT	男	440	136.904 5	21.309 84	1.015 91	1.559	0.119
	女	583	134.905 7	19.510 58	0.808 05		

注:B1:身体症状与器官功能;B2:日常生活功能;B3:身体活动功能;BZT:生理健康子量表总分。表5.7~表5.18、图5.1~图5.12中同此。

2. 年龄对老年人生理健康的影响

不同年龄段(2=60~65岁;3=66~70岁;4=71~75岁;5=76~80岁;6=81岁及以上)老年人之间生理健康及其各维度得分的方差分析结果显示差异非常显著(表5.7),结合图5.1得分均值与年龄的关系可见,随着年龄的增长,老年人生理健康总分及其各维度得分下降明显。

表5.7　年龄对老年人生理健康影响的单因素方差分析

变量	类别	平方和	自由度	方差	F 值	显著性
B1	组间	6 735.435	4	1 683.859	15.383	0.000
	组内	111 430.743	1 018	109.460		
	总数	118 166.178	1 022			
B2	组间	1 887.950	4	471.987	18.966	0.000
	组内	25 333.687	1 018	24.886		
	总数	27 221.636	1 022			

(续表)

变量	类别	平方和	自由度	方差	F 值	显著性
B3	组间	8 297.172	4	2 074.293	27.592	0.000
	组内	76 529.276	1 018	75.176		
	总数	84 826.448	1 022			
BZT	组间	45 163.030	4	11 290.758	30.509	0.000
	组内	376 738.665	1 018	370.077		
	总数	421 901.695	1 022			

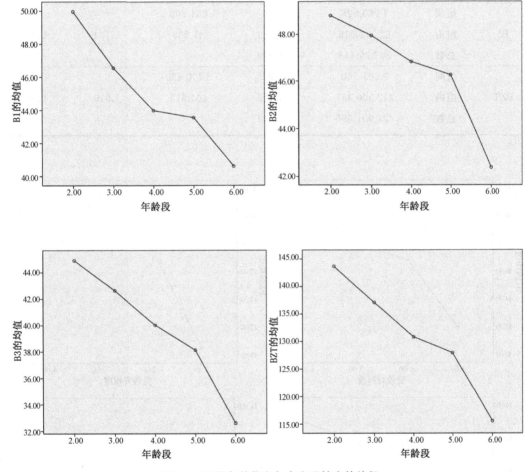

图 5.1 不同年龄段老年人生理健康的特征

3. 教育对老年人生理健康的影响

由不同受教育程度[1＝小学及以下；2＝初中；3＝高中(中专)；4＝大学(含大专)及以上]的老年人之间生理健康及其各维度得分的方差分析结果可见，除日常生活功能维度差异不显著外，身体症状与器官功能、身体活动功能及生理健康总分差异非常显著。随着受教育程度的提高，老年人的生理健康总分及各维度得分上升明显(图 5.2)。

表 5.8 教育对老年人生理健康影响的单因素方差分析

变量	类别	平方和	自由度	方差	F 值	显著性
B1	组间	1 892.858	3	630.953	5.530	0.001
	组内	116 273.320	1 019	114.105		
	总数	118 166.178	1 022			
B2	组间	156.757	3	52.252	1.967	0.117
	组内	27 064.880	1 019	26.560		
	总数	27 221.636	1 022			
B3	组间	1 983.928	3	661.309	8.134	0.000
	组内	82 842.519	1 019	81.298		
	总数	84 826.448	1 022			
BZT	组间	9 601.260	3	3 200.420	7.910	0.000
	组内	412 300.435	1 019	404.613		
	总数	421 901.695	1 022			

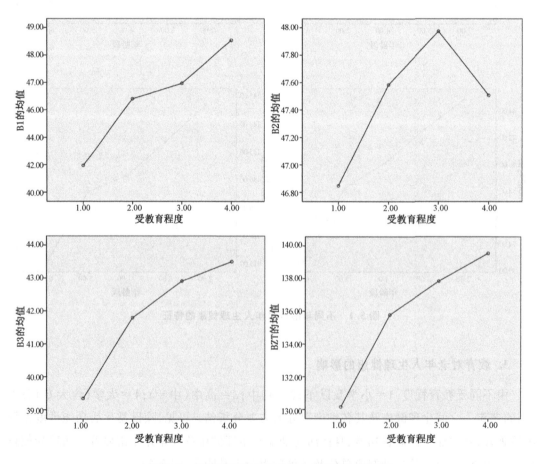

图 5.2 不同受教育程度老年人生理健康的特征

4. 职业对老年人生理健康的影响

不同职业(1=工人;2=农民;3=干部;4=个体;5=无职业;6=其他)老年人之间生理健康及其各维度得分的方差分析结果显示(表5.9),职业对老年人生理健康得分影响显著。由图5.3可见,农民和无职业老年人得分较低,工人、个体和其他职业老年人得分较高,呈现出"W"形。

表5.9 职业对老年人生理健康影响的单因素方差分析

变量	类别	平方和	自由度	方差	F 值	显著性
B1	组间	2 068.544	5	413.709	3.624	0.003
	组内	116 097.633	1 017	114.157		
	总数	118 166.178	1 022			
B2	组间	315.275	5	63.055	2.383	0.037
	组内	26 906.361	1 017	26.457		
	总数	27 221.636	1 022			
B3	组间	1 171.140	5	234.228	2.848	0.015
	组内	83 655.308	1 017	82.257		
	总数	84 826.448	1 022			
BZT	组间	7 749.309	5	1 549.862	3.806	0.002
	组内	414 152.386	1 017	407.229		
	总数	421 901.695	1 022			

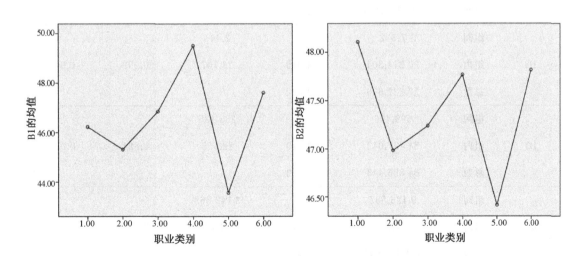

图5.3 不同职业老年人生理健康的特征

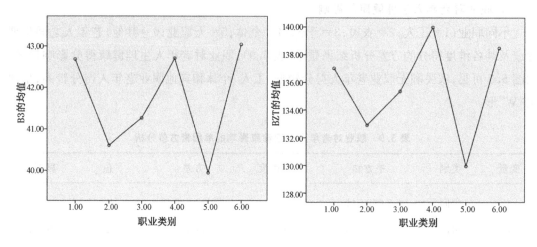

图 5.3 （续）

5. 收入对老年人生理健康的影响

由不同收入满意度(1=非常满意;2=满意;3=一般;4=不满意)老年人之间生理健康及其各维度得分的方差分析结果可见(表5.10)，除日常生活功能维度差异不显著外，身体症状与器官功能、身体活动功能及其生理健康总分差异显著或非常显著。随着收入满意度的降低生理健康及其各维度得分呈现出下降趋势(图5.4)。

表 5.10 收入对老年人生理健康影响的单因素方差分析

变量	类别	平方和	自由度	方差	F 值	显著性
B1	组间	4 839.500	3	1 613.167	14.505	0.000
	组内	113 326.678	1 019	111.214		
	总数	118 166.178	1 022			
B2	组间	7.332	3	2.444	0.092	0.965
	组内	27 214.304	1 019	26.707		
	总数	27 221.636	1 022			
B3	组间	699.406	3	233.135	2.824	0.038
	组内	84 127.042	1 019	82.558		
	总数	84 826.448	1 022			
BZT	组间	9 428.587	3	3 142.862	7.764	0.000
	组内	412 473.108	1 019	404.782		
	总数	421 901.695	1 022			

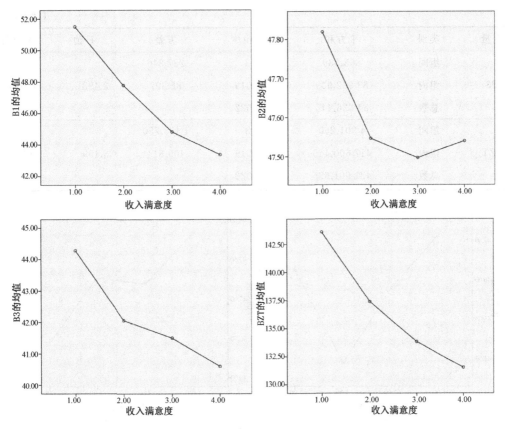

图 5.4 不同收入满意度老年人生理健康的特征

6. 居住形式对老年人生理健康的影响

从不同居住形式(1=夫妻双方健在,与子女同住;2=夫妻双方健在,未与子女同住;3=单身,与子女同住;4=单身,未与子女同住)老年人之间生理健康及其各维度得分的方差分析结果中可见(表 5.11),除日常生活功能维度得分差异不显著外,身体症状与器官功能、身体活动功能及生理健康总得分差异显著。总体上,夫妻双方健在的老年人生理健康得分好于单身(离异、丧偶等)老年人,是否与子女同住没有呈现出规律性(图5)。

表 5.11 居住形式对老年人生理健康影响的单因素方差分析

变量	类别	平方和	自由度	方差	F 值	显著性
B1	组间	1 068.358	3	356.119	3.099	0.026
	组内	117 097.820	1 019	114.914		
	总数	118 166.178	1 022			
B2	组间	134.245	3	44.748	1.683	0.169
	组内	27 087.391	1 019	26.582		
	总数	27 221.636	1 022			

(续表)

变量	类别	平方和	自由度	方差	F 值	显著性
B3	组间	863.539	3	287.846	3.493	0.015
	组内	83 962.909	1 019	82.397		
	总数	84 826.448	1 022			
BZT	组间	4 301.250	3	1 433.750	3.499	0.015
	组内	417 600.445	1 019	409.814		
	总数	421 901.695	1 022			

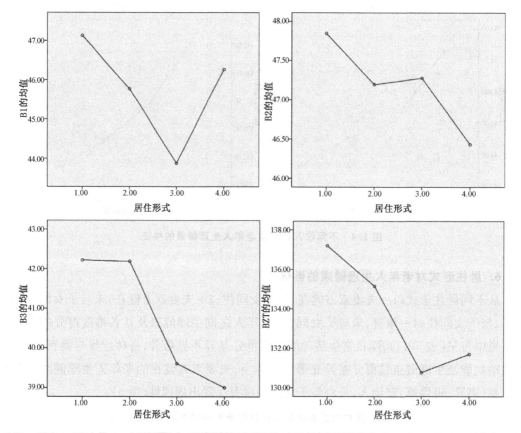

图 5.5 不同居住形式老年人生理健康的特征

7. 慢病对老年人生理健康的影响

从是否患有老年慢病(高血压、冠心病、糖尿病、失眠、便秘、高血脂、骨质疏松、甲亢、痛风)或患不同数量老年慢病(0＝没患任何老年慢病；1＝患1种老年慢病；2＝患2种老年慢病；3＝患3种及以上老年慢病)老年人之间生理健康及其各维度得分的方差分析结果中可见(表5.12)，老年人慢病患病率对其日常生活功能、身体症状与器官功能、身体活动功能及生理健康总得分影响非常显著。总体上，患慢病数量越多的老年人生理健康得分越低(图5.6)。

表 5.12　慢病对老年人生理健康影响的单因素方差分析

变量	类别	平方和	自由度	方差	F 值	显著性
B1	组间	6 536.565	3	2 178.855	19.889	0.000
	组内	111 629.613	1 019	109.548		
	总数	118 166.178	1 022			
B2	组间	1 043.448	3	347.816	13.539	0.000
	组内	26 178.188	1 019	25.690		
	总数	27 221.636	1 022			
B3	组间	7 240.128	3	2 413.376	31.697	0.000
	组内	77 586.320	1 019	76.140		
	总数	84 826.448	1 022			
BZT	组间	38 678.517	3	12 892.839	34.282	0.000
	组内	383 223.179	1 019	376.078		
	总数	421 901.695	1 022			

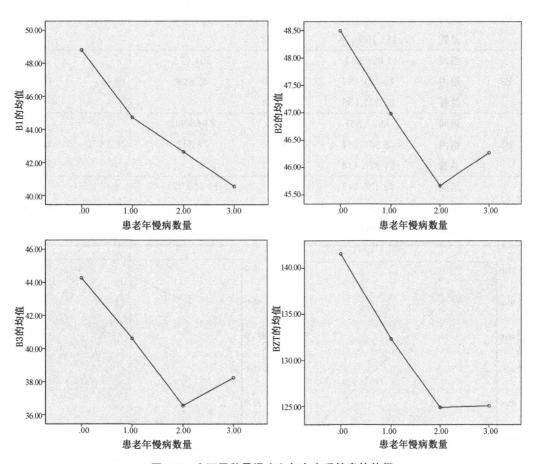

图 5.6　患不同数量慢病老年人生理健康的特征

8. 太极拳习练对老年人生理健康的影响

从参加不同锻炼项目(1＝只习练太极拳;2＝参与其他体育项目锻炼;3＝不参与体育锻炼)老年人之间生理健康及其各维度得分的方差分析结果中可见(表 5.13),只习练太极拳、参与其他体育项目锻炼和不参与体育锻炼的老年人的日常生活功能、身体症状与器官功能、身体活动功能及生理健康总得分差异非常显著。由图 5.7 和进一步 LSD(最小显著性差异法)分析发现,在日常生活功能维度上,只习练太极拳的老年人得分显著高于参与其他体育项目锻炼和不参与体育锻炼的老年人;在身体症状与器官功能和身体活动功能维度上,只习练太极拳的老年人得分与参与其他体育项目锻炼的老年人得分差异不显著,但都显著高于不参与体育锻炼的老年人;在生理健康总得分上,只习练太极拳的老年人的得分显著高于参与其他体育项目锻炼和不参与体育锻炼的老年人,参与其他体育项目锻炼的老年人的得分又显著高于不参与体育锻炼的老年人。总体上可见,习练太极拳对提高或改善老年人生理健康具有一定的优势。

表 5.13 习练太极拳对老年人生理健康影响的单因素方差分析

变量	类别	平方和	自由度	方差	F 值	显著性
B1	组间	9 375.222	2	4 687.611	43.950	0.000
	组内	108 790.956	1 020	106.658		
	总数	118 166.178	1 022			
B2	组间	1 009.953	2	504.976	19.651	0.000
	组内	26 211.684	1 020	25.698		
	总数	27 221.636	1 022			
B3	组间	5 937.863	2	2 968.932	38.387	0.000
	组内	78 888.584	1 020	77.342		
	总数	84 826.448	1 022			
BZT	组间	39 405.549	2	19 702.774	52.541	0.000
	组内	382 496.146	1 020	374.996		
	总数	421 901.695	1 022			

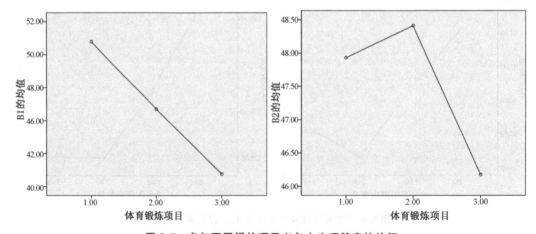

图 5.7 参与不同锻炼项目老年人生理健康的特征

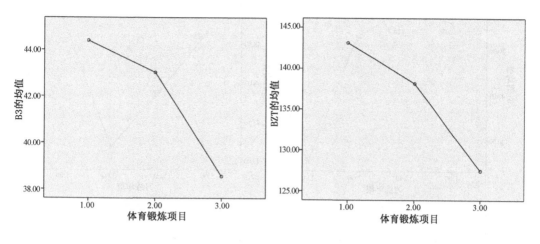

图 5.7 （续）

9. 太极拳习练年限对老年人生理健康的影响

从不同锻炼年限[1＝1年以下；2＝1～5年(不包含5年)；3＝5～10年(不包含10年)；4＝10年及以上]老年人之间生理健康及其各维度得分的方差分析结果中可见(表5.14)，除日常生活功能维度外，其他维度及生理健康总得分差异都不显著。由图5.8和进一步LSD分析发现，在日常生活功能维度上，习练太极拳10年及以上的老年人得分显著低于习练太极拳1年以下、1～5年(不包含5年)和5～10年(不包含10年)的老年人，分析认为这可能是习练太极拳10年及以上老年人自身年龄较高有关($R=404$，$P<0.001$)。总体上表明，太极拳习练年限对提高或改善老年人生理健康影响甚微。

表 5.14　太极拳习练年限对老年人生理健康影响的单因素方差分析

变量	类别	平方和	自由度	方差	F 值	显著性
B1	组间	874.791	3	291.597		
	组内	24 916.261	243	102.536	2.844	0.038
	总数	25 791.053	246			
B2	组间	76.347	3	25.449		
	组内	3 991.483	243	16.426	1.549	0.202
	总数	4 067.830	246			
B3	组间	68.218	3	22.739		
	组内	9 958.900	243	40.983	0.555	0.645
	总数	10 027.117	246			
BZT	组间	725.691	3	241.897		
	组内	67 539.904	243	277.942	0.870	0.457
	总数	68 265.595	246			

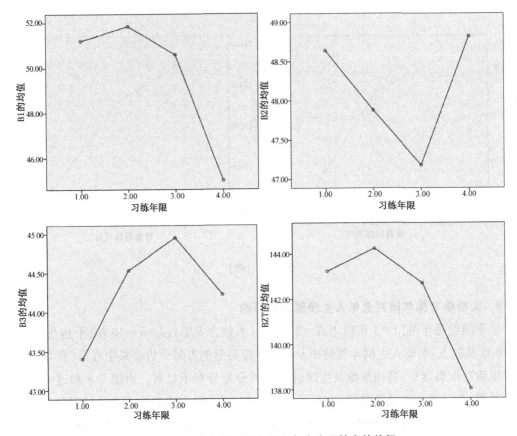

图 5.8 不同太极拳习练年限老年人生理健康的特征

10. 太极拳习练频次对老年人生理健康的影响

从不同习练频次(1＝每周1～2次;2＝每周3～4次;3＝每周5～6次;4＝每周7次及以上)老年人之间生理健康及其各维度得分的方差分析结果中可见(表5.15),除身体症状与器官功能维度得分差异不显著外,其他维度及生理健康总得分差异都达到显著差异或非常显著差异的水平。由图5.9和进一步LSD分析发现,每周习练太极拳的频次为1～2次、3～4次、5～6次之间的得分差异不显著,但都显著低于每周习练7次及以上的老年人。可见,老年人每天坚持习练太极拳效果较好。

表 5.15 太极拳习练频次对老年人生理健康影响的单因素方差分析

变量	类别	平方和	自由度	方差	F 值	显著性
B1	组间	2 234.749	3	744.916	7.684	0.000
	组内	23 556.303	243	96.940		
	总数	25 791.053	246			
B2	组间	94.006	3	31.335	1.916	0.128
	组内	3 973.824	243	16.353		
	总数	4 067.830	246			

(续表)

变量	类别	平方和	自由度	方差	F 值	显著性
B3	组间	388.342	3	129.447	3.263	0.022
	组内	9 638.775	243	39.666		
	总数	10 027.117	246			
BZT	组间	5 404.122	3	1 801.374	6.963	0.000
	组内	62 861.473	243	258.689		
	总数	68 265.595	246			

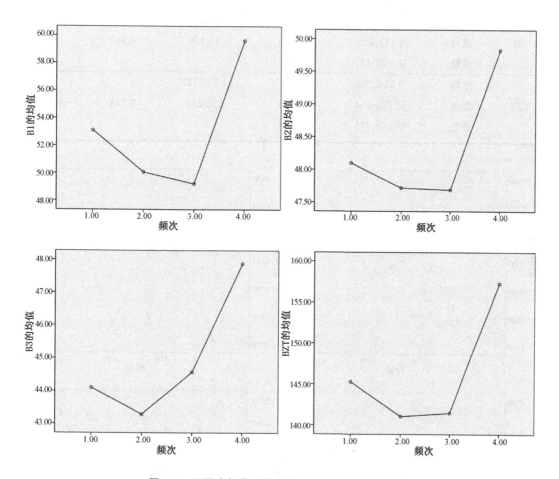

图 5.9 不同太极拳习练频次老年人生理健康的特征

11. 太极拳习练持续时间对老年人生理健康的影响

从不同习练时长(1＝30 min 及以下;2＝31～45 min;3＝46～60 min;4＝61 min 及以上)老年人之间生理健康及其各维度得分的方差分析结果中可见(表5.16),除日常生活功能维度得分差异不显著外,其他维度及生理健康总得分差异都达到非常显著的水平。由图5.10 和进一步 LSD 分析发现,老年人每次习练持续 61 min 及以上较好。

表 5.16　太极拳习练时长对老年人生理健康影响的单因素方差分析

变量	类别	平方和	自由度	方差	F 值	显著性
B1	组间	744.251	3	248.084	2.407	0.068
	组内	25 046.801	243	103.073		
	总数	25 791.053	246			
B2	组间	308.210	3	102.737	6.640	0.000
	组内	3 759.620	243	15.472		
	总数	4 067.830	246			
B3	组间	915.615	3	305.205	8.140	0.000
	组内	9 111.502	243	37.496		
	总数	10 027.117	246			
BZT	组间	5 514.351	3	1 838.117	7.118	0.000
	组内	62 751.244	243	258.236		
	总数	68 265.595	246			

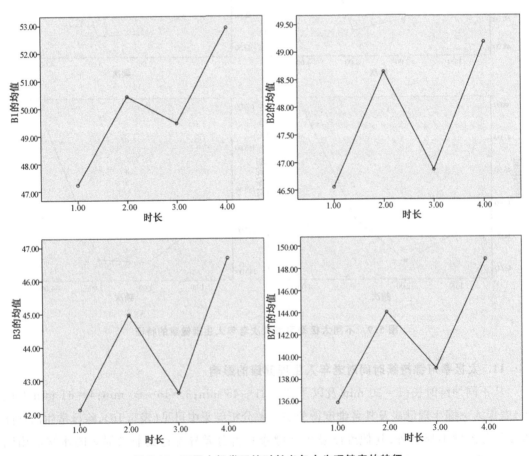

图 5.10　不同太极拳习练时长老年人生理健康的特征

12. 太极拳习练强度对老年人生理健康的影响

从不同锻炼强度(1＝全身微热;2＝微微出汗;3＝出汗较多;4＝出大汗)老年人之间生理健康及其各维度得分的方差分析结果中可见(表5.17),除日常生活功能维度得分差异显著外,其他维度及生理健康总得分差异都未达到显著性水平。由图5.11可见大强度习练的健身效果较好。

表 5.17 太极拳习练强度对老年人生理健康影响的单因素方差分析

变量	类别	平方和	自由度	方差	F 值	显著性
B1	组间	879.090	3	293.030	2.858	0.038
	组内	24 911.963	243	102.518		
	总数	25 791.053	246			
B2	组间	32.014	3	10.671	0.643	0.588
	组内	4 035.816	243	16.608		
	总数	4 067.830	246			
B3	组间	136.973	3	45.658	1.122	0.341
	组内	9 890.144	243	40.700		
	总数	10 027.117	246			
BZT	组间	1 577.026	3	525.675	1.915	0.128
	组内	66 688.569	243	274.439		
	总数	68 265.595	246			

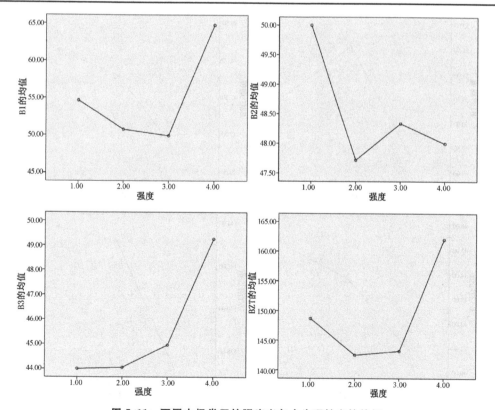

图 5.11 不同太极拳习练强度老年人生理健康的特征

13. 太极拳习练形式对老年人生理健康的影响

从不同锻炼形式(1＝独自个人;2＝亲戚朋友;3＝协会或组织)老年人之间生理健康及其各维度得分的方差分析结果中可见(表5.18),除身体活动功能维度得分存在显著差异外,其他维度及生理健康总得分差异都未达到显著性水平。由图5.12可见,与亲戚朋友和协会或组织一起习练的形式改善或提高生理健康效果较好,尤其是参与有组织的习练的形式。

表 5.18　习练太极拳形式对老年人生理健康影响的单因素方差分析

变量	类别	平方和	自由度	方差	F 值	显著性
B1	组间	82.480	2	41.240	0.391	0.677
	组内	25 708.572	244	105.363		
	总数	25 791.053	246			
B2	组间	34.236	2	17.118	1.036	0.357
	组内	4 033.594	244	16.531		
	总数	4 067.830	246			
B3	组间	306.320	2	153.160	3.844	0.023
	组内	9 720.798	244	39.839		
	总数	10 027.117	246			
BZT	组间	748.169	2	374.085	1.352	0.261
	组内	67 517.426	244	276.711		
	总数	68 265.595	246			

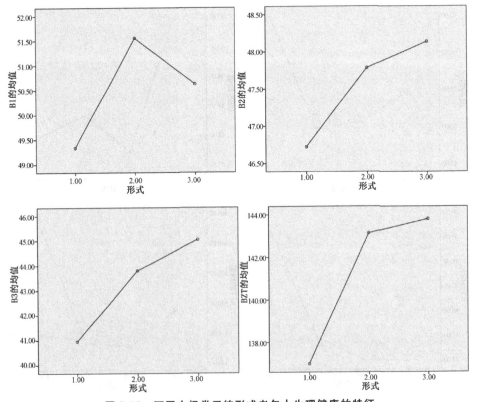

图 5.12　不同太极拳习练形式老年人生理健康的特征

四、结论

(1) 在人口学变量中,性别对老年人自测生理健康影响不大,年龄、受教育程度、原职业、收入满意度、居住情况、患老年慢病情况对老年人自测生理健康得分影响显著,其中在年龄、受教育程度、收入满意度和患老年慢病上表现出规律性特征。即随着年龄的增长、患老年慢病数量的增加,老年人自测生理健康得分降低;随着受教育程度、收入满意度的提高,老年人自测生理健康得分提高。在原职业上,农民和无职业老年人得分较低,工人、个体和其他职业老年人得分较高。在居住情况上,总体上,夫妻双方健在的老年人生理健康得分好于单身老年人,是否与子女同住没有呈现出规律性特征。

(2) 在是否参与太极拳习练上,习练太极拳、参与其他体育项目锻炼和不参与体育锻炼的老年人之间自测生理健康得分差异非常显著,参与太极拳习练的老年人得分显著高于参与其他体育项目锻炼和不参与体育锻炼的老年人。

(3) 在太极拳习练年限、时长、频次、强度和形式上,习练年限对老年人生理健康影响甚微,每周习练 7 次及以上、每次习练持续 61 min 及以上的出大汗、有组织的习练形式对提高或改善老年人自测生理健康的效果较好。

第三节　太极拳习练对老年人心理健康的影响

心理健康是一种生活适应良好的状态。心理健康的理想状态是保持性格完美、智力正常、认知正确、情感适当、意志合理、态度积极、行为恰当、适应良好的状态,在内涵上至少包含认知、情绪和社会适应 3 个维度,突出表现在社交、生产、生活上能与其他人保持较好的沟通或配合,能良好地处理生活中发生的各种情况。老年人面对衰老,以及伴随着衰老而来的权利和能力的丧失,会产生诸多不健康的心理,而这些不健康心理反过来又会加速衰老。老年人不良心理主要表现为幻想、抑郁、孤独、偏激、多疑,甚至郁症、焦虑等。全国政协的调查显示,目前我国老年疾病患者中 50% 到 80% 是源自老年人的心理疾病,在我国目前已经有 85% 以上的老年人存在不同程度的心理问题,其中 27% 的老年人有明显焦虑、忧郁等心理障碍[1]。体育锻炼作为一种增进身体健康的有效手段,不仅能提高生理健康,对提高或改善老年人的心理健康也有诸多作用,如体育锻炼有助于改善老年人的生活满意度、情感平衡、情绪健康、整体自尊以及人际关系等。本节以《自测健康评定量表》中心理健康子量表得分为校标[2],研究方法与对象同本章第二节。首先探讨老年人的年龄、性别、职业、教育、收入、居

---

[1] 胡琳琼.浅谈体育锻炼对老年人心理健康的影响,http://www.jxltx.cn/kpxc/kylw/201912/t20191227_1500847.htm

[2] 苏银花,段功香.养老机构老人自测健康状况及其影响因素调查[J].中国实用护理杂志,2009,25(23):6-9.

住、慢病等情况对其自测心理健康得分的影响,其次探讨是否参与太极拳锻炼对自测心理健康得分的影响,最后研究太极拳锻炼的年限、强度、频次、时长和形式对自测心理健康得分的影响,以期为老年人参与太极拳锻炼提供参考。

一、结果与分析

1. 性别对老年人心理健康的影响

从(表5.19)不同性别间老年人心理健康得分的比较可见,男、女老年人在正向情绪、心理症状与负向情绪、认知功能维度的得分,以及心理健康子量表总得分均未达到显著差异水平,表明不同性别老年人在心理健康上不存在显著差异。

表5.19　性别对老年人之间心理健康影响的比较

变量	性别	样本数	均值	标准差	标准误	t值	P值
M1	男	440	44.436 4	6.300 78	0.300 38	−0.037	0.971
	女	583	44.451 1	6.344 95	0.262 78		
M2	男	440	55.922 7	11.695 98	0.557 58	1.399	0.163
	女	583	54.898 8	11.515 49	0.476 92		
M3	男	440	21.554 5	5.528 7	0.263 57	1.874	0.061
	女	583	20.890 2	5.678 83	0.235 19		
MZT	男	440	121.913 6	19.220 14	0.916 28	1.386	0.166
	女	583	120.240 1	19.036 61	0.788 42		

注:M1:正向情绪;M2:心理症状与负向情绪;M3:认知功能;MZT:心理健康子量表总分。表5.20～表5.31、图5.13～图5.24中同此。

2. 年龄对老年人心理健康的影响

从不同年龄段(2＝60～65岁;3＝66～70岁;4＝71～75岁;5＝76～80岁;6＝81岁及以上)老年人之间心理健康及其各维度得分的方差分析结果中可见(表5.20),在正向情绪和认知功能维度的得分,以及心理健康子量表总得分差异均达到非常显著水平,心理症状与负向情绪维度得分也达到临界水平。从图5.13可见,老年人随着年龄的增大心理健康得分逐渐降低。

表5.20　年龄对老年人心理健康影响的单因素方差分析

变量	类别	平方和	自由度	方差	F值	显著性
M1	组间	915.003	4	228.751	5.830	0.000
	组内	39 943.627	1 018	39.237		
	总数	40 858.630	1 022			
M2	组间	1 163.392	4	290.848	2.172	0.070
	组内	136 329.906	1 018	133.919		
	总数	137 493.298	1 022			
M3	组间	719.856	4	179.964	5.802	0.000
	组内	31 578.472	1 018	31.020		
	总数	32 298.328	1 022			

(续表)

变量	类别	平方和	自由度	方差	F 值	显著性
MZT	组间	7 947.101	4	1 986.775	5.528	0.000
	组内	365 840.255	1 018	359.372		
	总数	373 787.357	1 022			

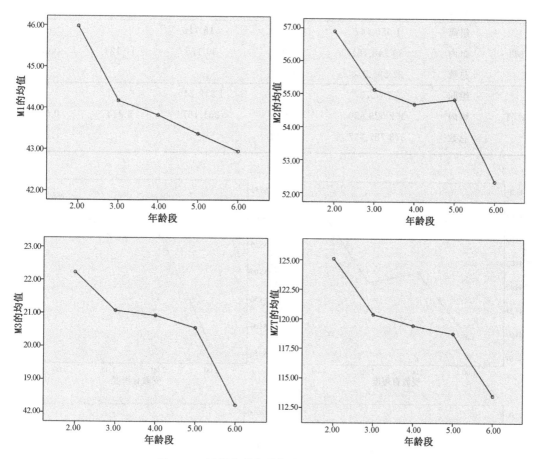

图 5.13　不同年龄段老年人心理健康的特征

3. 教育对老年人心理健康的影响

从不同受教育程度[1＝小学及以下；2＝初中；3＝高中(中专)；4＝大学(含大专)及以上]老年人之间生理健康及其各维度得分的方差分析结果中可见(表 5.21)，在正向情绪和心理症状与负向情绪维度得分未达到显著性差异，但认知功能维度和心理健康子量表总得分达到非常显著差异水平。总体上，老年人随着受教育程度的提高，心理健康得分也随之提高，尤其是认知功能维度得分上升明显(图 5.14)。

表 5.21 教育对老年人心理健康影响的单因素方差分析

变量	类别	平方和	自由度	方差	F 值	显著性
M1	组间	100.127	3	33.376	0.834	0.475
	组内	40 758.502	1 019	39.999		
	总数	40 858.630	1 022			
M2	组间	776.390	3	258.797	1.929	0.123
	组内	136 716.908	1 019	134.168		
	总数	137 493.298	1 022			
M3	组间	1 550.147	3	516.716	17.124	0.000
	组内	30 748.181	1 019	30.175		
	总数	32 298.328	1 022			
MZT	组间	5 757.737	3	1 919.246	5.314	0.001
	组内	368 029.620	1 019	361.167		
	总数	373 787.357	1 022			

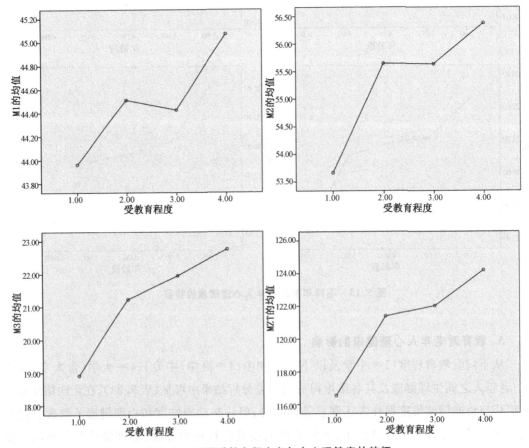

图 5.14 不同受教育程度老年人心理健康的特征

4. 职业对老年人心理健康的影响

从不同职业(1=工人;2=农民;3=干部;4=个体;5=无职业;6=其他)老年人之间心理健康及其各维度得分的方差分析结果中可见(表5.22),除正向情绪维度得分影响不显著外,心理症状与负向情绪维度得分、认知功能维度得分和心理健康子量表总得分均达到显著或非常显著差异水平。从图5.15可见,农民和无职业老年人得分较低,干部身份老年人得分最高,呈现出W形。

表5.22 职业对老年人心理健康影响的单因素方差分析

变量	类别	平方和	自由度	方差	F值	显著性
M1	组间	329.358	5	65.872	1.653	0.143
	组内	40 529.272	1 017	39.852		
	总数	40 858.630	1 022			
M2	组间	1 744.586	5	348.917	2.614	0.023
	组内	135 748.712	1 017	133.480		
	总数	137 493.298	1 022			
M3	组间	895.676	5	179.135	5.801	0.000
	组内	31 402.652	1 017	30.878		
	总数	32 298.328	1 022			
MZT	组间	7 618.457	5	1 523.691	4.232	0.001
	组内	366 168.900	1 017	360.048		
	总数	373 787.357	1 022			

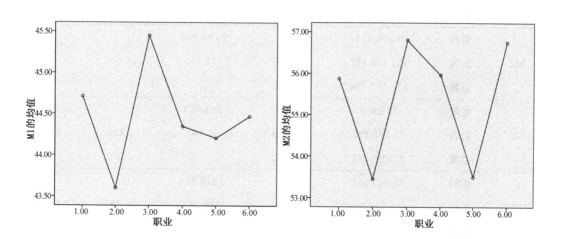

图5.15 不同职业老年人心理健康的特征

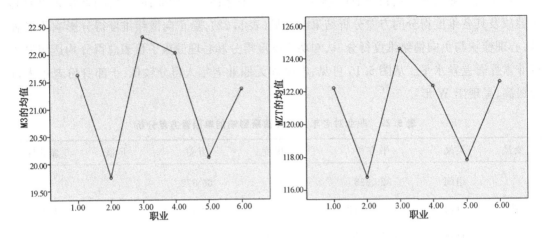

图 5.15 （续）

5. 收入对老年人心理健康的影响

从不同收入满意度(1=非常满意;2=满意;3=一般;4=不满意/非常不满意)老年人之间心理健康及其各维度得分的方差分析结果中可见(表 5.23),老年人收入满意度对正向情绪、心理症状与负向情绪、认知功能以及心理健康子量表总得分影响非常显著。随着收入满意度的降低,老年人心理健康得分下降明显(图 5.16)。

表 5.23 收入对老年人心理健康影响的单因素方差分析

变量	类别	平方和	自由度	方差	F 值	显著性
M1	组间	2 891.439	3	963.813	25.868	0.000
	组内	37 967.191	1 019	37.259		
	总数	40 858.630	1 022			
M2	组间	6 296.631	3	2 098.877	16.302	0.000
	组内	131 196.667	1 019	128.750		
	总数	137 493.298	1 022			
M3	组间	723.083	3	241.028	7.778	0.000
	组内	31 575.245	1 019	30.987		
	总数	32 298.328	1 022			
MZT	组间	25 040.562	3	8 346.854	24.389	0.000
	组内	348 746.794	1 019	342.244		
	总数	373 787.357	1 022			

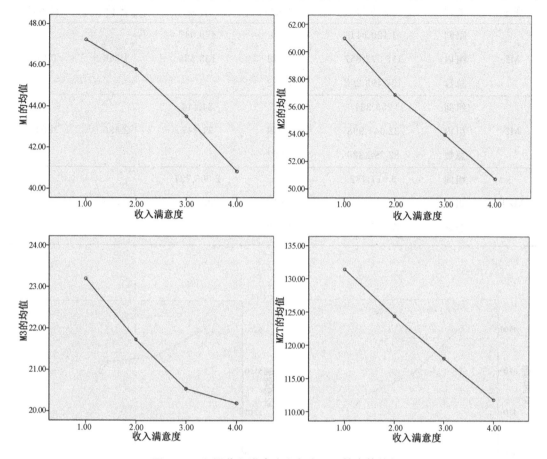

图 5.16 不同收入满意度老年人心理健康的特征

6. 居住形式对老年人心理健康的影响

从不同居住形式(1=夫妻双方健在,与子女同住;2=夫妻双方健在,未与子女同住;3=单身,与子女同住;4=单身,未与子女同住)老年人之间心理健康及其各维度得分的方差分析结果中可见(表5.24),居住形式对老年人正向情绪、心理症状与负向情绪、认知功能维度得分以及心理健康子量表总得分影响显著或非常显著,表现为"夫妻双方健在"得分高于"单身","与子女同住"得分高于"未与子女同住"的老年人(图5.17)。

表 5.24 居住形式对老年人心理健康影响的单因素方差分析

变量	类别	平方和	自由度	方差	F 值	显著性
	组间	676.415	3	225.472		
M1	组内	40 182.214	1 019	39.433	5.718	0.001
	总数	40 858.630	1 022			

(续表)

变量	类别	平方和	自由度	方差	F值	显著性
M2	组间	1 420.641	3	473.547	3.546	0.014
	组内	136 072.657	1 019	133.535		
	总数	137 493.298	1 022			
M3	组间	253.331	3	84.444	2.685	0.045
	组内	32 044.998	1 019	31.447		
	总数	32 298.328	1 022			
MZT	组间	6 011.182	3	2 003.727	5.552	0.001
	组内	367 776.174	1 019	360.919		
	总数	373 787.357	1 022			

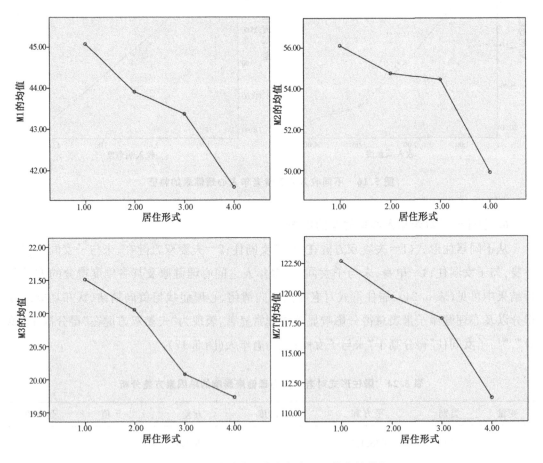

图 5.17 不同居住形式老年人心理健康的特征

7. 慢病对老年人心理健康的影响

从是否患有老年慢病(高血压、冠心病、糖尿病、失眠、便秘、高血脂、骨质疏松、甲亢、痛风)或患不同数量老年慢病(0=没患任何老年慢病;1=患1种老年慢病;2=患2种老年慢病;3=患3种及以上老年慢病)老年人之间心理健康及其各维度得分的方差分析结果中可见(表5.25),是否患老年慢病和患老年病的数量对老年人正向情绪、心理症状与负向情绪、认知功能维度得分以及心理健康子量表总得分影响非常显著。没患老年慢病的老年人心理健康得分显著好于患有老年慢病的老年人,且随着患老年慢病种类的增多,老年人心理健康得分显著降低(图5.18)。

表5.25　慢病对老年人心理健康影响的单因素方差分析

变量	类别	平方和	自由度	方差	F值	显著性
M1	组间	1 570.641	3	523.547	13.579	0.000
	组内	39 287.989	1 019	38.555		
	总数	40 858.630	1 022			
M2	组间	4 692.854	3	1 564.285	12.003	0.000
	组内	132 800.445	1 019	130.324		
	总数	137 493.298	1 022			
M3	组间	1 220.101	3	406.700	13.335	0.000
	组内	31 078.228	1 019	30.499		
	总数	32 298.328	1 022			
MZT	组间	20 402.289	3	6 800.763	19.610	0.000
	组内	353 385.068	1 019	346.796		
	总数	373 787.357	1 022			

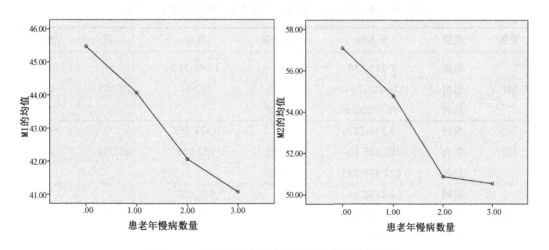

图5.18　患不同数量慢病老年人心理健康的特征

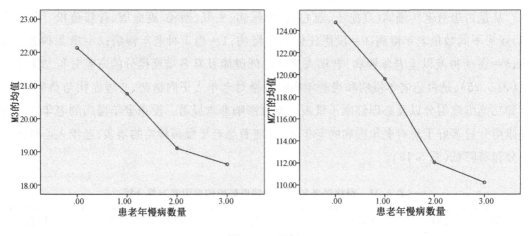

图 5.18 （续）

8. 太极拳习练对老年人心理健康的影响

从是否参与体育锻炼和是否参与太极拳锻炼(1=只习练太极拳;2=参与其他体育项目锻炼;3=不参与体育锻炼)的老年人之间心理健康及其各维度得分的方差分析结果中可见(表5.26),只习练太极拳、参与其他体育项目锻炼和不参与体育锻炼的老年人在正向情绪、心理症状与负向情绪、认知功能维度得分以及心理健康子量表总得分之间差异非常显著。由图5.19和进一步LSD分析发现,在正向情绪维度、认知功能维度以及心理健康子量表总得分上,只习练太极拳老年人与参与其他体育项目锻炼的老年人之间得分差异不显著,但都显著高于不参与体育锻炼的老年人;在心理症状与负向情绪维度上,只习练太极拳的老年人得分显著高于参与其他体育项目锻炼老年人的得分和不参与体育锻炼老年人的得分,参与其他体育项目锻炼老年人的得分又显著高于不参与体育锻炼的老年人得分。总体上可见,习练太极拳对提高或改善老年人心理健康具有一定的优势。

表5.26 体育锻炼对老年人心理健康影响的单因素方差分析

变量	类别	平方和	自由度	方差	F值	显著性
M1	组间	2 131.880	2	1 065.940	28.075	0.000
	组内	38 726.750	1 020	37.967		
	总数	40 858.630	1 022			
M2	组间	7 948.133	2	3 974.067	31.291	0.000
	组内	129 545.165	1 020	127.005		
	总数	137 493.298	1 022			
M3	组间	1 271.214	2	635.607	20.895	0.000
	组内	31 027.115	1 020	30.419		
	总数	32 298.328	1 022			

(续表)

变量	类别	平方和	自由度	方差	F值	显著性
MZT	组间	28 984.908	2	14 492.454	42.872	0.000
	组内	344 802.449	1 020	338.042		
	总数	373 787.357	1 022			

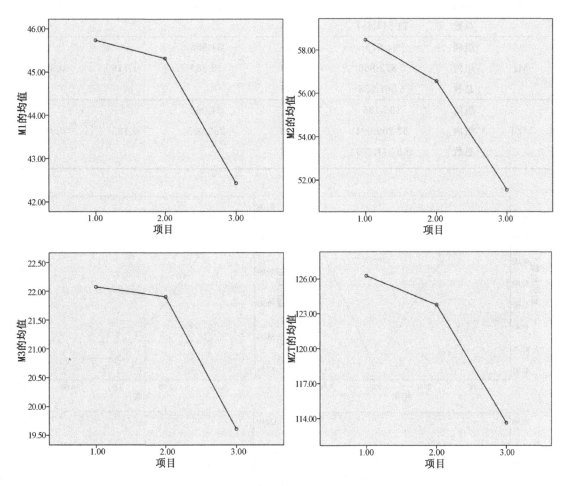

图 5.19　参与不同锻炼项目老年人心理健康的特征

9. 太极拳习练年限对老年人心理健康的影响

从不同锻炼年限[1＝1年以下；2＝1～5年(不包含5年)；3＝5～10年(不包含10年)；4＝10年及以上]老年人之间心理健康及其各维度得分的方差分析结果中可见(表5.27)，不同太极拳习练年限的老年人之间在正向情绪、心理症状与负向情绪、认知功能维度得分以及心理健康子量表总得分上差异不显著，表明太极拳习练年限对提高或改善老年人心理健康影响甚微(图5.20)。

表 5.27 太极拳习练年限对老年人心理健康影响的单因素方差分析

变量	类别	平方和	自由度	方差	F 值	显著性
M1	组间	53.983	3	17.994	0.755	0.520
	组内	5 790.382	243	23.829		
	总数	5 844.364	246			
M2	组间	115.967	3	38.656	0.433	0.730
	组内	21 695.491	243	89.282		
	总数	21 811.457	246			
M3	组间	94.673	3	31.558	1.116	0.343
	组内	6 872.866	243	28.283		
	总数	6 967.538	246			
MZT	组间	102.186	3	34.062	0.133	0.940
	组内	62 209.094	243	256.005		
	总数	62 311.279	246			

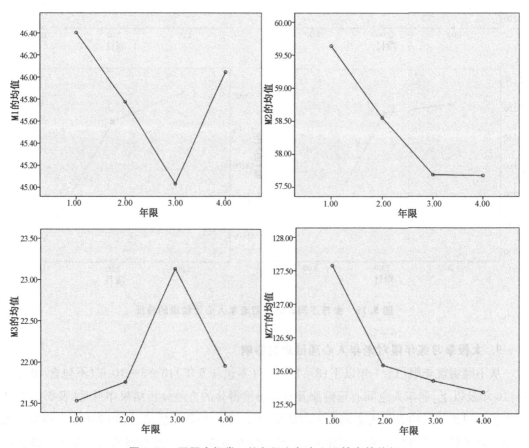

图 5.20 不同太极拳习练年限老年人心理健康的特征

10. 太极拳习练频次对老年人心理健康的影响

从不同习练频次(1=每周1～2次;2=每周3～4次;3=每周5～6次;4=每周7次及以上)老年人之间心理健康及其各维度得分的方差分析结果中可见(表5.28),除心理症状与负向情绪维度得分差异不显著外,其他维度及心理健康总得分差异都达到显著差异或非常显著差异水平。由图5.21和进一步LSD分析发现,在正向情绪维度、认知功能维度的得分以及心理健康子量表总得分上,每周习练太极拳的频次为1～2次、3～4次、5～6次之间的得分差异不显著,但都显著低于每周习练7次及以上的老年人。可见,老年人每天坚持习练太极拳效果较好。

表 5.28 太极拳习练频次对老年人心理健康影响的单因素方差分析

变量	类别	平方和	自由度	方差	F 值	显著性
M1	组间	255.344	3	85.115	3.701	0.012
	组内	5 589.021	243	23.000		
	总数	5 844.364	246			
M2	组间	564.605	3	188.202	2.152	0.094
	组内	21 246.852	243	87.436		
	总数	21 811.457	246			
M3	组间	989.912	3	329.971	13.414	0.000
	组内	5 977.626	243	24.599		
	总数	6 967.538	246			
MZT	组间	4 505.723	3	1 501.908	6.314	0.000
	组内	57 805.556	243	237.883		
	总数	62 311.279	246			

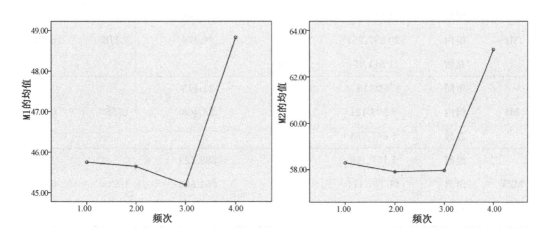

图 5.21 不同太极拳习练频次老年人心理健康的特征

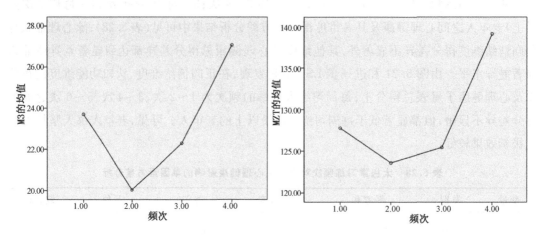

图 5.21 （续）

11. 太极拳习练时长对老年人心理健康的影响

从不同习练时长(1＝30 min 及以下；2＝31～45 min；3＝46～60 min；4＝61 min 及以上)老年人之间心理健康及其各维度得分的方差分析结果中可见(表 5.29)，除心理症状与负向情绪维度得分达到显著差异水平外，其他维度及其心理健康总得分都未达到显著性差异水平。图 5.22 表明，老年人每次习练持续 61 min 及以上较好。

表 5.29　太极拳习练时长对老年人心理健康影响的单因素方差分析

变量	类别	平方和	自由度	方差	F 值	显著性
M1	组间	71.320	3	23.773	1.001	0.393
	组内	5 773.045	243	23.757		
	总数	5 844.364	246			
M2	组间	823.506	3	274.502	3.178	0.025
	组内	20 987.951	243	86.370		
	总数	21 811.457	246			
M3	组间	64.418	3	21.473	.756	0.520
	组内	6 903.121	243	28.408		
	总数	6 967.538	246			
MZT	组间	1 157.168	3	385.723	1.533	0.207
	组内	61 154.111	243	251.663		
	总数	62 311.279	246			

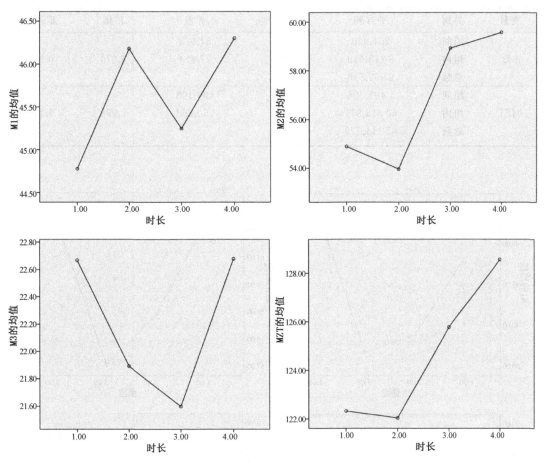

图 5.22　不同太极拳习练时长老年人心理健康的特征

12. 太极拳习练强度对老年人心理健康的影响

从不同习练强度(1＝全身微热;2＝微微出汗;3＝出汗较多;4＝出大汗)老年人之间生理健康及其各维度得分的方差分析结果中可见(表5.30),除认知功能维度得分达到显著差异水平外,其他维度及心理健康总得分都未达到显著差异水平。图5.23表明,老年人每次习练出汗较多效果较差,而全身微热和出大汗的习练强度效果较好。

表 5.30　太极拳习练强度对老年人心理健康影响的单因素方差分析

变量	类别	平方和	自由度	方差	F 值	显著性
M1	组间	64.601	3	21.534	0.905	0.439
	组内	5 779.763	243	23.785		
	总数	5 844.364	246			
M2	组间	271.310	3	90.437	1.020	0.384
	组内	21 540.147	243	88.643		
	总数	21 811.457	246			

(续表)

变量	类别	平方和	自由度	方差	F值	显著性
M3	组间	254.920	3	84.973	3.076	0.028
	组内	6 712.619	243	27.624		
	总数	6 967.538	246			
MZT	组间	1 497.308	3	499.103	1.994	0.115
	组内	60 813.971	243	250.263		
	总数	62 311.279	246			

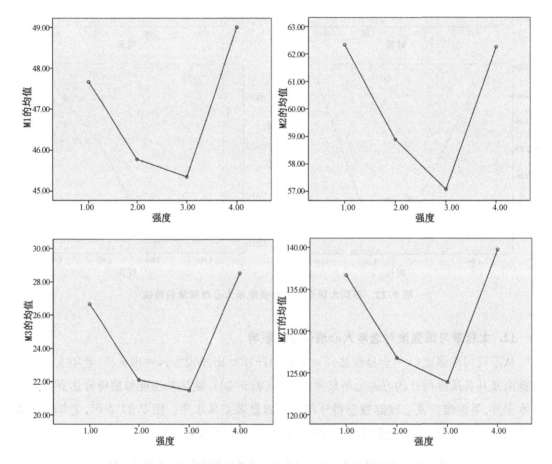

图 5.23 不同太极拳习练强度老年人心理健康的特征

13. 太极拳习练形式对老年人心理健康的影响

从不同锻炼形式(1=独自个人;2=亲戚朋友;3=协会或组织)老年人之间心理健康及其各维度得分的方差分析结果中可见(表 5.31),太极拳习练形式对老年人心理健康得分影响不大。图 5.24 表明,参与协会或组织一起习练形式改善或提高心理健康的效果较好。

表 5.31　习练太极拳形式对老年人心理健康影响的单因素方差分析

变量	类别	平方和	自由度	方差	F 值	显著性
M1	组间	42.438	2	21.219	00.892	0.411
	组内	5 801.926	244	23.778		
	总数	5 844.364	246			
M2	组间	2.679	2	1.339	0.015	0.985
	组内	21 808.779	244	89.380		
	总数	21 811.457	246			
M3	组间	31.944	2	15.972	0.562	0.571
	组内	6 935.594	244	28.425		
	总数	6 967.538	246			
MZT	组间	69.079	2	34.540	0.135	0.873
	组内	62 242.200	244	255.091		
	总数	62 311.279	246			

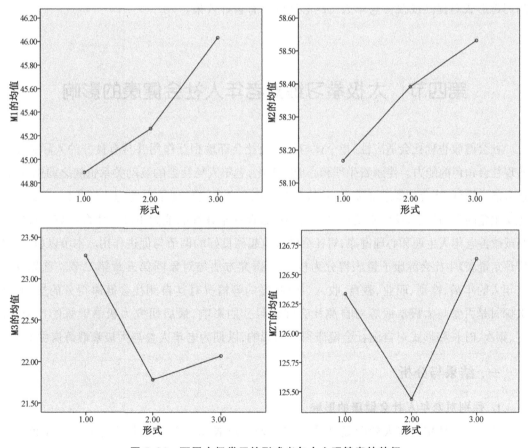

图 5.24　不同太极拳习练形式老年人心理健康的特征

二、结论

（1）在人口学变量中，不同性别老年人自测心理健康得分差异不显著，而年龄、受教育程度、原职业、收入满意度、居住情况以及患老年慢病情况变量对老年人自测心理健康得分影响显著。其中随着年龄的增长、患老年慢病数量的增加，老年人自测心理健康得分降低；随着受教育程度、经济收入满意度的提高，老年人自测心理健康得分提高。在原职业上，农民和无职业老年人得分较低，干部身份的老年人得分最高，呈现出"W"形。在居住情况上，表现出"夫妻双方健在"得分好于"单身"，"与子女同住"得分好于"未与子女同住"的老年人的特征。

（2）在是否参与太极拳习练上，习练太极拳、参与其他体育项目锻炼和不参与体育锻炼的老年人之间自测心理健康得分差异非常显著，太极拳习练对改善或提高老年人心理健康效果较好。

（3）在太极拳习练年限、时长、频次、强度和形式上，习练年限对老年人心理健康没有显著影响，而每周习练7次及以上、每次习练持续61 min及以上的全身微热或出大汗、有组织的习练形式对提高或改善老年人自测心理健康有较好效果。

第四节 太极拳习练对老年人社会健康的影响

社会健康也称社会适应性，指个体与他人及社会环境相互作用并具有良好的人际关系和实现社会角色的能力。伴随着生理和心理的老化，老年人与社会的互动关系也随之弱化，社会适应能力降低，社会功能逐渐丧失，并从重要的社会角色退位到了次要的社会角色，家庭角色也从主角向配角转变，这些都使得老年人与社会保持整体性的能力下降。体育锻炼不仅能提高或改善老年人生理和心理健康，对社会健康也起到良好的调节与促进作用。本节以《自测健康评定量表》中社会健康子量表得分为校标①，研究方法与对象同第五章第二节。首先探讨老年人的年龄、性别、职业、教育、收入、居住、慢病等情况对其自测社会健康得分的影响，其次探讨是否参与太极拳锻炼对自测社会健康得分的影响，最后研究太极拳锻炼的年限、强度、频次、时长和形式对自测社会健康得分的影响，以期为老年人参与太极拳锻炼提供参考。

一、结果与分析

1. 性别对老年人社会健康的影响

从对不同性别老年人社会健康得分的比较可见（表5.32），不同性别老年人在角色活动

---

① 苏银花,段功香.养老机构老人自测健康状况及其影响因素调查[J].中国实用护理杂志,2009,25(23):6-9.

与社会适应维度、社会资源与社会接触维度、社会支持维度的得分以及社会健康子量表总得分之间没有显著差异,表明性别对社会健康没有明显影响。

表 5.32 性别对老年人之间社会健康影响的比较

变量	性别	样本数	均值	标准差	标准误	t 值	P 值
S1	男	438	33.239 7	5.839 15	0.279 01	0.240	0.811
	女	582	33.149 5	6.034 32	0.250 13		
S2	男	438	37.929 2	9.454 31	0.451 74	−0.684	0.494
	女	582	38.329 9	9.087 89	0.376 71		
S3	男	437	19.938 2	6.098 08	0.291 71	−0.976	0.324
	女	582	20.305 8	5.842 09	0.242 16		
SZT	男	440	90.647 7	18.651 49	0.889 17	−0.856	0.392
	女	583	91.627 8	17.730 23	0.734 31		

注:S1:角色活动与社会适应;S2:社会资源与社会接触;S3:社会支持;SZT:社会健康子量表总分。表 5.33~表 5.44、图 5.25~图 5.36 中同此。

2. 年龄对老年人社会健康的影响

从不同年龄段(2=60~65 岁;3=66~70 岁;4=71~75 岁;5=76~80 岁;6=81 岁及以上)老年人之间社会健康及其各维度得分的方差分析结果中可见(表 5.33),不同年龄段老年人之间在角色活动与社会适应维度得分、社会资源与社会接触维度得分、社会支持维度得分以及社会健康子量表总得分上存在显著差异或非常显著差异。图 5.25 显示,随着年龄的增长,老年人的社会健康各维度上的得分及总得分下降明显。

表 5.33 年龄对老年人社会健康影响的单因素方差分析

变量	类别	平方和	自由度	方差	F 值	显著性
S1	组间	1 375.448	4	343.862	10.063	0.000
	组内	34 682.411	1 015	34.170		
	总数	36 057.859	1 019			
S2	组间	2 390.097	4	597.524	7.161	0.000
	组内	84 695.491	1 015	83.444		
	总数	87 085.587	1 019			
S3	组间	406.562	4	101.640	2.889	0.021
	组内	35 670.063	1 014	35.178		
	总数	36 076.624	1 018			
SZT	组间	9 517.704	4	2 379.426	7.421	0.000
	组内	326 399.776	1 018	320.628		
	总数	335 917.480	1 022			

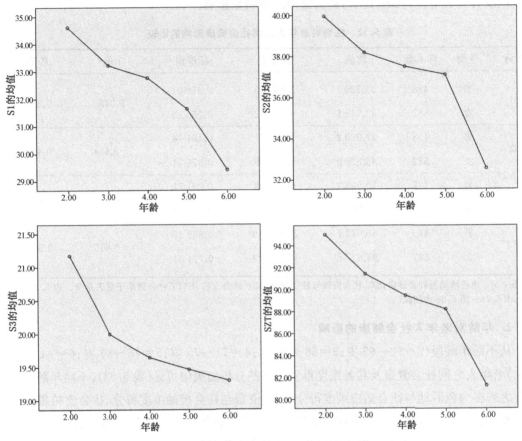

图 5.25 不同年龄段老年人社会健康的特征

3. 教育对老年人社会健康的影响

表 5.34 显示出不同受教育程度[1＝小学及以下;2＝初中;3＝高中(中专);4＝大学(含大专)及以上]老年人之间社会健康及其各维度得分之间差异非常显著。由图 5.26 可见,随着受教育程度的提高,老年人的社会健康及其各维度得分随之提高。

表 5.34 教育对老年人社会健康影响的单因素方差分析

变量	类别	平方和	自由度	方差	F 值	显著性
S1	组间	916.520	3	305.507	8.833	0.000
	组内	35 141.339	1 016	34.588		
	总数	36 057.859	1 019			
S2	组间	3 725.834	3	1 241.945	15.137	0.000
	组内	83 359.754	1 016	82.047		
	总数	87 085.587	1 019			

（续表）

变量	类别	平方和	自由度	方差	F 值	显著性
S3	组间	411.823	3	137.274	3.907	0.009
	组内	35 664.801	1 015	35.138		
	总数	36 076.624	1 018			
SZT	组间	12 006.514	3	4 002.171	12.591	0.000
	组内	323 910.966	1 019	317.871		
	总数	335 917.480	1 022			

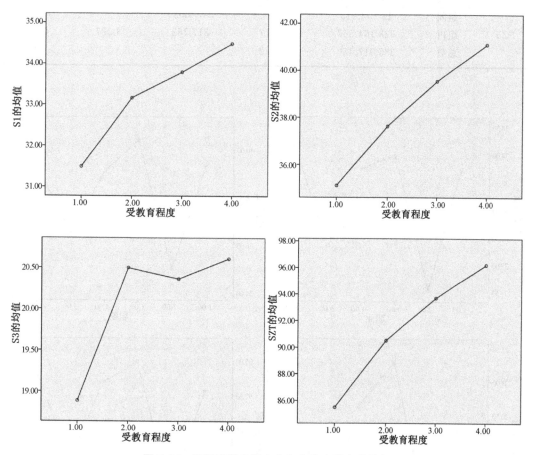

图 5.26　不同受教育程度老年人社会健康的特征

4. 职业对老年人社会健康的影响

不同职业(1＝工人；2＝农民；3＝干部；4＝个体；5＝无职业；6＝其他)老年人之间社会健康及其各维度得分的方差分析结果显示(表 5.35)，职业对老年人社会健康得分影响显著。从图 5.27 中可见，农民和无职业老年人得分较低，工人、干部、个体和其他职业老年人得分较高，总体上呈现出 W 形。

表 5.35 职业对老年人社会健康影响的单因素方差分析

变量	类别	平方和	自由度	方差	F 值	显著性
S1	组间	1 015.061	5	203.012	5.874	0.000
	组内	35 042.798	1 014	34.559		
	总数	36 057.859	1 019			
S2	组间	3 970.019	5	794.004	9.687	0.000
	组内	83 115.568	1 014	81.968		
	总数	87 085.587	1 019			
S3	组间	649.051	5	129.810	3.712	0.002
	组内	35 427.574	1 013	34.973		
	总数	36 076.624	1 018			
SZT	组间	12 752.913	5	2 550.583	8.027	0.000
	组内	323 164.567	1 017	317.763		
	总数	335 917.480	1 022			

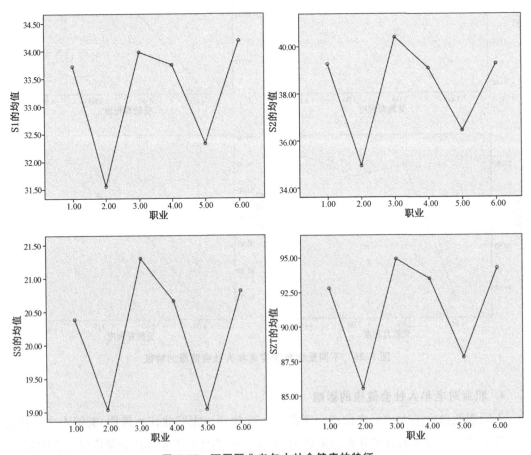

图 5.27 不同职业老年人社会健康的特征

5. 收入对老年人社会健康的影响

从不同收入满意度(1＝非常满意;2＝满意;3＝一般;4＝不满意/非常不满意)老年人之间社会健康及其各维度得分的方差分析结果中可见(表 5.36),不同收入满意度老年人在角色活动与社会适应维度得分、社会资源与社会接触维度得分、社会支持维度得分以及社会健康子量表总得分上存在显著差异或非常显著差异。由图 5.28 可见,随着收入满意度的降低,老年人社会健康总得分及其各维度得分呈现明显下降趋势。

表 5.36 收入对老年人社会健康影响的单因素方差分析

变量	类别	平方和	自由度	方差	F 值	显著性
S1	组间	1 321.348	3	440.449	12.883	0.000
	组内	34 736.511	1 016	34.189		
	总数	36 057.859	1 019			
S2	组间	2 279.284	3	759.761	9.102	0.000
	组内	84 806.303	1 016	83.471		
	总数	87 085.587	1 019			
S3	组间	1 430.833	3	476.944	13.973	0.000
	组内	34 645.791	1 015	34.134		
	总数	36 076.624	1 018			
SZT	组间	12 894.842	3	4 298.281	13.559	0.000
	组内	323 022.638	1 019	317.000		
	总数	335 917.480	1 022			

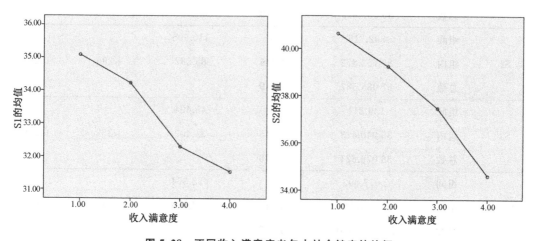

图 5.28 不同收入满意度老年人社会健康的特征

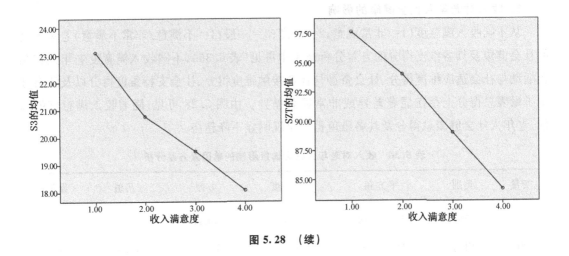

图 5.28 （续）

6. 居住形式对老年人社会健康的影响

从不同居住形式(1=夫妻双方健在,与子女同住;2=夫妻双方健在,未与子女同住;3=单身,与子女同住;4=单身,未与子女同住)老年人之间社会健康及其各维度得分的方差分析结果中可见(表5.37),除角色活动与社会适应维度的得分差异显著外,在社会资源与社会接触维度得分、社会支持维度得分以及社会健康子量表总得分上不存在显著差异。总体上,夫妻双方健在、与子女同住的老年人社会健康得分较高,而单身、未与子女同住的老年人社会健康得分较低(图5.29)。

表 5.37 居住形式对老年人社会健康影响的单因素方差分析

变量	类别	平方和	自由度	方差	F 值	显著性
S1	组间	517.303	3	172.434	4.929	0.002
	组内	35 540.556	1 016	34.981		
	总数	36 057.859	1 019			
S2	组间	332.715	3	110.905	1.299	0.273
	组内	86 752.872	1 016	85.387		
	总数	87 085.587	1 019			
S3	组间	136.211	3	45.404	1.282	0.279
	组内	35 940.413	1 015	35.409		
	总数	36 076.624	1 018			
SZT	组间	2 077.092	3	692.364	2.113	0.097
	组内	333 840.387	1 019	327.616		
	总数	335 917.480	1 022			

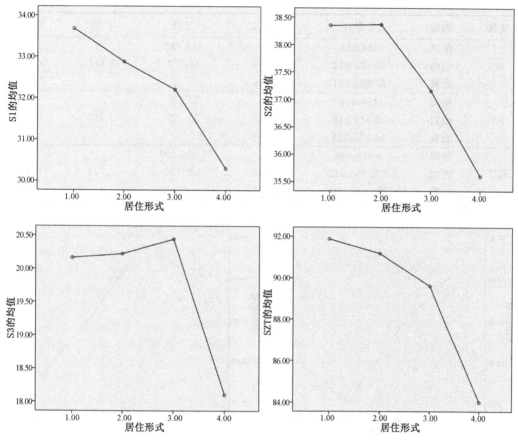

图 5.29 不同居住形式老年人社会健康的特征

7. 慢病对老年人社会健康的影响

从是否患有老年病(高血压、冠心病、糖尿病、失眠、便秘、高血脂、骨质疏松、甲亢、痛风)或患不同数量老年病(0＝没患任何老年慢病;1＝患1种老年慢病;2＝患2种老年慢病;3＝患3种及以上老年慢病)老年人之间社会健康及其各维度得分的方差分析结果中可见(表5.38),在角色活动与社会适应维度得分和社会健康总得分方面存在非常显著的差异,在社会资源与社会接触维度得分和社会支持维度得分上差异不显著。图5.30显示,不患慢病老年人社会健康得分高于患慢病老年人,患慢病的老年人随着患病数量的增加,社会健康自评得分降低。

表 5.38 慢病对老年人社会健康影响的单因素方差分析

变量	类别	平方和	自由度	方差	F 值	显著性
S1	组间	1 023.224	3	341.075		
	组内	35 034.635	1 016	34.483	9.891	0.000
	总数	36 057.859	1 019			

(续表)

变量	类别	平方和	自由度	方差	F值	显著性
S2	组间	464.664	3	154.888	1.817	0.142
	组内	86 620.923	1 016	85.257		
	总数	87 085.587	1 019			
S3	组间	156.808	3	52.269	1.477	0.219
	组内	35 919.816	1 015	35.389		
	总数	36 076.624	1 018			
SZT	组间	3 978.598	3	1 326.199	4.071	0.007
	组内	331 938.882	1 019	325.750		
	总数	335 917.480	1 022			

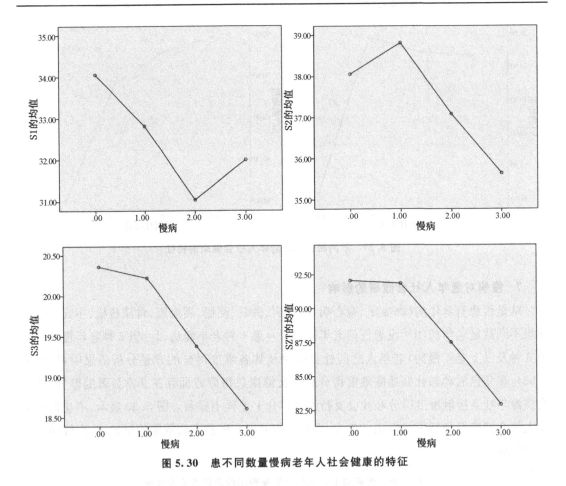

图 5.30 患不同数量慢病老年人社会健康的特征

8. 太极拳习练对老年人社会健康的影响

从参与不同锻炼项目(1＝只习练太极拳;2＝参与其他体育项目锻炼;3＝不参与体育锻炼)老年人之间社会健康及其各维度得分的方差分析结果中可见(表5.39),只习练太极拳、参与其他体育项目锻炼和不参与体育锻炼的老年人在角色活动与社会适应维度得分、社会资源与社会接触维度得分、社会支持维度得分以及社会健康子量表总得分上差异非常显著。

由图 5.31 和进一步 LSD 分析发现,在角色活动与社会适应维度得分上,只习练太极拳的老年人得分显著高于不参与体育锻炼的老年人,但与参与其他体育项目锻炼的老年人之间差异不显著;在社会资源与社会接触维度得分、社会支持维度得分以及社会健康子量表总得分上,只习练太极拳的老年人得分显著高于参与其他与体育项目锻炼的老年人和不参与体育锻炼的老年人,同时,参与其他体育项目锻炼的老年人得分又显著高于不参与体育锻炼的老年人。

表 5.39 习练太极拳对老年人社会健康影响的单因素方差分析

变量	类别	平方和	自由度	方差	F 值	显著性
S1	组间	1 989.476	2	994.738	29.695	0.000
	组内	34 068.383	1 017	33.499		
	总数	36 057.859	1 019			
S2	组间	7 954.964	2	3 977.482	51.119	0.000
	组内	79 130.623	1 017	77.808		
	总数	87 085.587	1 019			
S3	组间	2 406.575	2	1 203.288	36.309	0.000
	组内	33 670.049	1 016	33.140		
	总数	36 076.624	1 018			
SZT	组间	32 515.389	2	16 257.695	54.656	0.000
	组内	303 402.091	1 020	297.453		
	总数	335 917.480	1 022			

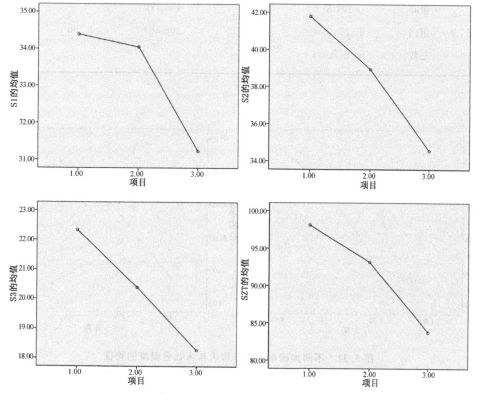

图 5.31 参与不同锻炼项目老年人社会健康的特征

9. 太极拳习练年限对老年人社会健康的影响

从不同锻炼年限[1＝1年以下；2＝1～5年(不包含5年)；3＝5～10年(不包含10年)；4＝10年及以上]老年人之间社会健康及其各维度得分的方差分析结果中可见(表5.40)，在角色活动与社会适应维度得分、社会资源与社会接触维度得分、社会支持维度得分以及社会健康子量表总得分上都未达到显著差异水平，但图5.32显示，参与太极拳锻炼5～10年(不包含10年)的老年人社会健康得分较好，习练年限为1年以下的老年人社会健康得分较低。

表5.40 太极拳习练年限对老年人社会健康影响的单因素方差分析

变量	类别	平方和	自由度	方差	F值	显著性
S1	组间	5.103	3	1.701	0.065	0.978
	组内	6 357.649	242	26.271		
	总数	6 362.752	245			
S2	组间	392.338	3	130.779	2.252	0.083
	组内	14 050.902	242	58.062		
	总数	14 443.240	245			
S3	组间	211.560	3	70.520	2.607	0.052
	组内	6 547.107	242	27.054		
	总数	6 758.667	245			
SZT	组间	1 404.511	3	468.170	1.798	0.148
	组内	63 273.344	243	260.384		
	总数	64 677.854	246			

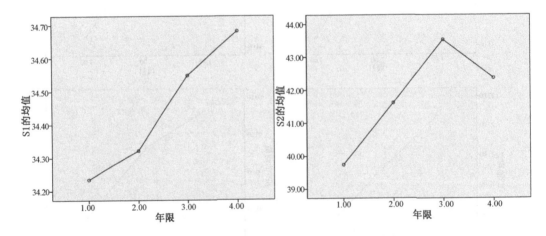

图5.32 不同太极拳习练年限老年人社会健康的特征

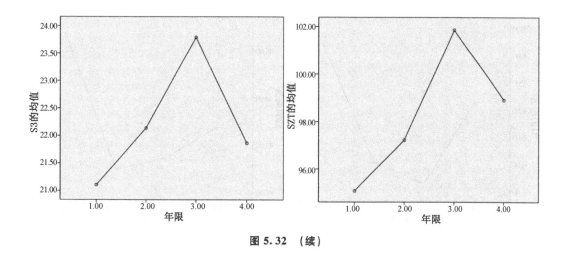

图 5.32 （续）

10. 太极拳习练频次对老年人社会健康的影响

从不同习练频次(1=每周 1～2 次;2=每周 3～4 次;3=每周 5～6 次;4=每周 7 次及以上)老年人之间社会健康及其各维度得分的方差分析结果中可见(表 5.41),在角色活动与社会适应维度得分、社会资源与社会接触维度得分、社会支持维度得分以及社会健康子量表总得分上都达到非常显著性差异水平。但由图 5.33 可见,老年人每周参与太极拳习练 7 次及以上对提高或改善社会健康效果较好。

表 5.41 习练太极拳频次对老年人社会健康影响的单因素方差分析

变量	类别	平方和	自由度	方差	F 值	显著性
S1	组间	539.763	3	179.921	7.477	0.000
	组内	5 822.989	242	24.062		
	总数	6 362.752	245			
S2	组间	662.488	3	220.829	3.878	0.010
	组内	13 780.752	242	56.945		
	总数	14 443.240	245			
S3	组间	335.723	3	111.908	4.216	0.006
	组内	6 422.944	242	26.541		
	总数	6 758.667	245			
SZT	组间	4 557.909	3	1 519.303	6.141	0.000
	组内	60 119.946	243	247.407		
	总数	64 677.854	246			

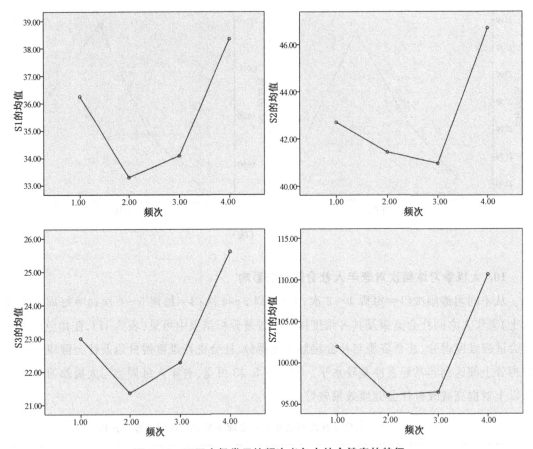

图 5.33 不同太极拳习练频次老年人社会健康的特征

11. 太极拳习练时长对老年人社会健康的影响

从不同习练时长(1＝30 min 及以下；2＝31～45 min；3＝46～60 min；4＝61 min 及以上)老年人之间社会健康及其各维度得分的方差分析结果中可见(表 5.42)，不同习练时长老年人在社会资源与社会接触维度得分和社会健康子量表总得分上存在显著差异。由图 5.34 和进一步 LSD 分析发现，老年人每次习练持续 46～60 min 和 61 min 及以上存在显著差异，老年人每次习练持续 61 min 及以上效果较好。

表 5.42 习练太极拳时长对老年人社会健康影响的单因素方差分析

变量	类别	平方和	自由度	方差	F 值	显著性
	组间	95.441	3	31.814		
S1	组内	6 267.311	242	25.898	1.228	0.300
	总数	6 362.752	245			

(续表)

变量	类别	平方和	自由度	方差	F 值	显著性
S2	组间	795.726	3	265.242	4.703	0.003
	组内	13 647.514	242	56.395		
	总数	14 443.240	245			
S3	组间	113.427	3	37.809	1.377	0.250
	组内	6 645.239	242	27.460		
	总数	6 758.667	245			
SZT	组间	2691.520	3	897.173	3.517	0.016
	组内	61 986.334	243	255.088		
	总数	64 677.854	246			

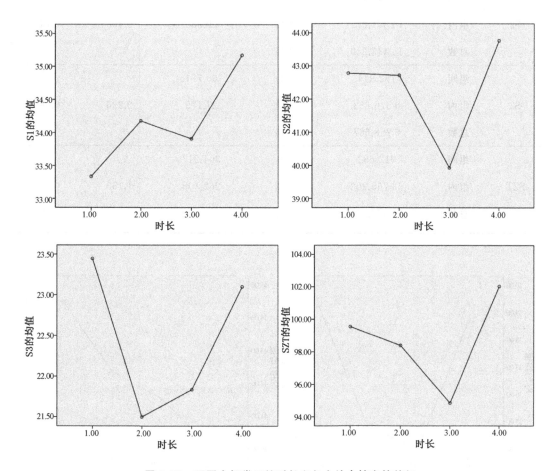

图 5.34 不同太极拳习练时长老年人社会健康的特征

12. 太极拳习练强度对老年人社会健康的影响

从不同习练强度(1=全身微热;2=微微出汗;3=出汗较多;4=出大汗)老年人之间社会健康及其各维度得分的方差分析结果中可见(表5.43),不同习练强度老年人在角色活动与社会适应维度得分、社会资源与社会接触维度得分、社会支持维度得分以及社会健康子量表总得分上都未达到显著性差异水平。但由图5.35可见,全身微热的小强度或出大汗的大强度习练效果较好,尤其是大强度。

表 5.43 习练太极拳强度对老年人社会健康影响的单因素方差分析

变量	类别	平方和	自由度	方差	F值	显著性
S1	组间	180.840	3	60.280	2.360	0.072
	组内	6 181.912	242	25.545		
	总数	6 362.752	245			
S2	组间	72.168	3	24.056	0.405	0.749
	组内	14 371.071	242	59.385		
	总数	14 443.240	245			
S3	组间	182.314	3	60.771	2.236	0.085
	组内	6 576.353	242	27.175		
	总数	6 758.667	245			
SZT	组间	912.652	3	304.217	1.159	0.326
	组内	63 765.202	243	262.408		
	总数	64 677.854	246			

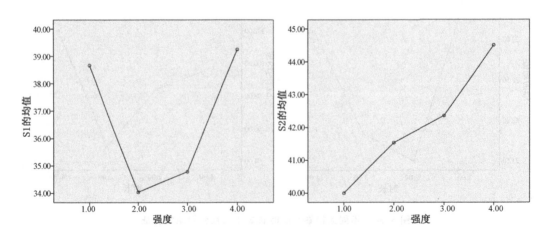

图 5.35 不同太极拳习练强度老年人社会健康的特征

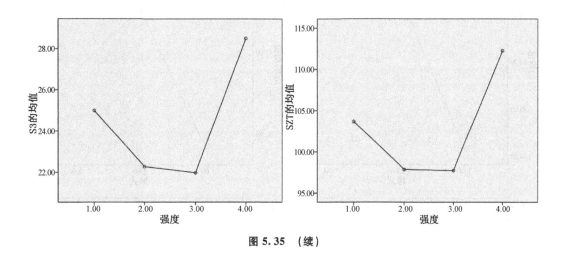

图 5.35 （续）

13. 太极拳习练形式对老年人社会健康的影响

从太极拳不同习练形式(1＝独自个人；2＝亲戚朋友；3＝协会或组织)老年人之间社会健康及其各维度得分的方差分析结果中可见(表5.44)，不同习练形式老年人在角色活动与社会适应维度得分、社会资源与社会接触维度得分、社会支持维度得分以及社会健康子量表总得分上都未达到显著性差异水平。但由图5.36可见，独自个人习练效果较差，相比较而言，与亲戚朋友一起习练的形式对改善或提高社会健康效果较好。

表 5.44 习练太极拳形式对老年人社会健康影响的单因素方差分析

变量	类别	平方和	自由度	方差	F 值	显著性
S1	组间	6.402	2	3.201	0.122	0.885
	组内	6 356.350	243	26.158		
	总数	6 362.752	245			
S2	组间	210.215	2	105.108	1.794	0.168
	组内	14 233.025	243	58.572		
	总数	14 443.240	245			
S3	组间	36.745	2	18.372	0.664	0.516
	组内	6 721.922	243	27.662		
	总数	6 758.667	245			
SZT	组间	611.142	2	305.571	1.164	0.314
	组内	64 066.712	244	262.568		
	总数	64 677.854	246			

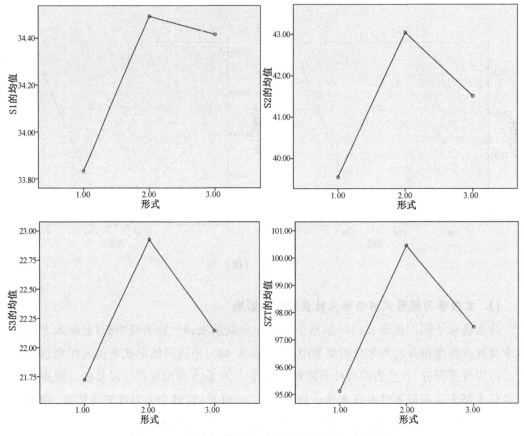

图 5.36　不同太极拳习练形式老年人社会健康的特征

二、结论

（1）在人口学变量中，性别对老年人自测社会健康得分影响不显著，而年龄、受教育程度、原职业、收入满意度、居住情况以及患老年慢病情况变量对老年人自测社会健康得分影响显著。其中随着年龄的增长、患老年慢病数量的增加，老年人自测社会健康得分降低；随着受教育程度、收入满意度的提高，老年人自测社会健康得分提高。在原职业上，农民和无职业老年人得分较低，工人、干部、个体和其他职业老年人得分较高，总体上呈现出 W 形。在居住情况上，夫妻双方健在、与子女同住的老年人社会健康得分较高，而单身、未与子女同住的老年人社会健康得分较低。

（2）在是否参与太极拳习练上，只习练太极拳、参与其他体育项目锻炼和不参与体育锻炼的老年人之间自测社会健康得分差异非常显著，太极拳习练对改善或提高老年人社会健康效果较好。

（3）在太极拳习练年限、时长、频次、强度和形式上，习练年限为 5～10 年（不包含 10 年）的老年人社会健康得分较高，而每周习练 7 次及以上、每次习练持续 61 min 及以上的出大汗、有组织的习练形式对提高或改善老年人自测社会健康效果较好。

第六章 "老龄化"视域下太极拳康养资源的开发

健康、养生是当下人们追求的热潮,随着社会老龄化趋势的加深,人们的健康意识在逐渐增强,一批新的康养项目随之兴起,可以以太极拳康养文化资源开发为依托,打造集养生体验、养生教育、疗养与康复等为一体的太极拳康养综合体。太极拳康养综合体的开发应关注其开发的价值、原则、路径及其形态等问题。

第一节 "老龄化"唤醒太极拳的健康智慧

对于人类社会发展而言,追求"健康"是全人类永恒的主题。大到世界范围内的问题,小到家庭和社会个体的问题,都与"健康"一词紧密联系,息息相关。因此,国家的"健康"发展和前行,人民的"健康"工作和生活,从来都是执政者始终追逐的理想目标。也正是基于这样的执政理念,在我国全面实现国际地位的提升、不断提高人民生活水平的当下,政府"以人为本"地将中国社会发展的目标回归到全体国民的"健康"问题上来。习近平总书记指出:"要把人民健康放在优先发展的战略地位,以普及健康生活、优化健康服务、完善健康保障、建设健康环境、发展健康产业为重点,加快推进健康中国建设,努力全方位、全周期保障人民健康。"在这样的"国家意志"确立、推进和落实的进程中,充满着智慧光芒的"太极拳"一词开始不断地、高频率地出现在重要纲领性文件之中。诸如《"健康中国2030"规划纲要》中提出,通过"大力发展群众喜闻乐见的运动项目,鼓励开发适合不同人群、不同地域特点的特色运动项目,扶持推广太极拳、健身气功等民族民俗民间传统运动项目"来广泛开展全民健身运动。作为"十三五"时期开展全民健身工作的总体规划和行动指南,《全民健身计划(2016—2020年)》提出:"扶持推广武术、太极拳、健身气功等民族民俗民间传统和乡村农味农趣运动项目,鼓励开发适合不同人群、不同地域和不同行业特点的特色运动项目。"《中医药健康服务发展规划(2015—2020年)》在"重点任务"中也强调:"大力发展中医养生保健服务。……推广太极拳、健身气功、导引等中医传统运动,开展药膳食疗。"2019年7月,国家体育总局等十四部委更是联合印发《武术产业发展规划(2019—2025年)》,规划在任务部署方面以专栏的形式推出了四大工程,其中太极拳健康工程就是本次规划的亮点之一。

太极拳作为中国传统文化的精粹,不断地被重点提及,充分说明在众多的中国武术拳种中,太极拳所具有的给予当代人的"健康价值"应该是出类拔萃、独具魅力的,正如有学者所言:"从民族传统运动到风靡世界的'动药'(medicine in motion),太极拳的普及与发展得益于科学研究对太极拳健康促进功能的挖掘。"因此,从学理上诠释好、解释清太极拳中所折射出的对健康的促进和对不健康的矫正的理论与方法之智慧,应该成为学者关注的理论与实践命题。应明晰太极拳给予当代人的健康价值和健康智慧,力求使习练者实现"明其理,知其要,参其行,享其功,得其果"的健康促进目标。

一、老年人健康状况与生活需要之间的矛盾已上升为老龄化社会的主要矛盾

健康问题是事关国家战略全局的重要因素,是实现"中国梦"的基本保障。随着中国老龄化社会的到来,大家一致认为老年人的健康状况和生活需要之间的矛盾逐渐上升为当今社会的突出问题。在社会主义现代化强国的道路上,人口老龄化已成为基本国情之一。

王璇等人对我国东、中、西部51 255名60岁及以上的常住居民的大范围自评健康调查显示,农村居民的健康意识较差、农村卫生服务资源不足等原因,造成农村老年人自评健康状况较差。老年人自评健康在地区间的分布表现为东、中、西部逐渐变差,而疾病影响健康的比例达到33.78%,情绪问题为18.96%,伤害较低为12.49%[1]。王璇等的研究发现,卫生服务资源是老年人健康方面的主要需求。郑娟等人对城市老年人居家服务体系的研究显示,现有的居家养老服务虽然项目齐全,但存在内容单一、配置不合理等问题,即偏重于生活服务和家政服务,而对于医疗护理和文化娱乐等方面的服务覆盖面有限,难以满足老年人的实际需求[2]。罗盛等人对不同生活自理能力老年人健康服务需求的研究显示,不同程度生活自理能力老年人的健康服务需求存在明显差异,完全自理老年人对参与社区管理服务的需求较大,轻度和中度自理老年人对健康教育、生活照料和精神慰藉需求较大,而不能自理的老年人则对疾病护理的需求较大[3]。这些研究明确了处于不同境况的老年人的健康需求存在显著差异,并且进一步说明了老年人健康状况与生活需求之间的矛盾日益凸显。

针对这一矛盾,政府与学界采取了积极的应对和研究。2016年6月,民政部公布了第一批国家级医养结合试点市(区)50个,同年9月,民政部、卫计委公布了第二批国家级医养结合试点市(区)40个。2019年10月,《关于深入推进医养结合发展的若干意见》中指出,医养

---

[1] 王璇,王丽敏,王志会,等.我国老年人自评健康现状及影响因素分析[J].中国慢性病预防与控制,2019,27(6):411.
[2] 郑娟,许建强,卓朗,等.健康状况对老年人居家养老服务需求的影响[J].中国公共卫生,2019(2):4.
[3] 罗盛,罗莉,张锦,等.城市社区不同生活自理能力老年人健康服务项目需求对于分析[J].中国卫生统计,2017,34(6):953.

结合的政策体系不断完善、服务能力不断提升,人民群众获得感不断增强。当前,我国人口老龄化程度不断加深,家庭结构小型化、家庭养老功能弱化的趋势愈加明显,这就对家庭外部与社会结合的养老服务需求变得更加迫切,而机构养老在满足老年人心理需求以及保障养老服务质量等方面存在不足。健康需求是老年人的首要需求,老年人对高质量健康服务的需求面临"转型升级",除疾病治疗以外的老年人健康维护和健康促进需求将呈现快速增长。

而在学界,"体医结合"新模式成为学者们探讨的重点。近几年来,广大群众参与体育活动的热情越来越高涨,但因锻炼不当导致的运动性伤害时有发生。面对复杂多样的体质与健康形势,现有的以"药物治疗"为核心的卫生保健体系难以应对上述健康挑战,且带来了高昂的经济代价。在寻找更为自然、绿色的方式提升健康的道路上,运动(exercise)成为全世界健康专家的共同选择。近年来,欧美学者所提倡和推广的"Exercise is Medicine(运动即良药)"的概念体现了现代医学对"运动促进健康"这一观点的广泛认同。2014年党中央、国务院将"全民健身"提升为国家战略,2016年又在《"健康中国2030"规划纲要》中明确提出,要通过广泛开展全民健身运动、加强体医融合和非医疗健康干预、促进重点人群体育活动等方式来提高全民身体素质。"体医融合"——这一代表了健康促进新趋势的理念将成为推进健康中国建设、全面提升中华民族健康素质、实现人民健康与经济社会协调发展的国家战略的重要措施和依托。

体医融合,从字面上理解,即体育与医疗相结合,是体育科学和医学科学的交叉和融合。这种交叉和融合不光体现为两个学科领域技术手段的相互学习和使用,还包括思想、理论等诸多方面和层次的紧密结合,二者相互补充,相互渗透,相互促进。体医融合的实质是体育学科提供手段和方法,医学学科提供思路和路径,用医学的思维方法和知识体系对常见的体育运动方法进行归纳和总结,使之处方化,变得更加具有针对性、实用性和科学性。运动能够有效促进健康是体医融合的基础。早在西汉时期,中国就已经出现了以肢体开合提落、旋转屈伸为特点,以强身健体为主要目的的"导引术"。世界卫生组织把缺乏运动列为威胁人类健康的第四大因素。"生命在于运动""运动是良药",已经成为全球社会的普遍共识。体医结合思路和方法的提出,其目的是为了解决以下矛盾:医疗和体育都是促进健康的重要措施和手段,但医疗和体育的职权部门却分属不同体系,在管理、体系、资源、人才等方面并无顶层设计方面的交集。体育运动作为健康促进重要的一环,长期没有得到医疗系统的重视。现有的研究已经有力地证实,科学的运动能够在防病和康复两个健康维度做出重要贡献,在预防、治疗和康复三位一体的健康链条中具有重要意义。

"体医结合"作为学界尤其是体育学界应对老年人健康状况与需求矛盾的体育模式具有非常重要的现实意义。通过将体育锻炼与医疗技术相结合来探索科学健身与预防、治疗和康复的综合性医疗服务体系相融合的新模式,能够切实有效地满足老年人的健康需求,并且大力提升老年人的身心健康水平。而在诸多体育项目中,适宜老年人身心健康与锻炼需求的并不多,太极拳则是其中的佼佼者。

二、关注个体健康的老龄化社会的来临唤醒太极拳的健康智慧

有一本关于人体的著作,这样表述当代人的身体状态:"我们现在面临着的是一种矛盾情况:人体在很多方面变得越来越好,但在另一些方面却变得越来越差。"①如何解决"越来越差"的问题和症结,作者提出了很多种假说,并逐一做出了科学的分析和探讨,并在著作的最后提出了自己解决身体"越来越差"的设想和对策。他掷地有声地提出:"我认为坐等未来的科学家最终战胜癌症、骨质疏松或糖尿病是愚蠢的。与其这样,不如立即开始更好地关注我们的身体如何以及为什么会以现在这样的方式运作。"②因为,在他看来,"这个世界不是最完美的。同样我们的身体也不是最完美的,但它是我们拥有的唯一身体,值得我们去享受、培养和保护",并以强调"照顾好我们的身体更要紧"来结束了这个研究。在社会老龄化日趋严重的今天,老年人健康问题已成为老龄化社会面临的主要问题之一。依靠自己维护好身体,已经在世界范围内达成了共识,成为人类社会的一种身体自觉。

正是这种身体自觉意识的觉醒,在扩张和垄断了 100 多年的西方体育走进问题时代的今天,世界开始了身体健康维护、保护的东方寻觅。这使得最具"健康智慧"的中国太极拳,开始受到世界范围内人们的推崇与青睐。因为,在我们看来,"在世界、人类遇到问题最多的今天,作为优秀的中国文化代表的太极拳文化,已经不再是单单中国人所独立拥有的文化宝藏,而正在成为世界人民共同拥有和追求的文化财富"③。这其中,太极拳对于人体的健康促进和维护更是受到世界各种人群的广泛认可。

有学者研究指出,由于信息化时代的到来,人们长期处于一种快节奏、高压力的生活环境之中,诱发许多现代文明病的蔓延等一系列问题,进而使很多国家无法承受庞大的医疗卫生费用,因此"现在许多西方发达国家都把目光放在了具有东方智慧,强调身心合一、心静体松、舒缓柔绵的太极拳运动上了"④。美国波士顿塔夫茨医学中心的补充与整合中心主任王晨晨博士是这样总结太极拳的健康功效的:"太极拳'能提高身体和心理社会健康程度',太极拳能提高或改善平衡力、腿部力量、心血管耐力、脉搏率、肌肉灵活度、免疫系统习惯、睡眠习惯、幸福感、自我价值感,以及在认知测试中的几种注意力和完成多项任务的能力"。所以,就连"文化霸权"意识最为浓烈的美国,也看准了太极拳对于健康促进的价值和功能,积极开展太极拳对健康促进的理论和实证研究,并用大量的科学研究数据,通过各种渠道大力宣传太极拳的健身促进功能,使越来越多的美国人主动参与到太极拳的习练之中。

正是基于如此巨大的魅力,太极拳才被当代社会所挖掘和认可,一份来自业内人士的预测,到 21 世纪中叶,"太极拳将在全球普及流行,成为人们生活的重要内容和良好生活习惯

---

① 利伯曼.人体的故事:进化、健康与疾病[M].蔡晓峰,译.杭州:浙江人民出版社,2017:219-379.
② 同①.
③ 邱丕相,王岗.走进主流社会的中国太极拳文化[J].北京体育大学学报,2006,29(12):1603-1606.
④ 吕韶钧.太极拳健康工程实施的核心内容[J].北京体育大学学报,2015,38(9):15-21.

之一,并且成为名副其实参与人数最多的世界第一运动"①。这一预测,在我们看来不仅是一种文化上的自信,更是对充满"中国智慧"的太极拳"健康智慧"的肯定。并且对这种"健康智慧"的肯定和开启,对于求解由于工业革命的繁荣所带来的人类"体力活动明显降低""饮食习惯的强制改变""睡眠严重不足""肥胖人口的急剧增加""更多失配性疾病诱发"②等关乎身体的问题,应该是极具有针对性意义和价值的,对于解决老龄化社会"越来越多的人活到了更大的年纪,但由于治疗费用高昂的慢性疾病导致的痛苦也更多更漫长"③的人类普遍面临的"健康问题",应该说也是具有积极的价值和意义的。

我们作为太极拳文化的原创民族,更应该秉承"智慧是人类对宇宙与人生之奥秘的理解与探讨,是人类共同的财富"的理念,更应该践行 1988 年诺贝尔奖获得者在《巴黎宣言》中所提出的"人类要在二十一世纪生存下去,必须回到 2 500 年前,从孔子那儿重新寻找智慧"的美好期许。在"人类命运共同体"实现整体健康前行发展的大时代里,太极拳是一种能够满足当代社会人类健康促进需要的智慧文化,从而更好地实现服务世界呵护人类健康的文化使命和责任担当。

2019 年国务院颁布的《国务院关于实施健康中国行动的意见》中所提出"强调坚持预防为主,倡导健康文明生活方式,预防控制重大疾病"以及"实施疾病预防和健康促进的中长期行动,健全全社会落实预防为主的制度体系,持之以恒加以推进,努力使群众不生病,少生病,提高生活质量"的指导思想,更是将"最具健康促进和预防价值的太极拳"的现实意义推至一个新的高度。

第二节 太极拳促进健康老龄化的价值

随着太极拳运动在技术和理论方面逐渐趋于成熟和完善,太极拳的养生价值也逐渐被更多的拳家、民众所认识,也使人们更多地认识到健康对民族、社会的意义。习近平总书记在党的十九大会议中指出,"中国特色社会主义进入了新时代"。在新的历史时期和时代背景下,中国这一世界上人口最多的超级大国,在迎来新的机遇的同时也面临着新的挑战。其中"老龄化"问题所带来的诸多影响最为突出。根据国际通用的划分指标,"当一个国家或地区 65 岁及以上人口占比超过 7%时,意味着进入了老龄化社会;超过 14%时,进入深度老龄化社会;若超 20%,则为超老龄社会"④。截止到 2018 年末,"中国 60 岁以上的人口高达 2.49 亿人,占总人口的 17.9%;65 岁以上人口占总人口的 11.9%;15 岁及以下人口有 2.38 亿

---

① 陈正雷,张梦颖.太极拳:中国文化和哲学之所在[N].中国社会科学报,2017-07-13(2).
② 利伯曼.人体的故事:进化、健康与疾病[M].蔡晓峰,译.杭州:浙江人民出版社,2017:219-255.
③ 同②.
④ 中国城市养老指数蓝皮书课题组.中国城市养老指数蓝皮书[M].北京:中国发展出版社,2017:38.

人,低于老龄人口"①。可见,当前的中国已经进入了老龄化的中期阶段,"银发时代"已经全面来临。

老龄化社会的到来,除了对经济发展有着直接的影响外,在社会、政治、文化等方面的影响也是十分深刻和长远的。因此,如何在这样一个时代背景下,关注和改善"老年人的身体健康状态和水平",便成为直接应对和有效缓解我国"老龄化社会"发展问题的关键所在。太极拳是中国传统体育养生文化的典型代表,其作为享誉世界的健康运动,对人体特别是中老年人的身体机能、心理健康以及社会适应能力等方面有着显著的改善功效。所以,在中国特色社会主义新时代的关键时期,重新探讨和研究太极拳在老龄化社会中的价值和作用及其对中老年人健康的特殊影响和功效,不仅是太极拳运动当代发展的一种责任担当,也是探寻如何缓解老龄化社会所带来的社会压力的一种历史必然。

一、著作中对太极拳养生价值的宣扬

对于太极拳的养生之效,黄乃桢在《新太极拳》中写道:"太极一门,矜平躁释,寓刚于柔,虽伛偻衰翁,日日为之,亦能却病延年,不知老之将至,故国人好之宜也。"徐思允在《太极拳术》中写道:"咳唾喘促,乃习斯术,今行步如飞矣,一节一式而有效者,不可殚述,盖有导引之利。"鉴于此时太极拳养生效果为佳,一些人也开始把它和道教养生相比较,如李蠡在《太极拳讲义》序中写道:"故其拳法,合于道学,宜于养生,全于丹法而运用于拳法,有百利而无一害。"鲁景贤言:"太极拳直于道合,吐纳丹田精髓而化为气,举止轻舒,柔内含刚。"褚民谊在《科学化的国术太极拳》序中对太极拳的养生效果大加赞扬:"其真能身心兼修,学养并顾,而使老弱咸能练习,绝无流弊者,惟有太极拳耳;以言养生,则能活动筋骨,锻炼身心,调和气血,所谓祛病延年,顾非虚语。"彭广义根据自身锻炼情况,在《太极拳详解》自序中写道:"予自幼身体羸弱,疾病缠绵,寻遍补救之法,仍无效果。予自习(太极拳)之后,每日饮食增加,身体益渐强壮,久而久之,其病若失矣。"作为吴氏太极拳传人吴公藻在《太极拳讲义》自序中也明确指出,"太极拳之动作,非务以力胜人也,不惟强筋健骨,调和气血,而自能修养身心,祛病延年,为后天养身之妙道也"。

陈微明在创办致柔拳社期间,对于来拳社学习人员有所总结:"创办致柔拳社已四载余,入社学者不下于千余人,皆为身体病苦而来者。"可见,对于当时来拳社学太极拳的目的就是为了减少身体病苦。他们在经过一段时间的练习之后也取得了一定效果,"一年之后,宿疾脱体,精神健旺,颜色光润,无论肺病、咯血、胃病、不能饮食、遗精、痔疮、头痛、头晕、手足麻木、肺胃气痛,练太极拳后莫不霍然"。而陈微明在《太极拳术》序中对于太极拳的养生效果也写道:"诸君中有痃疾及肢体麻木者皆亦痊愈,人言内家拳能却病延年,诚非虚言;虽劳伤痼疾莫不霍然脱体,诚养生却病之妙术。"吴志青在《太极正宗》一书中对太极拳的实用价值给予了高度评价:"太极拳是一种自然自卫运动法、自然健身治疗法,故太极拳可谓之实用卫

---

① 迟福林.银色经济:老龄化社会的中国[M].北京:中国工人出版社,2019:282.

生之科学也。因其动作活泼而自然,无论强弱老幼,咸宜练习,能使身体健康,精神充足。"董英杰在《太极拳释义》一书中对于太极拳运动的养身作用有这样的记载:"太极拳运动顺自然,合生理,最宜于养身;每日练三套太极拳,所有失眠、胃病、腰病、贫血等,一扫而空,全身无偏,各得其养,身体康泰矣。"可见,不管是太极拳家自身还是学习太极拳的民众,他们都认识到练习太极拳不仅对人体健康起到很好的作用,而且还可以治疗一些疾病。虽然这些观点在当时没有经过科学的证实,但至少他们已经知道太极拳确实对人的身体健康有着积极的作用。

二、老龄化社会的时代危机与挑战

人是一个国家及其社会、经济、科技、文化等方面发展的直接动力。纵观中国发展的历史,我们可以清晰地发现,在过去的四十多年里中国发展的道路和模式堪称奇迹。而在这个过程中,"人"的重要性不言而喻。从新中国成立初期的一片荒凉、百废待兴,到今天的"经济增速明显高于世界平均水平""对世界经济增长的贡献跃居全球首位""国内生产总值稳居世界第二位""主要工农业产品产量跃居世界前列""对外货物和服务贸易总额跃居世界前列""外商直接投资和对外直接投资居世界前列""现代基础设施建设领跑世界"……我们不仅实现了经济的腾飞、科技的变革、文化的繁荣、社会的进步、军事力量的增强,还在国家综合实力显著增强的基础上实现了国际地位的提升和超越,这除了国内大量政策利好与对外开放的有利环境因素外,人口红利也是一个不可忽视的因素。因为有了人,才有了国家建设、社会发展、经济腾飞、科技进步、文化繁荣的基础和保障。但是,我们需要警醒的是年龄的增长是人类生理发展的自然规律,中国在获得"人口红利"的同时也在承担着"人口老龄化"的危机。

如今,人口红利消失已经成为中国发展不争的事实。《2020—2026年中国养老产业市场研究及发展趋势研究报告》中的数据表明:"2015年末,我国60周岁及以上人口22 200万人,占总人口的16.1%,65周岁及以上人口14 386万人,占总人口的10.5%;2016年末,我国60周岁及以上人口23 086万人,占总人口的16.7%,65周岁及以上人口15 003万人,占总人口的10.8%;2017年末,我国60周岁及以上人口24 090万人,占总人口的17.3%,65周岁及以上人口15 831万人,占总人口的11.4%;2018年末,我国60周岁及以上人口24 949万人,占总人口的17.9%,其中65周岁及以上人口16 658万人,占总人口的11.9%。"[①]《大健康产业蓝皮书》中人口预测结果显示,2030年、2040年、2050年我国60岁及以上老年人口数量将分别达到3.71亿人、4.37亿人和4.83亿人,80岁及以上老年人口数量将分别达到0.43亿人、0.67亿人和1.08亿人。可见,随着老龄化社会发展的逐年深入,老年人的人口基数将会越来越大,其所带来的负面影响也将越来越严峻。

老龄化社会的主要特征是老年人口数量的显著增多,人口老龄化带来的劳动力下降危

---

① 智研咨询集团.2020—2026年中国养老产业市场研究及发展趋势研究报告[R].智研咨询集团,2017.

机、养老危机、医疗危机、经济危机等时刻挑战着国家、社会的正常发展。如从劳动力下降危机的层面来看,人口的老龄化必然会带来大量的人员下岗和离职,但是由于之前国家实施的"计划生育"政策直接导致了新生力量的匮乏,无法在一定时间内使人口达到有效的平衡,因此会给大量的工作岗位特别是重体力的工作职业带来极大的影响。从养老危机上来看,"老有所依"也成为新的挑战,由于人口基数以及养老逻辑的改变带来了诸多赡养问题的出现。我们知道,不论是家庭养老、社会养老,还是以房养老、投资养老,其本质都是用工作人口创造的物品和服务来支撑退休老年人的日常生活。但是,随着我国人口模式以及人口出生率的改变,赡养老人的人口基数将持续缩减,也就是说"工作人口"的工作和赡养老人的压力越来越大。从经济和医疗危机上来看,老龄化社会到来的今天,与之相伴的是经济的下滑和健康风险的递增以及医疗负担的加重。《中国家庭健康大数据报告(2018)》中显示:"2020年我国将进入老龄化严重阶段。60岁以上人群患病率为56%,女性发病率为60%~70%。其中骨折发生率接近1/3,每年医疗费用按最保守估计需要人民币150亿元。"①可见,人口老龄化除了会带来医疗服务需求的激增,引发医疗服务体系的危机外,还会带来经济的损失和发展速度的下降。可以说,一个国家或社会的发展是一个完整的体系,它是一环扣一环,相互作用和影响的,一旦有一个部分或环节出现了问题,必然会引起其他或整体的反应。

今天,老龄化时代的到来正在使"中国遭受着大多数更发达国家长期面临的问题"。而这一问题的关键不是在于如何避免,而是在于如何利用一切科学的方法和手段来改善和提升"老龄化社会"的主体对象——中老年人的身体健康水平和生活质量。我国人口老龄化的发展趋势无法避免,这是历史的必然,而且已经来临了。所以,从中老年人的身心健康机能上入手,改善老年人的健康状况,提升老年人的内在能力,才是缓解和应对老龄化危机的良方。

三、太极拳运动是应对人口老龄化的健康良方

太极拳——中国传统身体文化的经典代表,作为世界范围内最受欢迎的健康运动之一,其所蕴含的健康价值和健康理念被世界各国人民所认同。正如美国《时代》周刊所述:"中国的太极拳,是最完美的运动。"俄罗斯《文化报》曾有这样的论述:"中国的太极拳是一种整体健康术。"太极拳在"老龄化社会"的时代背景下已经绽放出自身耀眼的光芒。因为在这个"需要健康""呼吁健康""依靠健康"的人口老龄化时代,太极拳作为一种符合老年人群机体机能特点的运动形式,一种非医疗干预健康的重要手段,一种最完美的、无可挑剔的,有益人类健康的体育运动,已经成为有效改善老年人健康状况、提升老年人内在能力的健康良方。特别是其"周身运动"的练习方法、"心意静合"的心法要诀以及"动中求乐"的运动特点,对促进中老年人身体机能、心理健康、社会适应能力等方面有着独特的功效,这对缓解和应对我国乃至世界老龄化危机问题都有着极大的作用和价值。

---

① 《中国家庭健康大数据报告(2018)》发布[N].中医药报,2018-12-24(2).

1. "周身运动"的练习方法能够促进中老年人的生理健康

太极拳作为集文化、娱乐、修身、养性为一体的健康方式和手段,其在改善和提高中老年人健康的效果方面表现得尤为突出。从太极拳与其他运动特别是西方体育运动的区别来看,其最大的特点就是"周身运动"。我们知道,太极拳是一种"一动无有不动"的身体运动,要求习练者在习练太极拳的过程中要调动全身"大小关节""大小肌肉群",不仅需要习练者"腰脊为第一主宰,一动无有不动""周身节节贯通,毋使丝毫间断",更需要习练者在每次的实践中为达到"一动无有不动",养成"一动势先问自己周身合上数项否?少有不合,即速改换"①的良好习惯。而且,从太极拳的运动形式上来看,其"螺旋为技法"②的运动形式所追求的更是一种"周身的圆融",它强调的是"由外而内的螺旋:肩带肘,肘带手,胯带膝,膝带足,吸气蓄势方可气沉丹田;由内而外螺旋:肩催肘,肘催手,胯催膝,膝催足,呼气发劲才能气贯于四梢"。如杨式太极拳要领中:"手动、腰动、足动,眼神亦随之动,如是方可谓之上下相随,有一不动,即散乱也。"③吴式太极拳要领中:"太极拳在动作时,凡是全身能动的部分,都需要参加活动,所以叫作一动无有不动。"④可以说,"周身运动"的练习方法是太极拳运动的一大特点和基本要求,与其他运动(仅对促进和改善人不健康机体的功效)相比,它具有整体促进健康的功效。因此,对于身体机能有所退化和降低的老年人而言有着自身独特的健康价值和作用。

从促进生理健康的角度来看,太极拳是一种柔和、缓慢、周身运作的有氧性身体运动,对改善中老年人呼吸、循环、运动、神经系统,新陈代谢,身体的柔韧性、免疫力等方面有着自身的优势。大量研究表明,太极拳作为一种全身性运动训练,对人体特别是老年人的系统生理及病理均有较大的影响:"太极拳对防治老年摔跤、高血压、心脏病、肺病、肝炎、关节病、胃肠病、神经衰弱等慢性病有很好的疗效,这可能是西方人认同武术的主要原因之一。"⑤"太极拳运动可使弱体质老年人行动的敏捷性、协调性等能力得到增强,对延缓弱体质老年人移动能力下降,预防跌倒损伤概率升高有明显的功效。"⑥"坚持太极拳练习能改善心脏的功能状态;能促进心肺功能及能量代谢功能的提高;能显著降低高脂血症的发病率;能有效改善人体末端微循环状态,提高人体对于外界气候变化的适应能力;能够显著增大脑波 α 频段(α 波即觉醒波)的能量,明显增进左右脑功能的平衡与协调,其结果将使身心更加和谐、增大抗御疾病和保持健康的能力……能改善老年人的情绪、思虑、性格、记忆与动作稳定性,以及改善老年人的睡眠质量等。"⑦可以说,太极拳"周身运动"的练习方式在促进中老年人生理健康上的价值已经得到了极大的关注和认同,坚持习练太极拳必将能有效提高和改善中老年人

---

① 郭福厚.太极拳秘诀精注精译[M].北京:人民体育出版社,2014:84.
② 王岗,刘帅兵.论太极拳技术的三大要素:螺旋、阴阳、归圆[J].体育成人教育学刊,2014(4):52-56.
③ 人民体育出版社.太极拳全书[M].北京:人民体育出版社,1995:315.
④ 同③.
⑤ 王林,淳再清.中国武术实施健康传播的理论逻辑与现实思路[J].武汉体育大学学报,2013,47(4):62-67.
⑥ 杨光,白翠瑾.太极拳运动对弱体质老年人移动能力的影响[J].中国体育科技,2009,45(20):97-99.
⑦ 翟少红.从以人为本的角度探讨太极拳的锻炼价值[J].西安体育学院学报 2006,23(6):48-50.

的身体机能。

2. "心意静合"的心法要诀能够提升中老年人的心理健康

与身体健康问题相比,心理健康问题对中老年人的影响更为突出。因为从可视化的角度来看,身体机能出现问题可以通过外部观察或医疗器具辅助显现出来,但是心理健康问题作为一种"非可视性"的心理或精神层面的退化或异变,往往无法直接观察。所以,人一旦出现心理健康问题,如不及早发现和治疗,便会引发不可想象的后果。中老年时期属于人生的特殊时期,中老年人在身体结构、机能以及社会分工、身份地位上都有着明显的变化,因此,极易引发各种如焦虑、失落、抑郁、孤僻、失眠等负面情绪以及心理问题。所以,寻找一种可以正常发泄或消减老年人焦虑与忧郁情绪的途径就显得尤为重要。那么,在诸多健康手段和医疗方式中,哪种方式和手段能够更有效、更便捷、更实惠地缓解和解决中老年群体的心理健康问题呢?我们认为应该是"适度的身体运动"。有研究表明,"适量的体力活动可使老年人有欢欣舒畅的感觉,有利于解除精神紧张、焦虑,有助于睡眠,是高级神经活动紊乱时最有效的药剂"[①]。所以,运用合适的运动处方应对和缓解中老年群体的心理健康问题已经成为"非医疗治愈"的首选方式。太极拳是我国民族体育中最为典型的健身运动之一,其追求和谐、追求健康的理念和运动形式除了对中老年人健体强身有着奇特的功效外,还对中老年人群的心理健康有着明显的改善效果。

有学者指出,"随着年龄的增长,人的身体机能状态和心理状态会发生自然的衰退,这是谁也无法抗拒的自然规律,太极拳不仅能够减缓身体的衰老,而且使精神世界青春常驻"[②]。众所周知,太极拳是一种以阴阳学说为理论依据,以"天人合一"为哲学基础,以崇尚自然追求和谐为精神寄托的运动形式。其心法要诀有着鲜明的"心意静合"的特点,要求习练者在行拳时动中求静、心意合一,动作要求轻盈柔和、缓慢圆活,注重调息、养气、练意,强调"松、沉、柔、慢""用意不用力""劲断意不断",追求"内外相合",是一种自己能随意控制强度的中低度有氧健身活动。因此,中老年人在习练太极拳的过程中能够通过"修心"和"练意"、"入静"和"守静"的方式来获得一种心理上的平衡,达到"虚静闲恬,虚融淡泊"的心理状态,形成"虚怀若谷、恬静无欲"的平和心境[③]。而且,"心意静合"的心法要诀能够培养人"居为不争、无为而为""清心寡欲、知足常乐""淡泊名利、宁静致远"的良好心理品格[④],这对缓解和克服中老年人由职业、身份或地位改变所造成的心理落差也有着积极的促进作用。

3. "动中求乐"的运动特点能够提高中老年人的社会适应能力

社会适应性是指人与社会相互作用时的心理承受水平以及自我调节能力,所以良好的社会适应能力是老年人继续社会化的重要基础。但是,从中老年人的群体特征来看,由于人的生理和心理变化特点导致了中老年人在身体机体、思想观念、行为方式上都有着明显的

---

① 侯冬芬.老年人的心理保健方法[J].中国老年保健医学,2009,7(2):84-86.
② 王岗.太极拳对现代人心理调节的作用[J].武汉体育学院学报,2001,35(1):107-108.
③ 同②.
④ 同②.

"衰退性"变化,所以当中老年人处于社会关系中时,这种"衰退性"变化就会产生一种"由生理与心理问题而引发的"社会适应能力的降低。因此,在快节奏的社会生活中,中老年群体的社会适应能力(生存、生活状态)的不和谐就显得尤为突出。陈勃在《对"老龄化是问题"说不:老年人社会适应的现状与对策》一书中指出,"在社会适应的语境下,老年人口问题不是老年人带来的问题,而是社会适应不良的老年人带来的问题"[①]。可见,老年人群社会适应能力下降的问题已经成为老龄化社会必须面对和正视的问题。那么,关于中老年人群社会适应能力下降问题的解决方法和途径有哪些呢?美国学者罗伯特·哈韦格斯特认为,"老年人应该积极参与社会,只有参与,才能使老年人重新认识自我,保持生命的活力"。马多斯科也指出,"新的活动取代旧的活动可以使老年人获得较好的社会适应能力,参加活动多的老年人,有益于身心健康"[②]。所以,选择适合的运动方式已经成为提高中老年人群社会适应能力的最佳方式和手段。

太极拳作为一种集体性健身运动,在提高老年人群的社会适应能力方面有着积极作用,它可以作为社会交往的桥梁和纽带,扩大中老年社会生活参加者的交际圈,从而满足其对人际交流与社会参与的需要,最终实现中老年人社会适应能力和水平的有效提高。从提升老年人群社会适应能力的层面来看,"动中求乐"的运动方式及特点是太极拳运动能够得到广泛普及与传播发展的基础。一方面,太极拳运动追求"自然而然、无为而为",要求"习练者抱有一颗平常心,特别是对曾拥有特殊地位的老年人来说更为重要,时刻保持'无为、自然、不争、平和'的心态,身心才会得到解放,才会有得到真正的健康和快乐"[③]。另一方面,练习太极拳能够给老年人创造一种交流、谈心的环境,保障老年人在运动健身的同时还可以排遣内心的不悦,分享自己的快乐,满足老年人的健康、情感、社会交往等方面的需求。因此,当中老年人群在参与和习练太极拳时,能够在自我参与和自我掌控中找到"自己的位置",体验到自身的价值和社会关系的重要性,从而提高和增强自身的社交能力、社会责任感以及社会适应能力等。所以说,太极拳能够使老年人更好地适应社会新环境的变化,能使其积极投身于社会变革中,以便调节好自身的心态来更好地适应社会。

综上所述,人口老龄化是中国发展面临的一个重要问题,同时也是世界各国共同关注的全球性问题。因为人的生命周期及其发展规律注定了机体机能会向着衰退和老化的方向前进,所以如何有效缓解人的老龄化进程,如何有效改善人在老龄化时期生理、心理、社会适应等方面的机能和水平便成为化解和应对老龄化带来的社会问题的重要方法。而太极拳作为具有中国特色同时被世界认可的健康良药,在缓解和应对中老年人群"三维健康"方面的问题有着独特的功效,其"周身运动"的练习方法、"心意静合"的心法要诀以及"动中求乐"的运动特点对促进中老年人身体机能、心理健康、社会适应能力等方面的价值越来越突出。因此,在老龄化社会背景下,重新审视和重视太极拳的时代性价值与功效是"文化惠民""文化

---

① 陈勃.对"老龄化是问题"说不:老年人社会适应的现状与对策[M].北京:北京师范大学出版社,2010:1-5.
② 郑志丹.健康老龄化视野下我国老年体育发展对策研究[J].山东体育学院学报,2011,27(12):25-30.
③ 张道鑫.老龄化社会背景下太极拳运动的当代价值[J].中华武术·研究,2013,2(4):63-68.

为民"的时代抉择,希望更多的中老年群体积极参与到太极拳运动之中,并以此来改善和提高我国乃至全世界中老年人群的生活质量和健康水平,为促进我国以及世界范围内的健康老龄化事业的发展做出积极的贡献。

第三节 太极拳康养资源开发的路径

在一个国家进入老龄化社会后,所面临的一系列社会问题中,最为重要的就是老年人的身心健康问题。应对人口老龄化的主要措施就是实现老年人口健康老龄化。所谓健康老龄化,一是指老年人的个体健康,也就是指老年人的身心健康及良好的社会适应能力;二是指老年群体的整体健康以及社会整体协调;三是指由老年群体身心健康而实现健康的老年社会。健康老龄化的目的是帮助老年人实现最大限度的独立和最小限度的依赖,改善老年人的身体功能和生活质量,提高老年人的健康水平,降低老年失能的发生率[①]。1982年7月,时任中国老龄问题全国委员会主任的于光汉在维也纳"老龄问题世界大会"上的发言中,对太极拳的防老抗衰作用给予了充分的肯定。他说:"中国传统的太极拳、气功等锻炼方法,对于增强老人体质,延缓衰老过程,防治老年病和慢性病,具有显著的疗效。"与慢跑、球类、游泳、散步、自行车、高尔夫球、网球、健身操等体育锻炼运动项目相比,太极拳运动不仅动作松柔,而且要求习练者在运动过程中必须始终保持入静、放松、精神集中等,使得太极拳运动不仅具有增强体质、延缓衰老过程的作用,而且还可以使人身心放松,尤其是对大脑的放松,给运动者带来舒松和愉快感。另外,太极拳运动还是一项符合中国国情,适合老年人生理、心理特征,具有很大魅力和广泛社会基础的运动[②]。美国《国际体操家》杂志撰文说:"如果对太极拳进行一些探索,将会把我们领进一个新的领域。"《纽约日报》也呼吁人们参加太极拳运动,认为"太极拳是一项身心合一的运动"。他们还介绍说,太极拳的优美动作,显示了东方传统文化的神韵。

以习近平新时代中国特色社会主义思想为指导,学习贯彻党的十九大精神,坚持以人民为中心的发展思想,切实落实全民健身国家战略,积极推动太极拳健康可持续发展。姜娟等着眼于太极拳助力健康中国建设的视角,提出"以需求为出发点,完备协会组织,深耕传播路径,全面、深入实施太极拳健康公共服务;以太极拳技术和运动处方为产品,试行推出线上线下同步的太极拳健康有偿服务"[③]的太极拳助力健康中国建设的两条路径。为不断提升太极拳满足老年人日益增长的健康需求的能力,充分发挥太极拳在应对社会人口老龄化上的

---

① 王会儒,姚忆."传统养生体育+医疗+养老"的老年健康干预模式构建[J].中国体育科技,2017,53(3):8-16.
② 林思桐.人口老龄化与太极拳运动[J].体育文史,1993(2):10-13.
③ 姜娟,刘志华,孙爱平,等.太极拳助力健康中国建设的科学支撑与路径研究[J].沈阳体育学院学报,2018,37(4):126-133.

积极作用,依据新时期太极拳发展面临的新形势、新任务和新要求,本研究提出从组织、服务、宣传、产业等方面提升太极拳的服务质量和效益。

一、夯实太极拳的组织基础

体育主管部门积极推进太极拳各项工作整体,协同发展。武术管理部门应督促并帮助所管辖的太极拳组织按照相关规定建立各类规章制度,不断提高项目的科学化、法制化管理水平,并协调民政等部门推动成立各类太极拳协会。构建形成政府主导、社会监督、事业单位和社会团体依法运行的太极拳管理体制和机制。另外,发挥太极拳辅导站点的辐射作用,在分散站点的基础上,建立综合性太极拳中心站点,负责周边分站点的日常活动和科学健身指导,并起到引领、示范和协调作用。

二、提升太极拳的健康服务能力

充分发挥太极拳"服务健康"的项目优势,在"医疗"的概念中加入"太极拳"的元素,使太极拳的运动方式方法与现代医学理念和医学技术方法有机结合,在医疗的各环节中科学地、有技巧地融入太极拳运动的元素,实现太极拳和医疗领域专业的互通,整合太极拳专家与医疗人才资源,建立老年人太极拳运动处方库,与各医院内有运动疗法需求的科室密切合作,开设太极拳运动处方和科学健身指导门诊等,宣传太极拳运动促进健康的理念,普及太极拳运动健身的科学知识,培养以太极拳科学健身的生活方式[①]。另外,在当前移动互联网快速发展的时代背景下,"互联网+"具有传播空间广、传播速度快等特点,因此,可充分发挥互联网优势,建设好各类太极拳协会网站和微信公众号等自媒体平台,积极推动太极拳信息管理服务平台的建设,提升太极拳项目的信息化管理水平。如可将太极拳套路、太极拳养生、太极拳理论、太极拳技击等通过网络平台实现健身者与名师名家的互动,由名师名家为太极拳习练者答疑解惑!在太极拳养生产品生产上,充分借助信息产业在研发设计方面的产业优势,通过产业渗透实现与养生用品制造业的服务化融合,研发可穿戴的智能化运动参数与仪器设备,提高养生产品的研发设计水平,形成一批可移动、智能化的可穿戴式太极拳养生装备用品等。构建以互联网大数据为基础,集健康干预、评估与反馈于一体的信息技术平台,积极推进太极拳康养服务体系建设[②]。此外,充分利用互联网强大的大数据分析能力对开发数据进行整理和分析,以便更好地指导群众开展多元化健身,调动社会力量共同参与,建立多层次的太极拳培训体系。

三、培育太极拳健康产业发展

以满足市场需求、规范行业秩序、支撑政府监管为出发点,积极推动太极拳项目标准化

---

① 李璟圆,梁辰,高璨,等.体医融合的内涵与路径研究:以运动处方门诊为例[J].体育科学,2019,39(7):23-32.
② 陈远莉,李继军.基于大卫生大健康理念下的高等中医院校"体医"联动发展路径探索[J].中国卫生事业管理,2019,36(9):641-645.

建设,助力体育事业的改革发展和服务项目产业的升级。全面推开太极拳功法、器材、服装、场地等的标准制定工作,推动太极拳项目标准化建设。以制定太极拳促进健康个性化精准指导方案为牵引,融合中医养生、社会心理等诸多领域,提升太极拳促进健康科技服务的能力。以太极拳促进老年人健康的实验为基础,研发和构建太极拳运动处方素材库。

四、弘扬太极拳优秀项目文化

与西方体育项目相比,太极拳的优势并不在于肢体的表达和博取视觉效果的刺激,蕴含于其中的传统思想和文化元素才是太极拳最大的优势。如太极拳不离阴阳,强调意念引导下运动与人体经络间的应合,注重内在的精、气、神,这使得习练者在运动中就能完成周身大部分经络与穴位的自我按摩,从而起到很好的保健作用。因此,需积极深入地挖掘、发扬太极拳文化内涵,推动太极拳养生文化的创造性转化和创新性发展,为项目持续健康发展注入生机与活力。另外,加强主流媒体对太极拳项目健身文化的舆论引导,鼓励老年群众正确认知、科学习练太极拳,营造良好的发展氛围。积极推动健身气功"一带一路"建设,传播中华优秀传统文化。充分发挥省区市资源优势,在"一带一路"背景下,开展好沿线国家的太极拳健康文化交流合作,共同打造具有辐射性和品牌影响力的太极拳文化交流活动。

第四节 老年人太极拳康养运动处方

中老年人因年龄偏高,体质状况渐趋衰弱,对锻炼负荷的适应力差,对科学锻炼的要求也更为迫切,应该对他们进行科学的指导,以免不适宜的体育运动造成损害,影响老年人的身心健康和挫伤老年人参加体育锻炼的积极性,影响全民健身的推广。太极拳运动属中低强度的有氧运动,随着衰老过程中系统、器官功能的下降,太极拳这种低速度、低强度的运动更适合老年群体。与其他运动形式相比,太极拳具有"价廉、不受场地限制、无特殊身体条件和技术水平的要求、动作缓慢流畅安全、形式富于变化、易集体练习和有广泛的群众基础"[①]等特点,使其对老年人强身健体有独到之处。

随着社会的发展与进步,人们的健康意识不断增强,群众健身锻炼的观念发生了很大的变化,康养健身的需求趋向于生活化、社会化和科学化,运动处方锻炼已是现代体育锻炼的重要特征。运动处方是由专业人员经过系统化、个体化设计,以活动频次(frequency)、强度(intensity)、时间(time)、类型(type)及每次活动量(volume)、持续时间(progression)等要素组成的身体活动锻炼方案,称为 FITT-VP 原则[②]。2014 年,国务院印发的《关于加快发展

---

① 彭霞.太极拳作为中老年运动处方的理论基础(综述)[J].天津体育学院学报,2002,17(2):55-59.
② 张婷,张岚.运动处方在外周动脉疾病患者中的应用与进展[J].介入放射学杂志,2017,2(6):568-572.

体育产业,促进体育消费的若干意见》中提到,"加强体育运动指导,推广'运动处方',发挥体育锻炼在疾病防治以及健康促进等方面的积极作用"。2016年,中共中央、国务院印发的《"健康中国2030"规划纲要》中也明确提出,要"发布体育健身活动指南,建立完善针对不同人群、不同环境、不同身体状况的运动处方库,推动形成体医结合的疾病管理与服务模式"。推广应用运动处方,开展全民健身运动,促进全民身体健康,已上升到国家战略层面,凸显了推广应用运动处方的重要性和紧迫性[1]。随着我国老年人口的增多和老龄化社会的到来,老年健身运动的研究必将成为社会关注的焦点。纵观以往的运动处方研究,主要停留在健康老人长期运动与不运动之间的比较,缺乏大规模、大样本、多指标、长时间的系统研究。根据老年人的身心健康特点,制定能够普及的老年人太极拳健康运动处方,无论是对太极拳文化的继承与发展,还是对解决我国老年人口规模大、增长速度快、持续时间长、发展不平衡以及健康问题突出等老龄化社会的问题,都具有重要意义。对契合健康中国战略《"健康中国2030"规划纲要》所提出的"预防为主,中西医并重"以及"形成体医结合的疾病管理与健康服务模式"的战略主题与内容,老年人太极拳运动处方的研制也具有重要的理论和实践意义。

一、运动处方的发展历程

1953年,德国的黑廷格和缪拉等发表了有关不同强度、不同持续时间和频率运动对人体产生不同影响的论文,引起了世界各国对在体育过程中应用运动处方的广泛关注[2]。1954年,"运动处方"(prescribe exercise)概念率先由美国生理学家Karpovish提出,日本运动生理学家猪饲道夫在20世纪60年代初首次使用"运动处方",并引发了大量研究。60年代末,运动处方这一术语被世界卫生组织采用,在该组织下发的技术资料中使用了该术语,从而使其在国际上得到确认。其后,运动处方一词逐渐被世人关注、推广与使用[3],研究者也日趋增多。当前,运动处方已深入美国、加拿大、德国等经济发达国家的家庭和社会。一般而言,运动处方主要包括"运动方式、运动强度、运动持续时间、运动频率、运动进程和总运动量"六项内容,制定者根据医学检查的资料,对从事体育锻炼的人按其健康、体力以及心血管功能,用处方的形式规定适当的运动种类、时间、频率、注意事项,是指导人们有目的、有计划地进行运动并达到健身或治病目的的科学锻炼方式[4]。

有学者研究认为,运动处方的应用研究最早可追溯到医疗领域对运动疗法的实验与认可。两千多年前人类就运用运动处方治疗疾病,我国是世界上应用运动处方最早的国家。如《吕氏春秋·古乐》所载:"昔陶唐氏之始,阴多滞伏而湛积,水道壅塞不行其原,民气郁阏而滞著,筋骨瑟缩不达,故作舞以宣导之。"该文献提出为治疗筋骨不舒为目的,以舞蹈为运

---

[1] 吴小彩.健康中国背景下城市推广应用运动处方实践探讨[J].四川理工学院学报(社会科学版),2018,33(5):17-29.
[2] 李显军,任建生.运动处方的研究现状及应用前景[J].武汉体育学院学报,2000,34(5):79-83.
[3] 浦钧宗.运动处方[J].中国体育科技,1995,31(1):37.
[4] 刘纪清,张锦明,李国兰.实用运动处方[M].哈尔滨:黑龙江科学技术出版社,1997:10-12.

动方式,通过运动促进气血运行,治疗因气郁而导致的病证。再如《吕氏春秋·尽数篇》记载:"流水不腐,户枢不蠹,动也。形气亦然,形不动则精不流,精不流则气郁。"这段史料提出"持之以恒""动则不衰"的运动养生的形式。从汉末时期的著名医家华佗创编的"华佗五禽戏"中"熊经鸟伸,为寿而已矣"的"畅其积郁,舒其筋骨,活其血脉,化其乖暴,缓其急躁",再到孙思邈在《千金要方》中"养性之道,常欲小劳,但莫大疲及强不能堪有"的运动适量、欲速而不达等,这些记载都表述了运动在促进健康、防治疾病中的作用,可认为是中医运动处方的萌芽。贾冕等通过中医学文献中运动疗法的记载,总结并梳理中医运动处方发展的历史源流,认为中医运动处方的理论发展及其应用主要经历了"萌芽于原始社会;形成于春秋战国时期;在秦汉时期得到了初步发展;在两晋南北朝到隋唐五代得到了充实;并于宋元明清时期走向兴盛;鸦片战争后短暂停滞,而在1949年后重新发展,逐步走向系统化"[1]六个主要历史阶段,且中医运动处方尤以治疗为主,逐渐纳入预防、健身、康复的目的。

现代运动处方产生于20世纪50年代,在欧美一些发达国家及日本,运动处方的理论研究和推广工作得到了较快发展。随着我国居民生活水平的不断提高,人们的健身意识日益增强,现代运动处方已发展成为指导人们进行健身、康复的重要方法。制定运动处方的意义是比较广泛的,最主要的意义是能使使用运动处方的对象进行有计划、有目的的科学锻炼,达到增强体质、康复和预防疾病的效果。

朱为模教授[2]曾基于国外大量科学的研究文献,撰写了《运动处方的过去、现在与未来》一文。该文系统追溯了运动处方的研究和发展历史,并认为大致可以分为4个时期。即法国思想家伏尔泰的"生命在于运动"的"运动是良药"的萌生期;从20世纪50年代到20世纪90年代认清运动与健康、慢性病之间的明确关系的时期;运动开始被当作药品一样,研究运动促进健康的量效关系及其影响因素的现阶段时期;运动处方的未来,即"基因检验的个性化干预处方,可穿戴设备所提供的'量与效'的精准化,以手机为基础的动态运动干预的设备等运动处方的动态、瞬时和生活化,智能化的到来和物联网在各个领域应用的信息物联、大数据和智能化,运动是良药,但只靠运动并不能预防和治疗疾病的运动处方的健康生活化"等。西方运动处方科学发展的历程对中国太极拳传统运动处方的建设具有积极的借鉴作用。

二、太极拳运动对老年人身心健康的促进

健康老龄化不仅要求老年人提高寿命的时间,而且要提高寿命的质量,要使老年人个人身心健康且具有良好的社会适应能力,以至实现合理的社会结构、社会功能的良性运行,使老龄社会充满活力,各代人和谐相处,实现良性的社会继承和世代交替,促进整个社会的进步和全面发展[3]。而人步入老年期,身心的各项功能都会出现衰老现象。生理上,身体各器官功能的储备能力、适应能力以及抵抗能力均有所下降。如心血管系统中心肌萎缩,血管腔

---

[1] 贾冕,王正珍,李博文.中医运动处方的起源与发展[J].体育科学,2017,37(10):65-73.
[2] 朱为模.运动处方的过去、现在与未来[J].体育科研,2020,41(1):1-18.
[3] 林旭,陈思坦.论太极拳运动与健康老龄化[J].西安体育学院学报,2000(S1):43-44.

变窄、血管壁弹性下降,毛细血管减少,外周阻力增加等;运动系统中骨质易疏松,肌肉弹性下降和萎缩等;神经系统中会出现大量神经细胞萎缩和死亡,数目减少以及神经纤维出现退行性改变等。这些生理特征使得老年人进行激烈运动时会心率加快和血压急剧升高,易出现骨折和引起疼痛等。在心理上,由于生理功能的下降,加之社会角色及生活方式的改变,易出现"健忘、失落、情绪多变、抑郁、焦虑、疑病、猜疑和嫉妒、孤独、自卑、习惯心理固化"[1]等一些不良心理反应,形成老年人独特的心理特征。这些心理特征使得老年人排斥体育运动或被动地参与体育活动。在社会角色上,老年人因退休而失去特定的社会角色,这不仅使老年人不能一如既往地在工作中体现自己的才能与价值,并从中获得人生的乐趣和社会的尊重,而且经济收入降低、社交圈子减小、人际关系脆弱等容易使老年人与他人、与自然产生对立和冲突。

实现老年人口的健康老龄化,延缓老年人身心功能的下降,体育运动具有重要的作用。大量健身科学的实证研究文献表明,长时间中等强度的有氧运动是延缓衰老行之有效的手段之一。有氧运动可以减少体内的自由基、增强机体的免疫功能、改善脂代谢、维持一定的肌肉力量、改善内分泌功能等[2],除此之外,老年人合理有效的运动有助于减轻其他压力事件的不良影响,能提升自我概念和自我价值,提高老年人的自尊和主观幸福感,减轻焦虑和抑郁,减轻失落和孤独,预防和治疗老年心理疾病,保持心情愉悦等[3]。太极拳作为中国传统体育养生的典型项目,具有中国医学"治未病"的思想的实践形态,锻炼时强调"调息、调心"等方面的特殊要求,奉行"身心合一,形神兼修"的原则,使得人在锻炼时通过自我调理,自我呵护,舒筋活血,开穴顺气,以增强人体系统内部和谐有序的有机性和整体性,使人体处于一种"维生"的功能态。太极拳运动康养机理如图6.1所示。在人的老年期,面对日益衰老的趋势,必须以"养"为主,面对日渐增多的疾病,坚持预防为主、治疗为辅,太极拳的拳理十分符合老年期抗衰防病的养生法则。如章舜娇以24式太极拳为干预手段,对66例中老年女性实施7个月的干预,结果显示[4],太极拳能作为一种有效的情绪调节剂,改善伴随衰老过程中出现的"失落感、孤独"等许多不良情绪。张林以实验组每天早晨习练太极拳30 min以上,拳式不限,每周5次,对持续一年的老年人与无体育锻炼习惯的健康老年人进行心血管机能和心脏功能的比较研究,发现习练太极拳对老年人整体心血管机能有着良好的影响,常年坚持太极拳锻炼的老年人心血管功能对运动负荷有良好的适应性,太极拳锻炼组老年人在安静、运动即刻和恢复期各状态的心肌耗氧量皆小于不锻炼的老年人[5]。可见太极拳对人的生理健康、慢性疾病的辅助治疗和心理健康等均具有积极的促进作用,可以说有规律地参加太极拳运动是保持或提升生命质量的重要方式之一[6]。

---

[1] 李幸,周乐山.老年人心理健康与运动处方干预[J].中国老年学杂志,2015,35(23):6957-6960.
[2] 邵月.老年人体育锻炼的科学指导和运动处方制定[J].中国老年学杂志,2012,32(12):5341-5344.
[3] 同[1].
[4] 章舜娇.太极拳运动对中老年女性生活质量的影响[J].山西师大体育学院学报,2010,25(4):48-50.
[5] 张林.太极拳作为运动处方对老年人PWC_{130}测试前后STI和血流动力学参数的影响[J].中国运动医学杂志,1994,13(3):167-171.
[6] 朱为模.运动处方的过去、现在与未来[J].体育科研,2020,41(1):1-18.

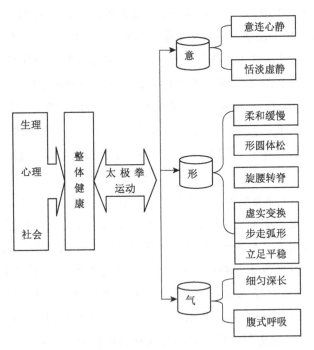

图 6.1　太极拳运动康养机理

（来源：改绘自杨慧馨的《中老年人太极拳健身运动处方研究》）

三、老年人太极拳健康运动处方的制定

1. 制定的基本程序

运动处方是给对从事体育锻炼的人或病人开出的"动药"处方，既然是"药"，就不是"多多益善"，而应该具有"量体裁衣"和"个性化"等特征。因此，为某人或某小组制定运动处方时，应该遵照一定的程序对锻炼者进行系统的体格、身体健康状况、患病情况和器官功能等方面的检查，以便获得制定运动处方所必需的全面的资料，在此基础上按照不同的性别、年龄及锻炼经历等制定出符合个人或小组健康状况包括运动项目、运动强度、运动时间和频率在内的带诊断性的运动处方，并跟踪锻炼效果不断调整运动方案，使运动处方更具有针对性和实施性。其标准化制定流程见图 6.2[①]。

由图 6.2 可见，运动处方的规范制定流程主要包括 5 个基本步骤[②]。第 1 步：通过问诊或问卷调查，收集个人健康信息。第 2 步：开展体能测试，如握力、单脚站立、反应时等测试。第 3 步：开展医学测试，医学检查、运动风险评估。第 4 步：出具结果并制定运动处方，包括运动风险评估报告（心肺功能、肌肉关节功能、运动能力）、健康体检报告、运动处方、阶段训练计划等。第 5 步：跟踪随访，定期进行医学身体检查，制订并调整阶段性训练计划。

---

① 李璟圆,梁辰,高璨,等.体医融合的内涵与路径研究：以运动处方门诊为例[J].体育科学,2019,39(7)：23-32.
② 郭晨,任弘,曹宝山,等.运动处方在癌症患者群体中应用的研究进展[J].中国全科医学杂志,2019(1)：1-6.

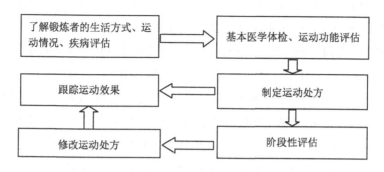

图 6.2 运动处方制定流程

其中全面的医学检查是实施运动的关键,可由专业医师进行体格检查,主要内容包括心血管系统、呼吸系统、消化系统、神经系统与感觉器官、运动系统功能、形态指标、机能指标、化验检查以及心电图等特殊检查。运动筛查是安全运动、防范运动意外的保证,一般包括运动史、素质和运动能力指标、活动平板试验、台阶实验、联合机能实验、肺活量运动负荷实验等[①]。运动的监控与调整及运动进度的跟踪随访是对"症"下药的前提,以保证运动处方的锻炼效果。

2. 制定的基本原则

大多数老年人能够从有规律的、经过合理设计的练习计划中受益。与年轻的运动参与者一样,老年人的运动处方取决于他们的需要、目标、健康状态、可掌握的时间、设备以及个人爱好。在为老年人制定运动处方时,应该考虑计划的安全性,避免受伤和可能的心血管事故,因为二者都与大强度练习有关。由于老年人的健康状况和素质水平变化很大,因此制订安全和充分的训练计划非常重要。一般来说,为老年人制定保持、发展心脏和呼吸机能运动处方所遵循的原则,与针对年轻人所采用的原则没有很大区别。主要的区别是老年人应该以更低的强度和更长的时间进行运动,采用避免对关节造成压力的练习,并且以较慢的速度进行。设计目的:提高运动能力,调节心境状态,降低虚弱程度,防止跌倒发生,改善生活品质。老年人的运动计划应该将重点放在健康水平的提高上。制定老年人运动处方要遵循区别对待原则、循序渐进原则、适时调整原则、全面性原则和安全性原则等。

区别对待原则:因太极拳锻炼者的年龄、学龄、体质等实际情况不同,运动处方要取得总体最优化和部分最优化效果,必须要注意区分年龄、身体条件和个人兴趣爱好等综合做出判断,根据参加锻炼的人或病人的具体情况,制定切实可行的针对性的健身运动处方,给出合理的锻炼建议,从而实现太极拳健身效益的最大化。循序渐进原则:运动负荷的安排由小到大,运动内容的安排由易到难循序渐进,及时调整运动处方。开始训练时运动量要小,随着体力的增加应逐渐增加训练的强度、持续时间和频率。一般而言[②],通常分为以中低强

---

① 李宏伟,黄国强."体医结合"智能化运动处方干预社区临界高血压人群实验研究[J].武汉体育学院学报,2018,52(8):90-96.

② 步斌,苏全生.运动处方与体育锻炼建议书[J].成都体育学院学报,1999,25(3):75-79.

度开始的3~5周的适应阶段、以中等强度进行的10~12周的增进阶段、达到期望强度的长时间的维持阶段,维持阶段要依据个体的情况和反应来安排,通常在12~15周后应有一个3~4周的调整期。适时调整原则:运动过程中根据阶段任务和老年人特征适时变换运动方式。太极拳健身运动处方随着锻炼者练习时间和程度的加深,健身要素的排序需要进行调整,以便实现身与心、内与外的全面提高和改善。全面性原则:制定太极拳健康运动处方时,首先要了解运动处方的服务主体的健康状况和体能状况,其次要考虑太极拳健身要素的整体性特征。通过太极拳不同内容对应服务主体的不同健康需求,有效组合,互为补充,实现人体的全面锻炼。安全性原则:制定运动处方时要了解锻炼者的病史、家庭史、运动经历,并作相应的医学检查,还要考虑锻炼者的运动能力和水平合理设计练习计划,避免因不恰当的运动形式或强度发生一些不良事件,并且在运动前后要有准备活动,以免运动过程中发生损伤。总之,太极拳健康运动处方的制定要围绕"安全性、循序渐进、适时调整、区别对待、全面性"等原则,将体育科学理念与现代医学互相融合,才能实现处方锻炼的安全、有效。

3. 制定的基本内容

运动处方的对象广、种类多,但根据运动对象的目的和应用的角度,运动处方主要可分为"预防健身、竞技运动、康复运动、健美运动"四大类①。其中预防健身运动处方是指不同年龄人群以增强体质,提高健康水平,预防疾病为目的的处方;竞技运动处方是以提高身体素质和竞技水平,达到提高运动成绩为目的的处方;康复运动处方是用于病人和残疾者以治疗疾病、康复机体和恢复损伤为目的的处方;健美运动处方是以减肥、健美形体为目的的运动处方。不管是何种运动处方,一般而言,运动处方的内容通常包括锻炼的目的、方式(运动类型、项目),运动强度,运动持续的时间、频率、进展速度(热身期、锻炼期、恢复期),运动中的注意事项,回访复诊日期,疗效观察和评估等②,具体内容如表6.1所示。

表6.1 运动处方样表

姓名		性别		年龄		健康状况	
身高		体重		脉搏		血压	
过去病史			临床症状			运动经历	
运动内容	主要项目						
	次数/周				每次持续时间		
	最高心率				平均心率		
禁忌项目							
注意事项							

---

① 李显军,任建生.运动处方的研究现状及应用前景[J].武汉体育学院学报,2000,34(5):79-83.
② 张雅玲,郝文亭.运动处方的制定与应用[J].中国学校卫生,2005,26(6):484-485.

(续表)

姓名		性别		年龄		健康状况	
锻炼记录	运动项目	完成情况	身体反应			备注	
月　日							
月　日							

（来源：改绘自彭书强等的《如何制定运动处方》①）

4. 太极拳健康运动处方主要要素解析

（1）运动强度

世界卫生组织指出，只有躯体、心理和社会适应等诸方面都健全才是一个健康的人，人的健康既受生物学规律的支配，又受心理学和社会学规律的支配。这种以生理机能为特征的身体健康、以精神情感为特征的心理健康和以社会生活为特征的行为健康的"三维健康医学模式"，使得运动处方由单一的追求健身（生理健康）逐渐发展到追求身心全面的健康，运动方式的制定对运动强度的要求也不再像过去那样强调快节奏、大强度，而渐渐以轻松和缓的中小强度的有氧运动代替。学者周雷等以习练 24 式简化太极拳的锻炼者为实验对象②，观察高、中、低架势练习时的气体和能量代谢指标的变化，探讨太极拳练习强度的变化，研究发现太极拳练习过程中通气量、心率、耗氧量和能量消耗均表现出明显的练习架势依赖性，但这些指标的变化仍然属于有氧运动范围，说明通过对练习架势的调节能够有效控制太极拳练习的相对有氧代谢强度，这表明太极拳运动是一项过程具有稳态，且属于有氧代谢强度的运动。王雁等以练习太极拳 5～20 年的能熟练完成简化太极拳所有动作的 60～80 岁老年人为测试对象，要求习练者伴随音乐完成简化 24 式太极拳，1 遍需时 5 min，根据个人身体条件，不限制体位高低，重复 2 遍，其中高架者（膝关节屈曲角度大约为 150°）步幅小而运动量小，低架者（膝关节屈曲角度大约为 120°）步幅大而运动量亦大，测得高位时平均 HR 达 $(63.96\% \pm 7.72\%)$ HRmax，低位时达 $(69.82\% \pm 11.52\%)$ HRmax，运动强度在不同体位时差异有显著性，但仍然属于低至中等强度的有氧运动，说明太极拳是可调节强度的理想运动方式，能通过调节体位高低来调节运动量，满足不同身体状况老年者的需求③。周之华等对 24 式太极拳的运动强度与规律进行测试分析，全套太极拳运动中平均 HR 为 121 次/min，HR 最高时达到 133 次/min，具体是在做"左右蹬脚""左右下势独立"时，运动结束时 HR 为 130 次/min④。刘玉萍等对 12 名中老年人 1 套、连续 2 套、连续 3 套 24 式太极拳的锻炼过程中的心率进行监控，结果显示平均心率分别为 109.9±14.13 次/min、110.0±12.27 次/min 和

---

① 彭书强,奚树良,黄四元.如何制定运动处方[J].时珍国医国药,2006,17(6)：1120.
② 周雷,王健,吴飞.高、中、低架势太极拳运动的气体代谢反应[J].中国运动医学杂志,2007,26(2)：211-214.
③ 王雁,任爱华,朱利月.老年人 24 式简化太极拳能量消耗测定[J].中国康复医学杂志,2010,25(8)：744-747.
④ 周之华,纪仲秋,周绍军.24 式太极拳运动强度与规律研究[J].中国体育科技,2000,36(7)：42-43.

113.36±13.68 次/min。其中连练 2 套或 3 套后即刻对心脏泵血功能的效应优于 1 套后的反应[1]。因此,在太极拳健康运动处方中,安排个体运动强度时,依据自身条件和个体需求采用高、中、低架势均可。建议老年人习练太极拳由高架势到中架势,再到低架势,且运动强度的选择和调控应有一个过渡与适应的阶段。陈文鹤等认为,对于锻炼者来说,学会运用心率指标来检测和调节运动负荷,也就跨入了科学锻炼之门[2]。根据正态分布理论,有 95% 的老人运动时心率要达到 100~133 次/min。这一负荷强度范围,相当于最大耗氧的 40%~65%。这正是该年龄组老年人可以接受并能产生良好影响的负荷强度。陈青等提出太极拳健身者可通过具体感受来体验强度,并给出参考表[3](表 6.2)。日常锻炼中可以以下 3 种指标判断是否是中等强度[4]:①运动时心跳和呼吸加快,但呼吸不急促;②能持续运动 10~30 min,微微出汗,稍感累但仍能坚持运动;③第 2 天起床后无疲劳感。

表 6.2　耐力运动的强度分类对应表

相对强度参照指标		主观运动强度(RPE)	主观感受
最大心率/%	VO_{2max} 或 HR_{max} 储备/%		
<35	<30	<10	很轻松
35~59	30~49	10~11	轻松
60~79	50~74	12~13	稍费力
80~89	75~84	14~15	费力
>90	>85	>16	很费力

笔者曾对 2000—2017 年在"CNKI 中国期刊全文数据库"中收录的 16 种体育类中文核心期刊和《中国运动医学杂志》上发表的"老年人体育锻炼"类的学术论文进行统计,统计结果如图 6.3 所示。由图 6.3 可见,当前我国老年人参与体育锻炼的运动强度以中等强度为主,小强度锻炼的老年人所占比例也较高。身心健康效应的大小主要依赖于运动强度的大小,只有适宜的运动强度才能产生健身的效果,过大的运动强度会损害身心健康,太小的运动强度达不到健身的效果。就老年人个体参与体育锻炼而言,适宜的运动强度取决于锻炼者的性别、年龄、健康状况、锻炼水平以及锻炼目的等诸多因素。总体上以中小强度锻炼为宜,尤其中等强度锻炼,是发展老年人心肺功能和有氧耐力水平的适宜锻炼强度,是延缓衰老行之有效的手段之一[5]。心理学研究也表明,老年群体参与低至中强度的运动,

---

[1] 刘玉萍,杨柏龙,柏晓玲.24 式简化太极拳连续练习一套~三套对老年人心、血管机能的影响[J].北京体育大学学报,1996,19(3):41-46.
[2] 唐宏贵,王广兰.中老年人运动处方设计方略[J].广州体育学院学报,1997,17(1):1-7.
[3] 陈青,王宗兵,龚云.中、老年人太极拳健身运动处方[J].中国体育科技,2003,39(5):53-56.
[4] 李林,陈丽娟,季浏.运动处方与锻炼的心理效应[J].体育与科学,1998,19(2):62-65.
[5] 涂化亮.不同运动方式对老年人心血管系统影响的研究[J].武汉体育学院学报,2005,39(9):70-74.

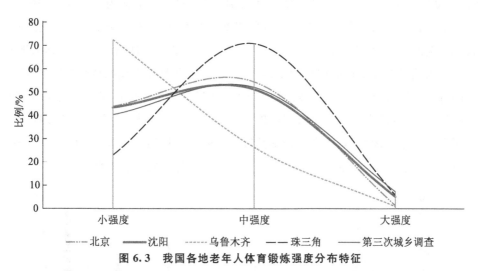

图 6.3 我国各地老年人体育锻炼强度分布特征

[数据来源：依据李志敢(2010 年)、孟庆方(2007 年)、马业康(2011 年)、肖海婷(2013 年)、江崇民(2009 年)等发表的论文整理]

所能得到的运动利益知觉较高[①]。当然，运动处方强度的设置应根据被试者的实际情况而定，不能一概而论，如从不运动的人即使是增加很小的运动强度也能达到锻炼效果。可见，老年人太极拳运动处方中运动强度与不同太极拳套路内容相关，可以以轻松和稍费力为参照标准，轻松可以作为初学者的适宜运动强度，并通过高、中、低不同的太极拳架势来调整运动强度。

(2) 每周运动次数

体育锻炼频率指体育锻炼者每周参与体育活动的次数。一般而言，每周运动次数少，运动效果累积效应差，对机体刺激作用不大，只有每周运动次数达到一定数量，才可以产生健身效果的累积效应。唐宏贵、王广兰研究认为，作为一般人增强健康、增强体力之需，一般应每天锻炼 1 次[②]。心肺功能较差或体质较弱的中老年人，也可隔日锻炼，锻炼次数过少难以获得预期的超量恢复效果。国家对于经常参加体育锻炼人口的规定是，锻炼者每周锻炼次数不应少于 3 次。笔者曾以自测健康问卷为调查工具，对每周参与体育锻炼次数不同的老年人进行调查，统计结果表明，每周参与体育锻炼 5 次以上的老年人，除在健康总体自测得分上显著高于每周锻炼 3 次及以下的老年人外，在生理健康、心理健康方面的得分也显著高于每周锻炼 3 次及以下的老年人，提出老年人每周参与体育锻炼次数在 5 次以上对保持身心健康较为有益[③]。《体育强国建设纲要》中也明确要求，到 2035 年经常参加体育锻炼人数比例达到 45% 以上。

以 2000—2017 年在"CNKI 中国期刊全文数据库"中收录的 16 种体育类中文核心期刊

[①] 胡明文.老年族群的运动参与程度与利益知觉之关系[J].上海体育学院学报，2015,39(5)：63-71.
[②] 唐宏贵,王广兰.中老年人运动处方设计方略[J].广州体育学院学报，1997,17(1)：1-7.
[③] 高亮,王莉华.体育锻炼与老年人自评健康关系的调查研究[J].武汉体育学院学报，2015,49(8)：64-71.

和《中国运动医学杂志》上发表的"老年人体育锻炼"类的学术论文为统计对象，统计结果如图 6.4 所示。我国参与体育锻炼的老年人的锻炼频率保持在较高的水平，大部分每周参与体育锻炼 5 次及以上，其中有相当一部分每天参与体育锻炼 1 次或以上。总体表明每周较高锻炼频率的效果要好于较低锻炼频率，老年人参与体育锻炼必须保持较高的频率，才能获得较好的身心健康效应。张净、闫汝蕴研究表明，如果每次运动保证足够的运动强度和持续时间，则运动效应可以维持 2～3 天，因此理论上运动频率一般是每周 2～3 次即可①。鉴于太极拳属于中小强度运动，老年人太极拳健康运动处方以每周锻炼 3～7 天、每天 1～2 次为宜，但应视运动量的大小而定，运动量较大时，休息间隔时间应稍长一些。

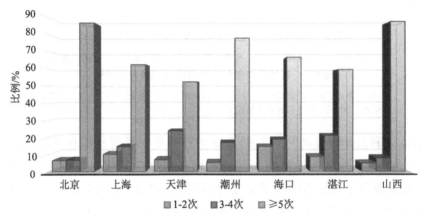

图 6.4　我国各地老年人每周参与体育锻炼频度分布特征

［数据来源：依据阮云龙（2016 年）、王红英（2015 年）、邵雪梅（2007 年）、杜晓兵（2014 年）、洪家云（2003 年）、胡学荣（2016 年）、杨志栋（2004 年）等发表的论文整理］

（3）每次运动持续时间

运动时间是保证锻炼效果的一个重要因素。每次运动持续时间没有统一标准，时间的长短一般依据运动类型以及个人身体机能状况确定，运动强度大、机能状况较差，持续时间短一些，运动强度小、机能状况好，持续时间则可稍长一些。当机体承受一定强度刺激时，运动持续时间的作用在于维持此种刺激，从而使机体产生"一时性适应"。这种适应过程的积累，就为机体的长期适应创造了有利的条件。对于运动持续时间的长短，不同的学者有不同的看法。从图 6.5 针对 2000—2017 年发表的"老年人体育锻炼"类的学术论文结果统计可见，每次锻炼持续 30～60 min 的老年人所占比例最大，持续时间在 60 min 以上的老年人也占到一定比例。

赫秋菊的调查研究表明，不同锻炼持续时间对老年人心理健康的影响存在显著差异，持续时间为 60 min 以上的老年人心理健康显著优于 60 min 及以下的老年人②。高旭、孟宇研究发现，每次锻炼持续时间与老年人认知功能存在显著性联系，每次持续 90 min 的锻炼有

---

① 张净，闫汝蕴.COPD 患者肺康复运动处方研究进展[J].中国康复医学杂志，2010，25(12)：1220-1225.
② 赫秋菊.体育锻炼对老年人心理效益促进的研究[J].沈阳体育学院学报，2010，29(2)：99-103.

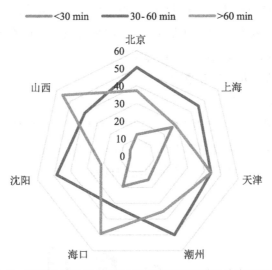

图 6.5 我国各地老年人每次体育锻炼持续时间分布特征(%)

[数据来源：依据阮云龙(2016年)、王红英(2015年)、邵雪梅(2007年)、杜晓兵(2014年)、洪家云(2003年)、孟庆方(2007年)、赫秋菊(2010年)、杨志栋(2004年)等发表的论文整理]

利于老年人认知功能的改善,每次锻炼持续 60～120 min 要好于每次锻炼 60 min 以下,认为老年人每次锻炼持续时间应为 60～120 min[①]。赖学鸿的老年人太极柔力球实验表明,持续 3 个月每天集中练习 60～90 min 的太极柔力球,对老年人身体形态、身体素质和血液生化指标等都有积极和有效的影响[②]。肖焕禹等以 SF-36 总分为因变量,根据回归方程可知,每次体育锻炼持续的时间对 SF-36 总分的影响最大,锻炼时间对锻炼的效果至关重要[③]。向祖兵等就体育锻炼时间投入与慢性病关系的研究表明,在控制其他变量的条件下,体育锻炼时间每周投入多增加 1 h,得慢性病的可能性将随之降低 2%[④]。笔者曾以自测健康问卷为调查工具,对每周参与体育锻炼次数不同的老年人进行调查,统计结果表明,老年人在生理健康、心理健康、社会健康以及健康总体自测得分均值上,随着每次锻炼的时间增加,得分有逐渐增加的趋势,其中在生理健康得分及日常生活功能维度、身体活动功能维度的得分达到显著差异水平。进一步分析发现,每次参与体育锻炼持续时间在 30 min 以上的老年人的生理健康得分及日常生活功能维度、身体活动功能维度的得分显著高于每次参与体育锻炼持续时间在 30 min 及以下的老年人,每次参与体育锻炼持续时间在 31～60 min 的老年人与 60 min 以上的老年人得分差异不显著。这在一定程度上反映出老年人参与体育锻炼要想达

---

① 高旭,孟宇.身体锻炼对中老年认知功能的影响:老化态度的中介作用[J].北京体育大学学报,2013,36(12):93-99.
② 赖学鸿.太极柔力球对老年人健康体适能及生化指标的影响[J].中国体育科技,2010,46(5):122-124.
③ 肖焕禹,李文川.都市老年人体育生活方式与健康相关生活质量的相关性研究[J].成都体育学院学报,2011,37(10):77-82.
④ 向祖兵,王凯珍,李晓天.北京市居民睡眠、休闲久坐、体育锻炼时间投入与慢性病关系研究[J].西安体育学院学报,2016,33(5):604-612.

到较好效果,每次参与体育锻炼时间应持续在 30 min 以上。由此可见,每次锻炼持续 31~60 min 对老年人的健身效果来说并非最适宜,每次锻炼持续时间在 60 min 以上效果较好,分析认为可能是大多数老年人锻炼强度较低所致。

5. 太极拳健康运动处方的注意事项

(1) 选择适当的习练形式

一般而言,依据同伴数量和是否有组织,可分为单独、自发集体(与朋友、邻居、家人)和组织集体(协会、社区)3 种体育锻炼参与形式。从图 6.6 的统计结果来看,当前我国老年人参与体育锻炼的组织形式以自发集体锻炼的比例较高。

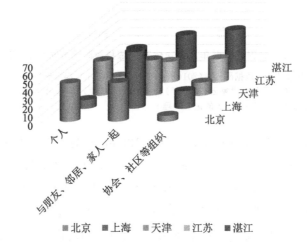

图 6.6 我国各地老年人参与体育锻炼组织形式特征(%)

[数据来源:依据阮云龙(2016 年)、王红英(2015 年)、邵雪梅(2007 年)、施学莲(2015 年)、胡学荣(2016 年)等发表的论文整理]

不同锻炼形式各有利弊,单独锻炼符合自己的实际需要,方便灵活,但持久性差,易破坏,且不易与他人交流[①];自发集体锻炼的内容和时间比较集中,易于相互之间切磋交流,但对发动人员或召集人员要求较高,要有一定的责任心和运动技术;组织集体锻炼计划性、系统性、科学性较高,但人力、物力投入较大,且对老年人运动技术要求较高。就老年人参与体育锻炼的形式与获得的健康效应而言,李年红的研究表明[②],参加集体体育活动的老年人健康指标均高于个人进行体育活动的老年人,分析认为老年人参与集体组织的体育锻炼,活动相对较有规律,老年人一方面可在锻炼的方法手段上获得更多的指导与帮助,另一方面,在体育锻炼的活动过程中,老年人之间交流的机会较多,能寻找到共同话题,培养共同兴趣,从而减少心理上的孤独感和负面情绪,有利于老年人生理健康、心理健康和社会健康水平的提

---

① 林昭绒,吴飞.城区中老年人体育健身现状研究[J].武汉体育学院学报,2003,37(3):165-168.
② 李年红.体育锻炼对老年人自测健康和体质状况的影响[J].体育与科学,2010,31(1):84-88.

高。李剑忠运用自测健康量表对参与不同锻炼形式的老年人的自测健康水平进行测量,结果也显示,采用集体锻炼形式的老年人正面情绪、心理健康和社会健康、社会资源、总分、体质得分,以及身体症状、生活功能、生理健康、社会支持得分均高于个人锻炼的老年人,其中,正面情绪、心理健康和社会健康、社会资源、总分、体质得分均显著高于个人锻炼的老年人[1]。王学敏对老年人太极拳锻炼效果的研究表明,参与不同锻炼类型的老年人在身体自尊、身体吸引力、积极幸福感以及整体自尊方面均表现出了显著性差异,集体结伴是一种更为有效的锻炼形式,但研究结果同时也显示,采用不同结伴形式的老年人在身体状况、运动素质方面无显著性差[2]。高亮对参与体育锻炼的老年人的调查研究表明,结伴进行体育锻炼的老年人在生理健康、心理健康、社会健康以及健康总体自测得分均值上都高于单独锻炼的老年人,其中在社会健康得分,以及认知功能维度、社会资源与社会接触维度得分上达到显著差异水平,在心理健康得分上也达到临界差异水平。参与体育锻炼的形式对老年人的健康有一定的影响,尤其对老年人的社会健康影响较为明显,参与集体锻炼有益于老年人的社会健康[3]。林友标等以广州市退休的社区老年女性为实验对象,实验结果表明,有组织的24式简化太极拳锻炼对老年女性的身心健康有良好的效应,分析认为有组织的锻炼形式既有运动干预本身的因素,也有运动过程所创设的和谐氛围等其他因素的影响[4]。可见,在现实条件允许的条件下,建议老年人以有组织的"集体"形式参与太极拳锻炼。

(2) 处理好周运动量各要素的关系

周运动量=运动强度×运动时间×运动频次,指人体在体育活动中所承受的生理、心理负荷量以及消耗的热量,由完成练习的运动强度、持续时间、运动频次以及动作的准确性和运动项目特点等因素来决定。研究表明,通过运动获得的健康效能与运动量之间存在剂量反应关系[5]。运动量较小的运动,如慢跑、慢游泳等,对于机体健身者而言,锻炼时只有运动量保持适宜,才能收到较好的效果,但也不能一味追求运动量的增加,运动量过小过大都不行。过小,产生不了运动痕迹的累积效应,则达不到锻炼的目的;过大,又超出了人身体所能承受的限度,尤其是对于老年人和不习惯运动的人来说,容易在运动中发生受伤等问题,对人的健康不利。因每个人的健康状况是不同的,所以在制定运动处方时,要跟踪运动效果,合理地安排每周运动量,同时不断调节好周运动量各要素之间的关系。从公式中我们可以看出,这三者之间存在着密切的关系。一般而言,如果运动处方执行的开始阶段,运动强度较小,则增加运动频次,待锻炼者对运动量从不适应到适应,再适当增加运动强度。评价运动量安排是否合适的主观感觉主要有自我感觉、睡眠、食欲、锻炼欲望等。如果锻炼后自我感觉良好,精力充沛,有劲,睡得熟,吃得香,很想参加运动,肌肉有轻度酸痛,并有疲劳感,但

---

[1] 李剑忠.体育锻炼对老年人体质和自测健康水平的影响[J].中国老年学杂志,2014,34(8):4354-4355.
[2] 王学敏.老年人参与太极拳锻炼的心理效应研究[J].广州体育学院学报,2016,36(5):108-112.
[3] 高亮,王莉华.体育锻炼与老年人自评健康关系的调查研究[J].武汉体育学院学报,2015,49(8):64-72.
[4] 林友标,章舜娇,叶展红,等.运动处方干预对老年女性身心健康的影响[J].中国老年学杂志,2009,29(3):350-353.
[5] 邓奎,杨栋,熊曼丽.不同运动处方对促进大学新生身高增长的研究[J].广州体育学院学报,2014,34(4):97-100.

经过一夜的休息次日晨即可恢复正常,则说明运动量安排合适。如果在锻炼后感到精神萎靡不振,全身乏力,胸骨柄及肝区有疼痛感,头昏脑涨,运动后感到特别疲倦,睡不好,吃不香,易出汗,不想练习,则说明身体不适应,所安排之运动量应及时予以调整。运动频度要顺应季节和身体状况,以科学、自然为运动频次的调整原则,调整后的运动频次以很少感觉运动不足或疲劳积累为参照标准。欲达到较好的锻炼效果,要尽可能加大动作幅度,每个动作要充分到位、规范完整。

当然,限于每个老年人健康状况的差异,老年人在锻炼过程中欲达到的运动强度的大小上要根据自己的实际情况量力而行,闲暇时间相对充足,精力充沛时,在保持或提高中、大锻炼强度风险较大的情况下,建议老年人选择运动强度中等,甚至小运动强度,通过提高锻炼频次和锻炼持续时间来保证足够的运动量。值得一提的是持续时间过长也易疲劳,反之,同样没有效果。2009年美国运动医学学会开出的运动处方指南曾建议:有氧运动每周至少150 min,30 min/次,5 次/周[1]。

(3) 不可忽视准备和整理活动

一般而言,一次完整的运动应当包括准备活动、正式运动、整理活动,这三个环节缺一不可。老年人因其特有的身心特点,与年轻人相比,老年锻炼者更应重视准备活动和整理活动,这就要求老年人在练习太极拳前要做好准备活动,在习练结束后要做好整理活动[2]。充分的准备活动,可以调动神经兴奋性,降低肌肉粘滞性,克服内脏惰性,增加协调性,防止骨折和肌肉拉伤等运动性损伤。准备活动可以做一些伸展练习、低水平的柔软体操和低水平的有氧运动,如慢速走步等。整理活动可有效地消除乳酸堆积,加速机体疲劳的解除。整理活动应从小腿抖动、拍打开始,然后放松大腿,以促进静脉血液回流腿部,有损伤者应特别注意对腿部和膝关节的按摩,整理活动后走路能否轻松自然是衡量整理活动是否有效果的标志。另外,老年人在整套动作中,要注意呼吸意念相配合,特别是近收势时,动作要舒缓匀长,心理放松,如此更有利于机体的尽快恢复。

6. 太极拳健康运动处方

运动处方可根据不同需要制定不同的格式,常见运动处方的形式有专门设计好的表格式的运动处方和文字式的运动处方[3]。无论何种形式的运动处方,都必须指出锻炼者要加强自我监督,出现异常情况时须停止运动,且执行运动处方时,都必须循序渐进。

文字式的运动处方是处方者根据患者疾病的形成和症状,选择适当的练习方法逐项填写出的处方[4]。结合上述理论梳理和调查结果,老年人太极拳健康运动处方的目的:改善或维持老年人身心健康。锻炼内容:手法(掤、捋、挤、按)、步法(进步、退步、横移步)、腿法(蹬

---

[1] Corbin C B. Helping clients understand national physical activity guidelines[J]. ACSM'S Health & Fitness Journal, 2009, 13(5): 17-22.
[2] 陈青,王宗兵,龚云.中、老年人太极拳健身运动处方[J].中国体育科技,2003,39(5):53-56.
[3] 张雅玲,郝文亨.运动处方的制定与应用[J].中国学校卫生,2005,26(6):484-485.
[4] 刘国柱.实用运动处方[M].北京:北京科学技术出版社,1997:635.

腿、分腿)、太极拳桩功及组合练习、太极拳套路分段与完整练习。辅助运动：慢跑、徒手操、健身气功、放松功。运动强度：小强度到中等运动强度、心率控制在 100～130 次/min。运动时间：10：00—11：00 或 15：30—16：30，每次 60 min 左右。运动频次：3～6 次/周。锻炼形式：集体进行练习,在音乐伴奏(节奏缓慢)下进行练习,鼓励同伴之间纠错,语言上多运用鼓励与表扬。注意事项：练习前做好准备活动,练习后做好整理活动,练习过程由简入繁。

参考文献

专著、书籍(中文)：

[1] 吴图南.太极拳[M].上海：商务印书馆,1957：83.

[2] 杨澄甫.太极拳体用全书[M].北京：人民体育出版社,1957：4-46.

[3] 章真如.调气论[M].武汉：湖北人民出版社,1983：89.

[4] 杨澄甫.太极拳选编[M].北京：中国书店,1984：119.

[5] 李丹.儿童发展心理学[M].上海：华东师范大学出版社,1987：3010.

[6] 魏源.老子本义[M].上海：上海书店,1987：12.

[7] 陈炎林.太极拳刀剑杆散手合编[M].上海：上海书店出版社,1988：14.

[8] 王培生.太极拳的健身和技击作用[M].北京：人民日报出版社,1988：172.

[9] 约翰逊.社会学理论[M].南开大学社会学系,译.北京：国际文化出版公司,1988：126.

[10] 王宗岳,等.太极拳谱[M].沈寿,点校考译.北京：人民体育出版社,1991：64-303.

[11] 谭天秩.临床核医学[M].北京：人民卫生出版社,1993：350-356.

[12] 张双彬,等.吕氏春秋译注[M].长春：吉林文史出版社,1993：67.

[13] 陈微明.陈微明太极拳遗著汇编[M].北京：人民体育出版社,1994：202.

[14] 赵武述.现代临床免疫学[M].北京：人民军医出版社,1994：44.

[15] 人民体育出版社.太极拳全书[M].北京：人民体育出版社,1995：721.

[16] 童坦君,张宗玉.医学老年学：衰老与长寿[M].北京：人民卫生出版社,1995：23.

[17] 唐豪,顾留馨,等.太极拳研究[M].北京：人民体育出版社,1996：169.

[18] 刘纪清,张锦明,李国兰.实用运动处方[M].哈尔滨：黑龙江科学技术出版社,1997：10-12.

[19] 刘国柱.实用运动处方[M].北京：北京科学技术出版社,1997：635.

[20] 潘天鹏,石津生.现代系统老年医学[M].北京：科学出版社,1998：34.

[21] 杨继洲.针灸大成[M].北京：中医古籍出版社,1998：293.

[22] 李学勤.十三经注疏·春秋左传正义[M].北京：北京大学出版社,1999：375.

[23] 方春阳.中国气功大成[M].长春：吉林科学技术出版社,1999：109.

[24] 许慎.说文解字注[M].(清)段玉裁,注.上海：上海古籍出版社,2000：178.

[25] 孙禄堂.孙禄堂武学录[M].北京：人民体育出版社,2001：180.

[26] 叶奕乾,祝蓓里.心理学[M].上海：华东师范大学出版社,2001：363.

[27] 赵斌,等.杨氏太极拳真传[M].北京:北京体育大学出版社,2001:1-3.

[28] 章茜,孔旭黎.生理学[M].郑州:河南医科大学出版社,2002:339-342.

[29] 王建华.简易太极拳健身功[M].北京:人民体育出版社,2003:144.

[30] 田雪原,王国强.全面建设小康社会中的人口与发展[M].北京:中国人口出版社,2004:229-230.

[31] 田秀云.社会道德与个体道德[M].北京:人民出版社,2004:429.

[32] 陈沛菊,乔凤杰.陈氏太极拳图说译注[M].北京:北京体育大学出版社,2005:237.

[33] 陈鑫.陈氏太极拳图说[M].陈东山,点校.太原:山西科学技术出版社,2006:71-104.

[34] 蔡仲林,周之华.武术[M].北京:高等教育出版社,2006:1.

[35] 邓树勋,王健,乔德才.运动生理学[M].北京:高等教育出版社,2005:471-474.

[36] 司马迁.史记[M].北京:线装书局,2006:545.

[37] 徐震.太极拳谱理董辨伪合编[M].太原:山西科学技术出版社,2006:7.

[38] 汤恩佳,朱仁夫.孔子读本[M].广州:南方日报出版社,2007:92.

[39] 庄子[M].纪琴,译注.北京:中国纺织出版社,2007:247.

[40] 邓铁涛,郑洪.中医五脏相关学说研究:从五行到五脏相关[M].广州:广东科技出版社,2008:186.

[41] 何俊龙.图解武当赵堡太极拳秘笈[M].北京:华夏出版社,2008:54.

[42] 凯瑟琳·麦金尼斯-迪特里克.老年社会工作:生理、心理及社会方面的评估与干预[M].2版.隋玉杰, 译.北京:中国人民大学出版社,2008:29-33.

[43] 刘俊骧.武术文化与修行[M].北京:中央编译出版社,2008:33.

[44] 迟福林.银色经济:老龄化社会的中国[M].北京:中国工人出版社,2019:282.

[45] 孙武.孙子兵法[M].北京:北京出版社,2008:120.

[46] 叶天士.临证指南医案[M].北京:中国中医药出版社,2008:2.

[47] 张新渝,马烈光.黄帝内经·灵枢[M].成都:四川科学技术出版社,2008:477.

[48] 祝大彤.太极解秘十三篇[M].北京:人民体育出版社,2008:1.

[49] 张肇平.论太极拳[M].北京:北京体育大学出版社,2009:333.

[50] 陈勃.对"老龄化是问题"说不:老年人社会适应的现状与对策[M].北京:北京师范大学出版社,2010: 1-5.

[51] 于志钧.太极拳理论之源[M].北京:人民体育出版社,2010:218.

[52] 赵慧敏.老年心理学[M].天津:天津大学出版社,2010:22.

[53] 茹凯.拉筋活血养生易筋经[M].长春:吉林科学技术出版社,2011:14-16.

[54] 范维.太极拳运动与健身[M].成都:西南交通大学出版社,2012:166.

[55] 刘康德.淮南子鉴赏辞典[M].上海:上海辞书出版社,2012:166.

[56] 山东省国术馆编辑科.太极拳讲义[M].庞大明,整理.郑州:河南科学技术出版社,2013:30-49.

[57] 王敬浩.身心运动的文化解构[M].桂林:广西师范大学出版社,2013:175.

[58] 孟子[M].徐强,译注.济南:山东画报出版社,2013:294.

[59] 杨大卫.身体实践与文化秩序对太极拳作为文化现象的身体人类学考察[M].北京:光明日报出版社, 2013:88-99.

[60] 马有清.吴图南太极功[M].北京:世界图书出版公司,2013:80.

[61] 安德森.拉伸:最好的运动[M].边然,译.北京:北京科学技术出版社,2014:9.

[62] 吕氏春秋[M].高诱,注;毕沅,校;徐小蛮,标点.上海:上海古籍出版社,2014:52-101.

[63] 郭福厚.太极拳秘诀精注精译[M].北京:人民体育出版社,2014:4 84.

[64] 王彦峰.健康是生产力[M].北京:社会科学文献出版社,2014:39.

[65] 张继禹.中华道藏:第五册[M].北京:华夏出版社,2014:405.

[66] 庄子[M].俞婉君,译注.南昌:二十一世纪出版社,2014:147.

[67] 闵建蜀.太极哲学[M].香港:香港中文大学出版社,2015:443.

[68] 王阳明.传习录[M].郑州:中州古籍出版社,2015:105.

[69] 朱清国.周易本义[M].长沙:湖南大学出版社,2015:206.

[70] 常学辉.黄帝内经[M].天津:天津科学技术出版社,2016:4.

[71] 高峰.中国传统哲学思想与太极拳的理论研究[M].西安:西安交通大学出版社,2016:197.

[72] 刘安.淮南子[M].许慎,注;陈广忠,校点.上海:上海古籍出版社,2016:16.

[73] 王玉林.太极·文化[M].北京:北京体育大学出版社,2016:167.

[74] 徐凤敏.黄帝内经(灵枢篇)[M].乌鲁木齐:新疆人民卫生出版社,2016:74.

[75] 利伯曼.人体的故事:进化、健康与疾病[M].蔡晓峰,译.杭州:浙江人民出版社,2017:219-379.

[76] 老子[M].冯国超,译注.北京:华夏出版社,2017:8-34.

[77] 高国忠.太极拳文化与健身[M].石家庄:河北科学技术出版社,2017:191.

[78] 吴昊.简化太极拳理论与实践[M].北京:北京大学出版社,2017:199.

[79] 张文鼎.老子·太极拳本原[M].武汉:湖北科学技术出版社,2017:46.

[80] 孟子[M].赵清文,译注.北京:华夏出版社,2017:244.

[81] 中国城市养老指数蓝皮书课题组.中国城市养老指数蓝皮书2017[M].北京:中国发展出版社,2017:38.

[82] 刘康德.术与道:中国传统文化中的阴性特征[M].成都:四川人民出版社,2018:1-223.

[83] 庄子[M].萧无陂,注译.长沙:岳麓书社,2018:209.

[84] 高亮,李晓智.体育锻炼对老年人全面健康影响的理论与实践研究[M].北京:人民体育出版社,2018:56-83.

[85] 汪向东,王希林,马弘.心理卫生评定量表手册[M].增订版.北京:中国心理卫生杂志社,1999:35-45.

[86] 陈露晓.老年人心理问题诊断[M].北京:中国社会出版社,2009:174-175.

[87] 陶弘景.养性延命录[M].赤峰:内蒙古科学技术出版社,2002:5.

[88] 管仲.管子[M].北京:北京燕山出版社,1995:342.

[89] 张伯端.悟真篇浅解[M].北京:中华书局,1990:232.

[90] 蒲处厚.保生要录[M].北京:中华书局,1991:2.

专著、书籍(英文):

[1] McDowell L, Newell C. Measuring health: a guide to rating scales and questionnaires[M]. New York: Oxford University Press, 1987.

[2] McDowell L, Newell C. Measuring health: a guide to rating scales and questionnaires[M]. 2nd ed. New York: Oxford University Press, 1996.

[3] Wong A M K, Lan C. Tai Chi and balance control[M]//Medicine and Sport Science. Basel:

KARGER,2008:115-123.

学位论文(中文):

[1] 彭华.阴阳五行研究:先秦篇[D].上海:华东师范大学,2004:31-38.
[2] 夏祥伟.研究生体育锻炼与健康问题的研究[D].上海:华东师范大学,2005:14.
[3] 赵连保.论太极拳的道德观[D].开封:河南大学,2006.
[4] 吴金鹏.中医导引术的经筋理论研究[D].北京:北京中医药大学,2007:23.
[5] 白宇明.利用增龄性定量指标判定华中地区青少年生理年龄的研究[D].武汉:华中科技大学,2010:52-68.
[6] 李运明.国人健康风险模型及风险评估方法研究[D].西安:第四军医大学,2011:15-20.
[7] 郭红喜.COPD患者太极运动时的呼吸中枢驱动和肺通气[D].广州:广州医科大学,2014.
[8] 李晓乾.河北永年传统杨、武氏太极拳健身功效比较研究[D].石家庄:河北师范大学,2014.
[9] 位秀平.中国老年人社会参与和健康的关系及影响因子研究[D].上海:华东师范大学,2015.
[10] 钟婷.易象与五脏生理及病理特性的系统研究[D].广州:广州中医药大学,2018:19.

期刊论文(中文):

[1] 许淑莲.我国老年心理学研究进展[J].老年学杂志,1989,9(6):378-381.
[2] 林思桐.人口老龄化与太极拳运动[J].体育文史,1993(2):11-13.
[3] 李力."亚健康":生命的"隐形杀手"[J].解放军报,2002(12):2.
[4] 张恺悌,党家康.制约21世纪中国社会发展的重要国情:人口老龄化[J].中国国情国力,1993(2):66-69.
[5] 张林.太极拳作为运动处方对老年人PWC_{130}测试前后STI和血流动力学参数的影响[J].中国运动医学杂志,1994,13(3):167-171.
[6] 李坚,Fielding R,Hedley A J,等.自感健康的概念及其重要性[J].中国社会医学,1995(3):11-12.
[7] 浦钧宗.运动处方[J].中国体育科技,1995,31(1):37.
[8] 邬沧萍,姜向群."健康老龄化"战略刍议[J].中国社会科学,1996(5):52.
[9] 刘玉萍,杨柏龙,柏晓玲.24式简化太极拳连续练习一套~三套对老年人心、血管机能的影响[J].北京体育大学学报,1996,19(3):41-46.
[10] 瞿祥虎.运动锻炼对中老年人免疫功能的影响[J].武汉体育学院学报,1996(11):76.
[11] 解亚宁,龚耀先.离退休老年人智力与生理及社会文化因素的关系[J].中国临床心理学杂志,1996,4(3):139-145.
[12] 唐宏贵,王广兰.中老年人运动处方设计方略[J].广州体育学院学报,1997,17(1):1-7.
[13] 上海体育学院学报编辑部.老年人身体健康的生理特征有哪些[J].上海体育学院学报,1998,22(4):55.
[14] 陈小月."健康老龄化"社会评价指标的探索[J].中国人口科学,1998(3):51-56.
[15] 何流芳.退休老人心理健康状况分析[J].中国老年学杂志,1998,18(1):8.
[16] 李林,陈丽娟,季浏.运动处方与锻炼的心理效应[J].体育与科学,1998,19(2):62-65.
[17] 许军,陈和年.自测健康及其应用研究[J].国外医学社会医学分册,1998,15(3):105-109.

[18] 步斌,苏全生.运动处方与体育锻炼建议书[J].成都体育学院学报,1999,25(3):75-79.

[19] 陈国元,刘卫东,杨磊,等.教师"亚健康"现状及预防对策的研究[J].职业卫生与病伤,2000,15(2):101-102.

[20] 李显军,任建生.运动处方的研究现状及应用前景[J].武汉体育学院学报,2000,34(5):79-83.

[21] 林旭,陈思坦.论太极拳运动与健康老龄化[J].西安体育学院学报,2000(S1):43-44.

[22] 许军,杨云滨,胡敏燕,等.自测健康评定量表的测试初报[J].中国公共卫生,2000,16(10):887-891.

[23] 郑晓瑛.中国老年人口健康评价指标研究[J].北京大学学报(哲学社会科学版),2000(4):144-151.

[24] 周之华,纪仲秋,周绍军.24式太极拳运动强度与规律研究[J].中国体育科技,2000,36(7):42-43.

[25] 李春波,张明园,何燕玲,等.健康行为方式对成功老龄化的影响:五年社区随访研究[J].中国心理卫生杂志,2001,15(5):324-328.

[26] 刘嗣传.太极拳是道教适应社会的产物[J].中国道教,2001(4):38-41.

[27] 倪红莺,雷芗生,叶槐菁,等.一次急性42式太极拳练习对中老年知识分子心血管机能和血液状态的影响[J].中国运动医学杂志,2001(1):102-104.

[28] 王岗.太极拳对现代人心理调节的作用[J].武汉体育学院学报,2001,35(1):107-108.

[29] 郭永玉.静修与心理健康[J].南京师大学报(社会科学版),2002(5):75-81.

[30] 贺寨平.社会经济地位、社会支持网与农村老年人身心状况[J].中国社会科学,2002(3):135-148.

[31] 吴振云,许淑莲,李娟.老年心理健康问卷的编制[J].中国临床心理学杂志,2002(1):1-3.

[32] 李娟,吴振云,许淑莲.北京城区老年人心理健康状况及其相关因素分析[J].中国老年学杂志,2002(22):338.

[33] 彭霞.太极拳作为中老年运动处方的理论基础(综述)[J].天津体育学院学报,2002,17(2):55-59.

[34] 吴振云,许淑莲,李娟.老年心理健康问卷的编制[J].中国临床心理学杂志,2002,10(1):1-3.

[35] 王玲,陈怡华.师范院校学生抑郁与社会支持度的关系研究[J].中国行为医学科学,2002,11(2):216-217.

[36] 张爱民,于文平,高恒乾,等.山东省老年人健康与卫生知识现况调查[J].调查研究,2002,8(4):389-391.

[37] 张拓红,杨辉,冯文,等.北京市两社区老年人躯体健康和社会支持状况调查[J].中华流行病学杂志,2002,23(3):240.

[38] 陈嵘,秦竹,李平,等.云南贫困医学生心理控制感及其相关因素的研究[J].健康心理学杂志,2003,11(5):388-389.

[39] 陈青,王宗兵,龚云.中、老年人太极拳健身运动处方[J].中国体育科技,2003,39(5):53-56.

[40] 杜鹏,安德鲁斯.成功老龄化研究:以北京老年人为例[J].人口研究,2003,27(3):4-12.

[41] 侯广斌,任海.郴州市城区群众对体育锻炼项目选择的因素分析[J].中国体育科技,2003,39(5):33-36.

[42] 李之俊,沈勋章,阮恩茜,等.上海市社区中老年人习练太极拳现状调查与分析[J].上海体育学院学报,2003,27(5):75-78.

[43] 刘志荣,倪进发.合肥市离退休老年人群生活质量的流行病学研究[J].中国公共卫生,2003,19(2):230-232.

[44] 林昭绒,吴飞.城区中老年人体育健身现状研究[J].武汉体育学院学报,2003,37(3):165-168.

[45] 邱莲.农村老年人心理健康状况调查[J].中国老年学杂志,2003(8):518.

[46] 周成林,于晶,谢虹.不同身体锻炼方式对老年人心理效益的实验研究[J].天津体育学院学报,2003,18(1):51-53.

[47] 陈艳玲,陈智玲.心理社会干预对老年人智力衰退的作用[J].中国临床康复,2004(25):5271-5275.

[48] 王琳.中国老年人口高龄化趋势及原因的国际比较分析[J].人口与经济,2004(1):6-12.

[49] 王晓军.太极拳对老年人NK细胞的影响[J].北京体育大学学报,2004,27(5):644-646.

[50] 吴晓光,汤哲,方向华,等.健康指标对老年人发生死亡预测价值的前瞻性研究[J].中华流行病学杂志,2004,25(4):325-329.

[51] 姚彦萍.太极拳对慢性阻塞性肺疾病康复疗效观察[J].中国康复理论与实践,2004(7):59-60.

[52] 阳德华.大学生抑郁、焦虑的影响因素调查[J].中国心理卫生志,2004,18(5):352-353.

[53] 杨永惠.临沂市社区太极拳活动的现状研究[J].西安体育学院学报,2004,21(6):47-50.

[54] 张明芝,朱永烈,杨永生,等.1067例老年人生活及心理状况调查[J].苏州大学学报(医学版),2004(2):176.

[55] 赵勇.河南省5所高等院校大学生人际交往障碍的相关因素分析[J].中国临床康复,2004,8(30):6604-6605.

[56] 陈新富,刘静,邱丕相.太极拳运动对中老年女性心理健康的影响[J].上海体育学院学报,2005,29(5):79-83.

[57] 李挺.做好健康评价,争做健康老人[J].药物与人,2005(4):4-5.

[58] 涂化亮.不同运动方式对老年人心血管系统影响的研究[J].武汉体育学院学报,2005,39(9):70-74.

[59] 吴文源.成功老龄的概念及其研究[J].中华医学杂志,2005,85(42):2955-2959.

[60] 夏书宇.运动对衰老过程中免疫机制的影响[J].武汉体育学院学报,2005,39(11):63-64.

[61] 姚远,陈立新.老年人人格特征对心理健康的影响研究[J].人口学刊,2005(4):10-15.

[62] 杨再惠,周兴伟.陈式太极拳功法对中老年人肺功能及免疫功能影响的研究[J].北京体育大学学报,2005,28(9):1212-1223.

[63] 张雅玲,郝文亭.运动处方的制定与应用[J].中国学校卫生,2005,26(6):484-485.

[64] 郭志禹,姜娟.中国太极拳健康文化系统研究[J].上海体育学院学报,2006,30(3):57-62.

[65] 李燕燕,李虹.初探人的健康评价标准,积极推进健康标准化[J].世界标准化与质量管理,2006(10):39-42.

[66] 刘晓丹.八周太极拳运动对老年人免疫功能的影响[J].中国临床康复,2006,10(27):10-12.

[67] 彭书强,奚树良,黄四元.如何制定运动处方[J].时珍国医国药,2006,17(6):1120.

[68] 邱丕相,王岗.走进主流社会的中国太极拳文化[J].北京体育大学学报,2006,29(12):1603-1606.

[69] 翟少红.从以人为本的角度探讨太极拳的锻炼价值[J].西安体育学院学报2006,23(6):48-50.

[70] 任丽娟.太极拳运动对老年人养生保健的作用[J].中国临床康复,2006,10(47):25-29.

[71] 岳春艳,王丹,李林英.老年人心理健康状况及与社会支持的相关性[J].中国临床康复,2006,10(18):53-56.

[72] 张艾莉,延爱锦,李宝侠.老年人生活习惯与健康关系的调查报告[J].现代预防医学,2006,33(6):979-980.

[73] 张燕,丁建国,赵光.运动性疲劳的机制研究与进展[J].中国临床康复,2006,10(44):133-136.

[74] 朱健民.老年人生活方式对健康自我完好评价的影响[J].体育科学,2006,26(9):54-58.

[75] 蔡晓领.老年人智力与年龄关系研究述评[J].心理科学,2007(2):203-211.

[76] 廖全明.中国人心理健康现状研究进展[J].中国公共卫生,2007(5):33-37.

[77] 张桂欣,许军.亚健康的测量[J].中国全科医学,2007,10(11):923-926.

[78] 周雷,王健,吴飞.高、中、低架势太极拳运动的气体代谢反应[J].中国运动医学杂志,2007,26(2):211-214.

[79] 陈勃.人口老龄化背景下城市老年人的社会适应问题研究[J].社会科学,2008(6):89-96.

[80] 陈勃,桂瑶瑶.农村老年人社会适应状况调查分析[J].安徽农业科学,2008,36(17):7461-7463.

[81] 贾天奇,李娟,樊凤杰,等.体育疗法与亚健康干预[J].体育与科学,2008,29(3):51-54.

[82] 罗兴华,陈昆明,谭先明.二十四式太极拳对女性老年人健康的影响:不同锻炼周期的心理健康和生活质量的研究[J].广州体育学院学报,2008,28(3):68-72.

[83] 王岗.关注民族传统体育:现状、问题与思考[J].首都体育学院学报,2008,20(2):1-4.

[84] 张河川,李如春,岑晓钮.空巢老人社会健康的脆性与对策[J].云南财经大学学报,2008,23(3):51-55.

[85] 侯冬芬.老年人的心理保健方法[J].中国老年保健医学,2009,7(2):84-86.

[86] 郭玉成.太极拳健康研究展望[J].搏击(武术科学),2012,9(9):2.

[87] 孔祥华,刘小平.太极拳概念的界定[J].体育学刊,2009,16(7):102-104.

[88] 李娟,吴振云,韩布新.老年心理健康量表(城市版)的编制[J].中国心理卫生杂志,2009,23(9):656-661.

[89] 林友标,章舜娇,叶展红,等.运动处方干预对老年女性身心健康的影响[J].中国老年学杂志,2009,29(3):350-353.

[90] 乾清华.太极拳对老年人平衡能力影响的实验研究[J].体育学刊,2009,16(8):102-105.

[91] 苏银花,段功香.养老机构老人自测健康状况及其影响因素调查[J].中国实用护理杂志,2009,25(23):6-9.

[92] 谢桂华.老人的居住模式与子女的赡养行为[J].社会,2009,29(5):149-167.

[93] 杨光,白翠瑾.太极拳运动对弱体质老年人移动能力的影响[J].中国体育科技,2009,45(2):97-99.

[94] 黄山,郑贺,李显国,等.安徽省城市社区老年体育健身现状的调查与分析[J].山东体育学院学报,2010,26(11):16-20.

[95] 赫秋菊.体育锻炼对老年人心理效益促进的研究[J].沈阳体育学院学报,2010,29(2):99-103.

[96] 赖学鸿.太极柔力球对老年人健康体适能及生化指标的影响[J].中国体育科技,2010,46(5):122-124.

[97] 李年红.体育锻炼对老年人自测健康和体质状况的影响[J].体育与科学,2010,31(1):84-88.

[98] 孟琴琴,张拓红.老年人健康自评的影响因素分析[J].北京大学学报(医学版),2010,42(3):258-264.

[99] 王雁,任爱华,朱利月.老年人24式简化太极拳能量消耗测定[J].中国康复医学杂志,2010,25(8):744-747.

[100] 文建生.不同水平太极拳练习者运动感知特点研究[J].西安体育学院学报,2010,27(2):252-256.

[101] 杨思,陈冲,刘小娟,等.大学生亚健康症状自评量表信度、效度检验[J].卫生研究,2010,39(7):491-493.

[102] 张杏波.体育运动对亚健康群体干预的途径与方法[J].北京体育大学学报,2010,33(8):53-57.

[103] 张凤梅,徐恒戬.健康自评与中老年人群常见病关系的研究[J].现代预防医学,2010,37(1):16-22.

[104] 张净,闫汝蕴.COPD患者肺康复运动处方研究进展[J].中国康复医学杂志,2010,25(12):1220-1225.

[105] 赵怀娟."生产性老龄化"的实践与启示[J].安徽师范大学学报(人文社会科学版),2010,38(3):330-334.

[106] 朱广超,陈艳艳.太极扇锻炼对绝经女性心肺和心血管机能的影响[J].延安大学学报(自然科学版),2010,29(4):102-105.

[107] 章舜娇.太极拳运动对中老年女性生活质量的影响[J].山西师大体育学院学报,2010,25(4):48-50.

[108] 程雪,蒙华庆,周建初.老年人身心健康研究现状[J].重庆医学,2011,40(17):1707-1710.

[109] 傅崇辉,王文军.多维视角下的老年人社会健康影响因素分析[J].中国社会科学院研究生院学报,2011(5):124-132.

[110] 胡宏伟,串红丽,杨帆,等.我国老年人心理症状及其影响因素研究[J].西南大学学报(社会科学版),2011(6):145-152.

[111] 胡山山,王洁,王雪,等.老年人自测健康状况及影响因素研究[J].中国医学伦理学,2011,24(5):605-609.

[112] 刘国恩,蔡春光,李林.中国老人医疗保障与医疗服务需求的实证分析[J].经济研究,2011,46(3):95-109.

[113] 李蓉蓉,王岗.太极拳:从"推己及人"到"内圣外王"[J].成都体育学院学报,2011,37(11):45-49.

[114] 李实,杨穗.养老金收入与收入不平等对老年人健康的影响[J].中国人口科学,2011(3):26-33.

[115] 吕林,杨建辉,吕牧轩.不同养老模式对老年人心理健康状况影响调查分析[J].中国老年学杂志,2011(17):3344.

[116] 闫宇翔,董晶,李蔓,等.亚健康状态评价问卷(SHSQ-25)判定标准的制定[J].中国卫生统计,2011(3):256-259.

[117] 魏晋才,薛公伟,陈奇策.我国医疗卫生服务需求趋势的人口统计因素分析[J].中国卫生事业管理,2011,28(3):198-201.

[118] 王岗.太极拳:体认道德伦理的文化教场[J].南京体育学院学报(社会科学版),2011,25(1):22-27.

[119] 肖焕禹,李文川.都市老年人体育生活方式与健康相关生活质量的相关性研究[J].成都体育学院学报,2011,37(10):77-82.

[120] 张明妍,王大华,Power M,等.老年人重要社会支持的特点及其与老化态度的关系[J].心理科学,2011,34(2):441-446.

[121] 张文娣,丁宝坤.沈阳市社区居民自测健康状况及影响因素分析[J].中国医药指南,2011,9(15):9-12.

[122] 郑志丹.健康老龄化视野下我国老年体育发展对策研究[J].山东体育学院学报,2011,27(12):25-30.

[123] 姜娟.太极拳与健步走对老年人行走稳定性影响的比较研究[J].沈阳体育学院学报,2012,31(4):122-127.

[124] 李婷,吴红梅,杨茗,等.我国老年人健康自评状况相关社会经济因素的系统评价[J].环境与职业医学,2012,29(2):107-111.

[125] 邵月.老年人体育锻炼的科学指导和运动处方制定[J].中国老年学杂志,2012,32(12):5341-5344.

[126] 王俊杰,王培勇,徐坚,等.基于知识图谱的国外太极拳运动研究热点与演化分析[J].体育科学,2012,

32(10): 77-85.

[127] 王生锋,齐玉梅.中小城市老年人健康促进与自测健康的研究[J].现代预防医学,2012,39(21): 5574-5577.

[128] 周丽苹.老年人口健康评价与影响因素[J].社会工作,2012,27(5): 27-32.

[129] 杜鹏.中国老年人口健康状况分析[J].人口与经济,2013(6): 3-10.

[130] 杜舒婷,丁连明,王春霞,等.太极拳运动对慢性阻塞性肺疾病患者运动耐力及肺功能的影响[J].中国康复医学杂志,2013,28(4): 374-376.

[131] 高旭,孟宇.身体锻炼对中老年认知功能的影响:老化态度的中介作用[J].北京体育大学学报,2013,36(12): 93-99.

[132] 胡月,龚磊,陈福宽,等.农村老年人自评健康状况的影响因素分析[J].中国卫生统计,2013,30(2): 232-235.

[133] 姜娟,郭英杰,付彦铭,等.沈阳市老年人太极拳锻炼效果的诊断与测评标准的构建[J].沈阳体育学院学报,2013,32(6): 127-131.

[134] 毛丽红,万绍勇,朱健民.江西吉安市社区老年生活形态对健康完好自评的影响调查[J].卫生研究,2013,42(4): 674-678.

[135] 倪红莺,郑旭旭,王海州,等.太极拳:老年女性体适能健康促进[J].中国体育科技,2013,49(5): 99-102.

[136] 王秀红,黄文湧,杨敬源,等.农村老年人慢性病患病与健康自评的相关研究[J].中国现代医学杂志,2013,23(2): 100-104.

[137] 王秀红,黄文湧,杨敬源,等.贵州贫困农村地区老年人健康自评情况及影响因素分析[J].现代预防医学,2013,40(13): 2482-2486.

[138] 王林,淳再清.中国武术实施健康传播的理论逻辑与现实思路[J].武汉体育学院学报,2013,47(4): 62-67.

[139] 夏宇欣,周仁来,顾岱泉,等.三调松静对心理应激情境下思维活动与情绪反应的作用[J].中国临床心理学杂志,2013,21(1): 145-152.

[140] 徐雯洁,刘卫红,李萍.健康状态评价研究概述[J].北京中医药,2013,32(5): 395-400.

[141] 仲亚琴,高月霞,工健.不同社会经济地位老年人的健康公平研究[J].中国卫生经济,2013,32(12): 21-23.

[142] 张道鑫.老龄化社会背景下太极拳运动的当代价值[J].中华武术·研究,2013,2(4): 63-68.

[143] 艾斌,王硕,星旦二.老年人社会经济地位影响健康的作用机制[J].人口与经济,2014(2): 48-57.

[144] 杜新星,张明军,荀波,等.太极柔力球运动对围绝经期女性雌激素及骨代谢指标的影响[J].西安体育学院学报,2014,31(4): 459-463.

[145] 邓奎,杨栋,熊曼丽.不同运动处方对促进大学新生身高增长的研究[J].广州体育学院学报,2014,34(4): 97-100.

[146] 付泽建,亓德云,林可,等.城市居民退休前后社会适应能力变化趋势分析[J].中国公共卫生,2014,30(2): 155-159.

[147] 贡华南.体、本体与体道[J].社会科学,2014(7): 111-119.

[148] 巩存涛,王奕,胡良志,等.老年人生命质量与社会支持和家庭婚姻状况的相关性[J].医学与哲学,

2014,35(2):40-43.

[149] 李文静,杨琳.老年过程观:对积极老龄化的回应[J].学术交流,2014(6):44-149.

[150] 李潇.健康影响评价与城市规划[J].城市问题,2014(5):15-21.

[151] 李建新,李春华.城乡老年人口健康差异研究[J].人口学刊,2014,36(5):37-48.

[152] 李磊,施帆帆,张强,等.城市社区老年人社会支持现状及影响因素分析[J].中国卫生事业管理,2014,31(6):412-417.

[153] 李淑杏,陈长香.老年人健康维护的社会支持[J].医学与哲学,2014,35(7):41-46.

[154] 李剑忠.体育锻炼对老年人体质和自测健康水平的影响[J].中国老年学杂志,2014,34(8):4354-4355.

[155] 李文川.都市老年人社会支持与锻炼绩效的相关性[J].上海体育学院学报,2014,38(3):30-37.

[156] 王国军,徐培林,虞丽娟.功能内稳态理论与健康风险分级理念下的亚健康理论重构[J].体育学刊,2014,21(1):118-123.

[157] 王岗,刘帅兵.论太极拳技术的三大要素:螺旋、阴阳、归圆[J].体育成人教育学刊,2014,30(4):52-56.

[158] 魏文,闫斌.西安市老年人体质及社区体育状况调查[J].中国老年学杂志,2014,34(12):7056-7059.

[159] 于红妍,刘敏.国际体能训练研究现状、热点及前沿的可视化分析[J].成都体育学院学报,2014,40(10):79-84.

[160] 张东海.京津冀地区老年人自主参与羽毛球运动现状[J].中国老年学杂志,2014,34(6):1626-1627.

[161] 张小兰,骆宏,张欣,等.不同模型下成功老龄化影响因素的比较[J].浙江预防医学,2014(8):768-771.

[162] 张帆,王长生,叶志强.不同拉伸方式对股后肌群柔韧素质影响的对比试验研究[J].天津体育学院学报,2014,29(1):61-65.

[163] 张长思.对太极拳心理学效应实验研究的反思[J].山东体育科技,2014,36(6):90-94.

[164] 张轶丹.24式太极拳干预治疗失眠症60例的疗效观察[J].中国社区医师,2014,30(35):109-110.

[165] 周明,彭楠,黎春华,等.太极拳训练对老年人下肢骨骼肌肌力的影响趋势分析[J].中国康复医学杂志,2014,29(11):1050-1054.

[166] 艾斌,王硕,星旦二.老年人主观健康感觉与生存时间关系研究:以沈阳市城市老年人9年跟踪数据为中心[J].中国卫生统计,2015,32(5):875-879.

[167] 白思敏,谢慧玲.基于有序logistic回归的乌鲁木齐市≥65岁社区老年人自评健康影响因素分析[J].中国卫生事业管理,2015(2):96-100.

[168] 陈奕,钮美娥,韩燕霞,等.慢性阻塞性肺疾病患者开展运动疗法的研究进展[J].中华护理杂志,2015,50(5):603-607.

[169] 杜本峰,郭玉.中国老年人健康差异时空变化及其影响因素分析[J].中国公共卫生,2015,31(7):870-878.

[170] 部义峰,周武,赵刚,等.社会分层视域下中国居民体育参与、偏好与层化研究[J].中国体育科技,2015,51(5):78-84.

[171] 付文宁,柴云,刘冰.鄂西北地区老年人健康自评及其影响因素的有序Logistic回归分析[J].中国老年学杂志,2015,35(20):5922-5926.

[172] 郭振友,石武祥.基于新健康观指标体系的老年人健康公平性研究[J].中国卫生统计,2015,32(5)：741-745.

[173] 高亮,王莉华.基于人口学因素的老年人体育活动行为特征[J].上海体育学院学报,2015,39(6)：68-76.

[174] 高亮,王莉华.体育锻炼与老年人自评健康关系的调查研究[J].武汉体育学院学报,2015,49(8)：64-72.

[175] 胡明文.老年族群的运动参与程度与利益知觉之关系[J].上海体育学院学报,2015,39(5)：63-71.

[176] 姜向群,魏蒙,张文娟.中国老年人口的健康状况及影响因素研究[J].人口学刊,2015,37(2)：46-57.

[177] 刘文,焦佩.国际视野中的积极老龄化研究[J].中山大学学报(社会科学版),2015,55(1)：167-181.

[178] 芦鸿雁,王秀兰,靳修,等.西部地区宁夏城乡老年人健康自我评价的对比研究[J].现代预防医学,2015,42(15)：2767-2770.

[179] 吕韶钧.太极拳健康工程实施的核心内容[J].北京体育大学学报,2015,38(9)：15-21.

[180] 卢洋.练习太极拳是保持平衡的最佳运动[J].心血管疾病知识(科普版),2015(2)：57-58.

[181] 龙戈.太极拳健身的四个层次[J].搏击,2015(3)：58-59.

[182] 李建新,刘保中.健康变化对中国老年人自评生活质量的影响[J].人口与经济,2015(6)：1-11.

[183] 李幸,周乐山.老年人心理健康与运动处方干预[J].中国老年学杂志,2015,35(23)：6957-6960.

[184] 毛志帮,张玲莉,赖小勇,等.静态拉伸与下肢肌力锻炼在老年平衡能力中的意义[J].中国组织工程研究,2015,19(42)：6803-6810.

[185] 吴思英,林少炜,张巧辉,等.福州市社区居民亚健康状态及其影响因素分析[J].卫生研究,2015,44(5)：738-742.

[186] 王红英,翟英姿.上海市老年人休闲体育参与的现状调查与研究[J].沈阳体育学院学报,2015,34(1)：61-66.

[187] 王冬华,邓雪英,刘智群,等.长沙市社区老年人体育锻炼现状[J].中国老年学杂志,2015,35(9)：4976-4979.

[188] 张旭升,林卡."成功老龄化"理念及其政策含义[J].社会科学战线,2015(2)：185-191.

[189] 张林,林晓明,刘堃,等.社区慢性病老年人的健康状况及居家护理需求调查[J].现代预防医学,2015,42(14)：2561-2564.

[190] 郑淑媛.先秦儒道养心观之比较研究[J].中州学刊,2015(2)：117-121.

[191] 罗一民,孙菲,李君,等.辽宁省3129名成人的健康自评情况[J].现代预防医学,2016,43(4)：677-781.

[192] 罗会强,钱佳慧,吴侃,等.基于地区差异视角下的老年人自评健康影响因素分析[J].四川大学学报(医学版),2016,47(2)：248-252.

[193] 梁峻,郑蓉,孙灵芝.论健康的关键要素[J].中国中医基础医学杂志,2016,22(3)：365-368.

[194] 刘汝刚,李静静,王健.中国农村居民健康影响因素分析[J].中国公共卫生,2016,32(4)：488-493.

[195] 李蕾,孙菲,汤哲,等.老年人生活自理能力与健康自评的相关性研究[J].首都医科大学学报,2016,37(4)：513-519.

[196] 青连斌.我国养老服务业发展的现状与展望[J].中共福建省委党校学报,2016(3)：75-84.

[197] 齐玉玲,张秀敏,史秀欣,等.城市社区老年人社会支持现状及影响因素研究[J].中国全科医学,2016,

19(25): 3099-3103.

[198] 苏静静,张大庆.世界卫生组织健康定义的历史源流探究[J].中国科技史杂志,2016,37(4): 485-496.

[199] 孙玉华,王晓峰,张幸福.齐齐哈尔市老年人慢性病患病对健康自评的影响[J].中国老年学杂志,2016,36(8): 1994-1995.

[200] 邵威,朱欢,陈威,等.太极拳运动对稳定期慢性阻塞性肺疾病患者肺功能康复效果的Meta分析[J].中国康复医学杂志,2016,31(5): 558-563.

[201] 童红梅,楼玮群.老有所为:近期"生产性老龄化"研究回顾和启示[J].中国老年学杂志,2016,36(6): 1273-1277.

[202] 王学敏.老年人参与太极拳锻炼的心理效应研究[J].广州体育学院学报,2016,36(5): 108-112.

[203] 吴维东,任晓晖,李宁秀.成都市高新区老年人健康自评影响因素分析[J].现代预防医学,2016,43(10): 1801-1805.

[204] 吴燕.城镇化、老龄化、互联网和居民医疗支出对我国医疗卫生服务水平的影响分析[J].中国卫生经济,2016,35(1): 66-69.

[205] 向祖兵,王凯珍,李晓天.北京市居民睡眠、休闲久坐、体育锻炼时间投入与慢性病关系研究[J].西安体育学院学报,2016,33(5): 604-612.

[206] 杨琛,王秀华,谷灿,等.老年人健康综合评估量表研究现状及进展[J].中国全科医学,2016,19(9): 991-997.

[207] 钟森,汪文新,柴云,等.十堰市老年人自评健康状况及影响因素调查与路径分析[J].中国全科医学,2016,19(27): 3356-3361.

[208] 张云策,乔丹,魏芳,等.保定市老年人体育锻炼行为现状及相关因素分析[J].现代预防医学,2016,43(16): 2988-2992.

[209] 翟振武,陈佳鞠,李龙.中国人口老龄化的大趋势、新特点及相应养老政策[J].山东大学学报(哲学社会科学版),2016(3): 27-35.

[210] 陈栋,熊媛琦,赵华,等.国外体育教师研究计量可视化分析[J].武汉体育学院学报,2017,51(12): 80-87.

[211] 贾冕,王正珍,李博文.中医运动处方的起源与发展[J].体育科学,2017,37(10): 65-73.

[212] 李立峰,王洪彪.中国公共体育服务研究10年(2007—2016):热点、趋势与展望:基于CiteSpaceⅢ的可视化分析[J].沈阳体育学院学报,2017,36(3): 39-47.

[213] 陆杰华,郭冉.基于地区和社区视角下老年健康与不平等的实证分析[J].人口学刊,2017,39(2): 57-68.

[214] 罗盛,罗莉,张锦,等.城市社区不同生活自理能力老年人健康服务项目需求对应分析[J].中国卫生统计,2017,34(6): 953.

[215] 满江虹.中国居民社会认知与自感健康关系研究:体育参与的中介效应[J].武汉体育学院学报,2017,51(9): 95-101.

[216] 宋凯,韩金清.简析陈氏太极拳桥点的存在[J].运动,2017(6): 146-152.

[217] 王建珠,程英武,张旻,等.太极拳国内外研究进展[J].辽宁中医杂志,2017,44(9): 2001-2005.

[218] 王会儒,姚忆."传统养生体育+医疗+养老"的老年健康干预模式构建[J].中国体育科技,2017,53(3): 8-16.

[219] 吴志建,王竹影,宋彦李青.不同运动处方对2型糖尿病患者改善效果的Meta分析[J].中国体育科技,2017,53(1):73-82.

[220] 吴志建,王竹影,宋彦李青.我国肥胖青少年运动减肥效果的Meta分析[J].沈阳体育学院学报,2017,36(3):67-75.

[221] 中共中央办公厅,国务院办公厅.关于实施中华优秀传统文化传承发展工程的意见[J].中国勘察设计,2017(2):30-34.

[222] 张欣,赵亮.基于知识图谱的国内外排球领域研究现状及热点的可视化分析[J].北京体育大学学报,2017,40(10):113-119.

[223] 张婷,张岚.运动处方在外周动脉疾病患者中的应用与进展[J].介入放射学杂志,2017,26(6):568-572.

[224] 常朝阳.太极拳文化的儒家中庸思想表征研究[J].体育学研究,2018,22(2):6-10.

[225] 常佳,王莎莎,李爱娇,等.山东省日照市社区老年人体育锻炼现状及影响因素分析[J].现代预防医学,2018,45(3):496-501.

[226] 洪都,徐军,林梅,等.简化太极拳运动对减轻社区老年人害怕跌倒的效果研究[J].中华护理杂志,2018,53(10):1224-1230.

[227] 金玉柱,李丽,张再林.中国武术"以屈求伸"之身道及其意象表达[J].沈阳体育学院报,2018,37(1):125-131.

[228] 姜娟,刘志华,孙爱平,等.太极拳助力健康中国建设的科学支撑与路径研究[J].沈阳体育学院学报,2018,37(4):126-133.

[229] 李小芬,许佳慧.国内外体育舞蹈研究进展分析:基于科学知识图谱的可视化研究[J].北京体育大学学报,2018,41(4):89-97.

[230] 李捷,王凯珍.京津冀地区城市老年居民体育锻炼参与现状研究[J].首都体育学院学报,2018,30(3):226-231.

[231] 李宏伟,黄国强."体医结合"智能化运动处方干预社区临界高血压人群实验研究[J].武汉体育学院学报,2018,52(8):90-96.

[232] 毛立伟,陆甘,王磊.有氧运动联合低水平抗阻训练对老年慢性阻塞性肺病患者肺功能与运动能力影响的观察[J].中国康复医学杂志,2018,33(8):928-933.

[233] 潘怡,王振兴,闵婕,等.24式简化太极拳在慢性阻塞性肺疾病稳定期肺康复中的疗效评价[J].中国康复医学杂志,2018,33(6):681-686.

[234] 邱亚娟,龙晓东,罗洪,等.太极拳对老年慢性阻塞性肺病患者肺功能和体力状况的影响[J].中国老年学杂志,2018,38(1):151-153.

[235] 沈以昕,朱冬奇,牛文鑫.太极拳的平衡维持作用及其生物力学研究进展[J].医用生物力学,2018,33(4):372-378.

[236] 孙霞,高源,韩秋风.泰安市老年人健康状况及影响因素研究[J].护理研究,2018,32(24):3880-3884.

[237] 王梅,王晶晶,范超群.体质内涵与健康促进关系研究[J].体育学研究,2018,1(5):23-32.

[238] 王莉华,高亮.城市社区老年人社会健康现状及其影响因素[J].中国老年学杂志,2018,38(1):197-198.

[239] 吴志建,王竹影,胡冰倩,等.运动锻炼对淋巴细胞及亚群、细胞因子影响的Meta分析[J].武汉体育学

院学报,2018,52(11):70-76.

[240] 吴琼,陈礼龙,陈元菁,等.重复肺康复训练改善慢性阻塞性肺病患者运动能力的效果观察[J].中华保健医学杂志,2018,20(2):141-143.

[241] 吴小彩.健康中国背景下城市推广应用运动处方实践探讨[J].四川理工学院学报(社会科学版),2018,33(5):17-29.

[242] 杨亮斌,郭玉成,史海阳.近20年中美太极拳与健康促进研究的对比分析[J].体育科学,2018,38(4):73-85.

[243] 杨建营.深陷困境的中华武术的发展之路:邱丕相教授学术对话录[J].体育与科学,2018,39(4):18-26.

[244] 张长念,刘世海.太极拳:中国文化的道家哲学[J].南京体育学院学报,2018,1(8):73-82.

[245] 张志雷,朱东.近15年太极拳健康促进的研究热点:基于PubMed数据库分析[J].中国康复理论与实践,2018,24(10):1215-1223.

[246] 赵蓉英,余波.国际数据挖掘研究热点与前沿可视化分析[J].现代情报,2018,38(6):128-137.

[247] 朱正安,王爱民,孙厦厦.太极拳对COPD患者康复疗效的研究进展[J].上海护理,2018,18(3):54-57.

[248] 陈远莉,李继军.基于大卫生大健康理念下的高等中医院校"体医"联动发展路径探索[J].中国卫生事业管理,2019,36(9):641-645.

[249] 傅海燕,张沫飞.楚庄王止戈为武[J].前线,2019(3):84-86.

[250] 高亮,麻晨俊,张道鑫,等.中国武术阴阳思想探析[J].体育学研究,2019,2(2):23-30.

[251] 郭晨,任弘,曹宝山,等.运动处方在癌症患者群体中应用的研究进展[J].中国全科医学杂志,2019(1):1-6.

[252] 廖其发.新中国70年义务教育的发展历程与成就[J].西南大学学报(社会科学版),2019,45(5):5-15.

[253] 李璟圆,梁辰,高璨,等.体医融合的内涵与路径研究:以运动处方门诊为例[J].体育科学,2019,39(7):23-32.

[254] 孙悦婉,王冬梅,王玮,等.老年人骨质疏松运动预防策略研究进展[J].中国生物医学工程学报,2019,38(2):233-240.

[255] 肖剑,邹克宁,李小兰.大健康视野下老年功能性力量评估:以武汉市老年太极人群为例[J].武汉体育学院学报,2019,53(2):74-81.

[256] 王岗,陈保学.中国武术美学精神论略[J].上海体育学院学报,2019,43(2):103-110.

[257] 王富百慧,谭雁潇.我国老年人体育锻炼的队列分化机制研究:基于个体、家庭和社会网络支持的视角[J].中国体育科技,2019,55(10):22-32.

[258] 王璇,王丽敏,王志会,等.我国老年人自评健康现状及影响因素分析[J].中国慢性病预防与控制,2019,27(6):406-411.

[259] 吴志建,王竹影,宋彦李青,等.运动锻炼干预对我国中老年女性骨密度影响的Meta分析[J].首都体育学院学报,2019,31(1):91-96.

[260] 杨建营,韩衍顺.以字源为逻辑起点的中华武德内涵解析[J].武汉体育学院学报,2019,53(8):55-61.

[261] 杨凡,潘越,邹泽宇.中国老年人体育锻炼状况及影响因素研究[J].中国体育科技,2019,55

(10): 10-21.

[262] 张春峰.论太极拳中的中国艺术元素[J].武术研究,2019,4(1): 29-32.

[263] 曾令烽,杨伟毅,梁桂洪,等.传统太极功法干预对改善骨密度流失疗效及安全性的系统评价[J].中国组织工程研究,2019,23(27): 4420-4428.

[264] 郑娟,许建强,卓朗,等.健康状况对老年人居家养老服务需求的影响[J].中国公共卫生,2019(2): 4.

[265] 高亮,王岗,张道鑫.太极拳健康智慧论绎[J].上海体育学院学报,2020,44(7): 54-60.

[266] 杨晗,李涓,徐桂兴,等.国际近15年太极拳研究的文献计量及可视化分析[J].中国康复医学杂志,2020,35(3): 327-333.

[267] 朱为模.运动处方的过去、现在与未来[J].体育科研,2020,41(1): 1-18.

[268] 张选惠,温佐惠,吴昕,等.太极拳概说[J].成都体育学院学报,1984(4): 25-37.

[269] 毛光骅.太极拳源流小考[J].天津中医学院学报,1987(1): 3-5.

[270] 严海辉.心理健康与心理健康评价标准[J].教育探索,2001(7): 65-67.

[271] 王若愚.心理健康新标准[J].心理世界,2006(11): 53.

[272] 戴秀英.全社会要重视老年人的心理健康[J].宁夏社会科学,2000(2): 40-42.

[273] 樊炳有.辨识体育与健康的本质联系[J].天津体育学院学报,2002(1): 68-70.

期刊论文(英文):

[1] Weissman M M, Bothwell S. Assessment of social adjustment by patient self-report[J]. Archives of General Psychiatry, 1976, 33(9): 1111-1115.

[2] McFarlane A H, Neale K A, Norman G R, et al. Methodological issues in developing a scale to measure social support[J]. Schizophrenia Bulletin, 1981, 7(1): 90-100.

[3] Sarason I G, Levine H M, Basham R B, et al. Assessing social support: The Social Support Questionnaire[J]. Journal of Personality and Social Psychology, 1983, 44(1): 127-139.

[4] Anderson K H, Burkhauser R V. The retirement-health nexus: a new measure of an old puzzle[J]. The Journal of Human Resources, 1985, 20(3): 315.

[5] Reynolds W M. Measurement of academic self-concept in college students[J]. J Pers Assess, 1988 (52): 223-240.

[6] Kaplan D T, Furman M I, Pincus S M, et al. Aging and the complexity of cardiovascular dynamics[J]. Biophysical Journal, 1991, 59(4): 945-949.

[7] Hooker K, Siegler I C. Separating apples from oranges in health ratings: perceived health includes psychological well-being[J]. Behavior, Health, and Aging, 1992(2): 81-92.

[8] Larson J S. The measurement of social well-being[J]. Social Indicators Research, 1993, 28(3): 285-296.

[9] MacKinnon L T. Current challenges and future expectations in exercise immunology: back to the future [J]. Medicine & Science in Sports & Exercise, 1994, 26(2): 191-194.

[10] Ginaldi L, De Martinis M, D'Ostilio A, et al. The immune system in the elderly[J]. Immunologic Research, 1999, 20(3): 117-126.

[11] McGee D L, Liao Y L, Cao G C, et al. Self-reported health status and mortality in a multiethnic US

cohort[J]. American Journal of Epidemiology, 1999, 149(1): 41-46.

[12] Pikkujämsä S M, Mäkikallio T H, Sourander L B, et al. Cardiac interbeat interval dynamics from childhood to senescence: comparison of conventional and new measures based on fractals and chaos theory[J]. Circulation, 1999, 100(4): 393-399.

[13] Wong A M, Lin Y C, Chou S W, et al. Coordination exercise and postural stability in elderly people: effect of Tai Chi Chuan[J]. Archives of Physical Medicine and Rehabilitation, 2001, 82(5): 608-612.

[14] Lan C, Lai J S, Chen S Y. Tai Chi Chuan[J]. Sports Medicine, 2002, 32(4): 217-224.

[15] Tsai J C, Wang W H, Chan P, et al. The beneficial effects of Tai Chi Chuan on blood pressure and lipid profile and anxiety status in a randomized controlled trial [J]. Journal of Alternative and Complementary Medicine, 2003, 9(5): 747-754.

[16] Chan K M, Qin L, Lau M, et al. A randomized, prospective study of the effects of Tai Chi Chuan exercise on bone mineral density in postmenopausal women[J]. Archives of Physical Medicine and Rehabilitation, 2004, 85(5): 717-722.

[17] Idler E, Leventhal H, McLaughlin J, et al. In sickness but not in health: self-ratings, identity, and mortality[J]. Journal of Health and Social Behavior, 2004, 45(3): 336-356.

[18] Li F Z, Harmer P, Fisher K J, et al. Tai Chi: improving functional balance and predicting subsequent falls in older persons[J]. Medicine and Science in Sports and Exercise, 2004, 36(12): 2046-2052.

[19] Mezey M, Kobayashi M, Grossman S, et al. Nurses Improving Care to Health System Elders (NICHE): implementation of best practice models[J]. The Journal of Nursing Administration, 2004, 34(10): 451-457.

[20] Stel V S, Smit J H, Pluijm S M F, et al. Consequences of falling in older men and women and risk factors for health service use and functional decline[J]. Age and Ageing, 2004, 33(1): 58-65.

[21] Tsang W W, Hui-Chan C W. Effects of exercise on joint sense and balance in elderly men: Tai Chi versus golf[J]. Medicine and Science in Sports and Exercise, 2004, 36(4): 658-667.

[22] Xu D, Hong Y, Li J, et al. Effect of Tai Chi exercise on proprioception of ankle and knee joints in old people[J]. British Journal of Sports Medicine, 2004, 38(1): 50-54.

[23] Xu D Q, Li J X, Hong Y. Effects of long term Tai Chi practice and jogging exercise on muscle strength and endurance in older people[J]. British Journal of Sports Medicine, 2006, 40(1): 50-54.

[24] Burge R, Dawson-Hughes B, Solomon D H, et al. Incidence and economic burden of osteoporosis-related fractures in the United States, 2005-2025[J]. Journal of Bone and Mineral Research, 2007, 22(3): 465-475.

[25] Gatts S K, Woollacott M H. How Tai Chi improves balance: biomechanics of recovery to a walking slip in impaired seniors[J]. Gait and Posture, 2007, 25(2): 205-214.

[26] Li J X, Xu D Q, Hong Y. Effects of 16-week Tai Chi intervention on postural stability and proprioception of knee and ankle in older people[J]. Age Ageing, 2008, 37(5): 575-578.

[27] Puhan M A, Mador M J, Held U, et al. Interpretation of treatment changes in 6-minute walk distance in patients with COPD[J]. The European Respiratory Journal, 2008, 32(3): 637-643.

[28] WHO. Preamble to the Constitution of the World Health Organization[J]. International Organization,

1947, 1(1): 225.

[29] Corbin C B. Helping clients understand national physical activity guidelines[J]. ACSM'S Health & Fitness Journal, 2009, 13(5): 17-22.

[30] Lam L C, Tam C W, Lui V W, et al. Modality of physical exercise and cognitive function in Hong Kong older Chinese community[J]. International Journal of Geriatric Psychiatry, 2009, 24(1): 48-53.

[31] Marsh A P, Miller M E, Rejeski W J, et al. Lower extremity muscle function after strength or power training in older adults[J]. Journal of Aging and Physical Activity, 2009, 17(4): 416-443.

[32] Yeh G Y, Wang C, Wayne P M, et al. Tai Chi exercise for patients with cardiovascular conditions and risk factors: a systematic review[J]. Journal of Cardiopulmonary Rehabilitation and Prevention, 2009, 29(3): 152-160.

[33] Chyu M C, James C R, Sawyer S F, et al. Effects of Tai Chi exercise on posturography, gait, physical function and quality of life in postmenopausal women with osteopaenia: a randomized clinical study[J]. Clinical Rehabilitation, 2010, 24(12): 1080-1090.

[34] Lee L Y, Lee D T, Woo J. The psychosocial effect of Tai Chi on nursing home residents[J]. Journal of Clinical Nursing, 2010, 19(7/8): 927-938.

[35] Lelard T, Doutrellot P L, David P, et al. Effects of a 12-week Tai Chi Chuan program versus a balance training program on postural control and walking ability in older people[J]. Archives of Physical Medicine and Rehabilitation, 2010, 91(1): 9-14.

[36] Logghe I H J, Verhagen A P, Rademaker A C H J, et al. The effects of Tai Chi on fall prevention, fear of falling and balance in older people: a Meta-analysis[J]. Preventive Medicine, 2010, 51(3/4): 222-227.

[37] Taylor-Piliae R E, Newell K A, Cherin R, et al. Effects of Tai Chi and Western exercise on physical and cognitive functioning in healthy community-dwelling older adults[J]. Journal of Aging and Physical Activity, 2010, 18(3): 261-279.

[38] Blake H, Hawley H. Effects of Tai Chi exercise on physical and psychological health of older people[J]. Current Aging Science, 2012, 5(1): 19-27.

[39] Chan C L W, Wang C W, Ho R T H, et al. A systematic review of the effectiveness of Qigong exercise in supportive cancer care[J]. Supportive Care in Cancer, 2012, 20(6): 1121-1133.

[40] Li F, Harmer P, Fitzgerald K, et al. Tai Chi and postural stability in patients with Parkinson's disease[J]. The New England Journal of Medicine, 2012, 366(6): 511-519.

[41] Wayne P M, Kiel D P, Buring J E, et al. Impact of Tai Chi exercise on multiple fracture-related risk factors in post-menopausal osteopenic women: a pilot pragmatic, randomized trial[J]. BMC Complementary and Alternative Medicine, 2012, 12: 7.

[42] Yu D H, Yang H X. The effect of Tai Chi intervention on balance in older males[J]. Journal of Sport and Health Science, 2012, 1(1): 57-60.

[43] Bolam K A, Uffelen J G Z, Taaffe D R. The effect of physical exercise on bone density in middle-aged and older men: a systematic review[J]. Osteoporosis International, 2013, 24(11): 2749-2762.

[44] Lu X, Hui-Chan C W, Tsang W W. Tai Chi, arterial compliance, and muscle strength in older adults

[J]. European Journal of Preventive Cardiology, 2013, 20(4): 613-619.

[45] Tsang W W. Tai Chi training is effective in reducing balance impairments and falls in patients with Parkinson's disease[J]. Journal of Physiotherapy, 2013, 59(1): 55.

[46] Ding M, Zhang W, Li K, et al. Effectiveness of T'ai Chi and Qigong on chronic obstructive pulmonary disease: a systematic review and Meta-analysis[J]. Journal of Alternative and Complementary Medicine, 2014, 20(2): 79-86.

[47] Miller S M, Taylor-Piliae R E. Effects of Tai Chi on cognitive function in community-dwelling older adults: a review[J]. Geriatric Nursing, 2014, 35(1): 9-19.

[48] Ng B H, Tsang H W, Ng B F, et al. Traditional Chinese exercises for pulmonary rehabilitation: evidence from a systematic review[J]. Journal of Cardiopulmonary Rehabilitation and Prevention, 2014, 34(6): 367-377.

[49] Wu W, Liu X, Wang L, et al. Effects of Tai Chi on exercise capacity and health-related quality of life in patients with chronic obstructive pulmonary disease: a systematic review and Meta-analysis[J]. International Journal of Chronic Obstructive Pulmonary Disease, 2014, 9: 1253-1263.

[50] Chang Y T, Huang C F, Chang J H. The effect of Tai Chi Chuan on obstacle crossing strategy in older adults[J]. Research in Sports Medicine, 2015, 23(3): 315-329.

[51] Chan W C, Fai Yeung J W, Man Wong C S, et al. Efficacy of physical exercise in preventing falls in older adults with cognitive impairment: a systematic review and Meta-analysis[J]. Journal of the American Medical Directors Association, 2015, 16(2): 149-154.

[52] Carroll J E, Seeman T E, Olmstead R, et al. Improved sleep quality in older adults with insomnia reduces biomarkers of disease risk: pilot results from a randomized controlled comparative efficacy trial [J]. Psychoneuro endocrinology, 2015, 55: 184-192.

[53] Moy M L, Wayne P M, Litrownik D, et al. Long-term Exercise After Pulmonary Rehabilitation (LEAP): design and rationale of a randomized controlled trial of Tai Chi[J]. Contemporary Clinical Trials, 2015, 45: 458-467.

[54] Rahal M A, Alonso A C, Andrusaitis F R, et al. Analysis of static and dynamic balance in healthy elderly practitioners of Tai Chi Chuan versus ballroom dancing[J]. Clinics, 2015, 70(3): 157-161.

[55] Sun J, Buys N. Community-based mind-body meditative Tai Chi program and its effects on improvement of blood pressure, weight, renal function, serum lipoprotein, and quality of life in Chinese adults with hypertension[J]. The American Journal of Cardiology, 2015, 116(7): 1076-1081.

[56] Chan A W, Yu D S, Choi K C, et al. Tai Chi Qigong as a means to improve night-time sleep quality among older adults with cognitive impairment: a pilot randomized controlled trial [J]. Clinical Interventions in Aging, 2016, 11: 1277-1286.

[57] Fu J J, Min J, Yu P M, et al. Study design for a randomised controlled trial to explore the modality and mechanism of Tai Chi in the pulmonary rehabilitation of chronic obstructive pulmonary disease[J]. BMJ Open, 2016, 6(8): e011297.

[58] Guo J B, Chen B L, Lu Y M, et al. Tai Chi for improving cardiopulmonary function and quality of life in patients with chronic obstructive pulmonary disease: a systematic review and Meta-analysis[J].

Clinical Rehabilitation, 2016, 30(8): 750-764.

[59] Kim T H M, Pascual-Leone J, Johnson J, et al. The mental-attention Tai Chi effect with older adults [J]. BMC Psychology, 2016, 4(1): 1-15.

[60] Sun Z, Chen H, Berger M R, et al. Effects of Tai Chi exercise on bone health in perimenopausal and postmenopausal women: a systematic review and Meta-analysis[J]. Osteoporosis International, 2016, 27(10): 2901-2911.

[61] Xu J, Lombardi G, Jiao W, et al. Effects of exercise on bone status in female subjects, from young girls to postmenopausal women: an overview of systematic reviews and Meta-analyses[J]. Sports Medicine (Auckland, N Z), 2016, 46(8): 1165-1182.

[62] Huang Z G, Feng Y H, Li Y H, et al. Systematic review and Meta-analysis: Tai Chi for preventing falls in older adults[J]. BMJ Open, 2017, 7(2): 13661.

[63] Siu K C, Padilla C, Rajaram S S. The interrelationship between balance, Tai Chi and depression in Latino older adults[J]. Aging Clinical and Experimental Research, 2017, 29(3): 395-401.

[64] Goldstein R S. Tai Chi is not equivalent to pulmonary rehabilitation[J]. Chest, 2018, 154(3): 732-733.

[65] Hilfiker R, Meichtry A, Eicher M, et al. Exercise and other non-pharmaceutical interventions for cancer-related fatigue in patients during or after cancer treatment: a systematic review incorporating an indirect-comparisons Meta-analysis[J]. British Journal of Sports Medicine, 2018, 52(10): 651-658.

[66] Siu M Y, Lee D T F. Effects of Tai Chi on cognition and instrumental activities of daily living in community dwelling older people with mild cognitive impairment[J]. BMC Geriatrics, 2018, 18(1): 37.

[67] Wayne P M, Lee M S, Novakowski J, et al. Tai Chi and Qigong for cancer-related symptoms and quality of life: a systematic review and Meta-analysis[J]. Journal of Cancer Survivorship, 2018, 12(2): 256-267.

[68] Wang L H, Wu K L, Chen X D, et al. The effects of Tai Chi on lung function, exercise capacity and health related quality of life for patients with chronic obstructive pulmonary disease: a pilot study[J]. Heart, Lung and Circulation, 2019, 28(8): 1206-1212.

[69] Zhou M, Liao H J, Sreepada L P, et al. Tai Chi improves brain metabolism and muscle energetics in older adults[J]. Journal of Neuroimaging, 2018, 28(4): 359-364.

[70] Li F, Harmer P, Eckstrom E, et al. Effectiveness of Tai Ji Quan vs multimodal and stretching exercise interventions for reducing injurious falls in older adults at high risk of falling: follow-up analysis of a randomized clinical trial[J]. JAMA Network Open, 2019, 2(2): e188280.

[71] Liao S, Chong M, Tan M, et al. Tai Chi with music improves quality of life among community-dwelling older persons with mild to moderate depressive symptoms: a cluster randomized controlled trial[J]. Geriatric Nursing, 2019, 40(2): 154-159.

[72] Ma Y, Wu C W, Peng C K, et al. Complexity-based measures of heart rate dynamics in older adults following long- and short-term Tai Chi training: cross-sectional and randomized trial studies[J]. Scientific Reports, 2019, 9(1): 7500.

[73] Zou L, Han J, Li C, et al. Effects of Tai Chi on lower limb proprioception in adults aged over 55: a systematic review and Meta-analysis[J]. Arch Phys Med Rehabil, 2019, 100(6): 1102-1113.

电子文献(中文):

[1] 联合国世界卫生组织对年龄的划分标准[EB/OL]. (2012-12-19)[2019-08-05]. http://wenku.baidu.com/view/723e1daf0029 bd64783e2cfc.html.

[2] 美国:中国太极比传统拉伸对健康更有益[EB/OL]. (2009-03-06)[2010-08-09]. http://health.huanqiu.com/health_news/2010-08/1027619.html.

[3] 谢宇,王军朋.有氧运动对免疫系统和自身免疫病影响的研究进展[J/OL]. (2017-01-30)[2019-09-22].生理学报, https://doi.org/10.13294/j.aps.2019.0062.

[4] 人民网.关于老年人心理健康问题的有关建议[EB/OL]. (2015-05-07)[2020-08-08]. http://cp-pcc.people.com.cn.

[5] 河南中公教育.2020国考面试热点:养老蓝海需持续探索、规范发展[EB/OL]. (2018-07-06)[2020-02-16]. http://he.offcn.com/html/2020/02/153571.html.

[6] 浙江省体育局.国务院印发《国务院关于实施健康中国行动的意见》[EB/OL]. (2019-06-25)[2020-09-10]. http://www.sport.gov.cn/n316/n338/c917611/content.html.

[7] 胡琳琼.浅谈体育锻炼对老年人心理健康的影响[EB/OL].(2018-07-17)[2019-12-29]. http://www.jxltx.cn/kpxc/kylw/201912/t20191227_1500847.htm

报纸文章(中、英文):

[1] 陈正雷,张梦颖.太极拳:中国文化和哲学之所在[N].中国社会科学报,2017-07-13(2).

[2] Reynolds G. What are the benefits of Tai Chi? [N]. The New York Time, 2018-05-06(8).

[3] 《中国家庭健康大数据报告(2018)》发布[N].中医药报,2018-12-24(2).

[4] 王岗,金涛,赵海涛.愈后康复可以打打太极[N].光明日报,2020-05-17(6).

报告(中文)

[1] 全国老龄工作委员会办公室.2009年度中国老龄事业发展统计公报[R].北京:全国老龄工作委员会办公室,2010:1-2.

[2] 智研咨询集团.2020—2026年中国养老产业市场研究及发展趋势研究报告[R].智研咨询集团,2017.

附　录

附录一　老年人太极拳锻炼情况调查表

您好！本次调查的目的是"**了解太极拳习练对老年人身体状况的影响**"。您所填写的内容仅被用作学术研究，请在您觉得合适的选项上打"√"。我们对您填写的内容严格保密。

1. 您的性别：

 A. 男　　　　　　　　　　　　　　　B. 女

2. 您的年龄：_____

3. 您的最高学历是：

 A. 小学及以下　　　　　　　　　　　B. 初中

 C. 高中(含中专)　　　　　　　　　　D. 大学(含大专)及以上

4. 您以前从事的职业：

 A. 工人　　　　　　　　　　　　　　B. 农民

 C. 公务员　　　　　　　　　　　　　D. 个体职业者

 E. 无职业者　　　　　　　　　　　　F. 其他

5. 您对您目前的经济收入：

 A. 非常满意　　　　　　　　　　　　B. 满意

 C. 一般　　　　　　　　　　　　　　D. 不满意

 E. 非常不满意

6. 您的情况属于下列选项中的哪一个：

 A. 夫妻双方健在，与子女同住　　　　B. 夫妻双方健在，未与子女同住

 C. 单身，与子女同住　　　　　　　　D. 单身，未与子女同住

 E. 其他

7. 您有无以下常见的老年疾病(可多选)：

 A. 高血压　　　　　　　　　　　　　B. 糖尿病

 C. 高血脂　　　　　　　　　　　　　D. 其他

 E. 无

8. 您感觉您目前自身的健康状况是：
   A. 差
   B. 较差
   C. 一般
   D. 较好
   E. 好

9. 您学习太极拳的主要途径是：
   A. 跟朋友学
   B. 跟书籍或光盘学
   C. 跟辅导班或社区组织学
   D. 其他

10. 您习练太极拳的年限：
    A. 1 年以下
    B. 1～5 年(不包含 5 年)
    C. 5～10 年(不包含 10 年)
    D. 10 年及以上

11. 您每周习练太极拳的次数：
    A. 1～2 次
    B. 3～4 次
    C. 5～6 次
    D. 7 次及以上

12. 您每次习练太极拳的时长：
    A. 30 分钟及以下
    B. 31～45 分钟
    C. 46～60 分钟
    D. 超过 60 分钟

13. 您每次习练太极拳的感觉：
    A. 全身微热
    B. 微微出汗
    C. 出汗较多
    D. 出大汗

14. 您习练太极拳的主要方式：
    A. 自己个人练
    B. 跟亲戚或朋友一起练
    C. 跟协会或社区组织练
    D. 其他

15. 您所习练的太极拳的主要类型有(可多选)：
    A. 24 式太极拳
    B. 42 式太极拳
    C. 孙式太极拳
    D. 杨式太极拳
    E. 吴式太极拳
    F. 武式太极拳
    G. 陈式太极拳
    H. 其他

16. 您习练太极拳时能做到(可多选)：
    A. 心静,全神贯注地投入打太极拳中
    B. 身正,头始终随着身体方向的变换而变换
    C. 胸含、肩松、肘沉
    D. 动作匀速,连绵不断
    E. 上下相随,内外合一,动静结合

17. 与参与太极拳习练之前相比,您觉得参与太极拳习练后健康状况的变化有(可多选)：
    A. 没有变化
    B. 食欲提高

C. 睡眠改善　　　　　　　　D. 腿脚灵活
E. 免疫力提高　　　　　　　F. 乐观开朗
H. 乐于交流

附录二　老年人体育锻炼情况调查表

您好！本次调查的目的是**"体育锻炼对老年人身体状况的影响"**。请在您觉得合适的选项上打"√"。我们对您填写的内容严格保密。

1. **您的性别：**
   A. 男　　　　　　　　　　　B. 女
2. **您的年龄：** ＿＿＿＿＿＿＿＿
3. **您的最高学历是：**
   A. 小学及以下　　　　　　　B. 初中
   C. 高中(含中专)　　　　　　D. 大学(含大专)及以上
4. **您以前所从事的职业是：**
   A. 工人　　　　　　　　　　B. 农民
   C. 公务员　　　　　　　　　D. 个体职业者
   E. 无职业者　　　　　　　　F. 其他
5. **您对您目前的经济收入：**
   A. 非常满意　　　　　　　　B. 满意
   C. 一般　　　　　　　　　　D. 不满意
   E. 非常不满意
6. **您的情况属于下列选项中的哪一个：**
   A. 夫妻双方健在,与子女同住
   B. 夫妻双方健在,未与子女同住
   C. 单身,与子女同住
   D. 单身,未与子女同住
7. **您有无以下常见的老年疾病(可多选)：**
   A. 高血压　　　　　　　　　B. 糖尿病
   C. 高血脂　　　　　　　　　D. 无
8. **您感觉您目前自身的健康状况是：**
   A. 差　　　　　　　　　　　B. 较差
   C. 一般　　　　　　　　　　D. 较好

E. 好

9. 您参加体育锻炼吗?

　　A. 锻炼　　　　　　　　　　　B. 不锻炼

※如果您在第9题中回答"参加",请继续回答以下第10～15题;若回答"不参加",以下第10～15题则无须继续填写!

10. 您参加体育锻炼的主要项目:

　　A. 太极拳　　　　　　　　　　B. 健身气功

　　C. 广场舞　　　　　　　　　　D. 健身操

　　E. 其他

11. 您坚持参加体育锻炼的年限:

　　A. 1年以下　　　　　　　　　 B. 1～5年(不包含5年)

　　C. 5～10年(不包含10年)　　　 D. 10年及以上

12. 您每周体育锻炼的次数:

　　A. 1～2次　　　　　　　　　　B. 3～4次

　　C. 5～6次　　　　　　　　　　D. 7次及以上

13. 您每次体育锻炼的时长:

　　A. 30分钟及以下　　　　　　　B. 31～45分钟

　　C. 46～60分钟　　　　　　　　D. 超过60分钟

14. 您每次体育锻炼的感觉:

　　A. 全身微热　　　　　　　　　B. 微微出汗

　　C. 出汗较多　　　　　　　　　D. 出大汗

15. 您喜欢的体育锻炼的方式:

　　A. 自己个人练

　　B. 跟亲戚朋友一起练

　　C. 跟协会或社区组织练

附录三　自测健康量表

本量表由48个问题组成,问的都是您过去**四周内**的有关情况。**每个问题后面有一个划分为10个档次的评分等级**,请逐条在您认为适当的位置以"✓"号在标尺上标记。(请注意每个标尺上只能画上一个"✓"号)

例如:您的睡眠怎么样?

　　非常差 0——1——2——3——4——5̸——6——7——8——9——10 非常好

0：表示睡眠非常差；10：表示睡眠非常好；0~10 之间，越靠近 0 表明睡眠越差，越靠近 10 表明睡眠越好；图例标出的本答案的位置（✓的位置）：5 表示睡眠一般。

下面请您逐条阅读并认真回答，谢谢您的参与！

1　您的视力怎么样？
　　非常差 0——1——2——3——4——5——6——7——8——9——10 非常好

2　您的听力怎么样？
　　非常差 0——1——2——3——4——5——6——7——8——9——10 非常好

3　您的食欲怎么样？
　　非常差 0——1——2——3——4——5——6——7——8——9——10 非常好

4　您的胃肠部经常不适（如腹胀、拉肚子、便秘等）吗？
　　从来没有 0——1——2——3——4——5——6——7——8——9——10 一直有

5　您容易感到累吗？
　　非常不容易 0——1——2——3——4——5——6——7——8——9——10 非常容易

6　您的睡眠怎么样？
　　非常差 0——1——2——3——4——5——6——7——8——9——10 非常好

7　您的身体有不同程度的疼痛吗？
　　根本不疼痛 0——1——2——3——4——5——6——7——8——9——10 非常疼痛

8　您自己穿衣服有困难吗？
　　根本不能 0——1——2——3——4——5——6——7——8——9——10 无任何困难

9　您自己梳洗有困难吗？
　　根本不能 0——1——2——3——4——5——6——7——8——9——10 无任何困难

10　您承担日常的家务劳动有困难吗？
　　根本不能 0——1——2——3——4——5——6——7——8——9——10 无任何困难

11　您能独自上街购买一般物品吗？
　　根本不能 0——1——2——3——4——5——6——7——8——9——10 无任何困难

12　您自己吃饭有困难吗？
　　根本不能 0——1——2——3——4——5——6——7——8——9——10 无任何困难

13　您弯腰、屈膝有困难吗？
　　根本不能 0——1——2——3——4——5——6——7——8——9——10 无任何困难

14　您上下楼梯（至少一层楼梯）有困难吗？
　　根本不能 0——1——2——3——4——5——6——7——8——9——10 无任何困难

15　您步行半里路有困难吗？
　　根本不能 0——1——2——3——4——5——6——7——8——9——10 无任何困难

16　您步行三里路有困难吗？
　　根本不能 0——1——2——3——4——5——6——7——8——9——10 无任何困难

17　您参加能量消耗较大的活动(如剧烈的体育锻炼、田间体力劳动、搬重物移动等)有困难吗?

　　根本不能 0——1——2——3——4——5——6——7——8——9——10 无任何困难

18　与您的同龄人相比,从总体上说,您认为自己的身体健康状况如何?

　　非常差 0——1——2——3——4——5——6——7——8——9——10 非常好

19　您对未来乐观吗?

　　非常不乐观 0——1——2——3——4——5——6——7——8——9——10 非常乐观

20　您对目前的生活状况满意吗?

　　非常不满意 0——1——2——3——4——5——6——7——8——9——10 非常满意

21　您对自己有信心吗?

　　根本没信心 0——1——2——3——4——5——6——7——8——9——10 非常有信心

22　您对自己的日常生活环境感到安全吗?

　　根本不安全 0——1——2——3——4——5——6——7——8——9——10 非常安全

23　您有幸福的感觉吗?

　　从来没有 0——1——2——3——4——5——6——7——8——9——10 一直有

24　您感到精神紧张吗?

　　根本不紧张 0——1——2——3——4——5——6——7——8——9——10 非常紧张

25　您感到心情不好、情绪低落吗?

　　从来没有 0——1——2——3——4——5——6——7——8——9——10 一直有

26　您会毫无理由地感到害怕吗?

　　从来没有 0——1——2——3——4——5——6——7——8——9——10 一直有

27　您对做过的事情经反复确认才放心吗?

　　从来没有 0——1——2——3——4——5——6——7——8——9——10 一直有

28　与别人在一起时,您也感到孤独吗?

　　从来没有 0——1——2——3——4——5——6——7——8——9——10 一直有

29　您感到坐立不安、心神不定吗?

　　从来没有 0——1——2——3——4——5——6——7——8——9——10 一直有

30　您感到空虚无聊或活着没有什么意义吗?

　　从来没有 0——1——2——3——4——5——6——7——8——9——10 一直有

31　您的记忆力怎么样?

　　非常差 0——1——2——3——4——5——6——7——8——9——10 非常好

32　您容易集中精力去做一件事吗?

　　非常不容易 0——1——2——3——4——5——6——7——8——9——10 非常容易

33　您思考问题或处理问题的能力怎么样?

　　非常差 0——1——2——3——4——5——6——7——8——9——10 非常好

34 从总体上说,您认为自己的心理健康状况如何?

非常差 0——1——2——3——4——5——6——7——8——9——10 非常好

35 对于在生活、学习和工作中发生在自己身上的不愉快事情,您能够妥善地处理好吗?

完全不能 0——1——2——3——4——5——6——7——8——9——10 完全能

36 您能够较快地适应新的生活、学习和工作环境吗?

完全不能 0——1——2——3——4——5——6——7——8——9——10 完全可以

37 您如何评价自己在工作、学习和生活中担当的角色?

非常不称职 0——1——2——3——4——5——6——7——8——9——10 非常称职

38 您的家庭生活和睦吗?

非常不和睦 0——1——2——3——4——5——6——7——8——9——10 非常和睦

39 与您关系密切的同事、同学、邻居、亲戚或伙伴多吗?

根本没有 0——1——2——3——4——5——6——7——8——9——10 非常多(10 个以上)

40 您有可以与您分享快乐和忧伤的朋友吗?

根本没有 0——1——2——3——4——5——6——7——8——9——10 非常多(6 个以上)

41 您与您的朋友或亲戚在一起谈论问题吗?

从来不谈 0——1——2——3——4——5——6——7——8——9——10 经常谈

42 您与亲朋好友经常保持联系(如互相探望、电话问候、通信等)吗?

从不联系 0——1——2——3——4——5——6——7——8——9——10 一直联系

43 您经常参加一些社会、集体活动(如党团、工会、宗教、朋友聚会、体育比赛、文娱等)吗?

从来没有 0——1——2——3——4——5——6——7——8——9——10 一直有

44 在您需要帮助的时候,您在很大程度上能够依靠家庭吗?

根本不能 0——1——2——3——4——5——6——7——8——9——10 完全能

45 在您需要帮助的时候,您在很大程度上能够依靠朋友吗?

根本不能 0——1——2——3——4——5——6——7——8——9——10 完全能

46 在您遇到困难时,您主动地去寻求他人的帮助?

从不主动 0——1——2——3——4——5——6——7——8——9——10 非常主动

47 与您的同龄人相比,从总体上说,您认为您的社会功能(如人际关系、社会交往等)如何?

非常差 0——1——2——3——4——5——6——7——8——9——10 非常好

48 与您的同龄人相比,从总体上说,您认为您的健康状况如何?

非常差 0——1——2——3——4——5——6——7——8——9——10 非常好

致 谢

《"老龄化"视域下太极拳康养理论与实证研究》一书是江苏省哲学社会科学基金后期资助项目成果。感谢江苏省哲学社会科学基金对本书出版的资助！在该书写作和出版过程中还得到众多友人的帮助，尤其感谢李伟先生、吴志建先生、张道鑫先生、王闯先生、杨顺超先生、郑文杰先生、张根成先生、孙斌先生、陈诚先生、王露琴女士、钟晴晴女士、范媛媛女士、周晓娟女士、王玲玲女士、王晨阳女士、蒋雪女士，以及研究生马静纯等在问卷发放、资料收集以及数据整理与分析中付出的辛勤劳动！感谢被引用的资料的作者们！鉴于笔者学识有限，不妥之处，敬请赐教！

笔者

2020 年 9 月于南京仙林